船政史

（下）

Chuan Zheng Shi

陈悦 著

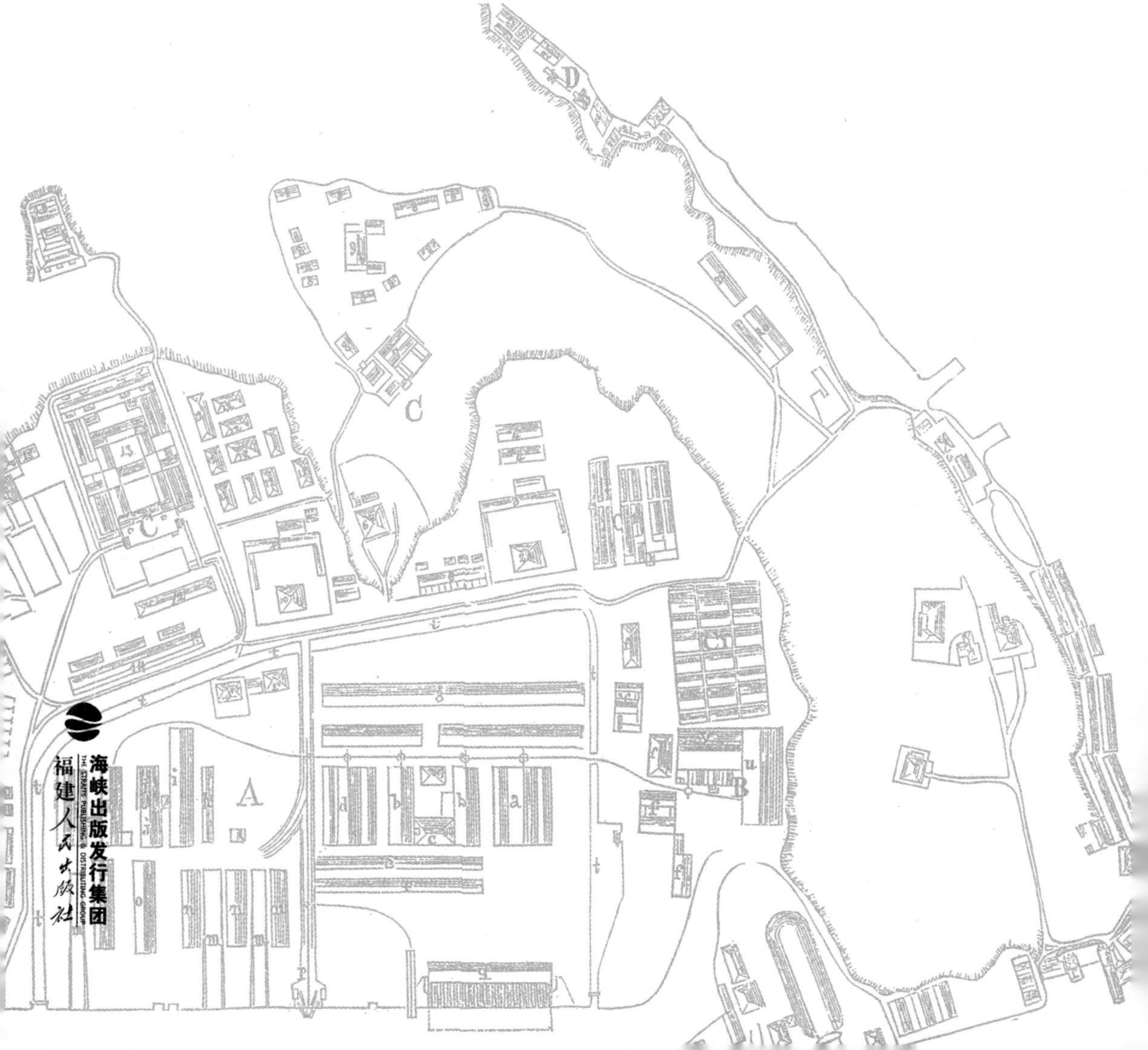

海峡出版发行集团
THE STRAITS PUBLISHING & DISTRIBUTING GROUP
福建人民出版社

目录

第三编　督办船政大臣时代

第十章　沈葆桢离任

开万古得未曾有之奇，洪荒留此山川，作遗民世界；
极一生无可如何之遇，缺憾还诸天地，是创格完人。①

一、1874年日军侵台及沈葆桢巡台

社寮，是位于台湾岛南端的一个山区村落，现属于台湾屏东县境内，1874年5月22日，这个名不见经传的村庄成为了历史的焦点。当天，社寮外海蒸汽舰船群集，在日本军舰“东”（排水量1358吨，铁甲Corvette）、“龙骧”（排水量2571吨，铁甲Corvette）、“孟春”（排水量357吨，Gunboat）、“日进”（排水量1468吨，Sloop）等护卫下，包括雇佣的英国、法国商船各一艘在内的日本运兵船队从长崎抵达这里，日本“台湾番地事务都督”西乡从道中将率领1300余名日军（主力为日本熊本镇台步兵第19大队）悍然踏上了中国台湾的土地，开始对当地部落（番社）攻杀洗掠。明治维新后，意图学习西方列强通过暴力征服落后民族、国家而野蛮崛起的日本，借1871年中国属国琉球的船民在台湾南部被当地人杀害一事，借口为琉球遇害船民复仇，挑起了侵犯中国主权的侵台事件。②

---

① 沈葆桢题台南延平郡王郑成功祠楹联，沈丹昆编：《沈葆桢手迹》，福建省音像出版社2008年版，第34页。

② 〔日〕安冈昭男：《明治前期日清交涉史研究》，（日本）岩南堂书店1995年版，第100—107页。

日本美术作品：1874 年日本军队侵入台湾的情景。

还在日军尚未大举出动之前，1874 年 5 月 14 日总理衙门综合从各处得到的情报，已经预感到日军可能会有进犯台湾的举动，向清廷建议委派“闻望素著，熟悉洋情”的大员以训练操演的名义，率领船政水师军舰前往台湾观察局势，预作防备。① 清廷随即谕令船政大臣沈葆桢肩起这一千钧重任，“带领轮船兵弁，以巡阅为名，前往台湾生番一带察看，不动声色，相机筹办”②。尚未及行，5 月 29 日总理衙门获悉了日军已经登陆台湾的消息，眼见事态迅速恶化，遂又申请清廷授予沈葆桢就近处理台案的专权，任命沈葆桢为钦差办理台湾等处海防兼理各国事务大臣，同时明确授权沈葆桢可以节制调度福建驻军以及申请调动江苏、广东等沿海地区的蒸汽动力军舰。③

船政五年计划刚刚期满，后续的发展方略尚未完全议论定局，因为突遇日本侵台事件，船政大臣沈葆桢被迫将主要精力转移到巡台问题上。1874 年 6 月 3 日，沈葆桢就台防等事的处置部署方略向清廷拜发

---

① 《奕䜣等奏日本兵船现泊厦门请派员查看折》，《筹办夷务始末》（同治朝）（十），中华书局 1964 年版，第 3736 页。

② 《廷寄》，《筹办夷务始末》（同治朝）（十），中华书局 1964 年版，第 3736 页。

③ 《廷寄》，《筹办夷务始末》（同治朝）（十），中华书局 1964 年版，第 3746—3747 页。

多封奏折。对于台防的战略，沈葆桢拟定为储利器、储人才、通消息等三大端，择要而言就是设法通过购买铁甲舰、水雷等新式舰船、武备加强海防；申请调用前署台湾兵备道黎兆棠等随同渡台处置事务；申请设法铺设连接福建和台湾的电报线，以使两岸建立起高效便捷的通讯联络。①

就自己赴台之后的船政工作，沈葆桢则举荐在闽丁忧守制的原陕西布政使林寿图担任船政稽查，负责坐镇船政，并组织、部署船政地域乃至闽江的防务工作，以确保船政以及省城福州的安全。同时沈葆桢还向清廷提出了申请，建议万一遇到防务事有不测的情况，即授林寿图以专折上奏权，事实上将林寿图作为船政大臣的临时护理、候补人选。此外，明显是考虑到林寿图对船政的具体工程建设等工作不熟悉，沈葆桢举贤不避亲，推荐由自己的妹婿、内阁中书衔莆田县学训导吴仲翔出任船政提调（吴仲翔，字维允，是沈葆桢的四妹婿。另外，沈葆桢的第五子娶吴仲翔的女儿为妻，因而沈葆桢与吴仲翔还是亲上加亲的亲家关系），专门主管船政的生产等事项。因当时日本海军铁甲舰“龙骧”已经在福建沿海出没，甚至一度驶入过闽江，为了防备日军侵台事件波及福建省城，充实船政所在地域的防务力量，沈葆桢在行前还命令驻防船政一带的福靖军后营统领王正道另添募一营新兵，番号定为福靖军新后营。(由此原福靖军后营又称为老后营)②

就赴台本身的工作，沈葆桢举荐了当时尚在上海的原船政洋员总监督日意格随自己同行，并举荐船政总监工叶文澜在闽兼顾办理为台湾防务采办军火事宜。③

对沈葆桢的这些安排，清廷一一认可。④ 沈葆桢随后于 1874 年 6

---

① 《遵旨会筹大概情形折》，《船政文化研究——船政奏议汇编点校辑》，海潮摄影艺术出版社 2006 年版，第 82—83 页。

② 《派稽查并提调片》，《船政文化研究——船政奏议汇编点校辑》，海潮摄影艺术出版社 2006 年版，第 84 页。有关沈葆桢与吴仲翔的私人关系情况参考了沈丹昆编：《沈葆桢手迹》，福建省音像出版社 2008 年版，第 86 页。

③ 《叶道办军火并挈日监督东行片》，《船政文化研究——船政奏议汇编点校辑》，海潮摄影艺术出版社 2006 年版，第 84 页。

④ 《廷寄》，《筹办夷务始末》（同治朝）（十），中华书局 1964 年版，第 3760 页。

月14日率众从马尾出发，以船政水师的“安澜”号炮舰为旗舰，同行的福建布政使潘霨则乘坐“伏波”号炮舰，日意格以及原船政洋员监督帮办斯恭塞格乘坐“飞云”号炮舰。由马尾出发之后，潘霨乘坐“伏波”首先直驶台湾，沈葆桢则率“安澜”“飞云”编队先逐一巡视福建沿海港口以及澎湖的防御形势，而后于6月17日才抵达台湾府城的安平海口（今属台湾台南市）上岸。①

抵台伊始，摆在沈葆桢面前的是极为棘手的局面。

与现代中国人所理解的台湾一词有所不同的是，当时台湾的含义既可指台湾全岛，又可特指行政区划上的福建省台湾府。1874年时的台湾府，下辖台湾（今台南市南部）、凤山、嘉义（原名诸罗）三个县以及澎湖厅、淡水厅、噶玛兰厅等单位，② 其最主要的行政管辖区域集中在台湾岛的西南侧和北侧沿海一带（与台湾岛邻近的澎湖岛当时隶属台湾府的台湾县辖下，设澎湖厅，台湾中北部设淡水厅管辖，台湾东北部设噶玛兰厅）。当时台湾岛上的府、县、厅，地域狭小，建设落后，以全台的枢要中心台湾府城为例，沈葆桢到达时看到的是这样一番面貌：“城市湫溢，臭不可近。民居、官舍皆低矮不及内地之半。其民俾昼作夜，日荒于嬉”。③ 在台湾府县厅的治所以外，有大量土著村社杂处其中的山区，当时处在道路不通和行政、教化未及的不开化的蛮荒状态，即所谓的番社地界、化外之地。

1874年日本入侵台湾事件期间日方拍摄的台湾少数民族照片。

其时，台湾岛的番社少数民族民风彪悍，仍然盛行着猎头出草等古老的嗜血野蛮习俗，

① 《文煜等奏沈葆桢到台日期并倭兵情形折》，《筹办夷务始末》（同治朝）（十），中华书局1964年版，第3773—3774页。

② 夏献纶：《全台舆图》，光绪六年福建台湾道藏版，第4页。

③ 沈吕宁、沈丹昆编著：《沈葆桢家书考》，福建省音像出版社2008年版，第167页。

也由此经常发生进入番界的外来者被当地人猎杀的事件，“其俗，得一头颅，方能得妇；处事不论情理，以得级之多寡为曲直。故时挟标枪，伏莽狙击；中则割其首，吮血刮肉而去。兵勇、樵夫被其刺者，不时而有”。[1] 清政府在台湾的地方官员每每遇到这类发生于治所外的暴力事件，多表示无力处理。虽然以清廷的传统观点，台湾全岛自古就在中华版图之内，无论已经施行行政统治的区域或是行政未及的番界，都是毋庸置疑的中华国土，不过按照当时的西方国际法理论，处在清政府台湾府县厅治所之外的番界地区（且台湾地方官曾在对外交涉中提及无法处理番社地区事务），很容易被解读为主权性质暧昧的灰色地带。而1874年日本正是以台湾岛番界的性质模糊不清的把柄而借机兴兵入台。

故宫博物院藏清代《台湾风俗图》中的《土番杀人耀武图》，表现的是台湾少数民族的出草猎人头后在番社内游行夸耀的习俗。

日本的侵台举动一方面有对台湾岛番界乃至全台的垂涎、吞并之意，同时还有借此而颠覆清政府和琉球国之间传统宗藩关系的阴险用意。就在沈葆桢渡台之前，日军已经于6月1日从社寮登陆点分兵三路攻入番界（左翼军从风岗口进攻、中央军从石门口进攻、右翼军从竹社口进攻），与猎杀琉球船民事件直接相关的牡丹社在6月3日被攻陷，其他有牵连的高士佛、加芝来等番社也遭日军焚毁。[2] 此后日军开始在台湾南部的番界地区营建营房建筑，驻扎

① 罗大春：《台湾海防并开山日记》，台湾银行1972年版，第21页。

② 《文煜等奏沈葆桢到台日期并倭兵情形折》，《筹办夷务始末》（同治朝）（十），中华书局1964年版，第3774页。〔日〕安冈昭男：《明治前期日清交涉史研究》，（日本）岩南堂书店1995年版，第106—107页。

军队，不断威逼利诱招降周围的其他番社，大有想把台湾南部的番界地方全部纳入囊中的架势。

此时台湾的情势错综复杂，从台湾岛隶在大清版图的角度看，日本此举已属对中国侵略开战，不过日本政府工于算计，其侵台军事行动初期主要是在台湾府县厅的治所之外进行，基本没有直接侵入台湾府县厅的行政所及地区，也没有和台湾地区的清政府军队发生战斗，据此也可认为事实上并没有和清政府发生军事冲突。在这种日军没有直接和清政府交手的情况下，清廷持力保和局的思想，本着息事宁人的应对态度，没有决心采取军事行动进行反击，而是寄希望于通过外交谈判来解决事端。①

抵台后，经过对台湾实际情况的了解，结合清廷在处置此事上的指导性态度，沈葆桢提出了处理台湾事件的三项基本措施：理喻、设防、开禁。② 其中开禁即改土归流，将番社完全置于台湾地方政府的行政区划隶属里，从而杜绝外国借口干涉台湾岛番界事务的口实。③ 理喻主要指外交谈判，即和日军进行理论，让日方知晓和承认台湾全岛都属中国领土，从而劝退日军，此点虽然沈葆桢派日意格等在台湾尝试和日方接触、辩论，但实际主要依靠总理衙门和日本驻华公使柳原前光等在北京进行高层的外交交涉。布防则是布置台湾岛的防务，不仅包括加强台湾府行政所及区域的防务，也包括前往番界地区设防，以及配套的修建通往番界的道路实施“开山”，进行招抚、教化番社等“抚番”工作，以军备和行政并举的方式，巩固和扩大清政府在台湾岛上的实际控制区，防备侵入台湾岛的日军势力扩散蔓延，以事实进一步说明台湾岛全岛均属中国版图。三项措施相比较，布防无疑是理喻、开禁的重要前提和基础条件，属于迫在眉睫的事务，也是沈葆桢在巡台初期的主要工作。

以当时沈葆桢手握的力量看，其最得力的倚仗便是官员、幕僚队伍

---

① 清廷的处置态度参见《廷寄》，《筹办夷务始末》（同治朝）（十），中华书局 1964 年版，第 3763 页。

② 《文煜等奏沈葆桢到台日期并倭兵情形折》，《筹办夷务始末》（同治朝）（十），中华书局 1964 年版，第 3774 页。

③ 《致罗景山军门》，《沈文肃公牍》，福建人民出版社 2008 年版，第 8 页。

和蒸汽动力舰船队伍。

故宫博物院藏清代《台湾风俗图》中的《卑南生番归化图》，表现了1874年台湾事件发生后清政府在台湾的开山抚番场景。

台湾的最高地方军政首长为福建分巡台湾兵备道，沈葆桢渡台时担任该职务的是原船政提调委员夏献纶，是曾经和沈葆桢有长期默契合作的官员，故交重逢共事，配合自然会非常顺畅默契。此外，在沈葆桢周围参赞军政事务的人群中，也有大量和船政有着千丝万缕关系的人员，诸如洋员日意格、斯恭塞格等都曾在船政长期服务，至于在沈氏麾下更多具体办理技术性和事务性工作的委员、学生，更是多来自于船政。由此，几乎可以说，沈葆桢是以一支原船政的官员、工程人员班底来处理调度台防事务，显然能收如臂使指之效。

沈葆桢巡台时手握的另外一支重要力量是军事力量，即船政水师。1874年日军侵台事发后，闽台海防顿时吃紧，分防各省的船政水师军舰遂被召返回马尾，参与执行巡台等任务，由船政水师的蒸汽动力军舰在台湾和大陆之间，乃至福建和大陆沿海各省之间建立起了一条十分重要的海上交通线。此时布防、往来于海峡两岸的船政水师，舰船的数量完全凌驾于日本侵台舰船之上，这不仅可以掌握住对台湾海峡乃至台湾岛沿海的控制权，使得海上的运输万无一失，对侵台日军形成巨大压力，同时有一支颇具规模和实力的近代化舰船部队参与巡台，还有助于调度官员、兵力快速前往台湾岛上陆地交通难及的南北沿海各地，迅速实施布防，也有助于建立起台湾与大陆之间的高效通信联系。唯一不足的是，当时日本侵台军舰的序列中存在有名为“龙骧”和“东”号的两艘小型铁甲舰，其无论是防护力和火力都在船政水师的各舰之上，此事显然对沈葆桢刺激颇深，也因此日后沈葆桢的海防思想中形成了无铁甲舰无以自强的观点。

虽然有了得力的办事官员以及海上兵力，以台湾的布防而论，沈葆桢当时手中还欠缺一支重要的力量，即陆上的军队。在台湾岛上，无论是和侵台日军抗衡相持，还是择要布防、开辟通往番界的道路，都需要大量得力的陆上军队。台湾岛在清代虽然原有绿营的水、陆师部队驻扎，归福建台湾镇总兵节制，但是驻防地区分散，装备劣，战斗力低，而且清代台湾绿营长期采取从大陆派兵轮流驻扎的班兵制度，并不招募台湾本岛人民入营，造成绿营班兵视台防为畏途，不仅长期严重缺额，且士气十分低落，凭借这样的军队根本难以指望在台湾实现震慑日军以及开山抚番等目标，而且对于当时沈葆桢谋划中的前往台湾北部进行预防性布防的目标，更是根本无力企及。①

为此，沈葆桢一面奏请清廷改变台防绿营采用班兵的传统制度，同时设法在台湾本岛以及福建、广东等地招募兵勇、壮丁编组成团勇部队和民夫队伍，充实台湾陆上战力和工程施工力量。沈葆桢巡台时期，在台湾本地的绿营兵之外，先后招募编成了镇海营、绥远旗、绥靖军、飞虎军等番号的勇营部队。② 另外，沈葆桢还奏调兼任船政水师统领的绿营福建水陆师提督罗大春回归陆师提督本任，由罗大春率领福建的勇营军队渡台增援，其部主要为原驻防在省城福州附近的福靖前营等原楚军系统的福靖军部队以及日本侵台事发后在福建新募的福锐军等部队。③ 这些军队从人数上充实了台防的陆上军事力量，但是其明显的缺陷是装备差、训练差，还无法对侵台的日军形成真正的威慑。从根本上增强了台防陆军实力的，则是北洋大臣李鸿章调拨入台的唐定奎部淮军精锐部队。

---

① 有关台湾绿营兵的没落情况参见许雪姬：《清代台湾的绿营》，（台湾）“中央研究院”近代史研究所 1987 年版，第 77—95 页。

② 台湾事变时驻防台湾北部的清军镇海营原由兵备道夏献纶统辖，该营番号和船政的驻厂护卫部队镇海营相同，是否为同一支待考。有关台湾绥远旗军队的编成情况，参见罗大春：《台湾海防并开山日记》，台湾银行 1972 年版，第 14—15 页。

③ 罗大春：《台湾海防并开山日记》，台湾银行 1972 年版，第 14—15 页。

二、沈、李交谊与淮军赴台

北洋大臣李鸿章和船政事务原本并没有什么特别的交集，不过李鸿章与船政大臣沈葆桢是道光丁未科（1847 年）的同榜进士，存在同年之谊，二人科举出仕后曾一度在翰林院有过同学、同僚的关系。太平天国战争期间，李鸿章、沈葆桢二人又先后进入了湘军大帅曾国藩的幕下，因在军政事务上表现出色，为曾国藩所器重，逐渐成长为独当一面的封疆大员。在曾国藩总督两江时，李鸿章、沈葆桢就分任其属下的江苏、江西巡抚，存在有合作之谊（同时期在曾国藩节制下的浙江，巡抚为左宗棠）。沈葆桢就任船政大臣后，李鸿章虽然因故对船政一度抱有消极的态度，但并无证据显示沈、李二人之间存在明显的嫌隙，反而因宋晋奏停船政风波乃至船政轮船设法商租等事，相互间的交流日益频繁和密切，二人在洋务、海防等事务上所持的观点也日益接近。就在得知沈葆桢受命渡海巡台后，李鸿章做出了十分积极的反应，随之成为沈葆桢在处理日本侵台事件中的重要后援之一。

北洋大臣、直隶总督李鸿章。李鸿章与沈葆桢有着同年、同僚等关系，日本侵台事件发生后，二人围绕中国的海防建设问题交流日多，观点相近，互相引为知己，随后在中国海防上出现了李鸿章、沈葆桢分领北洋、南洋海防建设的局面。

就在沈葆桢行将赴台时，李鸿章于 1874 年 6 月 2 日向沈葆桢致送了一份长函，逐细分析日本侵台事件原委，并为沈葆桢点明了有关应对处理之策的建议，其中着重提醒沈葆桢应注意加强台防陆上军队的力量：“彼既兴师登岸，其办法亦不外‘论以情理’、‘示以兵威’二语。上元日来示谓，人只知御戎之要在水，不知至要仍在陆，最为中肯。粤东、江苏各轮船似均未经大敌，只可巡查游奕，虚张声势，运载军需仍赖陆军枪炮得劲。如事不可已，应求良将劲兵以为助。日本人多用后门枪，华兵尚不知有此物，敝处虽有之，亦尚未及多操，良以为憾。再，台地民气可用，康、乾中历经助义杀贼，今岂无人。大纛一呼万应，略除重敛暴征，鼓舞以作其气，彼见不得逞志，或渐思撤退耳。”①

6月10日，李鸿章的这封书信由船政水师的“济安”号军舰送达台湾，李鸿章设身处地的分析、建议令沈葆桢大受感动。在书写回信时，沈葆桢除与李鸿章交流处置日本侵台事件的措施方略外，还直接就李鸿章来信中有关加强台防陆军的建议提出请求，希望李鸿章能够派拨淮军劲旅来台，并希望李鸿章能以军火援应台湾：“捧诵十八日教言，所以诱掖之者，无微不至，推公忠爱国之念，下及故人，感何似矣……日意格谓新练之洋枪队，急切难用，惟台辕有惯战之洋枪队二万余，如能调一万南来，则陆路可无虑矣。渠又请于津营拨法兰西小铜炮五十尊(即四磅炮)，每尊三百子，并炮手管弁前来。沪局自制里明东弹子，津局火药，并请咨拨……”②

沈葆桢此信中有关请调淮军来台的提议，实际完全超出了他当时的权限。清廷赋予他的军力调动权力只是可以调动驻防福建的陆军以及征调福建、江苏、广东的近代化舰船，并没有调用直隶总督、北洋大臣李鸿章辖下淮军的权力。足以令人称奇的是，沈葆桢的这份求援信还在邮路上，尚未递送到李鸿章的手中时，李鸿章竟然如同未卜先知般，已经在一份新写的给沈葆桢的信中，主动提出为加强台湾的陆军力量，可以调派淮军中的精锐——铭字武毅军十三营步队前往台湾供沈葆桢驱使，同时还表态将由金陵机器局制造一批火箭和发射架运赴台湾，③ 与沈葆桢的请求简直不谋而合。“窃念执事单骑赴台，若事机稍有龃龉，徒恃数只轮船，岂能徒手吓贼……日意格前亦面称，须多调洋枪队。海内习洋枪者，佥以敝部淮军最早而多，近年分防各省，固形散漫，而规制犹存，各营皆用英法兵枪、来福枪两种。弟虽略购后膛枪，因无大敌，未

---

① 《复沈幼丹节帅》，《李鸿章全集》第三十一册，安徽教育出版社2008年版，第41页。

② 《致李少荃中堂二》，《沈文肃公牍》，福建人民出版社2008年版，第7页。

③ 此处所说的火箭指欧式的“康格里夫”火箭（Congreve Rockets），这种火箭需要通过专门的发射架进行发射，是19世纪中叶重要的火力压制兵器。

肯给发，犹之尊论，操演宜用前膛，临敌莫便于后膛也。台事如可片言却敌，自勿庸议，否则拟为筹调若干。查现驻徐州之记名提督唐定奎，朴干能战，所部有铭军武毅马步十六营，均系枪队，从刘省三历剿粤、捻，号称劲旅。雨亭同年虽倚为保障，似可移缓就急，酌调唐提督统带步队十三营，由徐移至瓜洲，派轮船径驶该口，分批航海前去……再折内拟购各种利器，水雷、后膛枪愧无多助，火龙、火箭敝处金陵机器局久能仿制，近用英式铁架施放，无须高架木尾，甚为灵捷。顷饬段道喆赶备十二磅、二十四磅火龙二千枝，并铁架若干具，解交吴桐云处，专船或附便轮送船政局查收转拨。津局洋火药略有存储，如有急需，并可酌数咨调。"①

当李鸿章寄出这份信件后不久，沈葆桢之前那封询问李鸿章能否调动一万名淮军以及法兰西小铜炮和新式步枪子弹援台的复信才到了李鸿章手中。看到沈葆桢提出的具体需求，李鸿章又写了一封回信，针对沈葆桢来信中的新要求，做了积极的回应："敝军本拟渐次裁遣，以节饷需，闻台湾消息乃中止，除津郡万余留卫畿辅，陕防万人相距较远，惟唐俊侯定奎驻防徐州闲地，尚算大枝枪队，虽不敢云惯战，尚可略助声援。倭退则此军似敷布置台防，否则续调刘子务廉访盛藻驻陕铭军枪炮队十九营以为后劲。刘、唐皆省三军门得力大将，转战南北，素称劲旅。或唐营不足，再由子务处分调数营以益之，以符一万之数，亦无不合……又法国小铜炮系宁局仿制，敝军步队多用之，津局现存二十尊，即可拨解；宁局存者尚多，尽可陆续应调……沪局自制林明敦弹子（即来示所云里明东也），闻甫设厂开制，秋后乃有成数。尊购林明敦枪，其弹系中针抑旁针，须俟弹子到时，发一式样，寄令照造……津局火药实较外洋粗药尤精，尊需十万斤以内亦可酌付……"②

李鸿章这一先一后发出的两封信件都是首先送抵福州，再在 7 月 7 日和 11 日先后交给船政水师的"琛航""万年清"军舰领取后送往台

① 《致沈幼丹节帅》，《李鸿章全集》第三十一册，安徽教育出版社 2008 年版，第 49 页。

② 《复沈幼丹节帅》，《李鸿章全集》第三十一册，安徽教育出版社 2008 年版，第 58 页。

湾，但因为遭遇台风阻隔，原本先后出海的二舰实际上在7月13日一起抵达了台湾，李鸿章的两封书信便在同一天来到沈葆桢的案头上。沈葆桢同时读到李鸿章写于不同时间的信件，发现在自己向其商量请援之前，李鸿章其实已经主动表态可以派淮军来台，沈葆桢为李鸿章对自己的全力支持所感动，回信中用了极为动情的措辞："捧读之余，大喜过望，时雨之师，于今见之……蒙赐铜炮、火龙、火药，贫儿暴富，陆路可恃无恐……"①

在和李鸿章事实上已经商定好了调兵遣将的细节之后，沈葆桢于7月21日正式上奏申请清廷饬南北洋大臣调得力军队赴台湾协防，② 上谕准奏，责成李鸿章等就此迅速筹办。私下里早已和沈葆桢达成默契的李鸿章旋即在25日向清廷复奏，称自己已经根据上谕的指示做好了安排，决定调派唐定奎部武毅军赴台。沈葆桢、李鸿章二人通过互相配合的上奏、复奏，启动官面的行政程序，使私下早已拟妥的派兵计划成为朝廷的决策。一俟朝廷批准李鸿章奏请的上谕下发后，在徐州宿迁一带早就"束装已待"的唐定奎部十三营精壮淮军便开始启程前往台湾了。③

在尚无朝廷命令的情况下，身处南北、相隔遥远且互不统属的两位高级官员仅仅凭着私人的交谊和一致的政见，竟在私下达成了一次规模庞大的增兵台湾抗衡日军的计划。而后二人再分别以官场上的正式身份，依循正式的程序，来使他们箭在弦上的计划获得国家批准。这宗以私交而影响到国家决策的例子，标志着沈葆桢、李鸿章二人私交的升级，也足以证明二人当时在政见上的融洽程度。可以设想，倘若当时沈、李之间不存在多少私交关系，那么1874年处理日军侵台事件时，

---

① 《致李少荃中堂五》，《沈文肃公牍》，福建人民出版社2008年版，第21—22页。

② 《文煜等奏赴台理谕倭将抚谕各番并布置水路防务情形折》，《筹办夷务始末》（同治朝）（十），中华书局1964年版，第3759页。

③ 清廷于李鸿章上奏当天颁发上谕准奏，见中国第一历史档案馆编：《咸丰同治两朝上谕档》第二十四册，广西师范大学出版社1998年版，第180—181页。唐定奎部淮军启程的日期为1874年8月2日，见《复沈幼丹节帅》，《李鸿章全集》第三十一册，安徽教育出版社2008年版，第80页。

清军陆军大举入台可能就不会如此顺畅，钦差大臣沈葆桢其后在指挥属于外来军队的淮军时，可能也不会调度自如。1874 年处理侵台事件中的实践，是沈、李二人联手在中国近代海防事业上发挥影响力的真正开始，二人的这种合作默契也即将对之后的船政发展产生重要的影响。

三、海防大筹议

唐定奎部淮系武毅军十三营步队在 1874 年 9 月分批从驻地徐州出发南下，首先抵达长江边的古渡瓜洲，再由轮船招商局派出的商船“伊敦”“利运”“永清”分批装载渡台。① 因为时值台风季节，当时台湾又没有设施完善的可供大型船只停泊的避风港口，倘若大型商船直接运兵到台，在港口停泊、转驳登陆期间遭遇风暴，必将遭遇不测。考虑及此，遂改为招商局轮船先将军队运抵澎湖，再分批用小轮船转驳入台，进入避风内港登陆。首批援台淮军于 1874 年 9 月 22 日抵达澎湖，经船政水师派出的“长胜”“靖海”等小型军舰从澎湖转驳至台湾后登陆上岸，再向台湾南部的凤山地区集结，以形成对距此不远的侵台日军的抗衡和压迫之势。② 继之，余下的各批武毅军陆续也在 10 月末之前到齐台湾。经中方在台湾大兵压境相抗衡，再加以在北京的外交谈判，中日两国于 10 月 30 日就台湾事件的和平解决达成了一致协议，③ 侵台日军最后于 1874 年 12 月撤离台湾，④ 日本侵台事件在当年得以解决。

日本侵台事件在清政府所造成的强烈刺激，较之第一、二次鸦片战争西方列强的入侵有过之而无不及。如果说此前欧洲列强所施加给中国的侵略欺凌，还能委屈隐忍的话，长久以来为中国所瞧不起的东瀛小国日本在近代化初有成就的情况下竟然敢剑指中国，则被清政府内外视为

① 《唐廷枢、徐润致盛宣怀函》，《轮船招商局》，上海人民出版社 2002 年版，第 19—20 页。

② 《沈葆桢等又奏装运淮军轮船到台并日船一艘至琅峤片》，《筹办夷务始末》（同治朝）（十），中华书局 1964 年版，第 3880 页。

③ 《奕䜣等奏与日使议定退兵恤银折》，《筹办夷务始末》（同治朝）（十），中华书局 1964 年版，第 3947 页。

④ 〔日〕安冈昭男：《明治前期日清交涉史研究》，（日本）岩南堂书店 1995 年版，第 114 页。

奇耻大辱。就在侵台事件得到解决后不久，总理衙门大臣奕䜣等上奏，认为日本侵台事件暴露出了中国在海防建设上的虚弱现实，担心“以一小国之不驯，防御已苦无策”“西洋各国之观变而动，患之濒见而未见者也”，进而提出了要全面加强海防建设的建议，[1] 深受日本侵台事件刺激的清廷，立即以十分高效之势，号召发起了一场史称第一次海防大筹议的高层海防政策大讨论。

围绕总理衙门大臣奕䜣等上奏中提出的有关从练兵、简器、造船、筹饷、用人、持久等方面加强海防建设的意见，清廷下谕要求沿江海的相关将军、督抚各抒己见具折上奏，以供中央作为决策参考。恰值广东巡抚张兆栋又转呈了在籍守制的前江苏巡抚丁日昌拟写的《海洋水师章程》，清廷随后下旨将丁日昌的《海洋水师章程》一并发交给各相关督抚大员，作为海防大筹议的追加讨论内容。

有别于以前讨论船政兴废时参与者范围狭窄的情况，这次海防大讨论所涉及的官员由北而南覆盖沿江、海各省份的将军、督、抚乃至漕运总督等，直隶总督李鸿章、船政大臣沈葆桢也都涉及在内。围绕一项涉海国政，召唤如此多的封疆大吏在各地于短时期内集思广益，在清代可谓空前之举。

有关第一次海防大筹议，海军史研究者姜鸣先生曾注意到在清廷下达讨论的命令后，北洋大臣李鸿章与其兄长湖广总督李瀚章私下里曾就如何复奏“答题”有过交流。姜鸣先生在书中曾写下自己对这种情况的感慨：“如此严肃的海防讨论背后，忽然读到李氏兄弟这番坦率体己的私房话，我们不难体会到，古往今来，庙堂上许多重大的历史决策，在幕后就是这样讨论的。”[2] 实际在一次海防大筹议中，督抚之间就清政府的命题进行私下交流商议并不仅见于李氏兄弟，而其中互相配合更直接，对此后海防国策影响最大的，应首推李鸿章和沈葆桢二人的“私房话”。

---

① 《奕䜣等奏海防亟宜切筹将紧要应办事宜撮叙数条请饬详议折》，《筹办夷务始末》（同治朝）（十），中华书局1964年版，第3951页。

② 姜鸣：《龙旗飘扬的舰队——中国近代海军兴衰史》，生活·读书·新知三联书店2002年版，第79页。

从日本侵台事发起就保持着密集书信往来的沈葆桢、李鸿章，在得到清廷就海防建设问题讨论复奏的要求后，立刻就此事开始了私下的商议。1874 年 11 月 5 日，清廷向相关督抚大臣下发要求进行海防讨论的上谕后，沈葆桢很快便在致李鸿章的信中提及了此事，称“总署一奏，创巨痛深，搜索枯肠，愈不知对。我公成竹在胸，可以赐示否？”[①] 直接询问李鸿章对于海防政策大讨论的意见，显然的目的是想二人先互相沟通讨论，提前统一意见，以便互为配合。

可能是在这份书信中沈葆桢强调了要借海防大讨论的机会将沈、李都十分感兴趣的购买铁甲舰一事提起，1874 年 11 月 30 日李鸿章在给沈葆桢的回信里表示对沈论及的购买铁甲舰的意见十分赞同，告诉沈自己会在向清廷复奏时也加入这一意见，以便和沈的奏折形成互相配合之势。又可能是为了使在筹议中的意见配合更为紧密，李鸿章在信中竟然直接向沈葆桢索要其筹议海防的奏折草稿，以便自己在撰写奏折时于内容上和沈葆桢的奏折做更多的配合：“……派员往英厂定制铁甲，随带生徒、工匠学习造驶，正与拙见相符，复议筹备海防疏内当互为印证……尊处议复如已脱稿，祈赐读为盼。”[②]

对李鸿章的要求，沈葆桢的回应十分爽利，很快将自己拟定议复的奏折底稿抄送给了李鸿章：“谕旨饬议六条，既不敢徒托空言，胸中又茫无定见，踌躇久之，而期限瞬届，不得不草草完卷。抚衷循省，愧惧交萦。谨并台湾善后请巡抚移驻办理疏稿录呈，祗乞指其疵谬而进诲之。”[③] 1874 年底，各相关督抚大员就海防建设的筹议奏章陆续上呈至清廷，果不其然的是，李鸿章在其著名的筹议海防折中，用很大的篇幅论述了购买铁甲舰的必要性，与沈葆桢之议进行配合。

值得重视的是，在李鸿章的筹议海防奏折中，同时还根据丁日昌所拟《海洋水师章程》中提出的建设三洋水师的战略，竭力向清廷建议起用沈葆桢、丁日昌一起负责海防建设，“若因创设铁甲兵船等项，须责

① 《致李少翁中堂二》，《沈文肃公牍》，福建人民出版社 2008 年版，第 118 页。

② 《复沈幼丹节帅》，《李鸿章全集》第三十一册，安徽教育出版社 2008 年版，第 132—133 页。

③ 《致李少翁伯相三》，《沈文肃公牍》，福建人民出版社 2008 年版，第 124 页。

成大员督筹经理，如前江西巡抚沈葆桢、前江苏巡抚丁日昌，皆究心此事，熟悉洋情，似堪胜任。”①

十分可惜的是，沈葆桢参与筹议海防的奏折原文至今未被寻获，长期以来学术界采用的所谓沈葆桢复奏，其实只是一份沈葆桢针对丁日昌所拟《海洋水师章程》而追加上奏的奏片，并非筹议海防奏折。而就是在这份奏片中，沈葆桢所主张的“铁甲船终不能不办”的观点与李鸿章筹议海防折的内容也是互为呼应，证明沈、李都遵守了此前私下通信中的约定，即在筹议海防时各自提出购买铁甲舰之议，以便“互为印证”。但因为缺乏沈葆桢筹议海防奏稿的全文，尚没有办法就沈、李二人上奏内容的相似度和配合度进行更广泛和全面的比对，不过在李鸿章的书信中还是可以略窥一丝沈葆桢筹议海防折的面貌。在各督抚大臣的筹议海防奏稿集中到总理衙门后，当年末进京面圣的李鸿章得以先睹为快，李鸿章在给哥哥李瀚章和好友丁日昌的信中透露了一则同样的信息：“总署诸公面赞幼丹及鄙疏较精实”“总署以各省复议到齐，惟幼丹与鄙人两议切实，余多对空策”。从总理衙门大臣们的这些态度，可以得出沈葆桢的海防筹议奏折必定也是篇幅浩大，多论及海防建设的细节实务，和李鸿章筹议海防折的情况十分相似。②

另外，在李鸿章、沈葆桢围绕海防大筹议的讨论书信里还流露出了一个重要细节，即李鸿章在复奏中向朝廷大力举荐沈葆桢，这实际也是沈、李二人私下早已有过商议和默契的。从李鸿章写给沈葆桢的一份书信中可知，海防大筹议时不仅李鸿章在复奏中表示支持沈葆桢来领导海防建设，而沈葆桢在给清廷的复奏里其实也推举李鸿章领导全国近代化海防建设。后来中国海防上出现的南北洋大臣分掌海军建设的格局在此时已经跃然纸上，而且必定已经了然于李鸿章和沈葆桢二人的胸中。

> 复陈海防疏，条条实对，事事求精，而兵船一节，尤探讨入微，自道甘苦，非躁心人所能领会，钦伏莫名。统帅乃推及不才，

---

① 中国近代史资料丛刊《洋务运动》第一册，上海人民出版社1961年版，第52页。

② 《致李瀚章》《复丁雨生中丞》，《李鸿章全集》第三十一册，安徽教育出版社2008年版，第172、176页。

皇悚万状。公自谓于船政一无所知，抝谦过分，弟于海防则真一无所知矣。冬月初，曾摭拾上陈，毫无是处，久思录呈，苦无确便，兹谨抄奉教正。其推戴执事，实出至诚，非敢互为标榜也……南洋数省，提纲挈领，舍我公其谁与归。

——李鸿章《复沈幼丹节帅》①

1875 年 1 月 12 日，同治皇帝驾崩，新君光绪帝继位。起自上一年末的海防大筹议一直延续到当年 5 月 30 日才终于尘埃落定，当天清廷颁布上谕，结合海防大筹议的情况，对全国的海防建设布局做了详细规划。丁日昌《海洋水师章程》中提出的三洋水师计划被调整为南、北洋海军并立的战略，谕令由南、北洋通商大臣分别督办北洋、南洋海防建设，为此拔擢沈葆桢担任两江总督、南洋大臣，和北洋大臣李鸿章互为配合，“所有分洋分任练军设局及招致海岛华人诸议，统归该大臣等则要筹办”。②

清廷在第一次海防大筹议后作出的这两项关于海防建设讨论的结论性部署，恰恰都是沈葆桢、李鸿章在筹议海防建设期间私下洽商，并在各自的筹议海防建策中着重提及的方案，可称得上是沈、李二人私下定议、联手影响海防建设战略的一大战果。在日本侵台的阵痛尚未过去，清政府有意重振海防之际，对中国的海防建设都有着很大热情的沈葆桢、李鸿章二人互相配合，于筹议海防的大讨论中犹如一对明星冉冉升起。

1875 年 5 月 30 日清政府上谕命令李鸿章、沈葆桢分别督办北洋、南洋海防，提拔船政大臣沈葆桢为两江总督、南洋大臣。近傍北京的李鸿章得到这一消息的时间显然比沈葆桢早得多，闻讯后于 6 月 2 日便写信向沈葆桢表示祝贺，其兴奋之情跃然纸上。“适奉二十六日寄谕，知执事晋擢两江，筹防六省，遗大投艰，非过人才力，老成德望，不足以副之。命下之日，朝野庆忭，岂惟桑梓蒙庇，舟楫同心已也耳。而鄙人

① 《复沈幼丹节帅》，《李鸿章全集》第三十一册，安徽教育出版社 2008 年版，第 171 页。

② 中国第一历史档案馆编：《光绪朝上谕档》第一册，广西师范大学出版社 1996 年版，第 107—109 页。

诸务得有咨商，不至孤立无助，冀幸或免陨越，鼓舞欢跃，尤倍群情。”①

早在日本侵台事件前，李鸿章就曾劝说沈葆桢不应自限于总理船政大臣一职，言语间就已表示期望沈氏能位居封疆，和自己互为声援，共同推动两人都充满兴趣的海防、洋务事业。后来李鸿章曾多向同僚推荐沈葆桢在海防建设方面独具才能，因而沈葆桢成功晋升两江总督、南洋大臣，个中或许还有着李鸿章的暗中助推。②

有点出乎李鸿章意料的是，当朝廷谕下，沈葆桢对两江总督、南洋大臣这一任命却表现出了推辞之态，一再请求朝廷收回成命。这固然有中国古文人对任官推就再三的习惯，沈氏长期以来健康不佳也可视作原因，而更为可能的是沈葆桢对自己调离后的船政发展充满了担忧，当时船政已经面临一场自创办以来从未有过的经费危机。

四、沈葆桢离任前的船政建设

日本侵台事件发生后，沈葆桢虽将船政工作交给稽查船政林寿图和提调委员吴仲翔二人代为处理，然而仍然对船政事务保持着时刻关注。总揽沈葆桢从 1874 年 6 月受命巡台开始，至 1875 年 5 月末被调任两江总督时为止的活动，在这一年多时间里沈葆桢实际为日后船政的发展做出了很多铺路和奠基性质的工作，其中的一些工作甚至容易让人觉得沈葆桢对自己会被调任早有预料，已特意在为船政的未来发展划定方向。

沈葆桢离任之前所主持的船政建设工作，大体上可以从舰船建造、船政教育、船政水师编练以及经费解困等几个方面进行考察。

1. 舰船建造

自船政五年计划期满后，虽经沈葆桢上奏提出以及总理衙门组织南北洋大臣等进行讨论，但清廷始终并未就船政是否应继续开展舰船建造

① 《复沈幼丹制军》，《李鸿章全集》第三十一册，安徽教育出版社 2008 年版，第 231 页。

② 姜鸣先生已经注意过这一问题，认为李鸿章的推荐对沈葆桢得以出任两江总督起到了重要的推动作用。见姜鸣：《龙旗飘扬的舰队——中国近代海军兴衰史》，生活·读书·新知三联书店 2002 年版，第 89 页。

工作作出明确的安排指示。时至 1874 年 8 月 25 日，身在台湾府城的沈葆桢向清廷拜发奏片，以台湾防务需要用船等事由作为突破口，再度向清廷申请批准船政继续建造军舰，“就眼前轮船计之，实觉不敷周转。臣计现在厂中百五十匹马力之轮机、水缸已成两副，所运外洋木料，闻亦陆续归来。因未奉谕旨，不敢擅自兴工”。受日军侵台的紧迫局势影响，清廷此次终于以上谕正式允准船政继续建造军舰，解决了船政在五年计划到期后是否能继续造舰这一悬而未决的问题，“即照所请，准其续行兴造得力兵船，以资利用”。①

而后，沈葆桢立刻函令船政提调吴仲翔组织施工，船政第十六号轮船“元凯”号于 1874 年 12 月 5 日铺设龙骨开工建造，其舰型为五年计划时代的 150 马力军舰，即“伏波”级，唯尺寸、武备等略有区别，就此五年计划之后的船政终于重又建造军舰，船政的生产厂区内重新归于繁忙。据清末《国风报》所载《船政成船表》记录，“元凯”舰的监造仍然是法籍洋员安乐陶，② 然而舰船的监造者所指的是该舰建造全过程中对总体或局部进行技术把控的工程人员，考虑到“元凯”开工时法国洋员、洋匠已经全部离开在船政的工作岗位，安乐陶或许仅仅只是在五年计划未到期前主持了船政建造第十六号轮船“元凯”的部分建造准备工作，而该舰的真正监造者应为船政前学堂毕业的中国工程师，“元凯”应当被视为中国工程技术人员参与监造的第一艘船政军舰。

“元凯”舰于 1875 年 6 月 4 日顺利下水，船政第十七号军舰接踵其后，在当天铺设龙骨开工建造。十分特别的是，第十七号军舰原本应该仍然是一艘“伏波”级的 150 马力军舰，但当时船政所存的舰材木料不敷建造一艘该级军舰，为了不白白坐待浪费时间，船政前学堂毕业的学生调整计划，自行设计出了一型体量较小、所需舰材较少的军舰“艺

① 《续行兴造轮船片》，《船政文化研究——船政奏议汇编点校辑》，海潮摄影艺术出版社 2006 年版，第 87—88 页。

② 《船政成船表》，《国风报》，1910 年 14 期。沈传经、林庆元先生在所著中沿用了和《国风报》记载相同的观点，称“元凯”的监造为洋员安乐陶，见沈传经：《福州船政局》，四川人民出版社 1987 年版，第 340 页。林庆元：《福建船政局史稿》（增订本），福建人民出版社 1999 年版，第 493 页。

新”，该舰的舰体甚至蒸汽机、锅炉全都为船政前学堂出身的中国工程师们自行设计、自行制造，“轮机、水缸图系艺生汪乔年所测算，船图则艺生吴德章、罗臻禄、游学诗所测算，并无蓝本，独出心裁”，[①] 该舰开启了中国工程技术人员自行设计、建造蒸汽动力军舰的新时代。

继率领船政从是否能够继续建造军舰的困局中胜利突围后，沈葆桢在调任南洋大臣之前，还为船政造舰技术的提升方面做出了重要的创始、布局决策。

船政五年计划时代所造的军舰，均为全木质舰体，舰体的龙骨、肋骨、甲板、船壳板等全为木质。19世纪中叶后，因为长年砍伐所致，欧、亚适用于造舰的木材日益难于获取，且价格不断上昂，其中尤以制造军舰肋骨所需的天然弯木为甚（当时中国则称舰船肋骨等为胁，后人常以为古人错将肋字讹写为胁，其实不然。胁字按《康熙字典》解释为身体左右的两膀，胁骨又可称为肋）。鉴于当时欧洲国家已经普遍使用钢铁代替天然木材来制作金属肋骨，沈葆桢在1874年末日本侵台事件平息后上奏清廷，决定船政也开始这一重大技术革新，“闽厂前者皆用木胁，迩来十六号开工，木胁大形竭蹷。勉强凑集，尚不敷一船之用。后继尤难，非亦改铁胁不为功”。具体措施上仍然采取船政建设的老办法，即从欧洲首先购买一套回船政仿造，并雇佣技术人员来华教导。为此，沈葆桢申请派原船政洋员正监督日意格返回法国代为办理。

此外，沈葆桢同时还申请由日意格在返回欧洲后，代船政从英国订购新式的立式、卧式蒸汽机各一座来华，以便仿造。[②] 沈葆桢在向清廷提出申请时称这种蒸汽机是省煤机器，实际是新颖的多级膨胀复合式蒸汽机，中国翻译为康邦机器（Compound Engine）。

此前船政军舰所用的蒸汽机为普通的二汽缸往复式蒸汽机，蒸汽机的汽缸大小相等，工作时锅炉产生的蒸汽进入汽缸内，驱动曲轴运动，

---

① 《十六号船下水，十七号开工片》，《船政文化研究——船政奏议汇编点校辑》，海潮摄影艺术出版社2006年版，第105页。

② 《购大挖土机船并铁胁新式轮机片》，《船政文化研究——船政奏议汇编点校辑》，海潮摄影艺术出版社2006年版，第88—89页。

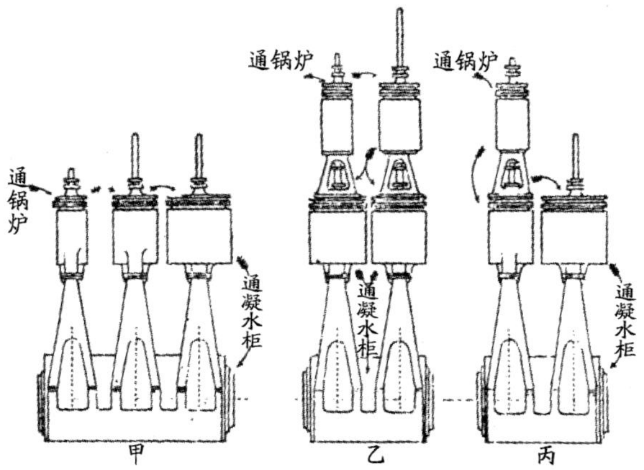

几种典型的多级膨胀复合式蒸汽机示意图，可以注意蒸汽机的汽缸大小区别。图源：《中国近代军舰图志 1855—1911》。

进而驱动军舰的主轴旋转，带动螺旋桨转动。由于两个汽缸大小相等，如果锅炉输出的蒸汽压力不足，蒸汽在第一个汽缸中做功后再进入第二个汽缸时衰减较大，可能难以以同样的力量驱动活塞乃至推动曲轴，造成曲轴出力不匀等问题。反之，如果锅炉输出的蒸汽压力过大，经过在两个等大汽缸内做功后仍然有较高的压力，这样排出不仅浪费功效，而且带有较高压力的蒸汽进入冷凝器，也会影响冷凝、复水效果。而康邦机器的特点是蒸汽机上采用大小不同的汽缸，其原理是高压蒸汽从锅炉首先输入小汽缸，再进入大汽缸，当高压蒸汽冲入小汽缸时，因为汽缸容量和汽缸内的活塞面积都较小，蒸汽无法尽情施展便会冲往后续的大汽缸，杜绝了蒸汽在刚进入蒸汽机汽缸时出力过猛的问题，当蒸汽经过小汽缸冲入大汽缸内膨胀开后，因为汽缸容量和活塞面积都较大，能够尽量消耗蒸汽压力。这种蒸汽机的好处主要是提高了能效比，即锅炉填入少量的燃煤燃烧，所生成的蒸汽能经由康邦蒸汽机便能产生足够的功率，也即所谓的省煤，是 19 世纪中后期主流的舰船蒸汽机样式。

2. 船政教育

在建造军舰以及技术性革新等事务之外，借着派遣日意格回法国代为购买铁胁和新式康邦蒸汽机的机会，沈葆桢还重新提及了派遣船政学堂毕业学生赴欧洲留学的计划。

因为 1874 年初沈葆桢将留学计划上报清廷中央时，清廷要求沈与曾办理留美幼童项目的北洋大臣李鸿章等进行协商，细定章程后方能推行，但是受到日本侵台事件的牵扯，此事一直议而未决。为了将留学计划向前大力推进一步，沈葆桢建议趁着日意格回欧洲，先尝试性地派遣5名船政学堂的毕业生随行前往留学（前学堂毕业生魏瀚、陈季同、陈兆翱，后学堂毕业生刘步蟾、林泰曾），以作为范例验证，“重洋万里，前导有人，生徒等正宜乘便偕行，涉历欧洲，开扩耳目。既可印证旧学，又可增长心思”。[①] 此议随后获得清政府批准，船政派遣留学生赴欧洲学习的计划就此渐渐雪消冰融。

3. 船政水师编练

除了舰船建造和派遣留学生外。沈葆桢在被调任南洋大臣之前，还做了一项对船政水师的发展极具价值的工作，即布置船政水师实施西式的编队训练。

船政在第一艘蒸汽动力军舰“万年清”问世时，即已注意到舰船人员训练的重要性，当时曾任命洋员副监督德克碑负责主管训练，不过德克碑在法国海军只是尉级军官而已，连舰艇主官都没有担任过，其对舰上业务的总体把握能力令人生疑，显然无法指望其能将船政军舰的训练水平做到质的提升。继德克碑之后，船政洋员监督帮办斯恭塞格、“建威”舰管带德勒塞先后担任过船政军舰的教练，其中德勒塞被聘任为“建威”管带之前曾是英国海军的炮舰舰长，其舰上业务能力显然在德克碑等人之上，对船政军舰的欧式化规范训练贡献良多。

但以当时的情况而论，至五年计划期满时，船政水师军舰的训练总体上还停留在一般性的航海训练层次，即训练舰员能按部就班地完成舰内工作，完成驾驭军舰航海的使命。而就作战而论，船政水师的能力还很低下，不仅基础的炮术训练和单舰战术有待加强，更为重要的是尚缺乏近代意义的海军编队战术训练，各舰事实上处在各自为战的战术水平。所谓的编队战术，是指将多艘舰船按照一定规范的阵型队列进行编列组合，使其从指挥上成为一个作战或行动整体，以此进行海上机动作

① 《报明艺童随日监督出洋片》，《船政文化研究——船政奏议汇编点校辑》，海潮摄影艺术出版社2006年版，第103页。

战的知识。掌握了阵型编队的能力，并能够灵活运用，可以使得海军舰队在作战时的战斗力、生存力倍增，属于海军学术体系中的高等战术。对编队战术的研究、掌握情况如何，也基本可以用来检视一支舰队的战斗能力如何。

对于实施军舰编队训练这一欧式的海军知识，船政的中外主事者们最初并没有清晰的概念，船政水师成立时，沈葆桢虽曾有十分模糊朦胧的设定，即安排船政水师统领来负责舰船的统一训练以及船政水师军舰定期会操等，然而船政水师之前的“会操”，其程度只是相当于编队检阅、打靶而已。而且船政水师的先后两任统领李成谋、罗大春都是旧式水师出身，对于西式舰船和海军、海战缺乏了解，且其都是兼任船政统领，难以真正专注，很难指望凭着他们来主动率领船政水师提高战术水平。处理台湾事件期间，沈葆桢与李鸿章交流时对此曾有一针见血的自我估计，“轮船与统领，宜日夕相依，非水提所能兼顾。故前此与吾（李成谋，字与吾）、景山（罗大春，字景山），均有名无实。迄今思之，尚未得其人”。[①]

船政水师战术训练样式的质的提升，发生在 1874 年日本侵台事件发生后。当时面对日本侵台军舰的威胁，迫切需要提高船政水师的战斗能力。鉴于船政原先雇佣的海军教练都已在五年计划期满时解散，原船政监督日意格遂建议沈葆桢将船政水师的“扬武”“飞云”“安澜”“靖远”“振威”“伏波”等 6 艘主力军舰调集于台湾门户澎湖，由日意格与海关总税务司赫德进行协商，中国海关调派由英籍舰长（推测为葛雷森，Grayson）指挥的缉私舰“凌风”号前来澎湖，教导船政 6 舰进行西式的编队战术以及阵型训练，以备战斗所需，“常驻澎湖，随之练习合操阵式”，[②] 是为近代中国海军首度有意识地自发进行西式舰船阵型编队训练。为了确保训练能有切实的效果，沈葆桢还专门致信在澎湖集训的船政 6 舰中最资深的“扬武”舰舰长贝锦泉，要求其虚心配合英方

① 《致李少荃中堂七》，《沈文肃公牍》，福建人民出版社 2008 年版，第 43 页。

② 《续行兴造轮船片》，《船政文化研究——船政奏议汇编点校辑》，海潮摄影艺术出版社 2006 年版，第 87 页。

的教练，做好各舰的训练表率，“前向赫总税司借‘凌风’轮船来澎教练阵势及各项兵法。昨该船已到，即日将赴澎湖，务望我兄饬弁勇听其指示勤操，以资各船表率。即使洋员有过于认真之处，亦劝各船忍耐遵行。”① 由这6舰组成的舰队，成为船政水师常设、常练的在闽基干舰队，有别于临时驻防各省的其他军舰。此后虽然所辖舰只多有变化，但直至中法战争爆发时，这支以闽台作为主要驻防区域的战斗性舰队仍然是船政水师的基干主力。

1874年日本侵台事件平息后，虑及借用海关军舰和洋员帮助训练船政水师不是长久之计，时任船政管理教练并学堂事务日意格建议将“扬武”舰改为基干训练舰，专门雇佣欧洲海军军官在舰充当教习，由此“扬武”一方面可以担任船政学堂的高等训练舰（进行炮术和基本的海战战术教学），同时也能由该舰来代替海关“凌风”舰带领船政水师各舰进行编队训练，其性质事实上相当于船政水师的训练旗舰。沈葆桢颇为赞同日意格的建议，于1875年3月24日向清廷上奏请示，除汇报将“扬武”改为训练舰以及雇佣欧洲军官当教习外，沈葆桢另推荐由原湘军水师将领蔡国祥出掌船政水师。② 蔡国祥，字瑞庵，早年曾任湘军大帅曾国藩开设的安庆内军械所轮船委员，总理衙门通过李泰国购买军舰时，曾被曾国藩推荐预备充当阿斯本舰队的中方统领。沈葆桢此次推荐船政水师统帅时明显较为慎重，并没有要求直接任命蔡国祥为船政水师的统领，而是设定了一个地位明显低于统领的职务，称为督操，并称如果蔡国祥在担任督操的实际工作中表现得力，再专门奏请提格为统领。

任命蔡国祥为船政水师的督操，除了使船政水师拥有专人统率外，还别具意义。此前担任船政水师统领的李成谋、罗大春都同时是绿营福建水师提督，受闽浙总督、福建巡抚节制，并不专门向船政大臣一人负责。由此船政水师恍若是绿营水师提督的新军，船政在涉及船政水师的

① 《致贝敏修参戎一》，《沈文肃公牍》，福建人民出版社2008年版，第52页。

② 《委蔡国祥驻“扬武”督操片》，《船政文化研究——船政奏议汇编点校辑》，海潮摄影艺术出版社2006年版，第102—103页。

调用、管理时，难免受到闽浙地方督抚乃至绿营提督的牵扯。改换成专门的督操蔡国祥之后，船政水师则成为了船政大臣直接驾驭的部队。

按照日意格的建议，五年计划时期船政“建威”训练舰的洋员教习班底被重新聘用，原“建威”舰舰长、英国人德勒塞担任船政水师总教习兼“扬武”舰长，原在“建威”舰担任枪炮长和帆缆长的阿务德、逊顺则在“扬武”舰上充当枪炮与帆缆教习，此外另雇佣了一名洋助教，其人的具体情况不详。1875 年 5 月 16 日，洋教习阿务德从贝锦泉手中接管过“扬武”舰，6 月 16 日总教习德勒塞正式到任，随后根据德勒塞的要求，由船政的船厂等生产部门对“扬武”实施了适应教学所需的改造和修整。[①] 此后，船政水师督操、洋总教习驻扎“扬武”，由“扬武”舰指导各舰进行训练的模式形成，一直沿用至中法战争爆发时。

4. 筹划经费

经费的筹措，是沈葆桢被调任南洋大臣之前，在船政工作中的一项重要事务。而台湾事件发生后，船政经费开始出现被拖欠的情况，为解决此事，不给后人遗留资金包袱，沈葆桢迟迟没有赴任两江。

船政建设时经左宗棠奏请，由闽海关四成洋税项下提取 40 万两银作为开办经费，此后逐月从闽海关的六成洋税下提取 5 万两银作为造船和运行经费。至同治十二年正月（1873 年 1 月至 2 月），沈葆桢上奏，因船政建设规模超出原设计，经费超支严重，经清廷允准从同治十二年正月起的一年内每月由闽海关六成洋税下增拨 2 万两银，[②] 至 1874 年船政五年计划告成，这每月 2 万两银的增拨经费中止，船政的月拨经费又回复到了 5 万两银。

虽然清政府明确指定了船政运行经费出自闽海关的六成洋税，但闽海关在供应保障时万分吃力。船政经费所指望的闽海关六成洋税，即闽海关进口关税的 60%，原已经需要支应繁多的各种开支饷需，很难保证每月都能如数腾出 5 万两银供应给船政，为此闽海关采取了遇到不足

---

① 《海防档·乙》福州船厂（下），（台湾）“中央研究院”近代史研究所 1957 年版，第 623 页。

② 《复陈船政经费支绌情形折》，《船政文化研究——船政奏议汇编点校辑》，海潮摄影艺术出版社 2006 年版，第 66—67 页。

时从上缴中央财政的四成洋税中暂借的办法，来腾挪支应，“六成洋税早已出入不敷，每遇无款可筹，念船政要需不容停缓，往往于四成项下暂作通挪”。至1874年，清政府指拨闽海关四成洋税解交南、北洋海防经费，为确保这笔资金足额到位，由户部叠次要求闽海关不得腾挪、拖欠解交南、北洋海防的四成洋税，必须按期足额解交，闽海关对船政的经费供应开始吃紧。更加之当年发生日本侵台事件后，为闽台筹防计，闽海关所辖的台湾沪尾、打狗两个口岸的税收全部被截用于台防，同时还需从六成洋税中设法腾挪支应台防经费，“入益少而出益多”，至当年农历九月，闽海关对按月供应船政的5万两银彻底无从筹措，陷入了停供，导致船政陷入无款可用的境地，不仅人员薪饷拖欠，施工备料也大受影响。①

经闽海关监督、福州将军文煜等将这一资金困境上报，清廷在1874年12月28日上谕要求户部妥筹办法，户部随后在1875年1月27日复奏，将资金问题仍然推塞给闽海关，“该省防务已松，商船无所观望，税务当渐有起色，应请饬下福州将军将税关认真征收……通融匀拨，陆续报解，务当力任其难，不得藉辞诿卸，致误要需”。② 然而此后情况一切依旧。万不得已下，沈葆桢和文煜等在1875年3月1日再度上奏告急，申请户部不要再从闽海关抽取资金，改从他省调用资金，以确保闽海关能竭力供应船政，“以扶自强之局”。③ 对此，户部不为所动，称“此时各省经费莫不支绌，即拟另行改拨，亦属无款可指”，仍要求闽海关自筹办法。④

这一严重的资金断流问题此后一直延续，闽海关监督、福州将军文煜竭力设法，一筹莫展，而户部还在不断向闽海关施加其他资金调拨指

---

① 《海防档·乙》福州船厂（下），（台湾）“中央研究院”近代史研究所1957年版，第554页。

② 《海防档·乙》福州船厂（下），（台湾）“中央研究院”近代史研究所1957年版，第551页。

③ 《船工动费解款久停，请就闽海关筹拨折》，《船政文化研究——船政奏议汇编点校辑》，海潮摄影艺术出版社2006年版，第100—101页。

④ 《海防档·乙》福州船厂（下），（台湾）“中央研究院”近代史研究所1957年版，第551页。

令。在闽海关六成洋税根本不敷调拨的情况下，为满足户部指令拨解的京饷，闽海关不得已从胡光墉开办的阜康银号借款 20 万两银应付户部，而面对船政沈葆桢“每月函催三四次”的资金请求，闽海关竭尽全力，至 1875 年农历六月穷搜各种款项，只凑集了 10 万两银，“阅时三个月，分为四次，仅解十万两”。[①] 而至此，船政的经费已经被宕欠了 10 个月之久，除去闽海关凑补的 10 万两后，还积欠 40 万两银。

1875 年 5 月 30 日，沈葆桢获命调任南洋大臣、两江总督。离任船政之前，沈葆桢出于不为后任船政大臣留下难题的考虑，为解决船政被亏欠的资金进行了最后的努力，“船政须有可靠月款，接办者乃可防守筹划，即购料等事，亦可先期量度，不致吃亏太甚”。[②] 经过和福州将军文煜会商，沈葆桢于 1875 年 7 月 20 日上奏，以闽海关应缴中央财政的四成洋税项下尚存 40 万两银尚没有拨出，请求清廷将此 40 万两银尽数拨给船政填补亏空，“惟四成项下可余银四十万，原奉部文不准截留，第船政要需断难贻误，应请将所余四成尽数拨抵”。[③] 当时清政府已决定将四成洋税用作建设海防的资金，严令不准随意挪动，针对船政的奏请，户部经过会商表示破例同意，但是经历了奏折往返，原存闽海关的四成洋税积款 40 万两已经有 25 万两被调拨中央，仅剩余 15 万两。为此，即将赴南洋新任的沈葆桢于 9 月 28 日再度上奏，申请从农历七月应缴中央财政的闽海关四成洋税中调拨 25 万两银给船政，最终清廷在 10 月 16 日上谕批准沈葆桢的奏请。[④]

困扰船政的经费积欠问题终于在沈葆桢赴任南洋之前得以基本解决，然而此后闽海关能否如数交给船政 40 万两银以及日后能否保证按月供应船政 5 万两银，则是未知之数。

---

① 《请拨四成洋税折》，《船政文化研究——船政奏议汇编点校辑》，海潮摄影艺术出版社 2006 年版，第 106 页。

② 《海防档·乙》福州船厂（下），（台湾）“中央研究院”近代史研究所 1957 年版，第 595 页。

③ 《请拨四成洋税折》，《船政文化研究——船政奏议汇编点校辑》，海潮摄影艺术出版社 2006 年版，第 106 页。

④ 《海防档·乙》福州船厂（下），（台湾）“中央研究院”近代史研究所 1957 年版，第 616 页。

五、沈葆桢赴任南洋及船政命运

1875年5月30日，清廷上谕调船政大臣沈葆桢出任南洋大臣、两江总督，沈葆桢因台防事务未毕，加之涉及船政经费被拖欠等在内的很多事务尚未布置处理妥当而暂行留任。9月间清廷催促沈葆桢尽速到任，一如当年左宗棠被调任西北时的心情，沈葆桢也对船政日后的发展充满了牵挂，认为必须寻觅到妥当的人选接任，“船政一端，创之甚难，坠之甚易，名则为观成之有日，实不过一篑之始基。傥非精益求精，恐前此数百万帑金尽归虚掷。得其人，则恢之弥广，日进无疆：失其人，虽欲循前轨而守成规，有所不可得。”[①]

在“工程熟者资浅，位望重者生疏”[②]的情况下，沈葆桢经过悉心考察，并和李鸿章商议，看中了沈、李二人都很熟悉的时任福建按察使郭嵩焘。李鸿章甚至还预先明示郭嵩焘，提醒郭就任船政后，必须遵从沈葆桢的遥制。“船政替人，幼帅拟与公商定，本在南洋辖境，无论何人承办，尚须幼帅遥制为宜。”[③]旋因郭嵩焘被清廷派任出使英国，沈葆桢改为向清廷推荐原北洋帮办大臣丁日昌接掌船政。[④]从资历看，丁日昌无疑是比郭嵩焘更合适的船政大臣接班人选，而且丁日昌久隶李鸿章幕下，由丁日昌来接办船政，显然可以达成南北洋互为声援的局面，这显然是此时沈葆桢和李鸿章都乐于见到的景象。

由于当时丁日昌的健康情况不佳，有肝火旺盛的吐血症状，沈葆桢在上奏推荐丁日昌接办船政后，唯恐丁日昌因病推辞，还特别致信李鸿章，希望李鸿章劝说丁日昌来闽赴任。9月27日，清廷正式上谕命令

---

① 《会筹船政替人，候旨盘交赴任折》，《船政文化研究——船政奏议汇编点校辑》，海潮摄影艺术出版社2006年版，第107页。

② 《复沈幼丹制军》，《李鸿章全集》第三十一册，安徽教育出版社2008年版，第291页。

③ 《复郭筠仙廉访》，《李鸿章全集》第三十一册，安徽教育出版社2008年版，第292页。

④ 《请改派接办船政折》，《船政文化研究——船政奏议汇编点校辑》，海潮摄影艺术出版社2006年版，第108—109页。

近代出版物《点石斋画报》上登载的沈葆桢画像。绘制：吴友如。

丁日昌接任船政大臣,[①] 随后 9 月 28 日李鸿章致信沈葆桢，告知自己已经劝说丁日昌遵旨赴任，“船政不得已而求助雨帅，弟再三劝驾，渠感知己推毂之雅，亦觉谊不容辞。”[②]

9 月 30 日，清廷再颁谕旨，催促沈葆桢尽快前往两江赴任，不用等待和丁日昌见面办理交接。有关沈葆桢离任至丁日昌到任之间的船政事务，清廷命令闽浙总督李鹤年暂行兼顾，具体则由船政提调吴仲翔负责管理。[③] 当天夜间，身在天津的丁日昌向沈葆桢致信，表态自己将尽

---

① 《海防档·乙》福州船厂（下），（台湾）“中央研究院”近代史研究所 1957 年版，第 591 页。

② 《复沈幼丹制军》，《李鸿章全集》第三十一册，安徽教育出版社 2008 年版，第 315 页。

③ 《报起程驰赴江督新任折》，《船政文化研究——船政奏议汇编点校辑》，海潮摄影艺术出版社 2006 年版，第 110 页。

力以赴，又恐身体健康情况不允许在任过久，希望沈葆桢继续物色替手人选：“弟身子瘦苶至此，滇役势不能往，现看在道中调理如何，但望血能暂止，即当迅速赴闽，以报知己。据医者云，弟肝脉过旺，交春后病必大作，况闻该处饷项毫无可措，弟病躯焉能呕此大气，恐弟此役只能撑数月，求公预觅替人，一交春令，病必大发。望公速即解铃，千祷万祷。承公以肝胆相照，直抒胸臆，不觉累纸，望乞鉴原”。①

得到李鸿章、丁日昌的来信后，沈葆桢大为感动，致信李鸿章表示“雨帅扶病而来，铭之刻骨”，同时表示对丁日昌抵任后的作为有深切期待，“此间引领云霓，非独为饷事”。而在致丁日昌的回信里，沈葆桢不仅表示感激之情，同时还就船政事务有所议论，表示将来船政如遇经费问题，自己和李鸿章都不会置之不问。

1875 年 10 月 29 日，沈葆桢乘坐蒸汽轮船告别马尾，此前除了处理船政积欠经费等事务外，沈葆桢还巡视了他同样深深牵挂的台湾海防和近代化建设，同时上奏为建设船政以及办理台湾海防出力甚至付出了生命的船政人请奖、请恤。望着身后渐渐远去的船政建筑、罗星塔和滔滔马江，想来那时这位船政开创者心中必然是充满无尽感慨。此一去，沈葆桢再未能回到他深深记挂的船政和故乡福州，而随着沈葆桢被调任南洋，船政也进入了一个前途隐忧的新时代。

从 1866 年左宗棠奏请创设船政开始，至 1874 年初船政五年计划成功，船政事实上是中国唯一一个综合性的海防建设机构。此阶段沿海各省的海防近代化，几乎都是通过有船政水师的蒸汽动力军舰驻防而显现出的。这一时期，船政水师分防全国，船政教育是全国唯一的海军人才培育机构，船政制造则是全国最大、生产效率最高的近代化舰船建造机构，尽管船政已经面临经费吃紧的问题，但仍可称得上是船政最黄金的岁月，几乎可以把这一时期视作是船政承担了全国近代化海防建设任务的时代。

然而随着 1874 年日本侵台事件的发生以及之后清廷下旨将全国的近代化海防建设工作调整为南、北洋大臣分筹，一个新的近代化海防建

---

① 《致沈葆桢》，《丁日昌集》下，上海古籍出版社 2010 年版，第 931 页。

设时代来临。从南、北洋海防战略的提出伊始，船政无论是在政策上还是经费上，都未被列入其中通盘考虑，甚至因为保障南、北洋海防经费拨解任务的完成，闽海关在支应新的海防建设事业所需的同时，被迫开始拖欠旧有的海防建设机构船政的经费，客观上南北洋海防建设的开始，对船政的资金供应形成了挤压态势。

在南、北洋分筹海防战略取代既往的船政承担全国近代化海防任务局面后，船政陷入了渐渐被冷落的境地。

为什么在南、北洋筹建海防战略提出时，未能将船政列入统筹考虑？尤其是南、北洋海防建设的主事者之一沈葆桢还是曾经的总理船政大臣，而沈葆桢在上任后对于船政的发展仅仅做出了多调拨船政军舰至南洋，为船政解决养船经费不足等浅层次的援助。这些现象背后的原因，最大的可能是与1874年日本入侵台湾给中国海防带来的刺激有关。

在日本侵台事件发生前，中国的海防线上相对处于四海晏平的氛围中，已经暂时看不到有外敌威胁的压力，近代化的海上武装所主要面对的敌手，只是武装程度不高的水上盗匪而已。对此，以船政所建造的炮舰、炮艇进行绥靖镇压，绰绰有余。而1874年日本入侵台湾的事件猝然发生，犹如一声当头棒喝，中国的海防必须面对崛起中的日本这一新的重要威胁。中国朝廷的主政者以及海防建设的主事者们发现，原有的近代化舰船装备以及近代化舰船部队，事实上并不足以克制甚至防范日本的入侵。几乎就在一夜之间，中国海防近代化的建设目标发生了重要调整，从之前只是解决近代化军舰有无问题的低层次需求，一跃而为想要获取能够克制日本海军的大威力舰船装备，即铁甲舰或能击败铁甲舰的军舰。有关此类舰船装备，以船政造船的技术储备和硬件生产条件，短时间内无法企及，而海防的严峻形势又刻不容缓，于是无论是北洋大臣李鸿章还是南洋大臣沈葆桢，都将渴望的目光投向万里之外的欧洲，外购军舰之风就此兴起。作为船政重要功能的造舰处于尴尬之中，船政未来的发展之路不免令人担忧。

容易让人无限感慨的是，在日本侵台事件发生后，首任总理船政大臣沈葆桢在海防近代化建设的问题上，彻底转向通过外购大型铁甲舰而自强。尽管沈葆桢对他经手的船政事务始终充满感情，但当他弥留之际，所念念不忘的始终是外购铁甲舰。为了解决现实的紧迫需求应该采取立竿见影的外购，为了中国海防的长久建设大计则应该继续壮大自造事业，在国家经费有限的现实下，二者之间究竟如何取舍、如何平衡，是摆在那个时代中国海防建设主政者面前的一道难题。

表现沈葆桢晚年形容的清代画像。图片提供：马幼垣先生。

窃臣自十月二十一日疏请开缺后，病势日棘，群医束手，气息恹恹。臣以六十之年，先犬马填沟壑，复何所恨，独念一介书生，受列圣特达之知，简任封圻，以至今日，志事未竟，中道溘然，上念圣恩，殁有余辜，谨乘未泯之隙，披沥余悃，为皇太后皇上陈之。窃以天下之弊，在于因循，矫其弊者，一变而为卤莽，其祸较因循尤烈。倭人夷我属国，虎视眈眈，凡有血气者，咸思灭此朝食，臣以为兵家知彼知己之论，二者缺一不可，未有一无备豫，而可冒昧尝试者也。臣所每饭不忘者，在购办铁甲船一事，今无及矣，而悬悬之愚，总以为铁甲船不可不办，倭人万不可轻视。倘船械未备，稍涉好大喜功之见，谓其国空虚已甚，机有可乘，兵势一交，必成不可收拾之势。目下若节省浮费，专注铁甲船，未始不可集事，而徘徊瞻顾，执咎无人，伏望皇太后圣断施行，早日定计，事机呼吸，迟则噬脐。臣尤伏愿皇上以生安之资，躬困勉之学，励精图治，为臣民先，俾我国家亿万年有道之长，即基于蒙养圣功之日。

——《沈葆桢口述遗疏》①

① 沈瑜庆：《涛园集》，（台湾）文海出版社 1967 年版，第 173—174 页。

第十一章　淮系影响下的历任督办大臣

第一次海防大筹议，清廷指派李鸿章主持北洋海防建设之后，淮系集团开始对海防、海军事务加以集中关注。此时，李鸿章与船政大臣沈葆桢已建立合作友谊，而且二人一北一南分担中国海防建设重任，李氏在海防建设问题上多有向沈葆桢问计之处，而作为当时中国最具规模的造舰、人才培育、舰船管理机构的船政，自然而然引起李鸿章的浓厚兴趣。

在这样的背景下，沈葆桢、李鸿章为了确保船政能继续发展并对南北洋海防建设发挥贡献，二人选择了共同属意的淮系人物丁日昌继任船政大臣。此后，几乎自然而然的是，又有多位来自淮系集团，或者与淮系集团有着千丝万缕联系的官员成为后任的船政大臣。这一时段里，淮系领导的北洋海防建设方兴未艾，而由淮系人物主政的船政对此多方配合，在船政历史上形成了一段为期近十年的淮系影响船政的特殊时期。

一、丁日昌时期

丁日昌，字禹生，又作雨生，1823 年出生于广东潮州府丰顺县汤坑乡（今广东省梅州市丰顺县汤坑镇），廪贡生出身，早年曾进入广东嘉惠道李璋煜的幕府，太平天国战争期间，丁日昌在乡办理团练防守地方有功，被授琼州府训导，又迁升江西万安县知县，后被湘军大帅曾国藩揽入幕府，协助办理军务。李鸿章担任江苏巡抚时，丁日昌被调赴上海办理淮军营务，深受李鸿章的器重，因功历任江苏苏松太道、两淮盐运使、江苏布政使乃至江苏巡抚。[①] 1870 年天津教案事发后，丁日昌曾一度被调赴天津协助曾国藩办理对外交涉事务，1875 年海防大筹议后被派帮同李鸿章办理北洋事务。

---

① 台北“故宫博物院”图书文献处清国史馆传稿，701000588 号，“丁日昌列传”。

因为早年参与军务的缘故，丁日昌颇为留意西式军火的运用和制造，早在1862年就曾在广州的燕塘设炮局，生产军火，1865年更是协助李鸿章开办了著名的江南机器制造总局，并自兼首任总办。其后担任江苏巡抚时，丁日昌仍然对江南机器制造总局的军火制造以及蒸汽动力军舰的建造多有纲领性的指导，是当时中国十分少有的具有近代化军工制造、管理经验的巡抚级高级官员。

同时，丁日昌对蒸汽动力舰船建造连带所及的海防事务也充满了热情，对中国的海防近代化战略曾有过很深入的思考。在船政兴工建设的1867年，时任江苏布政使的丁日昌已经就中国应持的近代化海防建设战略有过高屋建瓴的论述，提出了著名的且对后世影响深远的三洋海军布局："其根驳轮船（即 Gunboat，蒸汽动力炮艇）约三十号，以一提臣督之，分为三路：一曰北洋提督，驻扎大沽，直隶、盛京、山东各海口属之；一曰中洋提督，驻扎吴淞江口，江苏、浙江各海口属之；一曰南洋提督，驻扎厦门，福建、广东各海口属之……无事则出洋梭巡，以习劳苦，以娴港汊，以捕海盗；有事则一路为正兵，两路为奇兵，飞驰援应，如常山蛇首尾交至，则藩篱之势成，主客之形异，而海氛不能纵横驰突矣"。[①] 丁日昌的这一三洋并举的海防战略思想此后不断充实完善，最终形成了《海洋水师章程》，在1874年第一次海防大筹议时由两广总督张兆栋上奏转呈清廷，成为第一次海防大筹议中的重要讨论议题之一，[②] 其划区筹设海军的战略在讨论中得到高度重视，此后南、北洋大臣分筹海军的格局形成就是来源自这种分区设防的思想。

综合上述条件看，丁日昌可谓是接任船政大臣的不二人选，但唯一有所遗憾的是，在沈葆桢上奏推荐出掌船政时，时年53岁的丁日昌身体健康状况已经是严重不佳，也因此，丁日昌本人始终对自己的身体状况能否久任船政抱有担忧，从其上任伊始，即开始设法物色接替人选。

1875年10月1日，丁日昌在天津接到了清廷调其担任船政大臣的

---

① 《附呈藩司丁日昌条说》，《筹办夷务始末》（同治朝）（六），中华书局1964年版，第2266页。

② 《丁日昌拟海洋水师章程六条》，《筹办夷务始末》（同治朝）（十），中华书局1964年版，第3955—3957页。

上谕，略作收拾准备后，便于10月4日从天津乘内河船取道京杭大运河南下，之所以不选择更为快捷的外海轮船，无疑是念及自己的身体情况可能经受不住海上波涛颠簸。在南下赴任的途中，丁日昌还曾应山东巡抚丁宝桢的邀请，在山东略作停留，共同“商办海防”。10月26日丁日昌到达上海，等候从马尾北上赴任两江的沈葆桢经过这里，二人于11月4日在上海得以短暂见面相会，“经将一切船政事宜略谈大概”。而后11月5日丁日昌乘坐船政水师的“福星”号炮艇顺海路南下，于8日平安抵达马尾，暂时管理船政事务的提调委员吴仲翔将木制的总理船政关防交于丁日昌，丁日昌遂在9日正式举行仪式，就任船政大臣，[①]是为船政历史上的第二任大臣，他的到任，也开启了淮系背景官员主政船政的大幕。而此举显然刺激了船政的创始人、与李鸿章关系不睦的楚军大帅左宗棠，也使左、沈二人的关系渐行渐远。

值得留意的是，清廷任命丁日昌出任船政大臣时，上谕中对船政大臣的职务名称作了十分微妙的调整，此前沈葆桢所任的职务是总理船政，而对丁日昌的任命则变为督办船政（船政关防依然沿用刻有“总理船政”字样的旧关防），随着船政领导人的职务名称从总理大臣变成督办大臣，清廷对船政地位的限制之意不难窥见。左宗棠创始之初，用心良苦的提高船政政治地位的设计，至此已几乎化为乌有。从丁日昌抵任后，船政开始进入一个为期长达十年的由督办大臣管理的新时期。

在上海与丁日昌的短暂会晤，令沈葆桢惦念不已，“申江快晤，未尽所怀”，随后在江宁又接连致信马尾，既有就船政事务相托付的内容，“厂中应如何整顿，万望毋稍避嫌”[②]，还有对丁日昌健康情况的关心，“船署向西，尊体畏热，宜驻洋楼”[③]。丁日昌督办船政虽属于是淮系背景的大员主政，但实际上各项主要工作的幕后，都不同程度地还受到了来自沈葆桢的影响。

丁日昌上任督办船政大臣之后，力图有所作为，除了在提调委员吴

---

① 《莅工任事叩谢天恩折》，《丁日昌集》上，上海古籍出版社2010年版，第101页。

② 《复丁雨生钦差三》，《沈文肃公牍》，福建人民出版社2008年版，第238页。

③ 《复丁雨帅一》，《沈文肃公牍》，福建人民出版社2008年版，第268页。

仲翔的配合下，继续沈葆桢所经手未了的筹措资金、建设铁胁车间等项事务之外，还将自己亲信的门人、中国近代著名的军事科技专家李凤苞从江南机器制造总局调至船政，并为其量身新设了船政总考工一职，意在对船政的技术工作以及教育工作加以提升。[①] 然而丁日昌出任船政大臣仅仅一个月，因福建巡抚王凯泰病逝，清廷补授丁日昌为福建巡抚，同时兼顾督办船政大臣一职。此举粗看起来，由福建省的实缺巡抚兼任船政大臣，无疑可以使船政获得更坚实的地方行政力量支持，但仔细揣度便能发现，福建巡抚兼任船政大臣，其实破坏了船政由专门大员总理的传统做法，且更显船政犹如是福建地方的附庸机构。对于此谕，丁日昌很快以自己健康不佳以及船政责任重大、无法兼顾其他等作为理由，力辞福建巡抚。[②] 清廷则坚持要求丁日昌担任巡抚，至于其所任的船政大臣一职则同意交卸，命令丁日昌和沈葆桢会商，推荐一二新的船政大臣人选，以供朝廷选择决定。[③]

经与沈葆桢协商，丁日昌在 1876 年 2 月 13 日上奏，推举顺天府尹吴赞诚和津海关道黎兆棠二人作为船政大臣的人选。同一天，丁日昌另外上奏表态将遵旨接任福建巡抚，“拟将船政经手事宜略为部署，即当晋省接印”。[④]

和丁日昌一样，丁日昌所推荐的吴、黎二人也都是和李鸿章有着千丝万缕关系的淮系背景官员。清廷考虑到二人都曾在直隶总督李鸿章的属下任职，而且都是由李鸿章奏调至直隶任职的官员，遂谕令李鸿章就此二人给出选择建议，李鸿章后于 3 月 7 日密奏，推荐由吴赞诚出任船政大臣。“吴赞诚综核细密，廉正有为，素通算学，曾管理天津机器局三年，孳孳讲求，于洋人机艺门径颇有心得。黎兆棠器识闳远，才气开

---

① 《海防档·乙》福州船厂（下），（台湾）“中央研究院”近代史研究所 1957 年版，第 689 页。

② 《恭谢天恩吁恳收回成命折》，《丁日昌集》上，上海古籍出版社 2010 年版，第 103—104 页。

③ 《拟保船政替人恭候简派折》，《丁日昌集》上，上海古籍出版社 2010 年版，第 104 页。

④ 《遵旨赴任谢恩折》，《丁日昌集》上，上海古籍出版社 2010 年版，第 109 页。

展，前在台湾道任内操纵得宜，闽省情形甚熟。该二员若令经理船政事宜，均可期其胜任。惟船政与海防相为维系，内而学制、学驶，驾驭中外员匠；外而船务、饷务，交涉各省督抚，非位望较崇者不足以资整顿。吴赞诚现官京尹，倘蒙简派接办船政，俾其专志求精，当更得力。黎兆棠洞达时务，才堪大用，关道亦不足尽其长，并乞圣明量予迁擢，以渐培其资望而收效于将来”。[①]

参照李鸿章的建议，经过权衡，清廷在4月1日发布上谕，派顺天府尹吴赞诚接任督办船政大臣，其原任的职务开缺，改以候补三品京堂的身份前往福建赴任。[②]

丁日昌最终只是在船政大臣任上短暂停留了不到四个月的时间，便匆匆离去。值得注意的是，其短促的任期内在处理船政本身的生产、教育等传统工作之外，格外关注了船政周边地区乃至闽江沿线的防务问题。除大力整顿驻防船政周边的福靖后营和新后营，将操防不力的统带总兵王正道参革外，[③] 还计划整顿、重修闽江沿线的炮台工事。[④] 当新任督办大臣吴赞诚到来后，身为福建巡抚的丁日昌仍旧密切关注着船政的发展，成为船政建设在福建地方极为重要的政场援手。

二、吴赞诚时期

1876年5月21日，原顺天府尹吴赞诚从天津乘坐轮船取海路抵达了马尾，不顾风尘仆仆，在23日就接过福建巡抚丁日昌转交的总理船政木质关防以及一应的船政档案文卷，正式就任视事，是为第三

① 《密保吴赞诚黎兆棠二员折》，《李鸿章全集》第七册，安徽教育出版社2008年版，第35页。

② 《海防档·乙》福州船厂（下），（台湾）“中央研究院”近代史研究所1957年版，第676页。

③ 《参操防不力之总兵革职片》，《丁日昌集》上，上海古籍出版社2010年版，第106页。

④ 《札船政局》，《丁日昌集》上，上海古籍出版社2010年版，第815页。

任船政大臣，性质仍属于督办大臣。[①] 也就是自吴赞诚开始，船政大臣人选的官职级别开始从沈葆桢、丁日昌时代的巡抚级（二品）降低至三品级别。

吴赞诚，字春帆，又字存甫，1823年出生于安徽庐江县一户书香人家，与李鸿章的哥哥李瀚章同为道光二十九年（1849年）的拔贡，有同年之谊。二人同列朝考第一，后吴赞诚被以知县签分广东，1854年署理广东惠州府永安县知县。在粤期间，正值天地会、太平天国等起义接踵发生，时局动荡，吴赞诚因参与镇压起义有功，且在地方为政清廉，屡获拔擢。1868年吴赞诚因父亲去世，由广东回安徽原籍丁忧守制，一度被淮军大帅李鸿章延揽入幕。1872年李鸿章正式将吴赞诚调用至北洋，参加主持当时北方最重要的兵工制造单位天津机器制造局的局务。与丁日昌一样，吴赞诚也是当时中国为数不多的拥有近代化军火制造管理经验的高级官员。[②] 除此外，吴赞诚的子孙辈与李鸿章家族有四门姻亲，关系亲密特殊（吴赞诚的五子娶李鸿章六弟李昭亲的长女，吴赞诚的长女嫁给李鸿章四弟李蕴章的次子李经邦，吴赞诚五子吴学廉的长子娶李经邦之女，四子则娶李鸿章的孙女为妻，即娶李经方的三女）。[③]

与丁日昌赴任时调用门人李凤苞至船政任职的情形类似，在得到清廷谕令后，吴赞诚也调用了一位西学人才到船政充当自己的技术助手，即同文馆肄业的候选主事严良勋。据吴赞诚的描述，严良勋“谙晓算学，人亦谨饬，前在江南制造局翻译泰西机器诸书，甚能得力”[④]，抵闽后曾担任船政学堂稽查等职，颇为得力。

在具体处理船政事务方面，吴赞诚多与李鸿章、沈葆桢、丁日昌等

---

① 《海防档·乙》福州船厂（下），（台湾）“中央研究院”近代史研究所1957年版，第685页。

② 台北“故宫博物院”图书文献处清国史传稿，701004177号，“吴赞诚列传”。

③ 夏冬波：《李鸿章的亲家——抚台建功的吴赞诚》，《安徽文史资料全书·巢湖卷》，安徽人民出版社2007年版。

④ 《海防档·乙》福州船厂（下），（台湾）“中央研究院”近代史研究所1957年版，第677页。

协商，并得到提调吴仲翔的全力配合支持，其总理船政期间，各项事务的推进基本平顺。在吴赞诚上任时，正值船政学堂学生赴欧洲留学计划箭在弦上，遂配合沈葆桢等将此事办理妥帖。此外，船政的铁胁车间于丁日昌督办船政时开始施工，吴赞诚到任时已经建成，吴赞诚督办船政期间，正值船政所造军舰全面转向为铁胁木壳结构的技术转型期，在其主政时船政共建造了“威远”级铁胁木壳炮舰 3 艘。

吴赞诚到任后，船政所造的铁胁木壳军舰，虽然设计和结构已较为新式，但就其舰种而言，仍然属于和“伏波”等相同的炮舰一类，规模、战斗力较为有限。1876 年 10 月 10 日，李鸿章写信向吴赞诚提起一事，即原船政洋员正监督日意格在天津向李鸿章汇报留学生出洋留学计划时，建议船政改造“巡海快船”，李鸿章对此颇为认同，遂专门征询吴赞诚的意见。[①] 其后，李鸿章又多次就船政能否建造巡海快船的问题与吴赞诚进行交流，并计划将这种军舰纳入当时他和沈葆桢等正在商议的筹办铁甲舰计划的一环，认为倘若船政能够自造出这种军舰，可以充当将来购买的铁甲舰的辅助战力。

对李鸿章的意见，吴赞诚予以遵照执行，要求日意格帮助从法国地中海造船厂直接购买全套的舰船设计方案，以便着手建造。这些为建造巡海快船所做的前期准备工作，成为此后船政造舰等级跃升的重要基础。值得重视的是，吴赞诚设法准备开造的巡海快船并不是普通的巡洋舰，从日后的具体完成成果看，实际上是当时世界海军中非常新颖的概念性军舰，即撞击巡洋舰。这种军舰在欧洲尚属新制，在亚洲则是绝无仅有。

1878 年，丁日昌因病重获准休养，福建巡抚一职缺出，吴赞诚又被清廷谕令兼署巡抚，船政事务则委托提调吴仲翔具体主管。此时的吴赞诚本人其实也已是重病缠身，“自五十岁以后，气血渐衰，筋骨疼痛，头目眩晕，诸病不时举发”，尤其是 1877 年吴赞诚奉旨前往台湾视察防

① 《复吴春帆京卿》，《李鸿章全集》第三十一册，安徽教育出版社 2008 年版，第 487—488 页。

务等建设事宜，“感受暑瘴，回郡重病，几濒于危”。[①] 1879 年 1 月 15 日，吴赞诚到省城福州会晤闽浙总督何璟，而后又拜访前巡抚丁日昌，交谈之中吴赞诚突发中风，幸有丁日昌及时照料并安顿在府休养，未引生严重后果，后经奏请休假一月进行治疗。[②] 假期届满后吴赞诚因未能痊愈，又经上奏两度给假，前往江苏常州的孟河求医，船政事务由提调吴仲翔暂管。[③] 鉴于吴赞诚病情确实严重，清廷于 10 月 22 日决定接受吴赞诚辞去船政大臣的请求，原和吴赞诚一起被丁日昌推荐为船政大臣候选人的前直隶按察使黎兆棠获派接任。[④]

三、黎兆棠时期

黎兆棠，字召民，广东顺德人，1827 年出生，年纪比吴赞诚略小，是咸丰六年（1856 年）丙辰科进士出身，曾任江西南安知府、江西布政使等职，因此和时任江西巡抚的沈葆桢相熟。[⑤] 黎兆棠后被从江西调用至闽，历任福建通商局总办、福建台湾兵备道等职，1871 年因病回籍。1874 年日本侵台事件发生后，沈葆桢以黎兆棠“胆识兼伟，洞悉洋情，威惠在台，民怀吏畏”等因，又上奏申请将其起用，担任帮办台湾军务，[⑥] 在处理台湾事件中出力颇多。此后，可能是源于沈葆桢的推荐，黎兆棠又被北洋大臣李鸿章调往直隶差遣，担任过津海关道、直隶按察使等北洋要职，和李鸿章的关系也日形熟络，与李鸿章麾下籍贯同为粤省的丁日昌关系更为亲近。

---

① 《恳辞闽抚折》，《吴光禄使闽奏稿汇存》，光绪丙戌刊版，卷三，第 48 页。

② 《骤患急症请假调理折》，《吴光禄使闽奏稿汇存》，光绪丙戌刊版，卷三，第 54—55 页。

③ 《病未就痊请开船政差使折》《病久未痊请展假赴苏就医折》《贡谢天恩并报明就医江苏起程日期》，《吴光禄使闽奏稿汇存》，光绪丙戌刊版，卷三。

④ 《海防档·乙》福州船厂（下），（台湾）“中央研究院”近代史研究所 1957 年版，第 834、835 页。

⑤ 台北“故宫博物院”图书文献处清代宫中档奏折及军机处档折件，094934、117393 号。

⑥ 《遵旨会筹大概情形折》，《船政文化研究——船政奏议汇编点校辑》，海潮摄影艺术出版社 2006 年版，第 83 页。

1879 年 10 月 22 日，清廷谕令黎兆棠以三品卿衔出任督办船政大臣。黎兆棠没有丁日昌、吴赞诚那般办理过近代军工生产的资历，但是黎兆棠曾在福建省任职，且担任过台湾兵备道，对闽、台两地情形都十分熟悉，沈葆桢和李鸿章二人又都对他十分了解与看重，由其出掌当时还在参与台湾近代化建设的船政也尚妥当。李鸿章在与吴赞诚讨论时曾评价“召民（黎兆棠）系雨生（丁日昌）原保之人，又筱宋（何璟）所引为同志者，船务洋学虽未甚精到，而才识开展，筹办当自裕如”。[①] 然而黎兆棠患有“怔忡不寐”的痼疾，1871 年时就曾经奏请回籍休养过，1878 年又再度因病请假，清廷命令其担任船政大臣时，黎兆棠实际正在广东家中养病。1879 年 12 月 18 日得到闽浙总督何璟转来的上谕后，黎兆棠当即上奏表示接任，同时又向清廷请求给假两月，待医治调养后才能前往马尾就任，“恐抵闽之日，事务纷烦，旧病增剧，转多贻误。惟有吁恳天恩，赏假两个月，俾臣赶紧医治，假满之日，即行航海赴闽”。[②] 继带病任职的沈葆桢、丁日昌、吴赞诚后，第四任船政大臣又是一位健康状况不佳的官员。

就在黎兆棠拜发请假奏折的几天之后，首任船政大臣沈葆桢在两江总督任上去世，如果说此前淮系官员主政船政时，沈葆桢可以通过和李鸿章尽心商议来平衡、抵消淮系势力对船政正常事务的过多干预，而此时则一变成为李鸿章一人纵情指划，意味着船政将彻底按照北洋海防发展的战略而行事，黎兆棠主政船政时期，也便成了船政发展史上的一道特殊的分水岭。

黎兆棠在广东顺德原籍休病假二月期满，便启程赴闽，中途参观了两广总督办理的黄埔船坞，并绕道揭阳拜见在籍休养的丁日昌，“商询制造及海防事宜”，之后于 1880 年 3 月 30 日到达马尾，31 日正式就任

---

① 《复吴春帆京卿》，《李鸿章全集》第三十二册，安徽教育出版社 2008 年版，第 490—491 页。

② 《请假两个月医调片》，《船政文化研究——船政奏议汇编点校辑》，海潮摄影艺术出版社 2006 年版，第 175 页。另据李鸿章在给沈葆桢的私信中透露，黎兆棠没有能够立即赴任的原因是“断弦”，即夫人去世，见《复两江制军沈》，《李鸿章全集》第三十二册，安徽教育出版社 2008 年版，第 497 页。

船政大臣。经对船政的情况略作熟悉，黎兆棠便在4月17日致信北洋大臣李鸿章，通报自己到任船政等情况，李鸿章随后的复信犹如是对黎兆棠的工作指示，其信中的一些要求也真的成为了黎兆棠在任船政期间的基本工作重点："召民仁弟大人阁下：顷奉三月初九日手书，敬悉荣莅闽中，筹维尽善，以颂以欣。船局经费日绌，自非节无用以求有用不能起色，停修停造旧式之船，一意筹造新式快船，少可胜多，曷任翘盼。魏瀚、陈兆翱等在洋学成总监工，据称仿造快船，确有把握，望留意奖拔裁成，俾尽其所长为幸。此间逐渐购置新船，管驾、头目暂取资于闽厂，既虑人才有限，而水手等亦募南人，尤恐人地不习，故拟仿设水师练船学堂，为造就之基。创办伊始，师徒均少，丹崖星使迭函严宗光堪充教习，闽人多引重之。夏间学生出洋后，允饬赴津，感盼之至。闽厂练船及后学堂章程，乞先饬承抄录一分速寄，以便参酌举办为幸……"①

李鸿章所提及的新式快船，即吴赞诚担任船政大臣时委托日意格从法国购买全套设计图纸的撞击巡洋舰。黎兆棠到任之前的1879年12月，李鸿章北洋海防委托海关总税务司赫德向英国阿姆斯特朗公司订造2艘新式撞击巡洋舰，即后来的"超勇""扬威"舰，当李鸿章将此情况汇报清廷后，清廷突然提出要求船政设法也仿造这种军舰，使得船政建造新式撞击巡洋舰已成势在必行之事。②

当时对船政来说，建造新式巡洋舰在技术上并没有什么不可逾越的难关，主要的难度其实还是一直困扰船政发展的经费问题。据船政工程人员魏瀚和陈兆翱测算，建造新式巡洋舰单艘的工本造价约需40万两银，初期为从国外购买必需的配件等材料则需要首先投入20万两银，而清廷所制定的船政每年运行和造舰经费仅有60万两银，且属按月拨解，既要供应造舰所需，还要支付船政的人员薪工和各项建设经费，以此根本无力负担新式巡洋舰的建造。当时北洋海防接连从英国订造了新

① 《复黎召民京卿》，《李鸿章全集》第三十二册，安徽教育出版社2008年版，第540页。

② 《筹备蚊船以固海防折》，《刘忠诚公遗集》，（台湾）文海出版社1968年版，第2090页。

式蚊子船、撞击巡洋舰，南洋海防则缺乏新锐舰只，总理衙门早在1879年末已奏请谕令时任南洋大臣的沈葆桢设法解决这一问题，“或照北洋定购新式碰快船两只，或添购蚊子船数只”。[①] 黎兆棠上任后，旧事重提，既然南洋海防缺乏新式得力军舰，遂上奏申请由南洋大臣协拨20万两银给船政，“以为经始之费”，船政将新式巡洋舰造成后即交付给南洋。这一主张，清廷户部商议后表示赞成施行，由此开创了协款造舰的全新模式。即船政改变呆板、被动的自行造舰后等待外省无偿认领的调拨军舰制度，而变为外省以类似订造的形式向船政指定建造军舰，并为此支付新舰一半的工料费用，船政则以日常经费自行承担另外的一半费用，军舰造成之后不仅使用权归协助款项的省份，连所有权也一并归该省份掌握。协款造舰制度无疑是船政发展过程中的一项重要创新，有助于船政在自身经费问题得不到突破的局面中，借助招揽外省造舰，而不断提高自身的舰船建造能力。只是协款所造的军舰将完全交付外省，而不像调拨军舰那样将管理权操控在船政水师之手，这一模式推广开之后，船政水师很可能将因为得不到新军舰编入而式微。

虽然奏准由南洋协款建造新式巡洋舰，然而时任南洋大臣刘坤一对此的反应并不积极，南洋方面并没有直接拨解20万两银经费给船政，而是先将粤海关欠解南洋的63000两银债转让给船政充数，要船政自行设法向粤海关催促这笔款项，“迭次咨催并派员赴粤守提”，经历一年时间，仅仅要得了3万两银。为免工程托宕过久，未等南洋经费如数到来，船政自行设法出资开工，新式巡洋舰于1881年11月9日在船政开工，即后来的“开济”舰。

除了努力将吴赞诚主政时期未能完成的建造新式巡洋舰一事变为现实以及创造了协款造舰模式外，黎兆棠还一如李鸿章所愿，将大批船政后学堂毕业的精英军官输送向北洋，成为北洋筹建海军的重要人才基础，同时还将船政建设学堂、水师的种种经验向北洋无私提供，为北洋天津水师学堂的成功开办提供了坚实基础。

---

① 《光绪五年十一月初一日总理各国事务衙门奕䜣等奏折》，《洋务运动》第二册，上海人民出版社1961年版，第426页。

于新式巡洋舰的建造以及输送人员支持北洋同时，黎兆棠在担任督办大臣期间，另还开启了一项对船政意义特殊的工作，即启动了对船政的整顿。[1]

所谓的整顿船政，与其理解为整顿积弊，倒不如看作是带有某种清算性质的政治举动。

黎兆棠就任船政大臣伊始，经前任吴赞诚与南洋大臣沈葆桢等协商的将船政所造“康济”号轮船归招商局使用一事突生波折。“康济”号在黎兆棠到任时已经交付轮船招商局，准备投用在沪闽航线上，经负责为民船发放执照的海关理船厅检视后，海关总税务司赫德突然密报总理衙门，称“康济”的设计有问题，“此船虽装压载砂石三百吨之多，而未能平稳，倘多搭客人，恐更不免颠簸……虑有倾覆之虞”。[2] 后经总理衙门要求招商局、船政详查，证明赫德所言属于夸大其词，然而通过此事不难看出，竭力想促成中国近代海军建设依赖从英国购舰的赫德，对中国的自造舰船机构船政怀有明显的妒恨心态，“赫德欲中国多购蚊船，则谓‘康济’欠稳妥”[3]。而在赫德的鼓动下，当时中国高层官场上包括总理衙门大臣奕䜣、北洋大臣李鸿章等在内，其实都大受影响，持造舰不如购舰之论。

“康济”事件大略平息后，1880 年 7 月 6 日督办船政大臣黎兆棠突然向总理衙门大臣致送了一封内容特殊的信件。信中，黎兆棠痛指船政存在有种种弊端，指责因为请的洋员监督日意格不得力，雇佣的外国技术团队也多是“二三等角色”，所以船政以往所造军舰多为旧式，且施工拖沓，成本巨大。此外批评船政此前给予学堂毕业生的待遇过于优厚，“管驾数年即坐拥厚资”。其指责的内容多为船政五年计划时代之

---

① 已有研究者注意到船政整顿的历史，见孙佳：《论光绪年间福建船政的整顿——从黎兆棠到裴荫森》，收录于《船政文化研究》（第四辑），海潮摄影艺术出版社2006 年版。然而该文误将整顿船政一事理解为是由总理衙门大臣奕䜣等上奏提起的，而未注意船政大臣黎兆棠在此之前主动商议总理衙门来挑起争端事件的谋划。

② 《海防档·乙》福州船厂（下），（台湾）“中央研究院”近代史研究所 1957 年版，第 848 页。

③ 《海防档·乙》福州船厂（下），（台湾）“中央研究院”近代史研究所 1957 年版，第 857 页。

事，其言外之意，船政的这些弊端都是起自于左宗棠、沈葆桢开局办理不当，似乎要破除左、沈影响，另立新的模式。考虑到此时沈葆桢去世未久，而左宗棠正因西北军务无暇东顾，黎兆棠的此一密函不禁令人齿寒。在函件中，黎兆棠还请求由总理衙门出面将此事上陈朝廷，“弟拟再察看一两月，若不能整顿，将辞此船政，以免有玷身名，贻误大局”①，显然意将事态扩大化。

详细研读黎兆棠致总理衙门的函件，其批评船政的五年计划合作存在问题，所举的具体事实是因为洋员舞弊，导致军舰建造缓慢等情形，即“洋匠与中国立合同，订明若干年造船若干号，据委员夏久晃禀称，洋匠恐成船太速，不能久留以食薪水饩廪，往往派华匠造一器，必宽其期限，有先期而成者，即甚精美，必以为不中程式弃之，固华匠相约缓延，竟成锢习，中国仿效西法，未有比其更贵者”。② 此说实际多属捕风捉影之谈，以五年计划时代船政的造舰进度看，除首制舰“万年清”受船材供应影响而施工时间较长外，其余军舰的工期都十分快捷。

而黎兆棠指责船政教育的部分就更为牵强，黎以台湾林氏家族贿赂公车举人赴京为因罪获刑的家长林文明鸣冤的事例，生拉硬扯到船政学堂毕业生的高薪待遇上，认为船政学堂毕业生如果待遇优厚，以致荷包殷实，倘若将来其等发生不法行为，被船政大臣等纠参时，难免不会出钱贿赂举人上京告状，“惟恐将来管驾员弁有卖缺、走私、侵吞军饷等事，弟执军法从事，又买举人京控，弟则无所措手足矣”。③

1880 年 7 月 14 日，总理衙门正式以黎兆棠来函中所指的事实向清廷上奏，申请清廷饬令黎兆棠认真整顿船政。④ 清廷旋后在 7 月 15 日就此事颁布上谕，对船政以往的建设提出批评，“船政为海防而设，关

---

① 《海防档·乙》福州船厂（下），（台湾）“中央研究院”近代史研究所 1957 年版，第 857 页。

② 《海防档·乙》福州船厂（下），（台湾）“中央研究院”近代史研究所 1957 年版，第 856 页。

③ 《海防档·乙》福州船厂（下），（台湾）“中央研究院”近代史研究所 1957 年版，第 857 页。

④ 《海防档·乙》福州船厂（下），（台湾）“中央研究院”近代史研究所 1957 年版，第 859 页。

系至为紧要，频年不惜重帑创此规模，宜如何实力图维，以期缓急足恃，若如该衙门所闻各节，虚糜饷项，必至贻误要工，积久相沿，流弊何所底止”，要求黎兆棠认真整顿。①

值得注意的是，整顿船政一事发生后，北洋大臣李鸿章在与黎兆棠以及一些同僚的通信中经常议及此题。8 月 26 日，李鸿章在一封给黎兆棠的回信中言及整顿船政，相关的话语虽不多，但耐人寻味：“总署久訾船政多弊，由于船多旧式，为外人所轻，日意格罪不容逭；而管驾自用大副以下各人役，未免滥荐徇私，则当事亦不能辞咎”。②

其中船政造军舰多为旧式、为外人所轻一段，明显指的是赫德在总理衙门等处对船政散播批评意见，而总理衙门“久訾船政多弊”，无疑是透露了总理衙门一直以来对船政的真实意见。事实上从左宗棠创议办理自造轮船开始，总理衙门大臣奕䜣等即对此事缺乏兴趣，乃至存有异议，在船政发展期间的历次风波中，都不难看到关键关头总理衙门的暧昧态度。李鸿章认为日意格罪不容逭，弦外之音便是任用日意格之人也有责任，矛头暗指左宗棠。此外，李鸿章对船政水师军舰官员多由各舰管带推荐任用的批评，黎兆棠在向总理衙门密称船政积弊时并未提及此点，显然是李、黎交流中的新意见，但是船政水师军舰军官由舰长推荐这一制度，实际起源自船政学堂尚未有大量学生毕业的船政创始阶段，诸如“万年清”军舰从官弁到士兵皆由管带贝锦泉招用，属于不得已而为之的救急措施，随着船政后学堂的毕业生日多，这一情况已经出现了明显变化。李鸿章述及此点时，向黎兆棠表示“当事亦不能辞咎”，所指的“当事”显然是已故的沈葆桢，似有暗示用意。

次年 5 月 22 日，因都察院左副都御史张佩纶对李鸿章任用原船政大臣吴赞诚出掌天津水师学堂表示担忧，称此举将导致船政的积弊传染到北洋，李鸿章在致张氏的信中说得则十分的直白，“闽厂实由文肃（沈葆桢）立法过宽，用财过费，故其后不免流弊，非尽吴君（吴赞诚）

① 《海防档·乙》福州船厂（下），（台湾）“中央研究院”近代史研究所 1957 年版，第 860 页。

② 《复船政黎召民》，《李鸿章全集》第三十二册，安徽教育出版社 2008 年版，第 583 页。

之过，召民（黎兆棠）书亦以为然”[①]，言下之意船政的积弊都归咎为沈葆桢的管理不当。

由黎兆棠挑起的整顿船政事件，幕后的潜台词不难看见。淮系军政集团对船政的影响日益增大，而左、沈二公的创始之功则反而被淡化。船政的地位也从左、沈二人所梦想憧憬的国家性机构，日益变为配合北洋海防建设意旨的地方性单位。淮系对船政的一步步逐渐控制，个中自然有着淮系对左宗棠楚系的倾轧之意以及包揽近代化海防建设机构的政治野心。但不应以偏概全的是，除了派系之争等表象外，李鸿章对船政的影响，实际也是出自他对中国海防近代化建设战略的考虑，在国家资源有限的情况下，竭尽手段排挤竞争对手的战略，而使自己认为正确的海防战略得以施行。而这种争端落在清廷眼中，则成为了制衡地方权臣的大好机会。

值得注意的是，清廷谕令黎兆棠整顿船政后，江南道监察御史李士彬在 1880 年 12 月 17 日上奏，直指“福建船政初开局时，立法甚善”“近则专徇情面，滥竽充数”，言下之意，即左宗棠、沈葆桢开办船政有功，而积弊实际是后任的船政大臣造成。并举出了诸如船政委员“日吸洋烟，恋姬妾，十数日不到局一次”“学生等或习游戏，或流为异教”等生动细节。[②] 这篇奏参看似为整顿船政而起，实则简直如同对黎兆棠等的反击，李士彬的奏参背后，是否另有政治文章，也耐人寻味。

1882 年 5 月，督办船政大臣黎兆棠因为在船政工作紧张，旧病复发，长期失眠，“自夏秋间感受暑湿，入冬精力委顿，痛夕不寐，一面延医调治，一面力疾从公。原冀春融脾土渐旺，可以振刷精神，力图报效，讵本年开春后昼夜不寐，心气愈亏”，经向清廷申请开缺，未获批准，只给病假一月，[③] 船政工作交新任提调委员吕耀斗暂时照料（原提

---

① 《致张佩纶》，《李鸿章全集》第三十三册，安徽教育出版社 2008 年版，第 29 页。

② 《光绪六年十一月十六日江南道监察御史李士彬奏》，《洋务运动》第五册，上海人民出版社 1961 年版，第 249 页。

③ 《海防档·乙》福州船厂（下），（台湾）“中央研究院”近代史研究所 1957 年版，第 911—912 页。

调委员吴仲翔1881年被咨部赴京引见，又被李鸿章上奏留用于天津办理水师学堂，黎兆棠则奏调年近六十的吕耀斗赴船政担任提调）。

此后，因病情未有好转，黎兆棠始终处在断断续续的休病假状态，1882年11月24日，黎兆棠上奏，以身体健康状况恶化为由，再度申请病假，并请假回籍调养，获清廷批准。当时船政协款建造的第一艘新式巡洋舰“开济”下水在即，黎兆棠充满感情地一直等待到这艘军舰成功下水后，才起程赴粤。原本清廷批准黎兆棠病假二月，假满后仍应回船政任上，然而就在此时，先是侍郎宝廷于1883年1月20日上奏，陈船政积弊遭人议论，必须“命通晓军务、公正、不徇情面大员认真清查”。[①] 继而，都察院左副都御史张佩纶直接上奏参劾黎兆棠，1883年3月23日张佩纶上奏，以黎兆棠“藉病离局，旷废良多”等为由，申请将黎兆棠开缺，“别简大员督办船政”。[②] 1883年3月25日清廷发布上谕，开去黎兆棠的船政大臣及卿衔，由福建按察使张梦元以三品卿衔接任督办船政大臣。[③]

四、张梦元时期

张梦元，字子善，直隶天津人，1825年生，咸丰元年（1851年）举人出身。太平天国战争期间，在湖北襄赞军事，后历任福建邵武县知县、建安县知县、闽县知县、永春州知州、福州府知府、福宁府知府、兴化府知府、台北府知府等职，1879年被派任台湾兵备道，1881年任福建按察使、署理布政使，是一位在福建本省任职资历非常深厚的官员，其为官以清廉、干练著称，曾受时任闽浙总督左宗棠的好评，看似隐约有着左宗棠楚军集团的政治背景，[④] 而据左宗棠与朋僚通信时对张

① 《光绪八年十二月十二日侍郎宝廷奏》，《洋务运动》第五册，上海人民出版社1961年版，第270页。

② 《光绪九年二月十五日都察院左副都御使张佩纶片》，《洋务运动》第五册，上海人民出版社1961年版，第271页。

③ 《海防档·乙》福州船厂（下），（台湾）“中央研究院”近代史研究所1957年版，第948页。

④ 《清代官员履历档案全编》第四册，华东师范大学出版社1997年版，第62—63页。

梦元的评价看，似又并无什么特殊的联系，大致属于一位集团政治背景模糊的官员。

在淮系势力于黎兆棠时代已全面影响船政之时，突然出现了一位政治背景模糊的官员出任船政大臣，这或许和当时另一重要的人事调整有关，即1881年左宗棠被派出任两江总督、南洋大臣。同一时期，北洋大臣李鸿章因母亲去世，回安徽原籍守制，则也是不容忽视的一大背景因素。

1883年5月9日，张梦元交卸了福建按察使等职务，于当天前往马尾就任督办船政大臣，和黎兆棠一样，都是被新授三品衔身份出任。张梦元在船政大臣的任上，共只停留了不到一年的时间，其所做的主要工作一为配合南洋大臣左宗棠向船政协款造舰的活动，一为计划对船政的各项建设实施紧缩政策，以适应当时船政运行经费遭常年拖欠的窘迫现实。

1882年2月12日左宗棠在江苏江宁正式出任两江总督、南洋大臣，于9月11日向清廷上奏自己对南洋海防的布置战略，提出将从江淮厘捐中设法筹资，向船政协款，再订造4艘新式巡洋舰，最终则决定由船政建造2艘，另外2艘则将船政的图纸交由德国船厂依样建造。

为配合左宗棠的购舰计划，张梦元着手组织修理、加长船政的第2号船台，以便满足同时建造2艘新式巡洋舰所需，另外还加盖巡洋舰放样所用的板房。

张梦元任内，正值淮系背景的船政大臣吴赞诚、黎兆棠等接续举办的第一号新式巡洋舰问世，继黎兆棠目睹该舰成功下水后，这艘后来被命名为“开济”的撞击巡洋舰经过舾装，在1883年9月27日开始实施内河航试，经10月1日进行了第二次内河航试后，“开济”舰在10月11日出海航试，一切情况良好。张梦元遂上奏清廷，报告这艘军舰将于10月22日开往南洋交付。①

1883年10月22日恰值暴风雨，“开济”舰由南洋水师派来的军官

---

①《“开济”快船试洋，订期驶往南洋并厂工情形折》，《船政文化研究——船政奏议汇编点校辑》，海潮摄影艺术出版社2006年版，第224页。

何心川指挥驶出闽江，狂涛怒浪侵袭中，舰内多处涌进海水，随后因积水过多，随后被迫就近傍岸抢修，经过三昼夜的抽水化险为夷。由于“开济”舰在飓风中舱面设施多有损坏，何心川指挥该舰改道回闽，于27日到达船政进行修理。返回船政时，何心川上报船政衙门，称“开济”舰的抽水泵存在故障不能使用，导致了该舰在遭遇暴风时无法及时排出进水，因而受损。但经张梦元仔细调询，发现真实的情况是22日遭遇暴风时，何心川指挥失当，人为误操作使得舱底抽水泵损坏，而并非是抽水泵本身的质量问题，“该船任人等不能得力于汽鼓之泄，蒸汗铜管久启不下，遂致热水入舱，浸化舱底抽水机所配树胶者，因而施展不灵”。对此情形，张梦元顾及南洋大臣左宗棠的面子，要求何心川重写受损报告，不要再提抽水泵一事，而改成“开济”舰因飓风受损。同时张梦元私下致信左宗棠，告知事情真相，希望左宗棠另选得力军官来闽驾驶“开济”回沪。①

除办理南洋协造军舰等事务外，张梦元任内的另一重点工作是根据船政经费常年被拖欠的现实，拟定了紧缩船政建设规模的策略，诸如停止建造新舰，裁减人员等。不过此议尚未议论定局，又值中法两国因越南问题关系紧张。1883年10月27日，张梦元接到军机大臣转发的10月9日清廷上谕，调其赴广西担任布政使，遂遵旨于11月3日交卸船政大臣职务，一应工作由提调吕耀斗暂兼，11日离开马尾奔赴新任。而就在张梦元交卸船政大臣职务的第二天，南洋大臣左宗棠突就“开济”舰受损一事上奏抨击船政，成为新任船政大臣抵任时面临的一大挑战。

五、何如璋时期

1883年10月9日清廷上谕调船政大臣张梦元出任广西布政使时，同时任命翰林院侍读学士何如璋接手督办船政。② 何如璋，广东大埔县

---

① 《遵旨查明船政前此承造“开济”快船并无玩延讳饰，据实复陈折》，《船政文化研究——船政奏议汇编点校辑》，海潮摄影艺术出版社2006年版，第253页。

② 《海防档·乙》福州船厂（下），（台湾）“中央研究院”近代史研究所1957年版，第1007页。

人，字子莪，又作子峨。同治七年（1868 年）戊辰科进士出身，曾任翰林院编修，1877 年经北洋大臣李鸿章推荐，出使日本，是近代中国的首任驻日公使。[①]

得到任命后，何如璋于 11 月 1 日觐见陛辞，随后启程赴闽，于 12 月 25 日抵达马尾，29 日接过提调吕耀斗保管的总理船政关防，正式就任。在被任命为船政大臣时，何如璋曾致信北洋大臣李鸿章，相约南下路过天津时一叙，足证二人的关系密切，[②] 经过政治背景模糊的张梦元时期之后，船政又迎来了一位有着淮系色彩的督办大臣。

何如璋虽然出自翰林院，但出使日本的经历使其对洋务事业别具兴趣，就任船政大臣后计划大刀阔斧地扩大船政规模。何如璋抵任后的一系列行政举措颇有章法，一面主持了南洋大臣协款订造的 2 艘新式巡洋舰的开工工作，一面核定船政水师各军舰的人员编制、薪饷标准，同时上呈自己关于船政建设的四点意见：其一，为了适应建造大舰甚至铁甲舰的需要，扩大船政原有的拉铁车间的规模，以便能制造大型铁构件，增添轮机、锅炉车间的机床。其二，设法自行建造排水量一千余吨规模的小型铁甲舰。其三，鉴于船政原有的铁船槽只能载重 2000 吨，无法起重新式的“开济”级巡洋舰，计划或是购买船政附近的英商天裕船坞进行改造，或自行择地建造干船坞。最后，何如璋还提出了就近在福州开采侯官穆源铁矿的设想，计划以此解决船政造舰乃至中国南北洋机器局生产所用原料的问题。[③]

为实现这四点建设目标，何如璋预估需要百余万两银经费，而在这四点实现之后，倘若船政按照每年建造小型铁甲舰和巡洋舰各一艘的目标发展，则运行经费必须翻番，即每年的经费花销将达到 120 万两银之巨。何如璋对此建议除船政原有的每年 60 万两银经费外，再由各省海关每年集凑 60 万两银。由于议上时中法外交关系紧张，且很快中法马

① 《清朝碑传全集》第五册，（台湾）大化书局 1984 年版，第 4161 页。

② 《复新授船政大臣翰林院侍读学士何》，《李鸿章全集》第三十三册，安徽教育出版社 2008 年版，第 292 页。

③ 《船政关系海防，拟请协筹经费，以扩成规而期实效折》，《船政文化研究——船政奏议汇编点校辑》，海潮摄影艺术出版社 2006 年版，第 244 页。

江之战爆发，何如璋的建议事实上未得到清廷的切实意见。

除此，何如璋上任伊始，立刻遇到了左宗棠因“开济”出洋受损而对船政的猛烈抨击。

1884 年 1 月 4 日，南洋大臣、两江总督左宗棠上奏，根据赴闽接收“开济”舰的管带军官何心川的报告，指责船政在“开济”舰尚未领取海图、罗经的情况下命令其开回南洋，称船政的行为“俨如局贾者以劣货售人，一出门则真赝皆弗故也。故一经风浪，百病丛生。该船费国家数十万帑金，岂容儿戏！”左宗棠又激动地指责“开济”舰的主尺度以及动力性能没有达到设计要求，“原定吃水一丈七尺，兹验吃水一丈九尺。行驶里数原定每时可行百里，今兹试洋只能行九十里；该工程处捏称英海里与法海里不同，其实英法海里原无二致，实属有意欺蒙”。同时还指责，“开济”原定工料只有 30 万两银，然而实际最终花费竟然达到 40 万两银。最后，左宗棠引申出对船政的指责，“臣昔年奏设船政局，原为自强之计，具有深意……闻近年该局员弁愈趋愈下，制造学生之骄肆，监工之不力，均不似昔年规模”，要求清廷对前任船政大臣张梦元进行斥责，并责成何如璋对船政实施整顿。①

经何如璋调查，并经调询张梦元，“开济”舰出海遇损的主要原因其实是管带何心川指挥不当，人为操作失误导致抽水泵无法工作而致。何心川向左宗棠禀报时所称的船政在未发放海图、罗经的情况下就催促“开济”出海的说法，更是子虚乌有，“该船早领有厂存海图及向盘、日规等件，不得已遭风诿之”。左宗棠所说的主尺度与航速不符的情况，实际情况是“开济”设计指标所定的吃水一丈七尺，所用的是营造尺单位，而左宗棠称查验时的吃水深度一丈九尺，实际是以鲁班尺或英尺测量所得。航速方面，“开济”的航速本有多种计算指标，每小时行百里是指“风平浪静，烧用上等煤”时的最大航速。至于左宗棠指责“开济”实际造价 40 万两银，超过了预计的 30 万两银之说，则更为荒唐，真实情况是“开济”的预估造价为 40 万两银，实际造价有所节省，因而船政将此后南

① 《光绪九年十二月初七日两江总督左宗棠奏》，《洋务运动》第五册，上海人民出版社 1961 年版，第 298—300 页。

洋续造的 2 艘同级巡洋舰的单艘预估造价调整为 33 万两银。[①]

经何如璋透彻呈明，真相大白。清廷宣布对张梦元“毋庸置议”，但对参加“开济”工程的有功人员不准褒奖。在左宗棠方面，左宗棠则将错误奏参的责任一股脑推给何心川，将其撤职了事。

何如璋督办船政的工作进入 1884 年后，随着中法关系吃紧，开始将大量精力转向军务方面，诸如召驻泊各省的船政水师军舰回马江归队以及布置船政近旁的岸上防御工作等。然而不幸的是，1884 年 8 月 23 日船政水师与法国舰队在马江交战，几近全军覆没。9 月 7 日清廷颁上谕，将何如璋召返回京，改由钦差大臣张佩纶兼署船政大臣。在处理完各种工作交接后，何如璋于 10 月 3 日将总理船政木质关防、文卷等移交给张佩纶，黯然踏上归途，船政历史上持续十年的督办大臣时代悄然谢幕。[②]

表十六　督办时代的船政大臣与主要官员大略情况

<table>
<tr><th>年份</th><th>船政大臣</th><th>提调委员</th><th>总监工</th><th>轮船营务处</th></tr>
<tr><td>1875 年</td><td>丁日昌</td><td rowspan="6">吴仲翔</td><td>叶文澜</td><td rowspan="5">吴世忠</td></tr>
<tr><td>1876 年</td><td rowspan="4">吴赞诚</td><td>叶廷眷</td></tr>
<tr><td>1877 年</td><td rowspan="3">王葆辰</td></tr>
<tr><td>1878 年</td></tr>
<tr><td>1879 年</td></tr>
<tr><td>1880 年</td><td rowspan="3">黎兆棠</td><td rowspan="4">空　缺</td><td rowspan="5">张　成</td></tr>
<tr><td>1881 年</td><td rowspan="4">吕耀斗</td></tr>
<tr><td>1882 年</td></tr>
<tr><td>1883 年</td><td>张梦元</td></tr>
<tr><td>1884 年</td><td>何如璋</td><td>周懋琦</td></tr>
</table>

① 《遵旨查明船政前此承造“开济”快船并无玩延讳饰，据实复陈折》，《船政文化研究——船政奏议汇编点校辑》，海潮摄影艺术出版社 2006 年版，第 253—254 页。

② 《恭报交卸船政局务，遵旨来京折》，《船政文化研究——船政奏议汇编点校辑》，海潮摄影艺术出版社 2006 年版，第 258 页。

第十二章　督办大臣时代的船政自身建设与经费状况

一、基础建筑的改修、扩建

船政的各项基础建筑设施在五年计划时代基本定型，其完备程度与同时期的欧洲铁工厂、造船厂乃至航海和海军学校相比，可谓不相上下。到了督办船政大臣时代，伴随着船政造舰技术的发展，船政主生产厂区开始陆续对建筑和技术设施更新改造，成为此一时期船政基础建设的最主要内容。

1874 年总理船政大臣沈葆桢在即将离任时，向清廷提出了船政造船日后的技术发展方向，即由原先的木胁木壳船向铁胁铁壳船转型。胁骨即舰船的首尾柱、肋骨和龙骨等基础的骨架，其体量巨大。船政此前因为使用木胁，在相关的车间设施使用上主要依赖木工车间，而当从木胁向铁胁变化时，船政原有的铁工车间无论是厂房面积还是机器的规模，都难以承担此任。

首任督办大臣丁日昌抵任后，根据和沈葆桢商议的结果，决定建设专门的铁胁车间。考虑到船政地块上各类建筑已经密布，难以再找出合适的空地，于是将原有的打铁厂并入拉铁厂，腾出的原打铁厂的车间建筑、生产设备等专门用来建设铁胁厂。船政原先的拉铁厂、打铁厂的建筑和锅炉厂、轮机厂等车间不同，为木结构，因为“土木之料日久倾败”，借着改造铁胁厂的机会，对原拉铁厂厂房实施拆除重建，由洋员斯恭塞格绘制图纸，从菲律宾等地进口新的木料充当车间的梁柱。新盖工程从 1875 年 12 月 8 日开工，至 1876 年三四月完工，此时由新任督办大臣吴赞诚主持，将车间内所用的钻床、剪床等全部安装就位。配合铁胁的制造，车间机床设备对动力源的功率要求更高，又将原来为拉铁、打铁车间提供蒸汽动力的锅炉房进行扩建，并加高烟囱，至当年夏季完工投产。① 船政从第二号铁胁炮舰开始，就全部使用新设的铁胁车间制造的铁胁。

伴随着铁胁车间的改造工程，首任督办大臣丁日昌还决策开工了一项新的建筑工程，即为了解决此前船政经费没有妥当之处保存而不得不暂时寄托在私人钱庄的问题，于船政的衙署内择空地修建了专门的金库，称作银库，成为船政经费的集中保管之地。②

铁胁厂建成投入生产未久，1881 年 8 月 26 日船政所在的马尾一带突遭多年不遇的强台风侵袭，“终潮怒吼，雨势如潮，云垂水立”“疾风怒雨倾山倒海而来，势甚猛烈”。据此时担任督办船政大臣的黎兆棠在事发后的报告称，当时马江江水上涨，一直淹至船政衙署的二堂台阶下，而濒临江边的船政厂区则几乎全遭水淹，“厂中各所，多被淹浸”。同时在狂风的摧折中，船政的大量建筑遭到破坏。由黎兆棠报告中的记述，可以感受到当时灾情之严重。“学堂、洋楼前围墙坍倒数丈，轮机厂栈房尽被吹倒，料件栈房墙壁坍塌，截铁厂屋瓦吹落殆尽，拉铁厂栈房瓦盖飞去几半，水缸厂铁栈房概行倾倒，其杂料房、家伙房、铜栈房屋瓦损坏甚多，水龙房亦倒塌，铁胁厂栈房瓦伤损大半，炮厂亦被水淹，福靖后营兵房倒塌八间，健丁营棚屋概被打倒，砖灰厂炼铁亭全座吹塌，东考工所塌左右围墙二面，西考工所匠棚全坏，广储所椽瓦、门窗、墙壁均损坏。此外，前后学堂、铸铁厂、艺圃、皮厂、船厂、帆缆厂、船台、船亭、木料亭以至模房、辘饼房、舢板厂等所及火药库围墙，均各有损坏。幸停泊工次轮船以及马力机器均无损伤，匠、役均皆无恙。”③

1881 年的这次台风受灾，是船政继沈葆桢时代在 1868 年因台风侵袭致船政生产厂区江岸坍塌后的第二次遭遇重大天灾。台风过后，督办大臣黎兆棠立即组织估算损失和维修的工程量，安排进行修理。万幸的

---

① 《铁胁厂兴工片》《铁胁厂布置及自制机器酌改省煤新式片》，《船政文化研究——船政奏议汇编点校辑》，海潮摄影艺术出版社 2006 年版，第 115、125 页。

② 《就署起盖银库片》，《船政文化研究——船政奏议汇编点校辑》，海潮摄影艺术出版社 2006 年版，第 120 页。

③ 《船厂猝被风灾，各厂、所塌倒损伤，亟筹修补情形折》，《船政文化研究——船政奏议汇编点校辑》，海潮摄影艺术出版社 2006 年版，第 189—190 页。

是，这次风灾中，船政主要是建筑受损，机器设备等都没有损失，并没有影响到船政生产工作的继续开展。当时正值船政准备开工建造“开济”号撞击巡洋舰，台风中受损的一些厂房设施在修建时，便顺势根据巡洋舰建造工程的需要，做了程度不等的扩建、加固等改造，主要包括有将船政原有的铁船槽及配套的机器房进行修整，以备修船等所需。

黎兆棠任内，因为承造的“开济”号巡洋舰的长度、重量都大大超过了船政以往所造的军舰，黎兆棠还主持完成了对建造“开济”船体的船政一号船台进行修整加固的工作，并根据“开济”的主尺度而增加船台的长度和宽度，以作配合（船政船台的原长度只有 76.8 米，“开济”的长度则为 83 米）。同时，船政原有的造船用图纸放样板房也不适用于“开济”这样大体量的军舰，又在第一号船台附近增盖了一艘大型放样板房，作为“开济”舰图纸 1∶1 放样所用。①

1883 年，张梦元接替黎兆棠担任督办船政大臣，为适应船政建造南洋协款的“开济”级后续巡洋舰“镜清”“寰泰”的需要，对船政的第二号船台也作了加固和增拓长、宽尺度，同时加盖一座 1∶1 的大型图纸放样房，以便可以由一号、二号船台同时开工 2 艘大型巡洋舰。此外，为了南洋巡洋舰储料所需，又增盖木料仓库 1 座，还增加铸铁厂、铁胁厂的部分机器设备。②

衔接在任职短暂的张梦元之后，翰林院侍读学士何如璋在 1884 年初被派接任督办船政大臣。何如璋上任伊始，经总括前任的建设经验，对船政建设持大力扩张的态度，提出了“添机扩厂”“仿造铁甲”“购造船坞”“开办铁矿”等四项新的建设规划，其中涉及船政基础设施营建的是“添机扩厂”“购造船坞”二端。

何如璋的“添机扩厂”规划，是针对船政建造“开济”巡洋舰过程中暴露出的“机器不敷用”问题而提出。船政 1876 年在原先拉铁厂的基础上改造建成了铁胁厂，解决了船政建造铁胁炮舰时的钢铁大件制作

① 《遵照部章查出应行声明各款折》，《船政文化研究——船政奏议汇编点校辑》，海潮摄影艺术出版社 2006 年版，第 208 页。

② 《闽厂因制造快船，添拓厂所、船台，动用工料片》，《船政文化研究——船政奏议汇编点校辑》，海潮摄影艺术出版社 2006 年版，第 226—227 页。

所需，然而“开济”级巡洋舰的规模较铁胁炮舰为巨，所用的金属胁骨体量更大，铁胁厂的机器设备和厂房空间有难以应付之窘迫，以至于巡洋舰所用的很多大型钢铁构件不得已而只能从欧洲定造，“所有钢铁大件，不得不购自外洋，驳运固属迂回，制造尤虞停待”。为了解决这一问题，何如璋计划为拉铁厂增置1座大型的拉铁机器以及配套的大型汽锤、再热炉等设备。根据大型拉铁机对蒸汽动力的功率需求，再在拉铁厂隔壁加盖一座机器房，安装500马力大功率蒸汽机和配套的锅炉，作为该车间的动力源。此外，轮机厂还增添了制造舰船传动主轴所需的转轮轴大机、制造军舰管路乃至蒸汽机汽缸所需的旋内径大机以及配套的剪床、钻床、刨床等。何如璋另还计划为船政自造铁甲舰预作准备，购买制造军舰装甲所需的机器设备，营建专门的厂房，“如就厂制造铁甲，则拗龙骨、烘铁胁与夫拉甲、烘甲、削甲、刨甲之机器、砖瓦等项，均须加扩厂地，一律增添”。

何如璋提出的“购造船坞”，也是针对“开济”舰而起。船政建设时，因为生产厂区的土地条件无法满足开挖、建筑砖石干船坞所需，闽浙总督左宗棠于是同意将建设计划中的干船坞更改为铁船槽，即拖船坞。不过根据设计，铁船槽的承载极限是2500吨，实际上2000吨已经到了临界点，这一硬件条件对五年计划时代船政所造的军舰而言都已经够用，而此时船政新造的“开济”级巡洋舰的排水量已达2200吨，逼近铁船槽安全承载的极限，以至于船政无法使用铁船槽来拖曳“开济”离水维护。在船政没有硬件条件对“开济”级军舰进行维护保养，而当时中国各地也缺乏自营大船坞的情况下，“开济”级之类排水量超过2000吨的大舰显然只能进外商船坞，或者远赴外国入坞维护。另外，当时北洋水师已经向德国订造了一等铁甲舰“定远”“镇远”，其单舰的柱间长（军舰首柱至尾柱之间的长度）超过91米，排水量高达7335吨，[①] 这样的巨舰归国，无疑也需要有能够经常入坞维护的场所，“闽厂旧用铁螺丝船槽，容量二千余吨，去年制成之‘开济’快船即不能修，何况铁甲”。为预筹准备，何如璋计划或是按照沈葆桢、丁日昌等

① 《伏尔铿钢面铁甲船程式》，南京图书馆藏抄本，第1页。

曾经拟定的办法，购买船政近旁的英商天裕木质干船坞，在这座干船坞的基础上进行翻修、改造加长，或是干脆在马尾另外择地建造全新的干船坞，“备各船随时验修，庶不致利归外商，事多捍格”。[1]

据何如璋组织估算，“添机扩厂”与“购造船坞”两项总计需银近百万两，可谓是督办大臣时代手笔最大的基础建设规划，这笔经费依靠船政自身显然无从筹集，只能求助国家拨款，何如璋为此向清廷提出建议，然而议论未定，中法马江之战爆发，船政建设遭遇突如其来的变局，何如璋的这些基础建设规划成了督办船政大臣时代的绝唱。当这些规划被重新提及和付诸实施，则是署理船政大臣时代的事情了。

二、再聘洋员、洋匠

从技术引进、输入的层面来评价，船政得以成功建成，起码有一半的功劳都要归属于为船政建设付出辛勤工作的洋员、洋匠，他们所提供的知识和技术输入工作，是船政成功的重要基础之一。船政五年计划成功期满后，除日意格、斯恭塞格、舒斐等人因故暂留中国盘桓未去外，其他洋员、洋匠几乎全部如约解散，返回本国，船政内部则不再有洋员、洋匠在工作、服务。此举，主要源自船政创设时代的设定，在中国人对如何能与西方人和谐相处、交流尚不具有完全的自信时，与西方人进行合作，除了追求获得合作成果之外，另一关注重点便是不要被西方人寻机节外生枝，引发超出合作范畴之外的不可预测的事端，乃至国家间的外交纷争。因而船政的五年计划中规定，当合作到期时，所有的西方人必须立即解散，清廷尽管财政吃紧，但就发放奖赏，遣散洋员、洋匠的事务上也显得万般的高效，唯恐不能如约善后，引发纷争。然而就技术引进本身而言，其实很难单纯以一个具体的时间来作为间隔的界限，正如日意格在述职报告中所说，船政无论是舰船、轮机建造，还是学堂教育，在五年计划到期时尽管已经达成了预定的考核目标，但实际仍然有很多需要进一步深入推进的事务有待去开展、学习，若要使得船

---

① 《船政关系海防，拟请协筹经费，以扩成规而期实效折》，《船政文化研究——船政奏议汇编点校辑》，海潮摄影艺术出版社 2006 年版，第 244 页。

政能够获得紧追世界的技术能力，就不能彻底关上面向西方的门径，势必需要不断地拓展眼界，汲取新知识、新技术。

1874 年，日本侵台事件发生，原船政洋员正监督日意格、帮办监督斯恭塞格被船政大臣沈葆桢调用，随同赴台湾处理军事、交涉事务。继而，因为闽台防务所需，船政在生产厂区开始试造炮弹，原船政洋员总监工舒斐被召回，参与指导开展相关的军火制造工作。这批留在中国尚未离去的洋员被重新招用，首开五年计划到期后船政重新任用洋员的先例。继而，沈葆桢为加强船政水师的操练，委托日意格将原风帆训练舰“建威”的管带、英国人德勒塞聘回，担任船政水师总教习兼“扬武”舰管带，另雇佣 2 名“精于枪炮、帆缆”的洋员随舰担任教习，在船政后学堂训练舰的制度上也恢复了设置有洋员教习的传统模式。① 又因日意格、斯恭塞格等协助办理船政留学生赴欧事务，日意格招募了一名通晓中文的洋员额兰驻在船政，作为自己在华的代理人并充当在船政工作的洋员、洋匠们的翻译，在船政的洋员办公处工作，“派管外国文案、帐目……兼司出洋局事务并翻译一切”。②

丁日昌担任督办船政大臣时期，因为船政学堂教学的需要，于 1876 年委托日意格致信，将已经回到英国的原船政后学堂教习英国人嘉乐尔重新聘请回华，同时另聘请一位后学堂管轮教习一并来华，再开五年计划到期后从欧洲雇佣洋员的事例。与五年计划时代大量洋员、洋匠都是通过日意格、德克碑出面聘用的情况不同，此时聘用嘉乐尔等教习则是由船政直接与洋员本人订约。嘉乐尔等获得的合同，期限为三年，在合同的具体规范以及给予洋员的待遇上，则和五年计划时代基本一致，嘉乐尔和管轮教习首先领取安家费以及来华路费，到闽后每人每月薪水银 200 两，“如果教导出力，三年限满给予回费并两个月辛工，倘不受节制、不守规矩，或教导不力，听凭撤回。”③ 至吴赞诚督办船

---

① 《委蔡国祥驻“扬武”督操片》，《船政文化研究——船政奏议汇编点校辑》，海潮摄影艺术出版社 2006 年版，第 102 页。

② 《洋员额兰照案给奖片》，《船政文化研究——船政奏议汇编点校辑》，海潮摄影艺术出版社 2006 年版，第 164 页。

③ 《再延请教习嘉乐尔来工教导片》，《船政文化研究——船政奏议汇编点校辑》，海潮摄影艺术出版社 2006 年版，第 122 页。

政时，在1876年同年援引丁日昌时期的前例，又委托日意格代为从法国寻找2名“精于气学、重学、化学”的洋员，来船政前学堂任教习，合同期也是三年，所有规定与聘用嘉乐尔的办法相同。[①] 至此，船政前、后学堂以及训练舰，全都回归有洋员担任教习的旧制，对于船政教育水平的进一步提高、发展意义重大。

作为船政再聘洋匠的开始，总理船政大臣沈葆桢离任前申请派日意格赴欧洲购买铁胁及新式蒸汽机和锅炉，为了保证船政能够成功组装铁胁军舰，并能自行掌握自造铁胁船的技术，同时委托日意格从法国代为雇佣一批洋匠来华指导，计有古都阿、苏法热、嘉部勒、克勒涅、河贝顺等5人，原在船政教习制造炮弹的舒斐也加入铁胁船项目，担任轮机监工，指导装备和制造新式蒸汽机、锅炉。[②] 这批洋员洋匠也都是由船政衙门和其个人单独签订雇佣合同，合同期限设定为一年，由此，船政的生产厂区内重又出现洋员、洋匠的身影。至1877年5月3日船政首艘铁胁炮舰“威远”航试成功后，洋匠嘉部勒于6月16日、舒斐于9月2日合同到期解约，先行回国。剩余的古都阿、苏法热、克勒涅、河贝顺等4人的合同被续签了一年，以使船政能够对铁胁军舰的制造掌握纯熟，“以华工放手自造虽有把握，更得洋师监视，庶几益密益精”。此后，克勒涅不幸在1878年8月2日因病亡故，船政按照合同规定发给抚恤金，古都阿、苏法热、河贝顺则在9月2日合同到期回国。援引船政五年计划时期的成例，时任船政大臣吴赞诚上奏为有功洋匠请奖，表现突出的古都阿、苏法热二人被分别授予船政成功金牌以及五品顶戴。[③] 在参加铁胁军舰建造的首批洋匠合同到期的1877年，船政大臣吴赞诚鉴于当时后学堂对训练舰的要求不多，“在船只五六人，新班各童入学未久，遽令上船又觉太骤”，原在训练舰担任总教习的德勒塞以

---

① 《考校学生、延访洋教习及操练兵轮片》，《吴光禄使闽奏稿汇存》，光绪丙戌刊版，第5页。

② 以往很多资料将舒斐视作是船政铁胁军舰的总监工，不确。舒斐实际只负责指导新式轮机的组装、制造工作。

③ 《海防档·乙》福州船厂（下），（台湾）“中央研究院”近代史研究所1957年版，第771页。

及枪炮、帆缆洋教习也全部到期解约。[①] 较之五年计划时代对洋员、洋匠的雇佣情况，该批洋匠的雇佣乃至续约等，显示了此时船政在处理洋员、洋匠问题上已经充满自信和应付裕如。

时至 1879 年，船政留用的洋员已主要是前后学堂的教习，至于生产厂区，因为船政技术人员已能掌握铁胁军舰造法，未再雇佣洋员、洋匠。1879 年当年，是船政原雇前后学堂教习的三年合同到期时，此时船政根据自身的需要以及洋教习的教学表现，进行了汰选。前学堂数学教习迈达、制造教习德尚表现出色被挽留。后学堂驾驶教习嘉乐尔虽然表现出色，但本人要求归国，改由日意格从英国新物色了一位名叫邓罗的洋员接替，后学堂管轮教习也由日意格新物色了一位名叫理格的洋员到任，邓罗、理格均于 1880 年到任，均直接和船政签订合同。

至 1883 年，原在 1880 年签订合同的教习合同届满。船政又再度进行了汰选，前学堂数学教习迈达被留任一年（合同期由 1884 年 2 月起算），因病回国久未返回的前学堂制造教习德尚被解约，该职务经过选拔由船政前学堂留欧归国学生郑清濂接任。后学堂驾驶教习邓罗表现出色，被续签一年，而管轮教习理格因为表现一般，“教授年余，未甚得力”，在 1881 年被船政提前解聘，经时任船政大臣黎兆棠洽商总理衙门，不再经由日意格等外国人之手，而是由中国驻英公使曾纪泽直接照会英国海军部，请求英方推荐“品学兼优，才技出色”的人选。[②] 英国海军部随后推荐了一名叫作丢瓦的海军总管轮军官，经曾纪泽招致中国驻英公使馆面试，“察其言论举止似尚精细和平”，遂由曾纪泽在 1883 年按照船政拟定的合同条款与其签订了为期三年的雇佣合同，[③] 当其到达中国任职时，再专门和船政签署一份雇佣合同，以替代中国驻英使馆出面签署的临时合同。然而就任后，丢瓦因水土不服竭力要求辞职，经

---

① 《撤“扬武”练船教习，调吴镇管驾操练片》，《船政文化研究——船政奏议汇编点校辑》，海潮摄影艺术出版社 2006 年版，第 130—131 页。

② 《海防档·乙》福州船厂（下），（台湾）“中央研究院”近代史研究所 1957 年版，第 932 页。

③ 《海防档·乙》福州船厂（下），（台湾）“中央研究院”近代史研究所 1957 年版，第 954 页。

时任船政大臣张梦元批准，改由船政留欧回国学生魏瀚接替。

当督办大臣主持船政时代即将结束的1884年，船政雇佣的洋员已日形减少，在船政学堂只剩下了留用的后学堂正教习邓罗和前学堂正教习迈达两人。倘若将洋员、洋匠视作是船政这个新生儿蹒跚学步的扶手、支柱的话，那么五年计划到期后船政再度雇佣洋员、洋匠，显示了船政其实在某些方面仍然需要外部技术和知识力量的扶助，由这一时期船政雇佣的洋员、洋匠所服务的部门以及在船政的工作时间的长短不同，便不难看出此时船政的短板弱项所在。到了1884年，在由五年计划后又经历了西方人员在技术方面的近十年的辅导期后，船政终于能够彻底甩开扶手独立行走，实现放手自立了。

三、日益严重的经费问题

在日本侵台事件发生后，至沈葆桢离任前，闽海关共积欠船政运行经费达40万两银之巨，经沈葆桢反复奏请，清政府始同意从闽海关的四成洋税中分年挪动填补，解决了这笔欠解经费。然而在清政府海防建设等用度浩大的情形下，船政经费不足乃至遭到拖欠的问题并无法得到根本性的解决。船政的经费原指定由闽海关的六成洋税下按月拨解5万两银，后因闽海关六成洋税支绌，经福州将军文煜上奏申请，从1876年农历正月开始改为每月从海关四成洋税下拨2万两，六成洋税下拨3万两。① 待到吴赞诚接任督办船政的1876年农历十一月，船政又陆续被新拖欠了高达32万两银的运行经费，其主要的拖欠来自于六成洋税。而船政水师的养船经费，除调拨各省的舰船由各省负担外，其余在闽的舰船薪饷、养护费用则从福建税厘局的洋药税下支付，而至1876年农历十一月，这部分资金被拖欠了11万两银，全部由船政从本就被大幅拖欠的运行经费中垫资发放。

为此，吴赞诚上奏高声呼吁，然而于事无补，不仅清廷对此无动于衷，作为吴赞诚幕后靠山的淮系军政集团，也无兴趣过问此事。吴赞诚

---

① 《海防档·乙》福州船厂（下），（台湾）“中央研究院”近代史研究所1957年版，第642—645页。

曾就闽海关六成洋税下长期拖欠船政经费一事见商时任福建巡抚丁日昌，丁日昌的态度非常微妙："承示船政六成款不足数，星帅（指福州将军兼署闽浙总督文煜。文煜，字星岩）毫不通融，诚难怪我公之愤激，惟公向来大度包荒，际此时艰，只可忍中再忍"。①

至1877年农历十二月，闽海关拖欠船政的运行经费已经高达50万两银（其中1877年农历年份中拖欠的为12万两银），且每月下拨的运行经费只有四成洋税下的2万两银能够保证，六成洋税下的每月3万两银则成了长期拖欠款项。② 此时，船政留闽军舰的经费供应情况也是万般窘迫，从1876年农历十二月至1877年农历十二月，累计又被拖欠16万两，也还是由船政从自身本就窘迫万状的运行经费中垫支。按此计算，以1877年为例，当年船政应得的运行经费为60万两银，而实际得到的仅有48万两，这其中还要开除16万两垫付船政水师的军饷、养船费用，船政真正得到的运行经费则只有32万两，仅相当于额定经费的半数，足以令人吃惊。而就是在这样窘迫的情况下，这一年里船政还四处拼凑经费，完成了铁胁炮舰"威远"和木胁木壳炮舰"泰安"的建造。

鉴于船政的经费状况已经到了山穷水尽的境地，船政大臣吴赞诚于1878年1月20日再度上奏，痛陈船政经费得不到保障的情形："此前遇有支绌，尚可向银号、钱庄筹借，指关款以归还。迩来商景萧条，且佥知关欠累累，告贷其谁相信？惟船政为海防根本，关系匪轻，傥因费绌工停，恐启外人觊觎至渐。"申请参照沈葆桢任内经奏请从闽海关四成洋税中拨借拖欠款项的前例，先从闽海关的四成洋税中腾挪款项，解决船政在1877年农历全年被拖欠的运行经费12万两银，聊解困局。③

对此问题，清廷命令职责所在的户部进行筹商，拟制意见。由于事

① 《致船政吴春帆第三号书》，《丁日昌集》（下），上海古籍出版社2010年版，第942页。

② 《遵旨赴台并船政事宜布置情形折》，《船政文化研究——船政奏议汇编点校辑》，海潮摄影艺术出版社2006年版，第137页。

③ 《制船、养船经费两绌折》，《船政文化研究——船政奏议汇编点校辑》，海潮摄影艺术出版社2006年版，第137—138页。

实上闽海关的四成洋税先前已经被指定拨解南、北洋充作海防经费，户部经过考虑，不同意由闽海关的四成洋税下挪款支付 1877 年拖欠船政的 12 万两银运行经费，建议改从闽海关的六成洋税下设法拨解。当时闽海关的六成洋税事实上处于长期收不抵支的状态，船政经费之所以遭到拖欠，本就是因为闽海关六成洋税无法按月拨解，此时户部仍设想从闽海关六成洋税下努力筹措 12 万两填补拖欠，显然是不切实际的计划，户部这一方案貌似在设法解决问题，实际则毫无意义，不过是搪塞应付而已。另外，户部又向清廷提出建议，即船政大臣日后如遇到经费危机，可以咨会南、北洋大臣，设法从南、北洋海防经费中“筹商酌济”船政，言下之意船政再有经费难题，不要找中央政府解决，自行去找负责海防建设的南北洋大臣协商处理，完全是一番推脱责任的姿态。① 最终结果，吴赞诚的这番呼吁又遭遇不了了之的局面。

一年过去，1879 年 2 月 8 日吴赞诚又上奏求款。此时，不仅 1877 年被宕欠的 12 万两银船政经费没有得到丝毫的解决，在 1878 年（光绪四年元月至十二月）里又产生了 18 万两银的新欠款，船政的日常运行经费被累积拖欠已达 68 万两银，而船政在 1878 年（农历年）还从本就为数十分有限的运行经费中垫付了船政水师的 12 万两银薪饷费用。此时，吴赞诚已经无法指望积年的欠款得到全部解决，而只申请清廷解决 1878 年新积欠的 18 万两银运行费用，至于经费的来源，吴赞诚则提出了从闽海关拨解南北洋的海防经费中“筹商移拨，以济艰难”的设想。也即，既然各省解交南、北洋的海防经费是为了国家的海防建设所需，而船政本也属于国家的海防建设一环，不应该被排挤在南北洋海防建设之外，按照这样的逻辑，挪用闽海关原本解往南、北洋的海防经费来解船政的燃眉之急，完全合情合理。除此，为了预防今后继续出现船政运行经费被拖欠的情况，吴赞诚申请如果闽海关六成洋税每月无法筹措应付船政的 3 万两经费时，则从四成洋税下拨款，“嗣后，六成如不及额，一律就于四成应解海防银内划解”。

① 《海防档·乙》福州船厂（下），（台湾）“中央研究院”近代史研究所 1957 年版，第 758—761 页。

在这次上奏中，吴赞诚还提到了一个十分重要的情况，因为运行经费长期被拖欠，船政已不得不在 1878 年开始削减工人的数量，而这其实意味着经费问题之严重已经到了开始真正伤及船政制造能力的危险程度。“去年经将工匠极力裁汰，目下留工者皆不可少之人，应备者皆不可缓之料。使斧斤中辍，殊负十余年缔造苦心；且匠徒遣散后各自营生，再集良非易易。”①

此时船政的经费情况，正如对船政的掌故十分了解的民国人士林梵萱在《曲石龛琐记——船政兴衰考》中描述的那般：“朝旨何尝不煌煌赫赫，责令将军、督抚迅速筹还积欠，按月解清协饷，而往来奏牍，徒具虚文，毫无实济”。②

对导致这一局面的原因，林梵萱的分析也颇有见地，林认为一方面是闽海关在自身关税没有大幅增长的情况下，为了应付日益加多的向各处拨款的任务，事实上已经陷入了经费危机。同时林梵萱还认为原因出自户部乃至地方官员对船政多不甚在意，在分配本就有限的资金时，往往将船政经费的优先性放置于末尾。“盖闽省迭遭水患，关收减色，而部派日益增多，当事者不敢得罪于计臣，视船政为骈支机关，裕则路分余润以杜口，绌则视如秦越不动心”。③

19 世纪 70 年代中后期，清政府一方面要支应西征军饷，另一方面还要投资南北洋海防建设，在财政收入并没有大规模增长的情形下，事实上财政的确异常拮据。具体到福建省，作为本省大宗收入的闽海关关税、厘金等都被大量指拨解交西征军饷和南北洋海防经费，再加之台湾海防和近代化建设所需的台防经费也大量出自闽省，由此必然导致福建的海关、厘金等在分配时捉襟见肘。虽然清廷多次高调表态要求闽海关尽先拨解船政经费，但并未同时宣布对闽海关的其他资金拨解任务予以

---

① 《制船、养船经费两绌，请饬闽海关设法筹解折》，《船政文化研究——船政奏议汇编点校辑》，海潮摄影艺术出版社 2006 年版，第 151 页。

② 林梵萱:《曲石龛琐记——船政兴衰考》，《马尾船政局史资料汇编》（戊），福建师范大学历史系中国近代史教研组自印本，第 53 页。

③ 林梵萱:《曲石龛琐记——船政兴衰考》，《马尾船政局史资料汇编》（戊），福建师范大学历史系中国近代史教研组自印本，第 53 页。

松绑或延缓，在闽海关关税收入总规模不变的情形下，结果必然是关税无从应付那么多的拨解任务，拨解不及时、拨解宕欠等问题几乎是无可避免的必然问题。至于原本指定用以拨款支撑在闽船政水师薪饷、舰船养护费用的福建省厘金，也是同一境况。

船政遭遇经费困局，归根结底的原因，是一个落后的农业国在建设需要大量资金投入的近代化建设事业时，如果无法做到开源节流，为国库收入找到新的更多的增长点，那么必然会陷入经费不敷使用的泥沼。同时，1875 年后清政府开启了南、北洋分头建设的海防建设新战略，旋之又变为独重北洋一枝，原本与海防建设息息相关的船政不仅事实上被孤立在南、北洋海防建设战略之外，而且北洋海防在舰船装备建设方面又选择以从欧洲订购舰只为主要方式，由此更使得船政的重要性急剧下降，在申请资金时也不易真正受到重视。

表十七　闽海关 1874 年至 1884 年关税收支情况一览[①]

（单位：银两）

年份	关税收入	关税分配	具体拨解去向
1874 年	2403178	2404681	解户部：1023496；解拨饷需：269400；中央政费：27780；皇室经费：100000；海关经费：229005；船政经费：730000；其他：25000
1875 年	2482196	2439384	解户部：1030170；解拨饷需：371254；中央政费：28267；海关经费：234693；船政经费：750000；其他：25000
1876 年	2436317	2482352	解户部：603770；解拨饷需：886420；中央政费：33687；海关经费：273475；船政经费：660000；其他：25000

① 本表根据汤象龙编著《中国近代海关税收和分配统计》编制，因为原表按照公历计算年份和经费，因而和船政大臣请款奏折中所提的年份拨解数额略有不同。另外，汤象龙著中在 1874 年的闽海关分配费用明细中，存在分配总额与分配明细金额总和有出入的情况（分配明细总和相加较表中所列的分配总额短缺 100000 两银），疑为编印时明细金额表发生了串行的错误，可能明细表中列于 1873 年名下的皇室经费 100000 两应是 1874 年的发生数，本表据此暂在 1874 年闽海关分配明细中列入皇室经费 100000 两。

续表

年份	关税收入	关税分配	具体拨解去向
1877 年	2482770	2475082	解户部：447415；解拨饷需：986382；中央政费：180773；解还外债：76000；海关经费：275992；船政经费：483520；其他：25000
1878 年	2590432	2607239	解户部：741900；解拨饷需：710741；中央政费：249697；其他国用：32114；解还外债：150000；海关经费：297787；船政经费：400000；其他：25000
1879 年	2334601	2320881	解户部：536687；解拨饷需：678117；中央政费：251572；解还外债：124000；海关经费：283380；船政经费：434642；其他：12483
1880 年	2579152	2508264	解户部：482294；解拨饷需：810632；中央政费：282453；解还外债：170191；海关经费：282096；船政经费：420000；其他：60598
1881 年	2922410	2949050	解户部：447658；解拨饷需：1373811；中央政费：308186；偿付赔款：60000；海关经费：306688；船政经费：440000；其他：12707
1882 年	2682132	2653962	解户部：231750；解拨饷需：1149834；中央政费：299603；偿付赔款：230000；解还外债：13124；皇室用款：40000；海关经费：317651；船政经费：360000；其他：12000
1883 年	2506655	2513614	解户部：361301；解拨饷需：1014991；中央政费：285808；偿付赔款：110000；解还外债：10946；皇室用款：80000；海关经费：318568；船政经费：320000；其他：12000
1884 年	2515123	2528869	解户部：607403；解拨饷需：1096037；中央政费：285135；国内用费：10000；福建省用军饷：40000；海关经费：328294；船政经费：150000；其他：12000

1879年吴赞诚申请从闽海关拨解南北洋海防的经费里腾挪18万两以填补船政1878年被欠发的运行经费，户部依然是一派推脱卸责之态，称早在1878年针对吴赞诚求款的上奏户部已经声明，此后船政如果遇到需款的问题应由船政大臣自己去和南、北洋大臣商议。至于吴赞诚提出的以后倘若闽海关六成洋税无法按数支付3万两时，由四成洋税拨款补足的设想，户部干脆直接否决。①

对能否从闽海关所解南北、洋海防经费中提取18万两给船政的问题，北洋大臣李鸿章未作直接的表态，潜台词明显是不同意。南洋大臣沈葆桢则上奏直接表明态度。沈葆桢认为船政经费早经规定由闽海关每月从四成、六成洋税下分别拨解2万和3万两经费，船政迫切应该做的事是采取有效措施保证这笔额定经费能够如数到位，而不应该舍此而挤占南北洋海防经费，担心倘若船政开此先例，其他担负有拨解南北洋海防经费的省份会争相效仿，寻找借口而提留不交，届时南、北洋海防建设必将面临经费困局，“若设［舍］定额应拨之项，而为借款划补之举，恐各省纷纷请留，掣动全局”。作为船政首任大臣，沈葆桢对船政的发展显然十分关注，尽管表示不同意从南、北洋海防经费中为船政纾困，沈葆桢另表示南洋可以尽量多地调拨船政水师军舰，帮助船政解决军舰人员薪饷和费用，“目前船政经费，制船居其半，养船居其半，船日多则费日增，与其留南洋之费为养船之需，不如移闽厂之船就南洋之饷”。②

吴赞诚的当次上奏仍然毫无结果，如何来解决船政运行经费常年被拖欠，船政经费日竭的问题，成为之后历任船政大臣都必须面对的难题。

四、船政大臣的解困尝试

1879年年中开始，因为受到日本吞并琉球国事件的刺激，面朝日

---

① 《海防档·乙》福州船厂（下），（台湾）“中央研究院”近代史研究所1957年版，第786—790页。

② 《海防档·乙》福州船厂（下），（台湾）“中央研究院”近代史研究所1957年版，第785页。

本、琉球方向的南洋海防建设的迫切性凸显。清政府总理衙门和南、北洋大臣以及闽浙总督等围绕编练舰队、选择将领、购买铁甲舰等事，进行了热烈的讨论，南洋大臣表示有意筹资购买和北洋一样的撞击巡洋舰。1880 年 3 月 29 日北洋大臣李鸿章上奏，建议南洋筹款购买铁甲舰，至于南洋所需的撞击巡洋舰如何筹办，李鸿章没有直接说明，而是婉转地称船政已经可以建造撞击巡洋舰。[①] 新任督办船政大臣黎兆棠随后在 5 月 1 日上奏，汇报了船政对建造撞击巡洋舰的准备工作情况，并援引清廷此前要求船政设法仿造北洋所购撞击巡洋舰的上谕，表示将遵旨造舰。由此开创了协款造舰的模式（详情见本编第十一章第二节）。

继刘坤一任内答应协助船政 20 万两银建造 1 艘巡洋舰（“开济”号之后），随着船政的开山之祖左宗棠接任南洋大臣、两江总督，协款造舰的模式又发生了十分积极的变化。左宗棠就任南洋大臣后对南洋的海防事务进行考察，决定以两淮盐税逐年提取拨解的形式，全资向船政订造 2 艘巡洋舰（“寰泰”“镜清”），此举较建造“开济”时向船政部分协款的形式又大大迈进了一步，成为船政接受外省订造军舰之始。虽然这种订造活动中，船政收取的仅仅只是工料成本造价，但对船政已然是极大的经费减负，是船政运行模式的一大革命性变化。

黎兆棠督办船政任内，在开启协款造舰模式后，努力向南、北洋争取军舰订单，而未再向清廷痛陈船政经费被闽海关拖欠的问题，事实上，此时闽海关拖欠船政经费的情况没有丝毫的好转，已经有病入膏肓之势，在 1882 年全年，闽海关实际只解交了一半的船政经费。

1883 年，被左宗棠私下评价为“事故已深，难自振拔”[②] 的张梦元出任督办船政大臣后，根据黎兆棠时期运作成功的南洋全资订造军舰这一全新的模式，结合船政运行经费的实际情况，向清廷重提船政经费问题。与吴赞诚努力求款、黎兆棠设法另辟蹊径的做法都不一样的是，张梦元对借此二端来解决船政经费与发展都没有信心，基于这一判断，张

---

① 《光绪六年二月十九日直隶总督李鸿章奏》，《洋务运动》第二册，上海人民出版社 1961 年版，第 440—443 页。

② 《答刘兰洲》，《左宗棠全集》第十二册，岳麓书社 1996 年版，第 748 页。

梦元提出了对船政未来发展战略的调整建议，总体而言，张梦元的方略属于一种紧缩式策略。

首先，张梦元申请进一步巩固黎兆棠时期的协款造舰模式，以南洋全资订造军舰的为例，张梦元设想此后各省如果需要军舰，应全部采用此种全资订造的方式，而船政的运行经费则用以供应自身的人员薪工、设施维护以及船政水师用舰船的建造。“至此后制船之费，闽厂制船仍动闽海关款，不必格外请加。若沿海各省何省需船，何省筹款，援照闽厂代造南洋快船成案办理”。[①]

不过张梦元对这种外省全资订造模式的未来发展并没有黎兆棠那般的乐观，不仅是因为担心不可能有持续、大量的类似订单涌现，同时，船政自身经费得不到保障，自身的生计日益难以维持，也是张梦元无从乐观的重要原因。据张梦元汇报，自吴赞诚之后，船政的运行经费仍然是累年宕欠，几乎成了习惯现象。闽海关六成洋税每月应解船政的 3 万两银，在 1879 年至 1881 年，每年实际只能拨给船政 6 个月，而 1882 年全年实际只如数拨给了 2 个月，1883 年至该年 9 月为止连一个月的经费都没有能够拨到船政。闽海关四成洋税每月应解船政的 2 万两银情况稍好，1882 年前均每年足额拨到，但 1883 年也出现了宕欠，至 9 月为止只拨到了 5 个月。

在张梦元看来，如果船政常年维持一支很大规模的建造施工人员队伍，但自身的经费得不到保障，无力建造多少舰船，而对外又得不到多少订单的话，无异于白白耗费人力物力，“若南洋之船造完，闽厂经费不足，傥再不求变通，工程甚少，费用甚多，则船厂之设，实成无当漏卮”。

据此，张梦元建议对船政的运作模式进行大刀阔斧的改革，即停止原先的船政以运行经费而逐年建造舰船的模式，暂停船政的日常造舰活动，只保留船政学堂以及由船政学堂、艺圃等机构毕业的学生、艺徒，还有“最为得力之员绅，必不可少、猝不易得之工匠”，以节省经费，

---

① 《船政宜筹变通折》，《船政文化研究——船政奏议汇编点校辑》，海潮摄影艺术出版社 2006 年版，第 222 页。

仅仅维持船政的人才培育功能以及舰船维护施工能力。如果未来遇到需要造舰或有他省全资订造军舰的订单时，再根据生产任务的需要而临时添募工人。

至于船政除造船、教育之外的另一大端，即船政水师的维持，在经费窘迫的现实压迫下，张梦元的主张更为极端。此前张梦元已经着手重新厘定（下调）船政各级别舰船的各岗位薪饷标准，而其长远的设想则是只保留船政水师的基干力量，即只维持1艘练习舰，其他舰船全部封存，人员解散，以节省饷需。将来如果遇到海上有事，再启封军舰，以练习舰上的官兵作为基干力量分派于各舰，另外临时招募水手成军，“以学堂练船之经费较之于各轮船之经费，所省不可以道理计”。

张梦元将自己的这一方案总结为“经费不足，早为收束，无庸开拓”。[①] 以今人来看，相比之黎兆棠时期首创的协款造舰等给人以未来希望的局面，张梦元的策略无异于当头浇下一盆冷水，看似消极颓丧，然而再经平静思考，所感受到的实则是当时船政在无力争取到国家政策真正支持以及无力保障经费来源的情形下，对前路感到迷茫的苦涩与无奈。

张梦元的这篇奏折奏上后，清廷并没有表示更多的意见，因张梦元此后调任广西，清廷责成新任大臣何如璋对张梦元的方案“悉心酌核，奏明办理”，短短的文字间实际流露出了对张梦元的意见似有支持倾向。[②]

翰林院出身的何如璋外放出京，初掌船政，首度管理具体的事务，显得雄心勃勃，准备在船政工作上大展手脚。对张梦元的“收束”方略，何如璋表示完全反对，认为“船政为海防根本，万无收束之理”。不但如此，何如璋还开列出全力扩张船政的新方略，即仿造铁甲舰、扩大厂区规模和生产能力、营造干船坞、开铁矿等。然而就经费如何保障，何如璋其实并无更好的办法，只是提议清政府“责成闽海关核计协

---

① 《船政宜筹变通折》，《船政文化研究——船政奏议汇编点校辑》，海潮摄影艺术出版社2006年版，第223页。

② 《船政宜筹变通折》，《船政文化研究——船政奏议汇编点校辑》，海潮摄影艺术出版社2006年版，第223页。

拨各款，移缓就急，将积欠百余万两设法解清，其定额六十万，仍旧按年解足”。为了支撑自己所提出的新建设计划，何如璋另又提出对船政的运行经费进行翻倍增加，即每年增拨 60 万两经费，建议由其他各省海关从关税中拨解，“划拨各省关岁协六十万两充经费，以及要工”。[①]

何如璋的奏折递上，清廷没有立即作出明确的好恶表态，而随后不久中法马江之战突然爆发，船政的发展遇到重大波折。随着何如璋很快被调离船政，由他所提出的建设计划和资金解困方略便无疾而终，成了督办船政大臣时代试图为船政化解经费危机的一曲绝唱。

① 《船政关系海防，拟请协筹经费，以扩成规而期实效折》，《船政文化研究——船政奏议汇编点校辑》，海潮摄影艺术出版社 2006 年版，第 243 页。

第十三章　督办大臣时代的新舰船

一、蚊子船“福胜”“建胜”

1874年船政五年计划到期后，经时任总理船政大臣沈葆桢奏请推动，船政的造舰事业得以获准继续进行，与此同时，因为日本侵台事件的现实威胁，为尽快增强闽台地区的海防舰船力量，尤其是保卫省城福州的水上门户，福建地方还在国内首开先例，自筹资金外购了一型在当时世界上十分新颖的小型炮艇——蚊子船，建成归国后并入船政水师管理，这也是福建地区在船政自造军舰开始后罕见的一例外购西方战斗性军舰的事件。

蚊子船，即伦道尔式炮艇（Rendel Gunboat），因其初期型号的造型恰似熨斗、烙铁，在西方又被称为“熨斗炮艇”（Flatiron Gunboat），是19世纪60年代由英国杰出的舰船设计师乔治·伦道尔（George Rendel）创制。其设计特点是以区区数百吨的小艇装备一门与主力战舰的主炮口径几乎相当的巨炮，由此以相对低廉的经费投入就能获得与主力战舰火力相近的利器，以廉价的小艇可以对大型军舰构成严重威胁，费效比相当划算。因为小艇本就不适合在外海航行，加之装上大炮后其航行性能就更不乐观，伦道尔设计这种炮艇时就旨在以其充当近岸、内河的水上防御兵器，本质上相当于是一种水上的机动炮台。相比起经年累月耗费巨大人力物力构建起的陆地炮台，这种水上机动炮台不仅廉价、高效，而且还可以根据需要临时部署到不同地点设防，对海防基础薄弱、缺乏资金投入又想在短时间内提升海防实力的国家而言颇具吸引力。在近代中国，将这种军舰译为水炮台、蚊子船，后者意为这种军舰体量虽小，但倘若遭到其攻击也不是件轻松好受的事。

自首制艇“坚定”（*Staunch*）问世后，这种廉价、高威力的近海防御武器即受到追捧，不仅很多欧洲国家竞相订购、仿造，甚至连主力舰阵容本就十分可观的英国皇家海军也前后装备了数十艘之多。1874年日本侵台事起，日本海军的小型铁甲舰“龙骧”在闽台沿海甚至闽江沿线出没，对闽台防务构成了极大的威慑，而当时欧洲海军界认为能够克制铁甲舰的武器除了威力更大的铁甲舰之外，便就是装有巨炮的蚊子船。当年六七月间，沈葆桢在和李鸿章的亲信幕僚盛宣怀通信时，透露了福建方面正在和洋商载生洋行的经理毕德卫（Henry Smith Bidwell）商讨订购一种蚊子船。此事源自毕德卫的推销，而中介人可能是福建布政使，[①] 几经谈判讲价，最后可能是出自当时主持船政一带防务的船政稽查林寿图与闽浙总督李鹤年等商议决定，由福建善后局负责具体操办，在 1874 年末正式委托载生洋行帮助居间订造 2 艘新式蚊子船，载生洋行则选定位于英国英格兰伯肯黑德的莱尔德公司（Cammell Laird&Co）承造，二艇的购造经费从当时福建向英国汇丰银行举借的海防经费内支出，总计 23.6 万余两银（包含火炮及回国保险、运输费等）。

以福建善后局出面订造的这 2 艘蚊子船，属于 1870 年至 1874 年间英国大批建造的成熟型蚊子船“小蚁”（*Ant*）级的改型，艇体为铁制，即铁肋铁壳，单艇排水量 256 吨，艇长 26.5 米，宽 7.92 米，满载吃水 1.9 米，体型矮小短胖。这种炮艇的艇首甲板是起锚作业用甲板，甲板面为中间高、两舷低的龟背形状，便于排水。艇体中后部的主甲板是主要的作业、战斗空间，四周有高高的舷墙遮护。

这两艘蚊子船每艘装备 2 座双缸蒸汽机，功率 200 马力，双轴双桨推进，航速只有 8 节。其主炮安装在艇首方向的舷墙内，设计采用 1 门 254 毫米口径的“瓦瓦苏尔”（Vavasseur）前装线膛大炮，口径和威力超过了此前船政所造军舰的主炮，该炮由载生洋行自行向瓦瓦苏尔炮厂订货。因为蚊子船的艇体短小，无法安装过于复杂的炮架，这门巨炮自身并无法左右旋转，而是采用了整船瞄准法，即通过炮艇本身左右转向而实现火炮的射界调整，为此炮艇的旋转机动性能被设计得非常突出，可以在 1 分 50 秒时间里以近乎原地转圈的半径旋转一圈。[②]

---

① 《致盛杏荪观察二》，《沈文肃公牍》，福建人民出版社 2008 年版，第 35 页。

② 《闽省定造“福胜”、“建胜”两蚊虫铁炮船节略》，上海图书馆藏盛宣怀档案，030520 号。〔英〕Richard N J Wright：*The Chinese Steam Navy 1862－1945*，Chatham Publishing2000，P. 42.

1884 年马江之战前拍摄到的“福胜”级蚊子船的照片。和当时欧洲国家的蚊子船有所区别的是，中国的蚊子船不单单被当作守口利器，在很多时候实际上还要承担巡防任务，因而在舰上加装了全套的桅杆和风帆索具，以备驶风航行，并节省燃料的使用。照片收藏：美国海军历史资料中心。

二艇在英国莱尔德公司建造时，建造编号分别是 426 号和 427 号，其中 426 号在 1875 年 5 月 8 日顺利下水，经中方命名为“福胜”号，随后下水的 427 号则被取名“建胜”号。从“福建胜”的名称中，不难看到定造者对这两艘小艇的深切期望。二艇在 1875 年 7 月舾装完成，因为考虑到要远航中国，额外在每艘炮艇上加装了 2 根桅杆以及配套的风帆索具，以便在长程航行难以获得燃煤补给时可以用借助风力行驶。

1875 年 8 月 29 日，“福胜”“建胜”分别由雇佣的英国船员驾驶从英国伯肯黑德出发，分头航行前往马尾，其中“福胜”的临时船长为考顿（N. Cotton），“建胜”则是布雷德利（J. R. Broadly）。出于航行安全等考虑，由载生洋行直接向炮厂定制的“瓦瓦苏尔”主炮单独运输回华。二艇出海后，“建胜”一路顺利，于 1876 年 2 月 5 日平安抵达马尾，“福胜”则因途中在南海用光燃料，且因风向不对而坐困于亚龙湾，经派出艇员划舢板前往陆地救援，辗转得到补给后，于 1876 年 2 月 27 日抵达马尾。①

① *The North China Herald and Supreme Court & Consular Gazette*, February 24 1876, p. 174; Mar 9 1876, p. 216.

“福胜”“建胜”归来时，日本侵台事件早已平息，闽江内河的防务压力已经趋缓，二艇就近驻泊于马尾一带，等待从英国购买的“瓦瓦苏尔”大炮运到，由船政为其安装就位。从日后的情形看，二艇虽然是福建省购买的军舰，但艇员由船政为其配备，在操防、训练等活动上也都跟随船政水师一体进行，事实上成为船政水师所管理的军舰，但其经费薪饷则可能是由福建省设法单独供应。二艇主要驻在马江上游的南台岛林浦一带，承担巡防任务，以这种小船巨炮的蚊子船捍卫省城福州的水上门户。[1] 由于“福胜”“建胜”的设计与船政水师的其他所有军舰都不一样，且驻防区域也脱离于在闽船政军舰聚集的马尾地区，因而船政水师对该二艇采取了类似分统管理的制度，即，除了二艇各有管带之外，另安排了一名类似分队司令的军官坐镇，统一管理二艇，其职务名称为“福胜”“建胜”督带。[2]

19世纪70年代拍摄到的一艘“福胜”级蚊子船。从照片上看，这艘蚊子船停泊于船政铁船槽附近的起重码头旁，舰上的桅杆不知去向，似乎正在进行修理维护。照片提供：中国船政文化博物馆。

① 《管驾“建胜”轮船守备江懋祉病故请恤片》，《船政文化研究——船政奏议汇编点校辑》，海潮摄影艺术出版社2006年版，第194页。

② 此一职务设定情况，据1884年马江之战时二艇的指挥情况而推断，当时二艇的督带为吕翰。

“福胜”“建胜”是近代中国最先入役的蚊子船，北洋大臣李鸿章通过海关总税务司赫德购买“飞霆”“策电”“龙骧”“虎威”4艘蚊子船则是之后之事，在引进蚊子船的事务上，福建开风气之先，且属自筹资金，并未申请清廷拨款。

二、续造的木胁木壳舰

除福建省外购的新式蚊子船“福胜”“建胜”外，船政自身从五年计划结束后至督办船政大臣时代，其舰船的建造经历了技术不断提升的三级跳式的发展进步。

接续在五年计划之后，按照每年建造2艘军舰的额定指标，船政于1875年至1876年间相继造成了2型4艘军舰，技术上均属延续自五年计划时期的木胁木壳炮舰/艇。

1. “元凯”

1874年12月5日，由船政提调吴仲翔主持，船政第十六号军舰铺设龙骨开工建造，经命名为“元凯”号，其舰名典出《左传》，相传上古黄帝曾孙帝喾有才之子八人，称为八元，而黄帝之孙颛顼也有贤子八人，称为八恺（又作凯），十六位才子并称八元八恺，后代指有才之士。这一舰名带有吉祥祝愿，希望此前十六艘军舰都成为国家的元凯之士，也寄希望未来船政的军舰都能充当中国海防的栋梁。

“元凯”舰排水量1258吨，和之前船政所造的“伏波”级各舰相等，舰长66.56米，宽10.24米，吃水4.16米，舱深5.28米，体量上较“伏波”舰略小，而比“安澜”等“伏波”级后续军舰稍大。据清代《浙江镇海口海防布置战守情形图》上出现的“元凯”舰的形象分析，该舰和其他“伏波”级炮舰存在一处明显的外观区别，即该舰采取了3桅杆的帆装形式，有别于“伏波”级军舰普遍的双桅样式。

“元凯”的动力装备采用了五年计划时期船政制造出的1座双缸蒸汽机，配套2座船政产方形低压燃煤锅炉，功率虚马力150匹，实马力580匹，单轴推进，设计航速10节。

因为150马力炮舰是五年计划时代船政大量建造过的军舰，“元凯”的建造本身对船政来说可谓驾轻就熟，建造非常迅速。与五年计划时代

《浙江镇海口海防布置战守情形分图·再毁法船之状图》，画中最左侧的两艘黑色军舰分别是船政水师的“元凯”（上）、“超武”。原图收藏：北京大学图书馆。

的情况有所不同的是，“元凯”的建造过程完全是由中方技术人员主导，没有使用过一名洋人，是船政造舰史上第一艘真正的纯自造军舰。历时约半年后，1875 年 6 月 4 日，“元凯”舰顺利下水，开始进行各项舾装工程，至 7 月 30 日大功告成，随后于当天在马江首先进行内河航试，继而在 8 月 5 日出海航试，测试所得各项指标都达到了设计要求，遂告竣工，[①] 总计“元凯”的工料造价为银十六万二千七百零七两五钱八分五厘八毫。[②] 当月，已被调任南洋大臣的沈葆桢在船政任上最后一次巡视了台湾近代化建设事务，返回大陆时即由他在船政任上最新建成的“元凯”舰前往台湾迎接。

---

① 《十六号船试洋，十八号兴工片》，《船政文化研究——船政奏议汇编点校辑》，海潮摄影艺术出版社 2006 年版，第 108 页。

② 《闽厂制造支用各款核实报销折》，《吴光禄使闽奏稿汇存》，光绪丙戌刊稿，卷一，第 68 页。

在马尾英商天裕船坞中维护的一艘军舰，疑为“元凯”舰。

身为炮舰的“元凯”颇为尴尬的是，按照船政的设计，该舰本来共留有9处炮位，具体为1门配用换门炮架可以根据需要推到左、右舷战位使用的大口径主炮，配合8门安装于军舰两舷的副炮，然而在“元凯”舰建造时，船政的运行经费已被严重拖欠，无力筹措资金购买新的火炮为其武装，全舰实际只安装上了3门火炮，其中推测包括了1门“威斯窝斯”70磅（160毫米口径）前装线膛主炮。[1]

建成之后，“元凯”舰被浙江巡抚杨昌濬调用，在1875年9月12日离开马尾开往宁波，与原已被调拨在浙江驻防的船政水师军舰“伏波”号结为一队。其舰上所缺的6门舰炮，原议由浙江当局设法购买添装，但事实上“元凯”在浙时期始终都是只装备有3门舰炮的窘迫状

① 《十六号船试洋，十八号兴工片》，《船政文化研究——船政奏议汇编点校辑》，海潮摄影艺术出版社2006年版，第108页。

态，浙江省并未出资武装该舰。[1]

2. “登瀛洲”“泰安”

继“元凯”之后，船政在五年计划后建造的第二艘150马力木制炮舰是排序为第十八号轮船的军舰，由船政提调吴仲翔计划建造，于1875年7月21日开工，即将离任的船政大臣沈葆桢为其命名“登瀛洲”，舰名中的瀛洲一词或指沈葆桢心系的宝岛台湾，又或指当时已被中国洋务重臣们视作肘腋之患的日本。

仍然由船政中国技术人员自行监造的“登瀛洲”，同样也还是基本采用“伏波”级军舰的设计，全舰木肋木壳，排水量1258吨，首尾垂直线间长65.4米，宽10.72米，舰首吃水3.52米，舰尾吃水4.16米，动力系统配备船政自造的1座双缸蒸汽机、2座方形低压燃煤锅炉，单轴单桨推进，功率580马力，设计航速10节。[2]

和“元凯”的情形同样尴尬的是，受困于船政经费紧张，“登瀛洲”的武器配置也遇到了窘境。“登瀛洲”舰主甲板上原设计了7处炮位，即1门换门架式大口径主炮配合6门舷侧炮，无力自行生产舰炮的船政因缺乏经费不可能从国外订制，只得穷搜库存，勉强为“登瀛洲”安装上了1门70磅（160毫米口径）“威斯窝斯”前装线膛炮充作主炮，其余6门火炮则无从设法筹措。

建造期经历了沈葆桢、丁日昌两任船政大臣时期的“登瀛洲”舰在1876年夏季舰体完成，6月23日由新任的督办船政大臣吴赞诚举行仪式，祭告神灵，顺利下水，原“济安”舰管带郑渔被调任管带。经过在马江内的航试后，该舰9月15日开出大洋航试，测得“船身完固，轮机灵捷，悉合成法”，顺利竣工，总计工料成本为银十六万二千五百二十四两八钱五分六毫，与“元凯”舰相差无几。经时任南洋大臣、两江总督沈葆桢调拨，问世后的“登瀛洲”舰被派往江苏的江宁驻防，成为船政水师第一艘进驻江苏的军舰，与江南轮船水师各舰共同管理、操

---

① 《海防档·乙》福州船厂（下），（台湾）“中央研究院”近代史研究所1957年版，第624—625页。

② 《报明船工情形折》，《吴光禄使闽奏稿汇存》，光绪丙戌刊稿，卷一，第1—2页。

练，就此船政水师在全国所有沿海省份都驻扎有军舰。[①]“登瀛洲”在1876年10月15日从马尾出发北上，沈葆桢对这艘来自故乡的军舰格外关照，1878年由江南机器制造局为该舰安装了6门120毫米口径“瓦瓦苏尔”后膛舰炮，配齐了全部武装。[②]

沈葆桢在离任船政前，着手准备布置船政造舰向铁肋木壳材质方向进行技术转型，委托原洋员正监督日意格前往法国代为购买铁肋和新式舰用蒸汽机等装备。丁日昌接手船政后，因日意格赴欧购办铁肋尚未归来，而船政积存的蒸汽机、锅炉乃至木料尚可以建造1艘150马力炮舰，遂于1876年春天下令再建造1艘此型军舰，而该舰也是丁日昌在短暂任期内决策兴工建造的唯一一艘军舰。

当这艘新舰的龙骨、肋骨等制造完成时，丁日昌已卸任船政大臣，1876年7月10日新任船政大臣吴赞诚主持了该舰的开工仪式，是为船政第十九号军舰，其舰型仍然延续自五年计划时代的“伏波”级炮舰，各项数据与“登瀛洲”完全一样，可以视为“登瀛洲”的姊妹舰，是船政建造的最后一艘木肋木壳舰。[③]

1876年12月2日，新造的这艘木肋舰下水，督办大臣吴赞诚为之命名“泰安”，取吉祥之意。[④]在船政经费困境未有好转的情况下，船政积存的舰炮耗用渐尽，从“元凯”至“登瀛洲”每况愈下，至“泰安”时已经彻底无米可炊，设计有7处炮位的“泰安”舰竟未能够装上任何火炮。该舰的舾装工程完成后，于1877年3月15日、18日在船政岸边首先进行系泊试机和内河航试，经过调校等工作，在5月3日出海航试，获得成功，该舰的总计工料成本银为十六万二千六百九十四两六钱三分六厘九毫。当时原调拨在山东烟台的船政水师“飞云”舰返回马

---

① 《十八号船调员管驾饬赴金陵差遣片》，《船政文化研究——船政奏议汇编点校辑》，海潮摄影艺术出版社2006年版，第127页。《闽厂制造支用各款核实报销折》，《吴光禄使闽奏稿汇存》，光绪丙戌刊稿，卷一，第69页。

② 《江南制造局记》，文宝书局，光绪三十一年版，卷五，第10页。

③ 《报明船工情形折》，《吴光禄使闽奏稿汇存》，光绪丙戌刊稿，卷一，第2页。

④ 《第十九号轮船下水并续陈厂工情形折》，《吴光禄使闽奏稿汇存》，光绪丙戌刊稿，卷一，第7页。

尾维护，船政另以“万年清”派到烟台替补，考虑到此举非长久之计，船政大臣于是和山东登莱青道等商议，派遣新舰“泰安”驻防烟台，将“万年清”换回。同时双方商定，“泰安”舰上所需的7门舰炮，将由山东省设法购买安装。① 后来因为山东省无意出资为这艘属于船政水师的军舰安装火炮，加之北洋水师渐成规模，北洋海防已有可观，炮舰“泰安”在北洋地区的重要性日益降低，事实上一直处在无武装的状态，被当作运输船使用。

3．“艺新”

间隔在船政第十六、十八、十九号3艘150马力炮舰之间，另有1艘体量非常小的军舰，即1875年开工建造的船政第十七号舰。

按照当时主持船政管理工作的提调吴仲翔的计划，1874年开工第十六号军舰“元凯”之后，续造的第十七号军舰也应该是150马力木肋木壳炮舰，然而当时船政积存的弯木数量不足，“无从动手”，陷入停顿待工。正值左右为难之际，船政前学堂第一届毕业生吴德章、汪乔年等呈交了自行设计的50虚马力蒸汽机图纸以及采用这种蒸汽机的新军舰图纸，申请批准试造，提调吴仲翔以“该生等既各竭其苦思，臣等亦藉是以觇其悟境”，同意放手自造。

由于这艘小军舰从舰体到蒸汽机、锅炉全部是船政前学堂的毕业生们自行设计的，简直犹如是毕业设计般的作品，沈葆桢在得知此消息后为慎重起见，为防制造不精而授人以柄，并没有直接为该舰奏请命名，而是向清廷报告将“俟完工之后，果能驾驶灵捷，臣当再拟船名，敬候钦定”。②

完全由船政前学堂毕业生自行设计的第十七号军舰在1875年6月4日开工，船政铁工车间也开始依照图纸开模制造50虚马力蒸汽机。设计、绘制船体图纸的吴德章、罗臻禄、游学诗等年轻的工程师负责舰

---

① 《铁胁船告成并“泰安”轮船试洋情形折》，《吴光禄使闽奏稿汇存》，光绪丙戌刊稿，卷一，第14页。《闽厂制造支用各款核实报销折》，《吴光禄使闽奏稿汇存》，光绪丙戌刊稿，卷一，第69页。

② 《十六号船下水，十七号开工片》，《船政文化研究——船政奏议汇编点校辑》，海潮摄影艺术出版社2006年版，第105页。

体监造，设计和绘制轮机图纸的汪乔年则负责蒸汽机、锅炉系统的监造。1875 年 9 月 7 日，未及等到这艘工程进展顺遂的军舰完全建成，沈葆桢因即将就要离任船政，赶在临行前满怀感情地为其预先定名为“艺新”号，取技艺推陈出新的良好寓意。①

“艺新”号排水量 245 吨，垂线间长 38 米，宽 5.44 米，舱深 4.83 米，吃水 2.43 米，体量与福建省购买的蚊子船“福胜”“建胜”相仿佛，总体设计则与船政五年计划时代的 80 马力炮艇“湄云”等类似，属于一种小型的木肋木壳炮艇。其艇首笔直，主甲板上的重要特征为双桅单烟囱（“艺新”的双桅中只有前桅杆有横桁，为一枝半桅的形式）。

“艺新”的动力系统装备 1 座船政自行设计、自行建造的往复式蒸汽机，虚马力 50，实马力 200，配套 2 座方形低压燃煤锅炉，设计航速 10 节（一说为 9 节）。其武备的安装方式与船政此前的 80 马力炮艇以及 150 马力炮舰一样，也都是 1 门换门架式主炮配合多门舷侧炮的模式，“艺新”装备 1 门 20 磅前膛炮充作主炮，另有 6 磅、9 磅后膛炮各 2 门，当作舷侧炮。②

具有检验船政前学堂毕业生技术能力色彩的“艺新”号在 1876 年 3 月 28 日顺利下水，时任船政大臣丁日昌望着这艘中华自造的小炮艇感慨良多，在向清廷汇报的奏折中动情地说道：“臣查闽厂自经始迄今，共成一十七艘。‘海镜’以下等船，虽系工匠放手自造，皆仿西人成式。唯艺童吴德章等独出心裁，克着成效，实中华发轫之始”。③

当年 7 月 10 日，舾装完成的“艺新”号驶出闽江，在五虎门外的近海航试，测得航速 10 节，大获成功，总计工料成本为银五万一千六

---

① 《十六号船试洋，十八号兴工片》，《船政文化研究——船政奏议汇编点校辑》，海潮摄影艺术出版社 2006 年版，第 108 页。

② 《第十七号“艺新”轮船下水片》，《船政文化研究——船政奏议汇编点校辑》，海潮摄影艺术出版社 2006 年版，第 122—123 页。《船政成船表》，《国风报》，1910 年第 14 期。

③ 《第十七号“艺新”轮船下水片》，《船政文化研究——船政奏议汇编点校辑》，海潮摄影艺术出版社 2006 年版，第 123 页。

百一十一两二钱二分八厘。[1] 竣工之后，“艺新”因为体量小，不适合出大海航行，各沿海省份也多瞧不上这艘小炮艇，故长期留用在船政水师在闽军舰的行列中，由千总沈有恒担任管带，主要驻防于马尾以及福建沿海的福宁等地，充当巡防、通信工作，后因为这艘军舰多次成功援救在福建沿海遇难的中外民船，成为闽海著名的救难英雄舰。[2]

三、铁胁木壳炮舰“威远”级

1875 年 1 月 8 日，总理船政大臣沈葆桢上奏，汇报船政造舰准备从木胁木壳结构转向铁胁木壳方向，并且蒸汽机、锅炉也将改用新式的大功率复合蒸汽机和圆形高压锅炉。经批准，沈葆桢委派原船政洋员正监督日意格回欧洲采办建造 1 艘此类军舰所用的铁胁和新式蒸汽机，并雇佣洋员、洋匠来华指导装配以及仿造。为了满足建造铁胁军舰所需，沈葆桢以及后任丁日昌等又着手对船政生产厂区的厂房设施进行了扩建和调整。

远赴欧洲的日意格分别向法国地中海船厂订造了全套铁胁，向英国谟士来铁工厂订造了新式的复合蒸汽机及配套的锅炉，[3] 两厂按照合同规定在 6 个月时间内生产完成，再装船运返马尾。其中复合蒸汽机（立式、卧式各 1 座）与圆形燃煤锅炉在 1876 年 7 月 20 日运抵船政，[4] 铁胁则在随后的 8 月 9 日到达船政。[5] 与机器设备同来的，还有日意格在法国雇佣的熟悉铁胁军舰施工的洋匠，计有古都阿、苏法热、嘉部劓、克劓涅、河贝顺等 5 人，来华负责指导中方安装、制造铁胁。此外，五年计划时代的船政洋员总监工舒斐在合同到期后未及回国，又因日军侵

---

① 《报明船工情形折》《闽厂制造支用各款核实报销折》，《吴光禄使闽奏稿汇存》，光绪丙戌刊稿，卷一，第 1、68 页。

② 陈悦：《近代国造舰船志》，山东画报出版社 2011 年版，第 140—141 页。

③ 《铁胁厂兴工片》，《船政文化研究——船政奏议汇编点校辑》，海潮摄影艺术出版社 2006 年版，第 115 页。

④ 《布置铁胁厂及自制轮机酌改省煤新式片》，《吴光禄使闽奏稿汇存》，光绪丙戌刊稿，卷一，第 3 页。

⑤ 《铁胁船兴工并续陈厂务情形折》，《吴光禄使闽奏稿汇存》，光绪丙戌刊稿，卷一，第 7 页。

台事发，而被船政雇佣协助制造炮弹，此时则被船政委派协助指导组装和仿造复合蒸汽机及新式锅炉。①

以从法国地中海船厂购买的全套铁胁为基础，1876 年 9 月 2 日船政厂区二号船台上开始了中国军舰制造史上的重大技术递进，船政第一艘铁胁军舰开工建造。

虽然铁胁和木胁看似只有一字之差，但在施工方法上则有根本的不同。木胁、木壳军舰的龙骨、肋骨、船壳均为木制，其在船台上的制造工艺主要是钻、刨、钉、捻等。而铁胁船属于铁骨木皮，即龙骨、肋骨全为金属制，船壳为木质，要将金属的龙骨和肋骨安装连接就位，首先需要掌握非常熟练的金属铆接技术，而后将木制的船壳板钉连到铁胁骨架上，更是十分考验施工技巧的事。令人吃惊的是，船政从全木舰船向铁胁木壳的技术转型，竟然极为流畅，丝毫没有滞涩之感。

在法国洋匠的指导下，船政工人们首先铺设安装地中海工厂生产的铁胁，“先上龙骨套、前斗鲸（首柱），次肋骨，次横梁，次堵板（水密隔板），牵板（加强筋板），皆铁片铁槽所制者，密嵌泡钉十三万余颗”。继而开始甲板、船壳板等木作。与船台施工同步，船政的轮机、锅炉车间则忙于将从英国运来的复合蒸汽机、锅炉进行组装，并测绘制图和翻模，准备仿造生产。船政兴建的铁胁车间与原有的铁工车间则日夜兴工，对法国运来的铁胁进行依样仿造。②

1877 年 5 月 15 日，船政所造第一艘铁胁军舰成功下水，船政大臣吴赞诚为之命名为“威远”号，在船政的生产编号为第一号铁胁轮船。

“威远”舰的体量和船政此前所造的 150 马力炮舰相仿，排水量 1268 吨，首尾垂直线间长 69.47 米，宽 9.95 米，舰首吃水 4.92 米，舰尾吃水 5.08 米，舱深 5.69 米。动力系统装备 1 座购自英国的卧式复合蒸汽机，配套 2 座圆形燃煤锅炉，功率实马力 750 匹，虚马力 150 匹，

---

① 《海防档·乙》福州船厂（下），（台湾）“中央研究院”近代史研究所 1957 年版，第 771 页。

② 《铁胁船兴工并续陈厂务情形折》《第十九号轮船下水并续陈厂工情形折》，《吴光禄使闽奏稿汇存》，光绪丙戌刊稿，卷一，第 7—10 页。

设计航速12节。[1]

船政建造的第一艘铁胁木壳炮舰“威远”号。照片上可以看到“威远”仍然带有全套的帆装桁索，同时也能明显看到其舰首下部的前倾特征，这是舰首装有撞角的重要迹象。照片收藏：美国海军历史资料中心。

“威远”的舰型仍然属于炮舰（Sloop），但较之“伏波”级新颖了不少，由于其舰体全套铁胁都购自法国，也可以认为是由法国地中海船厂设计的一型新舰。“威远”的外观和总体性能与法国在19世纪70年代初建造的“巴斯瓦尔”（*Parseval*）级铁胁木壳炮舰十分相似（排水量856吨，长60.75米，宽8.56米，吃水3.96米，装备1座复合蒸汽机、2座锅炉，功率800马力，航速11.4节），[2] 该舰一改船政此前所造军舰普遍采用的平甲板船型，改用首尾楼船型，即军舰主甲板的首部和尾部各有高出主甲板且外壁与军舰船壳板相连的舱室建筑（首楼和尾楼），舰首也一改此前船政军舰用过的飞剪首或垂直首，而改为威武的撞角首，军舰舰首水线下有锋利如刀的撞角，“水线以下斗鲸凸出，取其利于冲突，泰西之新法也”。

---

① 《铁胁船告成并“泰安”轮船试洋情形折》，《吴光禄使闽奏稿汇存》，光绪丙戌刊稿，卷一，第13—14页。《船政成船表》，《国风报》，1910年第14期。

② *Conway's All The World's Fighting Ships 1860—1905*，Conway Maritime Press1979，P321.

在主甲板上，“威远”设有3根装有风帆索具的桅杆，其中前后桅各带有4根横桁，后桅则只有斜桁，属于二枝半桅的形式，按照西方的帆装分类，则属于三桅后桅纵帆式（Barc）。除此，主甲板上显眼的建筑还包括位于前桅和中桅之间的飞桥、驾驶室以及一座烟囱。颇有特点的是，“威远”舰飞桥后有两座巨大的通风筒，用以向下方锅炉舱送风，其风筒上风斗的造型不是常见的圆顺的轮廓形状，而是棱角分明的特殊样式，这种带有浓郁法国舰船风格的独特风筒之后成为船政军舰的一种通用舾装配件，在日后的船政造军舰上多有出现。

可能是因为经费紧张，外观设计崭新的“威远”舰上，武备的配置模式则显得犹如新瓶装旧酒，依然是船政军舰传统的1门换门架主炮配合多门舷侧炮的模式。“威远”的火炮在该舰竣工时已向国外订购，至竣工后才运到安装。其主炮选用了1门英国“阿姆斯特朗”7英寸（约170毫米）口径前膛炮，安装在飞桥和前桅杆之间的主甲板上，可以顺着甲板上的轨道推向左舷或右舷射击作战，副炮配用6门“阿姆斯特朗”4.7英寸（120毫米）口径后膛炮，其中1门封闭安装在首楼内部，通过首楼前方的炮门可以朝向军舰正前方射击，另1门露天安装在尾楼顶部甲板上，控制着舰尾方向，其余4门则两两分列在中桅杆附近的左右舷侧。① 总体上看来，其火力在当时船政所造的炮舰中属于较强的一类。

“威远”舰舾装完成后，先在船政附近进行了3次航试，其后任命船政后学堂首届毕业生吕翰为管带，在1877年9月14日出海航试，船政大臣吴赞诚抱病登舰同行监督。当天中午12时，“威远”从马尾起锚出发，下午2时航至壶江附近，军舰轮机一切运转良好，然而由于风浪过大，吴赞诚病体难以支撑，被迫换乘“艺新”号先行返回，“威远”则由吕翰指挥继续前行，顶着风浪进入大洋，至第二天返回。经过海上航试，测得“威远”的主传动轴转速为每分钟97转，顺风顺潮时航速接近13节，超过了12节的设计指标，航试就此完成，船政建造铁胁军

---

① 《船政成船表》，《国风报》，1910年第14期。

舰获得成功,[①] 总计“威远”的工料成本为十九万五千三百九十六两九钱六厘九毫。“威远”竣工时，正值北洋大臣李鸿章在北方创办北洋水师，因天津水师学堂需要练习舰，而“威远”既有基础航海训练所需的全套帆装，又具备开展火炮炮术训练的条件，李鸿章经与吴赞诚协商，将“威远”调入了北洋水师，成为北洋水师的炮舰兼练习舰。和此前船政水师对外调他省的军舰仍然保持着所有权的方式不同，“威远”舰的北调非常彻底，其所有权很快也被揽入北洋水师，当 1888 年北洋海军正式成军时，“威远”更是成为在《北洋海军章程》中有明确国家编制的北洋海军军舰。

船政在开工第一号铁胁轮船“威远”的同时，铁工厂即在洋匠指导下开始按样仿造铁胁，轮机、锅炉车间等也开始仿造新式蒸汽机和锅炉，工作进展十分顺利，“虽依图仿样，而工匠等体认平侧、裁度绳尺均能力求吻合，造于自然”。[②] 随着铁胁等部件制作完成，1877 年 7 月 29 日，与“威远”同型的第二号铁胁轮船便立即开工，与第一号铁胁轮船的船台施工周期相类似，第二号铁胁轮船历经将近一年的施工后，至 1878 年 6 月 19 日顺利下水，时任船政大臣吴赞诚主持下水仪式，并为该舰也起了一个十分威武的名字，命名为“超武”号。对于“超武”已经很快的工期，吴赞诚还心存遗憾，认为是船政经费的供应不及时拖了施工的后腿，否则该舰的建造必然会更快捷，“视‘威远’经始时手技较熟，原可克期蒇事，只缘月款支绌，不免悬釜待炊”。[③]

“超武”的各项技术指标和主尺度等数据与“威远”舰完全相同，属于“威远”级的二号舰。1878 年 9 月初“超武”舾装工程完成，遂开始进行航试测试，经在船政附近江上测试完成后，9 月 21 日由船政总监工王葆辰、船政水师营务处吴世忠等监督，“超武”驶出闽江进行

---

① 《“威远”铁胁船出洋并陈厂务情形折》，《吴光禄使闽奏稿汇存》，光绪丙戌刊稿，卷一，第 16—17 页。

② 《“威远”铁胁船出洋并陈厂务情形折》，《吴光禄使闽奏稿汇存》，光绪丙戌刊稿，卷一，第 16 页。

③ 《第二号铁胁船下水并陈厂务情形折》，《吴光禄使闽奏稿汇存》，光绪丙戌刊稿，卷一，第 23 页。

海试，测得主轴转速每分钟 95 转，顶风逆潮时最大航速 12 节，达到设计要求。[①] 总计“超武”的建造工料成本为银二十万四百六十九两九钱五分九厘三毫。[②]

就在“超武”竣工前，浙江巡抚杨昌濬即与船政协商调拨该舰。当时浙江已经调拨了船政水师的“伏波”“元凯”二舰，但是“温州新设口岸，洋务繁多”，2 艘军舰不敷应用。船政遂同意将“超武”调派前往，任命船政后学堂毕业生叶富担任管带。考虑到浙江调拨了该舰，船政为节省资金计，没有为“超武”配备火炮，将这一工作留给了浙江省去自行购买办理。[③] 1878 年 11 月 18 日，“超武”由叶富指挥离开马尾前往浙江温州。[④]

此后船政使用日意格从英国购回的立式复合蒸汽机，建造了 1 艘改型的铁胁木壳运输船，到了 1879 年 7 月 25 日又开工了 1 艘和“威远”“超武”同型的铁胁炮舰，算为船政的第四号铁胁轮船。当时因南洋大臣向船政商洽调拨军舰，船政本计划将“扬武”“威远”调往南洋，但考虑到福建本省的巡防也需军舰，遂另开工该舰专门用于调拨给南洋使用。此时经历了 3 艘铁胁轮船的建造，船政工程技术人员对此类军舰的施工已经掌握，当初雇佣的洋匠也陆续到期解散，第四号铁胁船还是船政中国技术人员独立建造的第一艘铁胁军舰。

第四号铁胁轮船是吴赞诚督办船政任内开工的最后一艘军舰，待到该舰于 1880 年 10 月 22 日下水时，已是黎兆棠督办船政的时代，经由黎兆棠拟定，取名为“澄庆”号。“澄庆”舰的设计与各项参数指标和此前的同门军舰“威远”“超武”相同，艤装完成后在 1880 年 12 月 19 日早晨由船政后学堂毕业的军官蒋超英担任管带，驾驶出海航试，船政

---

① 《铁胁船出洋并陈厂务情形折》，《吴光禄使闽奏稿汇存》，光绪丙戌刊稿，卷一，第 28 页。

② 《闽厂制造轮船支用各款查照成案开单核实报销折》，《船政文化研究——船政奏议汇编点校辑》，海潮摄影艺术出版社 2006 年版，第 186 页。

③ 《铁胁船出洋并陈厂务情形折》，《吴光禄使闽奏稿汇存》，光绪丙戌刊稿，卷一，第 28—29 页。

④ 《海防档・乙》福州船厂（下），（台湾）“中央研究院”近代史研究所 1957 年版，第 781 页。

大臣黎兆棠随舰监督，测得顺风顺潮时主轴每分钟95转，航速接近13节，顶风逆潮时螺旋桨转速每分钟91转，航速约8节，符合设计指标。与同级的“超武”相似，船政也未给即将调拨南洋的“澄庆”购买、安装火炮，而是提出了火力配置建议，即建议安装“阿姆斯特朗”式7英寸、6英寸和70磅炮各1门，40磅炮2门，推测其布置形式为以7英寸炮作为主炮，6英寸炮充当尾炮，70磅炮则安装于首楼内，2门40磅炮安装于左右两舷。①

“澄庆”舰工料成本为二十万二百七十七两二钱一分四毫，② 竣工后即由蒋超英管带开往江苏江宁，此后南洋为该舰装配的火炮形式和船政的建议完全不同，改成了德式武装，计包括160毫米口径“克虏伯”(Krupp) 主炮1门，120毫米口径“克虏伯”副炮6门。

船政大臣黎兆棠任内，受北洋大臣李鸿章的影响，对舰船建造主要看重新式巡海快船的建造，因而“澄庆”竣工后便将主要精力集中在快船工程上，未再考虑建造铁胁木壳炮舰。至新任督办船政大臣张梦元到来后，鉴于新式快船此前已经下水，“铁厂工程稍松”，决定乘隙再建造1艘铁胁木壳炮舰。经过制办铁胁等前期准备，新舰于1883年5月17日在船政第三号船台上铺设龙骨开工，是为船政建造的第五号铁胁轮船。③

按照船政的施工计划，该舰本应在1884年8月就能下水，但遭遇中法马江之战爆发，工程耽延，正在船台上的该舰舰体也被法军炮火击中百余处。直至中法停战后，才又日夜修补赶工，待到其于1884年12月18日下水时，船政大臣已经是兼署大臣张佩纶，经张命名，定为“横海”舰，取纵横海上之意。

“横海”舰的主要设计以及性能参数等和此前的“威远”级军舰基

---

① 《第四号“澄庆”铁胁轮船试洋折》，《船政文化研究——船政奏议汇编点校辑》，海潮摄影艺术出版社2006年版，第179页。

② 《闽厂制造轮船支用各款查照成案开单核实报销折》，《船政文化研究——船政奏议汇编点校辑》，海潮摄影艺术出版社2006年版，第212页。

③ 《第五号铁胁轮船安上龙骨并陈厂务情形折》，《船政文化研究——船政奏议汇编点校辑》，海潮摄影艺术出版社2006年版，第206页。

本相同，惟吃水略有变化，其舰首吃水为3.84米，舰尾4.47米。因为在该舰开工之前，船政建造了新式撞击巡洋舰“开济”，参考“开济”的很多优良设计，船政的工程技术人员在“横海”舰上做了很多有益的修改，最终的“横海”看起来很像是缩小了的“开济”舰。

首先是在“横海”舰底的左右两侧各增加了一条舭龙骨，以此发挥减摇效果，提高军舰航行时的稳性。其次是改变了船政传承已久的舰上主炮布置形式，不再使用以1门大炮兼顾左右舷的换门架式，而是和“开济”一样在飞桥前方的两舷各增添了一座凸出舷外的耳台，以一左一右两门安装在耳台上的大炮来代替换门架式主炮。此举解决了换门架式火炮在实际操纵中更换炮位非常费力、不灵便的弊端，使得舰上的火力配置更为匀称。最后，吸取马江之战血的教训，“横海”舰的前后桅杆上各增设了一座如同吊斗一般的桅盘，可以在其中布置高射速的机关炮，以便战时居高临下横扫敌方舰船的舱面。①

关于“横海”舰的武备配置，船政计划采取2门150毫米口径和5门120毫米口径“克虏伯”炮相配合的形式，2门150毫米口径大炮分装在左右耳台上，120毫米炮则1门安装于舰尾，4门分列在左右舷侧，另在前后桅杆的桅盘上各安装2门“诺典费尔德”（Nordenfelt）机关炮。相应的这些火炮全部采取外购，总计价格78500余两银。后因考虑到这些火炮制造需时，缓不济急，又通过德国泰来洋行经理福克居间，从英国阿姆斯特朗公司采购了一批现成舰炮，共计银96300余两，原先订购的那批火炮则等待运到后装配到新造的船政军舰上使用。最终，“横海”的武备变成6门6英寸（152毫米）口径“阿姆斯特朗”炮，以及4门“哈乞开斯”（Hotchkiss）五管机关炮，火力较之前的设定更为猛烈，使得该舰成为船政所造的火力最强的炮舰。②

1885年6月15日，舾装完成的“横海”在船政附近进行了轮机试机，时任闽浙总督杨昌濬派记名总兵潘顺为管带。中法战争结束后，7

---

① 《“横海”铁胁轮船下水折》，《船政文化研究——船政奏议汇编点校辑》，海潮摄影艺术出版社2006年版，第265—266页。

② 《购配“横海”炮位片》，《船政文化研究——船政奏议汇编点校辑》，海潮摄影艺术出版社2006年版，第266—267页。

月 15 日，因原被法国海军封锁的闽江口已经可以通行，“横海”在新任船政大臣裴荫森监督下出海航试，测得顺风顺潮时航速为 12 节，符合设计要求。而此时，前任船政大臣张佩纶从英国为“横海”订购的武备尚未安装上舰，这批武备从英国装船运来，当 7 月 2 日经香港出港后，运输船突然触礁，又经过一番更换船只等波折，直到“横海”竣工问世后才运抵船政。①

异常遗憾的是，作为船政“威远”级铁胁炮舰的改良型，在船政铁胁炮舰建造过程中有技术转进点地位的“横海”，问世后不到一年便告损失。1886 年 3 月 13 日，“横海”受命从马尾出发经厦门前往台湾、澎湖运送军饷，并搭乘水师提督彭楚汉前往台澎巡视。16 日该舰从厦门出发后遭遇大雾，错过了澎湖。当折返向澎湖时，17 日早晨 7 时 30 分于大雾弥漫中在澎湖吉贝屿附近触礁。事发后，船政竭力设法营救，但因又遭遇飓风，“迭经风飓，板片漂散无存，惟机器半存礁上”。②

四、铁胁木壳运输船“康济”

船政大臣沈葆桢委托日意格前往欧洲购买铁胁、新式蒸汽机时，即要求购买装配运输船、商船用的立式复合蒸汽机，以便船政建造新式商船时使用。在船政第一、第二号铁胁炮舰相继完成后，船政大臣吴赞诚为增强船政水师的运输能力，决定利用进口的立式蒸汽机建造新式的运输船，于 1878 年 7 月 12 日开工，按照序列属于船

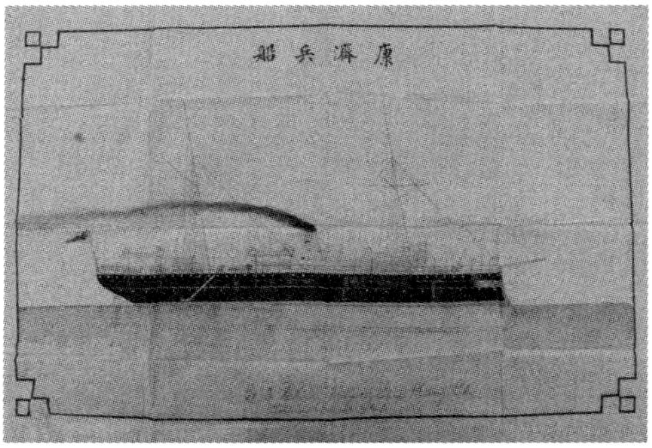

曾在“康济”舰任职的北洋海军英籍洋员查尔斯·池舍回国前请中方工程人员帮助绘制的一张“康济”舰总布置图。“康济”在北洋海军时期充当提督丁汝昌的座舰，同时担负北洋海军鱼雷营的鱼雷专业见习教学任务。原图收藏：英国海事博物馆。

---

① 《第五号“横海”铁胁轮船试洋折》，《船政文化研究——船政奏议汇编点校辑》，海潮摄影艺术出版社 2006 年版，第 276—277 页。

② 《“横海”轮船在澎湖触礁，派员起重捞救折》，《船政文化研究——船政奏议汇编点校辑》，海潮摄影艺术出版社 2006 年版，第 310—311 页。

政的第三号铁胁轮船。

以运输为主要用途的第三号铁胁船并未单独进行设计，而是利用从法国购回的铁胁式样为基础改造，即以“威远”级炮舰的舰体作为基础平台，在其上根据运输所需加以改造。据吴赞诚向清廷汇报时所称，改造设计指令雇佣来华指导铁胁船生产的洋匠负责，其方式相对较为简单，即在“威远”级的设计基础上取消舱面的火炮，而将首尾楼加长，作为舰上的官兵住舱，以此腾出主甲板下的舱位充作客货舱位。从这种改造方式可以看到，第三号铁胁船事实上是属于客船一类。[①]

1879 年 7 月 20 日，第三号铁胁轮船建造完成下水，因为此前吴赞诚在福州拜访丁日昌时突然中风，在丁日昌寓所养病，马尾的下水工作具体由提调吴仲翔主持，而新船的船名则由吴赞诚拟定，命名为“康济”号。虽然外观上是艘客船的样子，但是在“威远”级设计平台上改造出的“康济”依然很大程度上留着“威远”的影子，其主甲板以下的舰体部分简直和“威远”别无二致，其长、宽、舱深、吃水等主尺度数据也和“威远”级相同，只是蒸汽机的样式改成 1 座立式复合蒸汽机，功率则同为 750 实马力，设计航速也是 12 节。[②]

甲午战争后拍摄到的“康济”舰照片。该舰的主甲板以下舰体与“威远”别无二致，但主甲板以上的舱房建筑和桅杆布局，则与“威远”级的形象相去甚远。

---

① 《第三号铁胁船兴工折》，《吴光禄使闽奏稿汇存》，光绪丙戌刊稿，卷一，第 26—27 页。

② 《第三号铁胁船下水并陈厂工情形折》，《吴光禄使闽奏稿汇存》，光绪丙戌刊稿，卷一，第 33—34 页。

“康济”下水后，吴赞诚经与南洋大臣沈葆桢商议，决定将该船调拨给轮船招商局使用，为满足招商局的使用需求，由招商局派专人赴闽查看，趁着该船在进行艑装的机会，进行必要的改造。[①] 招商局派遣洋匠赴闽后，与船政人员一起查看“康济”船体，绘制进一步的改造方案，最终将“康济”主甲板上的首尾楼做进一步扩大，连成一体，相当于在主甲板上新增一层舱室，以此作为客舱，原先的驾驶室、飞桥则移到这一层舱室的上方。此举虽然增加了船上的载客空间，但是也使“康济”的重心增高，稳定性能受到影响。可能是为了降低重心考虑，“康济”原有的三根桅杆随之被改造成两根，桅上的帆装设施也全部撤销。经改造后，“康济”于 1879 年 12 月 14 日先在马江进行航试，继而在 1880 年 1 月 9 日出海航试，测得航速 12 节，“船身坚固，机器精良”，遂告竣工。[②]

此后，“康济”于 1880 年 4 月 4 日驶抵上海，准备加入招商局船队运营。但是此后海关总税务司赫德突然发难，行文总理衙门，直指“康济”的稳性可能存在问题，“多搭客人，恐更不免摇簸”“虑有倾覆之虞”，称当时中国负责发放轮船牌照的海关理船厅不敢给“康济”发证。[③]

这一消息传出后，一度引起轩然大波，也成为船政大臣黎兆棠向总理衙门申请整顿船政的注脚之一。不过后来经招商局总办唐廷枢、会办徐润等组织详细调查，发现“康济”的舰体虽然是军舰舰型，但是经过从马尾至上海的长程航行，并未发现稳性有问题，而且招商局为“康济”保险时，“洋行保险验船人到船细看，均称船身坚固，行驶平稳”[④]，这场风波才渐渐止息。此后，“康济”一度被招商局投用在香港

① 《“康济”铁胁轮船归招商局领用片》，《船政文化研究——船政奏议汇编点校辑》，海潮摄影艺术出版社 2006 年版，第 173—174 页。

② 《海防档·乙》福州船厂（下），（台湾）“中央研究院”近代史研究所 1957 年版，第 846 页。

③ 《海防档·乙》福州船厂（下），（台湾）“中央研究院”近代史研究所 1957 年版，第 848 页。

④ 《海防档·乙》福州船厂（下），（台湾）“中央研究院”近代史研究所 1957 年版，第 851 页。

南洋一带航线上运营，1884年左右被调拨给北洋水师充当练习舰，同时也成为北洋水师乃至后来北洋海军的统领/提督座舰，即舰队旗舰。

五、巡海快船“开济”

1876年吴赞诚出任督办船政大臣，经北洋大臣李鸿章提议，决心提升船政所造军舰的等级，筹造新式巡海快船，即巡洋舰。该舰的方案原为一种主机功率1700马力的设计，后经原船政洋员监督日意格与法国地中海船厂会商讨论，改成主机功率2400马力的新型，[①] 由地中海船厂负责设计，提供全套图纸资料，总计设计及图纸费用银三千零九十一两九钱八分八厘九毫。[②]

地中海船厂为船政设计的巡洋舰在1878年末眉目渐渐清晰，从设计方案中描述的军舰参数、造型特点看，船政购买到的是一种十分新颖的设计，与法国瑟堡船厂刚刚下水不久的二等巡洋舰“杜居土路因”（*Duguay-Trouin*）酷似，几乎可以视作是“杜居土路因”舰的缩小版。按照当时英、法的舰船分类体系，船政的工程师将这种新军舰视作为撞击巡洋舰（Ram Cruiser），即舰首装有撞角，航速快捷，在海战中以撞击战术作为主要进攻手段的巡洋舰，船政后来又译作碰快船（当撞角成为19世纪中后期巡洋舰的标准装备后，这一舰种分类便湮没消失）。相比起船政此前所大量建造的炮艇、炮舰，这种军舰无论是航速、火力、攻击力都驾乎其上。

这型新军舰排水量超过2000吨，体型巨大，是船政前所未造过的大舰，体量大、构造复杂，预估造价达到40万两银，船政自身根本无力负担，新任船政大臣黎兆棠几经商筹，最终采取由南洋大臣协款20万两银的方式资助船政来建造。经过经费筹集，并派员赴海外采购木料、铁件等船政无法自制的材料、配件后，新军舰于1881年11月9日正式开工，在船政称为第一号巡海快船，距离吴赞诚创议建造，时间已

① 《第三号铁胁船兴工折》，《吴光禄使闽奏稿汇存》，光绪丙戌刊稿，卷一，第26页。

② 《闽厂制造轮船支用各款查照成案开单核实报销折》，《船政文化研究——船政奏议汇编点校辑》，海潮摄影艺术出版社2006年版，第187页。

经过去了5年之久，也足见这艘新舰的来之不易。

船政建造的第一艘全金属舰体的撞击巡洋舰“开济”号。

对于新舰，整个船政上下齐心协作，一面是船政大臣黎兆棠不断向各处求筹资金以保证工程进行，一面是在船政提调吕耀斗的监督指挥下，日夜兴工，“在事员绅、匠徒人等莫不殚精竭瘁、寝馈不遑，咸于黾勉从公。深望巨工告成，稍答宵旰勤求之至意”。在具体施工方面由船政工程处的中国技术人员监造，蒸汽机、锅炉的制造由前学堂毕业的杨廉臣、李寿田担任监造，舰体部分则由吴德章监造。与当时船政所造过的所有军舰不同，这艘新舰的构造是更为新式的铁肋铁壳式，即龙骨、肋骨和船壳板均为铁质。和当时法国船厂为铁壳军舰水下舰体防腐蚀所采取的办法一样，在舰体水下部分的铁船壳之外，再包裹覆盖两层柚木板，再在柚木板的外表面按照木壳船的防腐施工工艺敷设上铜皮，即“以铁板为皮，再加木（舟皮）二层”“内重以铁栓，外重以铜栓，两相嵌固”[①]，对这种复杂的构造，船政此前建造木肋木壳船以及铁肋

① 《会奏仿造快船，请饬南洋协拨银两，以为经始之费片》《创制巡海快船下水并陈厂工情形折》，《船政文化研究——船政奏议汇编点校辑》，海潮摄影艺术出版社2006年版，第177、201页。

木壳船的技术累积得以全数运用。历时一年许，1883 年 1 月 11 日船政第一号巡海快船顺利下水，督办大臣黎兆棠为其命名“开济”，取开辟新局，匡济未来之深意。①

“开济”号巡洋舰排水量达到 2200 吨，舰长约 83 米，宽 11.5 米，吃水 5.44 米，舱深 10.88 米，较之地中海船厂提供的原始设计方案略有放大，其体量在船政乃至当时的中国都可称为巨舰。外观上，“开济”和法国巡洋舰“杜居土路因”相像，也和地中海船厂为船政设计的“威远”级炮舰非常相似，舰体采用首尾楼布局，舰首是水线下带有铜质撞角的撞角首样式，主甲板上装有单烟囱、三桅杆，在司令塔之前的舰体两舷以及靠近尾楼处的两舷各有 1 座突出舷外的耳台。

“开济”舰的动力系统方面，主机选用了 1 座船政制造的卧式三缸复合蒸汽机，即拥有大、中、小 3 个汽缸的复合式蒸汽机，配套 8 座圆形燃煤锅炉，功率 2400 马力，设计航速 15.5 节，主机功率较船政此前建造铁胁炮舰时使用的双缸复合式蒸汽机更大。

在武备方面，“开济”完全按照地中海船厂的方案进行配置，唯武器的型号则主要采用德制，全舰武备委托泰来洋行从德国进口，主炮选用 2 门 210 毫米口径“克虏伯”炮，分装在前部的两座耳台上，每门炮的射界为 135 度，副炮是 8 门 120 毫米口径“克虏伯”炮，其中 2 门分装在军舰后部的 2 座耳台上，射界各为 125 度，另有 2 门一前一后分装在首楼内部和尾楼顶部甲板上，其中首楼内的那门射界为七八十度，尾楼顶部甲板上的那门则达到 225 度，剩下的 4 门则分别装在军舰中部左右两舷边，射界为七八十度。该舰不仅火力威猛，加之舰首水下的装甲，更使其战力倍增，“共成配炮十尊，进可角战，退可拒敌，船炮猛快当无有逾于此者。更于船头水线之下设碰船铜刀，以之冲击敌舰，洵属坚锐”。②

因为工程浩大、复杂，从督办大臣吴赞诚创议、购买设计图纸，再

---

① 《创制巡海快船下水并陈厂工情形折》，《船政文化研究——船政奏议汇编点校辑》，海潮摄影艺术出版社 2006 年版，第 200—201 页。

② 《创制巡海快船下水并陈厂工情形折》，《船政文化研究——船政奏议汇编点校辑》，海潮摄影艺术出版社 2006 年版，第 202 页。

到黎兆棠任内筹资、开工、下水，“开济”舰的竣工则是到了新任大臣吴梦元任内，其工程前后共经历了三任船政大臣，这在船政历史上也并不多见。1883年9月27日、10月1日、10月11日，“开济”进行了一系列的航试工作，测得在顶风逆潮的情况下航速最高能达到16节，超出了设计指标，“船身尚属牢固，轮机尚属灵捷，洵中华所未曾有之巨舰，海防必不可少之利器”。[①]

建成之后，“开济”于10月22日由马尾出航，开往南洋听用，因途中遭遇暴风，而当时南洋派来管带军舰的军官何心川处置失当，导致军舰受损，折回船政维修，此后重新出航，至12月9日抵达吴淞，归入南洋水师。

延续“开济”舰由南洋接济一般工料费用的模式，1883年初船政的开创者、南洋大臣左宗棠又向船政续订2艘，也采取协款建造模式，即南洋向船政提供部分造舰费用。除此之外，模仿“开济”的设计，还通过泰来洋行向德国霍华德（Howaldt）造船厂另订造2艘。由船政承造的2艘分别在1884年1月6日和12日开工，由新任船政大臣何如璋主持开工仪式，是为船政的第二号和第三号巡海快船，[②] 船政工程处的魏瀚、郑清濂、吴德章监造船体，杨廉臣、李寿田监造轮机和锅炉。[③]然而其建造期间值中法关系吃紧，又遇到了马江之战爆发，工期受到托宕影响，直至1885年4月中法停战后才重新开工。

复工后，船政集中力量先赶造第二号巡海快船，于当年12月23日下水，当天“风日清和，午潮如镜”，新任船政大臣裴荫森为其命名为“镜清”。“镜清”的主尺度、外观等与“开济”基本相同，而在经历了中法马江之战后，船政工程处总结战事中获得的经验，对其设计又做了多处重要的改进。包括在舰底两侧各增加一条舭龙骨，以增强稳性；将

---

① 《“开济”快船试洋，订期驶往南洋并厂工情形折》，《船政文化研究——船政奏议汇编点校辑》，海潮摄影艺术出版社2006年版，第224页。

② 《南洋定制两号快船安上龙骨并厂务情形折》，《船政文化研究——船政奏议汇编点校辑》，海潮摄影艺术出版社2006年版，第228—229页。

③ 《会同考核船政员绅分别应裁应留及应备咨取各衔名折》，《船政文化研究——船政奏议汇编点校辑》，海潮摄影艺术出版社2006年版，第306—307页。

德国霍华德造船厂根据船政“开济”级的设计方案建造的“南琛”号巡洋舰，除了烟囱的数量比“开济”多1座外，其余外形方面惟妙惟肖。照片收藏：陈悦。

木桅杆改为钢制，并取消了帆装，在前后桅上各增加一座战斗桅盘，于其中安装机关炮；在前桅的战斗桅盘内安装探照灯；将军舰后部两舷的耳台取消，原后部耳台上的火炮改安装在舷侧，将舰尾炮改成和主炮口径一样的大炮，增强尾部火力；在舰首舰体内安装2具鱼雷发射管；在轮机舱添加鼓风机，使得蒸汽机在强化通风时功率能达到3000马力。[①]较之“开济”，经历了这些改造的“镜清”舰在战力和机动性能上又跃升了一层台阶，同时该舰也是船政所造的第一艘装有鱼雷兵器的军舰。因为“镜清”的火炮为南洋自行购办，最终配上该舰的是南洋海防通过上海瑞生洋行购买的“阿姆斯特朗”式英制舰炮，包括7英寸（180毫米）口径主炮3门，4.7英寸（120毫米）口径副炮7门。[②]

经历半年多的舾装工程，1886年8月1日，船政大臣裴荫森亲自

① 《厂造第二号快船竣工下水折》，《船政文化研究——船政奏议汇编点校辑》，海潮摄影艺术出版社2006年版，第295页。

② 《洋务运动》第二册，上海人民出版社1961年版，第580—581页。

督视“镜清”舰的出海航试，并邀请两位英国海军军官同行视看。由曾任“开济”管带的南洋水师军官何心川指挥，“镜清”舰驶出闽江，在大海航试，经测得主轴每分钟 81 转，正常航速 16 节，最大航速 17 节，大大超过了原先设计的 15 节航速。两名随舰观看的英国海军军官对此表现赞叹不已，“英国水师官亦无不盛称美备，谓非经目睹，尚难信闽厂之有此精工巨制也”。①

船政建造的“开济”级撞击巡洋舰“寰泰”号。较之“开济”，“寰泰”在外部特征上有一处十分明显的区别，即军舰的前后桅上都加装了战斗桅盘。

1886 年 8 月 30 日，“镜清”别离马尾开赴南洋，作为南洋出资协造的军舰，该舰被调拨南洋后，其所有权也一并归南洋所有。继“镜清”后，船政开始赶工第三号巡海快船的未完工程，该舰于当年 10 月 15 日下水，被船政大臣裴荫森命名为“寰泰”号，一应的设计都和“镜清”相同，舰上所用的武器也是和“镜清”所用的炮械等一并通过泰来洋行进口。② 至 1887 年 8 月，“寰泰”舰舾装工竣，在 30 日出海航试，南洋派遣原南洋水师兵轮总统吴安康担任该舰管带，经试验测得“寰泰”的机动性能较之“镜清”更为出色，其主轴转速每分钟 91 转，航速 18 节，大获成功。时任船政大臣裴荫森在向清廷汇报“寰泰”航

① 《“镜清”快船试洋折》，《船政文化研究——船政奏议汇编点校辑》，海潮摄影艺术出版社 2006 年版，第 318 页。

② 《厂造第三号快船下水并陈现在工程情形折》，《船政文化研究——船政奏议汇编点校辑》，海潮摄影艺术出版社 2006 年版，第 324 页。

试情况的奏折里，不无骄傲地称："该学生等于制造之学研虑殚精，不特创中华未有之奇能，抑且骎骎乎驾泰西而上之。"[①]

在督办大臣主管船政的十年时间里，船政造舰接连从木肋木壳舰跃进到铁肋木壳舰，再到铁肋铁壳舰，显示了船政紧追西方舰船新技术的雄心，也一再显示，船政的工程技术人员已经日益成熟。

---

① 《"寰泰"快船试洋并陈厂务情形折》，《船政文化研究——船政奏议汇编点校辑》，海潮摄影艺术出版社 2006 年版，第 357 页。

第十四章 督办大臣时代的船政教育

一、赴欧留学计划

船政五年计划到期时，总理船政大臣沈葆桢上奏汇报未来的发展计划，与造船一事并重提起的是派遣船政学堂毕业生赴欧洲留学的计划。此事的缘起，可以追溯到原洋员正监督日意格在五年计划即将期满时的建议。日意格认为以船政学堂当时的教学能力和条件，尚无法在舰船建造以及海军军官培育等方面做到更为深入，因而提议选送学生前往欧洲留学。沈葆桢此议递上后，清廷鉴于此前上海已有留美幼童的先例，遂要求沈葆桢和留美幼童计划的重要推动者李鸿章一起进行商讨，参酌留美的经验，先仔细设计制定船政学堂留学计划，而后再作决策。

沈葆桢旋即便和李鸿章进行商议，并将一份由日意格拟就的留学章程抄送给李鸿章，以便讨论。根据日意格提交的章程草案，此一留学计划涉及造船工程和海军教育两部分，选拔具有船政前学堂和艺圃毕业资格的人员 30 名以及具有后学堂毕业资格的人员 20 名，由船政挑选两名中国委员率领分别前往法国和英国，日意格则作为监督在欧洲总揽此事。船政前学堂和艺圃出身者前往法国留学，赴法国造船厂、铁工厂工作，同时雇佣洋教习，在法国实地教学，定期三年完成。后学堂出身者赴英国，先在英国格林威治的海军军官学校和停泊在朴茨茅斯的“卓越”（*Excellent*）号炮术训练舰相继进行前期学习，而后进入英国海军的舰船部队实习，定期两年完成。①

在具体的办理方面，沈葆桢倾向委托日意格来负责总体操办，“出洋拟用日意格者，为其深知外国学问之窾窍，深知中国生徒之阶级，则

---

① 《海防档·乙》福州船厂（上），（台湾）“中央研究院”近代史研究所 1957 年版，第 502—509 页。此方案中，至少留学英国的那一部分计划得到了曾任船政“建威”训练舰舰长的英国教习德勒塞的建议，见王家俭：《中国近代海军史论集》，（台湾）文史哲出版社 1984 年版，第 37—38 页。

生徒久与之处，熟知其性情，可无意外疑虑……日意格心地明白，颇晓中国伦常义理、风俗好恶，不致以不入耳之谈与员绅生徒纠纷龃龉”。[①] 有关留学所需的经费，沈葆桢则计划从船政的运行经费中拨用 10 万两银（船政每年的运行经费为 60 万两银，其中以 40 万两造船，10 万两发放人员薪工，剩余的 10 万两充当留学经费）。[②]

围绕沈葆桢的设想，李鸿章乃至总理衙门存在异议，主要是对由洋人担任留学生监督一事存有不同的看法，其次便是认为此事还需要订立更为详细的章程，以防在具体实施时出现不必要的麻烦。几经磋商尚未有定论之际，日本入侵台湾事件突然发生，沈葆桢受命巡台，向欧洲派出留学生一事便暂时被搁置。等到日本侵台事件平息后，沈葆桢又因为此时船政经费已经出现遭拖欠等问题，未再主动向清廷提起留学计划，“兹六事之筹未定，未敢渎陈，且无巨款可筹，遽难如愿”。聊补不足的是，借着委派日意格赴欧洲为船政购买铁胁和新式蒸汽机的机会，沈葆桢挑选了前学堂毕业的魏瀚、陈兆翱、陈季同以及后学堂毕业的刘步蟾、林泰曾，跟随着日意格前往欧洲游历学习，然而此行的性质实际上还算不得真正的留学，原计划只不过是顺便开眼界、见世面，其学习期也设定得十分短暂，预备当日意格采办的铁胁等完工后，便随着日意格一同返回船政。[③] 后期行程略作调整，魏瀚等 3 名前学堂毕业生被安排进入法国地中海船厂短期实习，刘步蟾、林泰曾则进入英国私立高士堡海军预科学校（即戈斯波特预科学校，Burney's Academy，Gosport）强化英语、数学等基础课程。在此之前，日本海军军官东乡平八郎也曾就读过该校。

船政留学欧洲计划的再度议及和成功实施，则是到了督办大臣

---

① 《海防档·乙》福州船厂（上），（台湾）“中央研究院”近代史研究所 1957 年版，第 503 页。

② 《海防档·乙》福州船厂（上），（台湾）“中央研究院”近代史研究所 1957 年版，第 504 页。王家俭先生在其所著《清末海军留学生的派遣及其影响》一文中将沈葆桢预算的留学经费 10 万两错误理解成 18 万两，见王家俭：《中国近代海军史论集》，（台湾）文史哲出版社 1984 年版，第 30 页。

③ 《报明艺童随日监督出洋片》，《船政文化研究——船政奏议汇编点校辑》，海潮摄影艺术出版社 2006 年版，第 103 页。

时代。

1875年，丁日昌出任督办大臣，接续在沈葆桢之后负责管理船政事务。上任伊始，沈葆桢在向丁日昌介绍、交代船政各种应办事务时，就提及派遣学生留学欧洲一事，不过沈葆桢基于船政的经费状况考虑，对船政自行派出留学生不抱希望，认为此事等待同北洋海防一并办理才较为可行。

事出沈葆桢意料的是，在日本1874年侵台事件的刺激下，李鸿章、沈葆桢乃至丁日昌都对设法从欧洲购买铁甲舰一事产生浓厚兴趣，而购办铁甲舰除需要预筹经费、建造大船坞外，同样重要的还有驾驭铁甲舰的人才。三人在讨论购买铁甲舰的事务时，不约而同都议及船政的留学计划，都寄希望于通过派遣船政学堂出身的军官赴欧洲留学，以解决铁甲舰驾驭人才的培育和储备，北洋大臣李鸿章甚至将留学视作购办铁甲舰以及建设强大海防的前提基础。“幼（沈葆桢）、雨（丁日昌）两帅皆函催速购铁甲船，鄙见无购船之巨款，又无带船之人、修船之厂，则有船与无船等，是遣学生往习驾驶操法，为开宗明义第一章”。[①] 在购办铁甲舰势在必行的背景下，原本只是船政自身人才教育计划一环的留欧计划，不仅获得在海防建设事务上长袖善舞的李鸿章的全力支持，同时在购办铁甲舰一事已经是箭在弦上的情况下，也使得此事成为了一项需要尽快办理的急务。李鸿章、沈葆桢、丁日昌三人对派遣留学生一事取得共识，成为船政留学计划得以顺利推进的重要前提基础。

除此，原船政洋员正监督日意格对船政留学计划充满兴趣，他的竭力游说和推动（甚至提前与英国驻华公使进行沟通，探讨留学计划的可行性），对推动留学计划的最终实施也功不可没。此事于公而论，可以理解为日意格对船政充满感情和责任心，想通过帮助办理留学事务，为中国的海防事业造就更多高层次人才；于私而论，此事一旦成行，作为留学监督的日意格可以在其家乡工作，领取与当年担任船政洋员正监督时一样的高薪待遇（日意格在计划中设定监督的薪水为每月1000两

---

① 《复吴春帆京堂》，《李鸿章全集》第三十一册，安徽教育出版社2008年版，第479页。

银），只要中国的海防建设活动持续不断，赴欧留学生计划势必能长期连续执行，那么他本人在法国便可长期获得稳定且收入令人羡慕的工作。就此，李鸿章一眼窥破，认为日意格之所以在船政五年计划到期后迟迟留在中国不返回，就是想要争取留学计划获得批准，“日意格与帮办洋员，自船工告成、撤退洋人后，留工虚糜薪费三年于兹，专为出洋一事”①，语虽刻薄，倒也并非不是实情。

就在丁日昌接任船政大臣后不久，日意格在欧洲购买铁胁、新式轮机等工作即将完成，根据原计划，沈葆桢派出跟随日意格赴欧游历的刘步蟾等船政毕业生也到了归华之期，此时日意格向已经担任南洋大臣的沈葆桢致函申请，希望将后学堂毕业的刘步蟾、林泰曾继续留在欧洲深造，登英国铁甲舰实习。此举不仅有造就人才的用意，十分显然的，也有试图将船政留学欧洲计划进一步向前推进的意图。

对日意格的这一提议，沈葆桢十分认同，遂函商督办船政大臣丁日昌：“日意格请示，刘、林二生应否请总署照会英使上英国大战船学习二年一节，刘、林在后学堂为可造之材，在英国战船学习，远胜于‘扬武’。二人所费不多，二年期亦不远，可否姑一试之？伏候卓夺。”②

经私下的商议，沈葆桢、丁日昌随后以不约而同之势致函总理衙门，建议总理衙门照会英国驻华公使，安排刘步蟾、林泰曾登英国海军铁甲舰实习事宜。③ 不仅如此，几乎同一时间内，原在法国游历的魏瀚、陈兆翱、陈季同 3 人也被计划安排留在法国继续学习。较为可惜的是，总理衙门对于此议最后的态度是从缓办理，又因船政大臣丁日昌催促日意格回华商议留学生计划，日意格遂带着刘步蟾、林泰曾以及陈季同 3 人一起返回中国，只有先期已经安排妥当的魏瀚和陈兆翱继续留在法国学习。④

---

① 《复吴春帆京卿》，《李鸿章全集》第三十一册，安徽教育出版社 2008 年版，第 487 页。

② 《致丁雨帅二》，《沈文肃公牍》，福建人民出版社 2008 年版，第 275 页。

③ 《海防档·乙》福州船厂（下），（台湾）“中央研究院”近代史研究所 1957 年版，第 663 页。

④ 《海军大事记》，（台湾）文海出版社 1975 年版，第 5 页。

几乎就在议论如何派遣船政留欧学生的同时，1876 年 3 月 29 日，李鸿章通过德国克虏伯公司聘用的北洋陆军炮术教习德国人李励协的合同届满即将返国，李鸿章借此机会挑选了卞长胜等 7 名淮军陆军军官随其赴德国，计划留学三年，分别学习海军和陆军，成为中国最早的赴欧海军和陆军专业留学生。① 不过北洋派出的这批留学军官，并无多少西学的根基，并不能指望在短时间成长为驾驭铁甲巨舰的人才。就在汇报选送北洋陆军军官赴德国留学的公文中，李鸿章还提到了此时船政留欧计划的准备情况，即等待主事官员的人选确定后便可正式上奏，“容筹定管带之员，再行会核奏咨”。②

此时，根据 1874 年沈葆桢上奏留学计划时清廷所作的由船政大臣和北洋大臣会商的批复，有关船政留学计划的事务性筹备工作，主要是由丁日昌和李鸿章二人在商议酌定，旋后丁日昌出任福建巡抚，新任船政大臣吴赞诚遂加入其中一并参与商议。和沈葆桢的态度不同的是，丁日昌与李鸿章对法国人日意格都没有任何的好感，其原因主要是认为其人过于唯利是图，二人都认为留学计划应该由中国官员具体管理才妥当。此外，和沈葆桢、日意格起初提出的同时选送船政前、后学堂学生赴欧的计划不同，李鸿章一面出自为北洋海防将来要购买的铁甲舰培育人才起见，一面出自规避法国人日意格的考虑，在与丁日昌等商议时，事实上将留学计划缩小成了纯粹的留英计划，即只派船政后学堂的毕业生赴英国留学，而不涉足法国。

为此，丁日昌推举由自己的亲信门人、曾任船政总考工的李凤苞作为领队，而将日意格排除在外，李鸿章对此毫无异议，并将李凤苞召至天津商订率队留学等事。当时正值中国首任驻英公使郭嵩焘在着手准备赴英，李鸿章认为可以借着出使的机会，化繁为简，由李凤苞率领船政后学堂的毕业生作为随行人员，随同公使郭嵩焘一起前往英国，将留学

① 《致总署，议派弁赴德国学习》，《李鸿章全集》第三十一册，安徽教育出版社 2008 年版，第 366—367 页。卞长胜在德国海军军舰上的见习情况，见其著《德国水师事宜》，光绪质学丛书石印本。

② 《致总署，议派弁赴德国学习》，《李鸿章全集》第三十一册，安徽教育出版社 2008 年版，第 367 页。

一事变成出使英国的附带事务，以简化在朝堂上的往返申请的手续，使留学计划尽速成行。至于日意格，李鸿章则准备等其来到天津商议留学计划时，直接告诉其已经被划出局外。

但是，日意格到达天津之后，不顾李鸿章的劝退，反复申请要率领船政学生赴欧洲留学，并引出当初沈葆桢向清廷上奏的原议为据，强调不仅要向英国派出留学生，同时还要向法国派遣留学生。对此，本就对率队赴欧洲留学心存忐忑的李凤苞在讨论时也竭力表示支持日意格的意见，自愿和日意格共同率队前往欧洲。李鸿章考虑到由日意格带领留学生前往英法确系沈葆桢当初上奏所提的方案，如果将日意格扫地出门，不仅与原奏不符，难免日意格会借机生事，而且也必然会大大得罪与日意格关系不错的沈葆桢，又鉴于李凤苞在讨论中对日意格的很多观点颇为支持，二人似乎能够相处融洽，李鸿章便不再坚持前议，而作顺水推舟的变通，于 1876 年 10 月 10 日分别致信福建巡抚丁日昌和船政大臣吴赞诚，告知计划有变，自己已经决定改成由日意格和李凤苞共同率队前往英、法两国留学。此时，距离郭嵩焘赴英国已经为时不多，因为留学计划本身发生重大调整，留学团已经不可能跟随驻英公使出发，必须作为单列项目上奏请准。

在确定了留学领队和学习内容等两大基础性事务后，关于留学经费的问题，李鸿章在 10 月 10 日给吴赞诚和丁日昌的信中也都有所交代。经初步核算，第一年的留学费用总数在 11 万余两银，此后每年在 7 万余两银。考虑到船政自身经费严重不足，李鸿章设想从福建省解交南、北洋海防经费的海关关税和厘金中抽拨，“船政经费势难匀拨，拟由南北洋海防额拨闽省厘金及闽海关四成项下照数筹付”。[1]

与此同时，李鸿章将日意格、李凤苞等重新讨论修订，“核减人数、薪费”后的留学章程草稿寄发给沈葆桢、丁日昌、吴赞诚进行讨论。另外，李鸿章还将这份章程草案抄报请示总理衙门，并告知经与船政大臣等商议，船政留学计划已经调整为由日意格、李凤苞二人会办。

---

① 《复吴春帆京卿》，《李鸿章全集》第三十一册，安徽教育出版社 2008 年版，第 487 页。

由日意格、李凤苞拟定的这份留学章程共计有 31 条，规定了留法和留英的学习事务，中外委员的薪水，留法、留英经费，留学生出洋路费，付款具体办法等内容。[①] 其内容扼要为，派遣 47 名船政毕业生分赴英、法，共留学五年，总计的费用为关平银四十二万三千余两。[②]

在就章程草案的会商讨论中，福建巡抚丁日昌的意见较具代表性，对最后的章程定稿影响也较大。

丁日昌对草案提出的意见总计有七条：

第一，丁日昌认为计划中安排的 47 名留学生的名额设定过多，经其点算，船政前后学堂毕业生和在学者中总计只能挑出 30 人（前学堂已毕业者可选 10 人，就读者中可选 8 人，后学堂就读者中无人可选，已毕业者中可选 12 人）。至于被日意格等列在留学计划中的船政艺圃毕业的艺徒，丁日昌认为艺徒“不惟西学未谙，即中学亦浅”，不适合出国留学，建议将艺徒从留学名额中除去，节省的资金用于聘请国外教习来船政教学。

第二，针对船政后学堂留学生赴英的主要学习目的是登上英国海军的军舰见习，丁日昌担心英国海军部对登舰实习的名额有严格的控制，建议或可考虑抽调部分改去德国海军军舰见习。

第三，丁日昌认为章程中对华、洋监督的工作责任设定得过于泛泛，建议严格制定留学生留学期满时的考核标准以及制定根据留学生的留学成绩对华、洋监督进行奖惩的督促措施。

第四，丁日昌认为日意格和李凤苞核减过的留学经费预算仍然过高，就其中诸如留学生出洋乘坐头等舱的安排以及一些非必要的洋员的雇佣，还有薪水杂费的标准等提出了异议，建议再行压缩核减，甚至提议可以派“扬武”舰运送留学生出洋，以节省交通费开支。

第五，丁日昌认为五年的留学期限过久，建议改作三年。

第六，对于留学的专业，日意格、李凤苞拟定的章程中设计为前、

---

① 王家俭：《中国近代海军史论集》，（台湾）文史哲出版社 1984 年版，第 34—35 页。

② 《咨总署、李中堂，论出洋学生学习事宜》，《丁日昌集》（上），上海古籍出版社 2010 年版，第 817 页。

后学堂留学生学有所成后，可以根据兴趣再选择学习矿务、国际法等其他专业。丁日昌认为矿务、国际法等专业都需要专门攻读，以留学驾驶、制造之余而兼顾，显然无法求得真知，建议从留学生中专门挑选部分学习矿务和国际法。

最后，丁日昌对将华、洋监督并列的设定不满，认为必须在两个监督中分出高低先后，并建议华监督的地位应当在洋监督之上。①

经过各方会商讨论，修改后的留学计划和详细章程《船政生徒出洋肄业章程》在 1877 年 1 月 13 日由北洋大臣李鸿章会同福州将军文煜、闽浙总督何璟联衔上奏，向清廷进行汇报。最终出现的这一留学方案，其内容要旨为从船政前、后学堂的毕业生和在读生中一共派遣 30 人分赴英、法两国，分别学习海军、舰船工程以及矿务和国际法，由李凤苞、日意格分任华、洋监督，具体带队前往，在欧洲进行管理。留学的时间定为三年，总计经费预算 20 万两银，其中由闽海关四成洋税拨解南、北洋海防经费的额度中挪出 5 万两银，福建省厘金中拨解南、北洋海防经费的额度中挪出 10 万两银，另由船政经费中再挪 5 万两银。在职权方面，华、洋监督地位并重，不过华监督的具体管辖职权大于洋监督，同时华监督李凤苞还被李鸿章授予兼查此前北洋留学德国学生学习情况之权。②

奏上，清廷于 1 月 15 日以上谕批准，责成总理衙门配合办理。经总理衙门就留学计划分别照会英国和法国驻华公使后，1 月 26 日收到法国驻华公使的照会回复，告知将通报法国外交部配合照料中国留学生；29 日总理衙门收到英国驻华公使的照会回复，告知将会就中国派遣留学生一事转达英国相关部门。至 3 月 22 日英国公使再度就此事照会总理衙门，告知英国首相同意“以礼接待闽厂来英学生”。③ 从 1874 年年初开始酝酿

---

① 《咨总署、李中堂，论出洋学生学习事宜》，《丁日昌集》（上），上海古籍出版社 2010 年版，第 816—817 页。

② 《闽厂学生出洋学习折》，《李鸿章全集》第七册，安徽教育出版社 2008 年版，第 257 页。

③ 《海防档·乙》福州船厂（下），（台湾）“中央研究院”近代史研究所 1957 年版，第 716、718、725 页。

筹划的船政留学欧洲计划，在经历了三度春秋后终于变成事实，近代中国向世界又迈出了意义重大的一步。得知这一喜讯，作为当初留学计划在清廷中的首位提起者，沈葆桢欣慰不已，“出洋之议已定，以后船政益蒸蒸日上”。[①]

二、第一期赴欧留学生

在 1877 年 1 月获得批准的船政留学计划之中，留学生的总人数被设定为 30 人，与丁日昌此前对留学章程草稿提建议时所列的情况一致，不过在这 30 人中，不仅包括有前、后学堂出身者，也仍然包含有船政艺圃出身的艺徒。按照最终通过的留学肄业章程规定，前往法国学习制造的留学生由前学堂出身者之中选 14 人，艺圃出身者中选 4 人，前往英国学习铁甲舰驾驶等海军学问的留学生由后学堂出身者中选 12 人。此外，赴欧留学队伍中作为华、洋监督的助手，还设定有洋帮办兼文案（丁日昌有关不设洋帮办的建议未被采纳）以及华文案、华翻译、华随员等，后三者实际同时也兼具有留学生的身份，是留学计划中专门学习国际法的人员。

首届留学团华监督李凤苞。本章留学生人物照片除特别说明者外，均为马尾造船股份有限公司林樱尧先生提供。

首届留学团华文案陈季同。

首届留学团随员马建忠。

① 《复吴春帆星使一》，《沈文肃公牍》，福建人民出版社 2008 年版，第 405 页。

经过汰选，入选的前、后学堂乃至艺圃出身者几乎都是船政五年计划到期时日意格曾胪列出的船政精华人才。值得注意的是，选送往英国的船政后学堂出身者，全是后学堂航海专业出身，并没有轮机专业出身者，而且全都是后学堂的内堂生，即福建籍学生，广东籍的外堂生则无一入选。这一情况可能与广东籍外堂生毕业、任职较早有关，在挑拣赴欧留学生时，原首届外堂生几乎都已经担任了很长时间的舰艇长职务，很多还带舰驻防外省，如果从中抽派人选，势必会在船政水师的管理方面引起混乱。

最终，首届赴欧留学团的成员情况如下：

洋监督：日意格

洋帮办兼文案：斯恭塞格

（在洋追加派任洋文案：高氏耶）

华监督：李凤苞

学生兼办华文案：陈季同

（1878 年追加派任文案：钱德培）

华监督翻译：罗丰禄

华监督随员：马建忠（北洋大臣派遣，由北洋支付薪水）

前学堂出身留学生：魏瀚、陈兆翱、郑清濂、罗臻禄、李寿田、吴德章、梁炳年、陈林璋、池贞铨、杨廉臣、林日章、张金生、林怡游、林庆昇（魏瀚、陈兆翱已经在法国）

艺圃出身留学生：裘国安、陈可会、郭瑞珪、刘懋勋

后学堂出身留学生：刘步蟾、林泰曾、蒋超英、方伯谦、严宗光、何心川、林永升、叶祖珪、黄建勋、萨镇冰、江懋祉、林颖启①

洋帮办文案斯恭塞格因故暂留福建，没有跟随大队直接出发，当其在之后赴法时，船政又挑拣出了 5 名艺圃出身者，作为追加留学生，由

---

① 《报明出洋学生起程日期折》，《吴光禄使闽奏稿汇存》，光绪丙戌刊版，第 11 页。其中文案钱德培是 1878 年被派任，见《钱德培出洋三年期满请奖片》，《李鸿章全集》第九册，安徽教育出版社 2008 年版，第 518 页。

斯恭塞格带赴欧洲，具体为：张启正、王桂芳、任照、吴学锵、叶殿铄。总计，船政首批赴欧留学团实际共 41 人。

因为船政留学生人员选定时，驻英公使郭嵩焘早已启程赴英，留学团遂单独出发。根据章程规定，留学团将在光绪三年（1877 年）的正月出发，实际出行时则是在光绪三年的二月末。

光绪三年春节过后，华监督李凤苞从上海抵达马尾，和日意格等会齐，船政大臣吴赞诚按照留学章程规定的经费支付要求，从船政经费项下筹措银七万三千五百六十三两七钱八分，交于李凤苞和日意格，作为路费和第一年的留学经费。经过前期准备，1877 年 3 月 31 日李凤苞、日意格率领留学团告别船政，踏上留学之路（人数中不包括魏瀚、陈兆翱以及斯恭塞格和 5 名此后追加的艺圃留学生）。福建巡抚丁日昌原提议由船政水师的“扬武”舰运输留学团赴欧，以节省经费，实际操作中则未出现这一情况，但仍显现了船政主事者们竭力为国家樽节经费的是，当时从福州前往英法没有直航邮轮，必须先乘坐途经福州前往香港的邮轮，再由香港转乘赴欧邮轮，对此，吴赞诚派出船政水师的“济安”舰运送留学团前往香港，节省了这一段的旅费。

龙旗飘飘的“济安”舰汽笛长鸣，向罗星塔塔影辉映下的马尾告别，载着船政和中国海防的未来希望缓缓向闽江口，向大海驶去。望着不啻前往西天求取真经的学子远去，吴赞诚感慨万千，在向清廷汇报留学团起程日期的奏折里，流露出了他彼时的心情。

> 该生徒等深知自强之计，舍此无可他求，各怀奋发有为，期于穷求洋人秘奥，冀备国家将来趋策。虽七万里长途，均皆踊跃就道。他日或能蔚成大器，共济时艰。①

船政首届留学团抵达香港后，经短暂等待，于 4 月 5 日乘坐邮轮前往法国，经历一个月的海上航行，在 5 月 7 日到达法国马赛登岸，受到

---

① 《报明出洋学生起程日期折》，《吴光禄使闽奏稿汇存》，光绪丙戌刊版，第 11—12 页。

法国地方官员的热情欢迎。[①] 此后，后学堂出身的留学生继续前往英国，前学堂及艺圃出身的留学生，还有学习国际法的留学生则在法国进行分配。总体上留学团以法国作为基本驻地，华、洋监督均长期驻在法国，华监督李凤苞还按照每三个月一次的频率，由法国乘坐火车前往德国，检查卞长胜等北洋留德学生的学习情况。1877 年 10 月间，留学生洋监督帮办斯恭塞格从马尾回法国，作为追加派遣的艺圃出身留学生张启正等随行，在 12 月 8 日抵达马赛，也加入了留学活动。[②]

法国海军造船工程学应用学校的外国留学生合影。第二排左一为陈林璋，左三为魏瀚，左五郑清濂，第三排右一为陈兆翱。

船政首届留学生抵欧后，即按照留学章程的设计开始分头学习。[③]

在法国学习的留学生，根据留学章程的设定，其培养目标为前学堂出身者“备总监工之选”，即船政的总工程师，艺圃出身者“备分厂监工之选”，即船政车间的工

① 留学生出发时间为光绪三年二月十七日，即 1877 年 4 月 5 日，王家俭先生误作 4 月 4 日，见《中国近代海军史论集》，（台湾）文史哲出版社 1984 年版，第 40 页。另，同书中王家俭先生所述的留学生到达欧洲时间也存在严重问题，4 月 5 日甫经从香港出发的留学团，在王家俭先生同书中称 4 月 16 日即已经抵欧，与常识相悖，而王家俭书中称此说的引据是张德彝《随使法国日记》，但张德彝日记实际只记录至同治十三年，船政留学生出洋则是光绪三年之事。

② 《据报分派出洋学生学习并续遣厂徒出洋片》，《吴光禄使闽奏稿汇存》，光绪丙戌刊版，第 21—22 页。

③ 留学生在法国的分配学习等情况参考了：《据报分派出洋学生学习并续遣厂徒出洋片》，《吴光禄使闽奏稿汇存》，光绪丙戌刊版，第 21—22 页。《出洋限满，生徒学成并华、洋各员襄办肄业事宜出力，分别请奖折》，《船政文化研究——船政奏议汇编点校辑》，海潮摄影艺术出版社 2006 年版，第 181—182 页。

程师。

留学土伦船厂的留学生梁炳年、吴德章、杨廉臣、李寿田、林怡游。

在具体的分配安排上，学习造船和轮机建造的是 9 名前学堂出身的留学生以及 6 名艺圃出身的留学生。其中前学堂出身的留学生原计划都将派入位于法国军港城市瑟堡的法国海军舰船工程学的顶级学府——海军造船工程学应用学校（École D'application du Génie Maritime）深造，但是因为造船工程学应用学校的招生名额极为有限，只能接收 4 名中国留学生，最终只有魏瀚、陈兆翱、郑清濂、陈林璋 4 人得以入读该校。经留学生华监督李凤苞与法国海军部协商，改将剩下的梁炳年（留学期间不幸于 1878 年 7 月 1 日病逝）、吴德章、杨廉臣、李寿田、林怡游等 5 人派入法国海军土伦船厂（Arsenal de Toulon）学习。[①] 上述 9 人的学制均为 2 年，2 年期满后考试合格，被派赴英法各船厂、轮机厂、钢铁厂参观游历，又经留学生监督李凤苞为中国制造军火考虑，派其中的郑清濂、林怡游赴汕答佃枪炮厂（Manufacture d'armes de Saint-Etienne，即圣艾蒂安兵工厂），吴德章、杨廉臣赴卢爱里和布呵士炮厂（Arsenal de Roanne、Arsenal de Bourges，即法国著名的罗昂兵工厂和布尔日兵工厂）学习“验料，炼造诸法”。[②] 艺圃出身的陈可会、张启

---

① 《复出洋监督候选道李》，《李鸿章全集》第三十二册，安徽教育出版社 2008 年版，第 240 页。从同信中可知，李凤苞向李鸿章透露，在留学生事务上，主要是自己在积极办理，日意格则办事迟缓，李鸿章对此极为不满，认为“日意格出洋后颇怀私见，事事延缓，情殊可恶”，从中也可见李鸿章对日意格的成见之深。

② 关于法国的这两座炮厂，在薛福成的日记里也有提及，“法国大小炮，后膛居多。其前膛者，有来福六楞铜炮；其后膛者，皆系全钢。其承造之官厂，曰罗乃尔（一作卢爱里），曰布呵次”。见薛福成：《出使英法义比四国日记》，岳麓书社 1985 年版，第 257 页。

正、裘国安、郭瑞珪、刘懋勋、叶殿铄则先被派在白海士登学校学习，而后分配至地中海船厂、马赛木模厂、马赛铸铁厂等工厂实习。

船政前学堂出身的首届赴欧留学生池贞铨、张金生、林庆昇、林日章、罗臻禄。

艺圃出身的首届赴欧留学生裘国安、郭瑞珪、刘懋勋、王桂芳、任照。

被派在法国学习矿务的是5名前学堂出身的留学生和3名艺圃出身的留学生，其中前学堂出身的留学生池贞铨、张金生、林庆昇、林日章被派入科鲁苏工厂（Creusot works，即施耐德公司的克鲁索铁工厂），罗臻禄被派入汕答佃学堂（École des Mines de Saint-Etienne，即圣艾蒂安学院），均先学习一年，而后在1878年统一进入巴黎高等矿业学院（École des Mines de Paris）学习。艺圃出身的王桂芳、任照、吴学锵先被派在汕萨穆铁工厂学习一年，“专习炼铁熔钢”，而后派入赛隆艺学，“习算轮机及分化、试验五金等事”。

此外，随员马建忠、文案陈季同考入位于巴黎的自由政治科学学院（École Libre des Sciences Politiques，巴黎政治学院的前身），攻读法学。翻译罗丰禄则在英国入读伦敦泾士书院（King's College，即伦敦国王学院），学习化学、政治等。

被派往英国学习的留学生均为海军专业，其学习目标是铁甲舰的驾驶以及船政后学堂无法开展的枪炮、水雷等兵器教育。由于英国海军对外国留学生登英国军舰的要求极为严格，名额十分有限，经中国驻英公使郭嵩焘和英国外交部努力交涉，于 1877 年 8 月 16 日得到英方回复，先期只有海军知识根底深厚的刘步蟾、林泰曾、蒋超英三人得以直接被安排赴英国大西洋舰队（The Home or the Atlantic Station）报到，登舰实习（后又前往地中海舰队），[1] 在 1877 年 9 月如愿登上了英国皇家海军的铁甲巨舰。回想三十余年前鸦片战争时，英军的坚船利炮横扫中国东南沿海，朝野仁人志士为寻找加强中国海防的妙方而穷尽思虑，而此时中国的海军军官已能自信地登堂入室，站立到世界最强的英国海军行列里实习，不免让人感慨万千，船政教育的价值在这一刻显现得淋漓尽致。

首批派登英国铁甲舰见习的赴英留学生刘步蟾、林泰曾、蒋超英。

同在 1877 年 9 月，经郭嵩焘和留学生监督李凤苞的努力，后学堂航海专业留学生中暂时得不到登舰名额的严宗光、方伯谦、何心川、林永升、叶祖珪、萨镇冰等 6 人经过考试，进入了格林威治海军学院，就读短期进修课程，以免空待时日。当录取中国学员时，格林威治海校表示此举在该校属于首例，“学馆向无外国人就学，以中国初次通使，又最远，国人亦据为美谈，是以破格为之”。[2] 至 1878 年 8 月，除了严宗光因为视力不佳，不符合当时海军舰上工作的要求，被留在格林威治改学更多课程以备回华担任教习，其余的方伯谦等 5 人也都被安排登上英国海军的军舰，其中方伯谦赴英国海军的东印度舰队（The East Indian Station），林永升、叶祖珪、萨镇冰赴地中海舰队（The Mediterranean

① 郭嵩焘：《伦敦与巴黎日记》，岳麓书社 1984 年版，第 278 页。

② 郭嵩焘：《伦敦与巴黎日记》，岳麓书社 1984 年版，第 313 页。

Station)，何心川前往南非舰队（The South African Station）。

被安排短期就读格林威治海军学校的首批赴英留学生严宗光、何心川、林永升、叶祖珪、萨镇冰。

留英学生林颖启、江懋祉、黄建勋。

因名额所限，未能立刻登舰见习，又没有进入格林威治海军学校的江懋祉、林颖启、黄建勋三人，经中国驻英使馆通过英国外交部向英国海军部协商，最终在 1877 年 11 月 11 日得到英国海军部答复，全部安排登舰见习。其中黄建勋由利物浦前往百慕大群岛，向英国西印度舰队（The West Indian Station）报到登舰实习，江懋祉、林颖启则从北安普敦乘船前往摩洛哥，向英国大西洋舰队报到实习。①

中国留学生在舰期间，均着英国海军军服，以少尉见习生代职。中国海军军官登上英国海军的艨艟巨舰，与英国海军官兵共同作业训练甚至作战，“与泰西将士日夕讲求”，可谓是破天荒之举。其中首批登舰的刘步蟾等 6 人于 1879 年 9 月陆续见习期满，留学生监督李凤苞又聘请教习，讲授炮台、军火、水雷等课程。

① 郭嵩焘：《伦敦与巴黎日记》，岳麓书社 1984 年版，第 363—364 页。

表十九　第一批赴英留学生登舰实习情况[1]

姓名	登舰时间	实习舰名	舰级	排水量	备　注
刘步蟾	1877 年 9 月	“马纳杜” *Minotaur*	铁甲舰	10690 吨	刘步蟾 1878 年 12 月因病离舰，痊愈后在 1879 年 3 月重新派舰
	1879 年 3 月	“拉里” *Raleigh*	巡洋舰	5200 吨	
林泰曾	1877 年 9 月	“孛来克柏林” *Black Prince*	铁甲舰	9250 吨	
	1878 年 6 月	“潘尼洛伯” *Penelope*	铁甲舰	4470 吨	
	1878 年 8 月	“阿其力” *Achilles*	铁甲舰	9829 吨	
蒋超英	1877 年 9 月	“狄芬司” *Defence*	铁甲舰	6150 吨	
黄建勋	1877 年 11 月	“伯里洛芬” *Bellerophon*	铁甲舰	7551 吨	
林颖启	1877 年 11 月	“爱勤考特” *Agincourt*	铁甲舰	10600 吨	
江懋祉	1877 年 11 月	“爱勤考特” *Agincourt*	铁甲舰	10600 吨	
方伯谦	1878 年 8 月	“恩延甫” *Euryalus*	巡洋舰	3932 吨	
	1879 年	“士班登” *Spartan*	巡洋舰	1755 吨	
何心川	1878 年 8 月	“菩提西阿” *Boadicea*	巡洋舰	3913 吨	何心川随该舰赴非洲驻防，亲历祖鲁战争，期间受瘴生病，后提前离舰归国
林永升	1878 年 8 月	“马纳杜” *Minotaur*	铁甲舰	10690 吨	
叶祖珪	1878 年 8 月	“孛来克柏林” *Black Prince*	铁甲舰	9250 吨	
	1879 年 3 月	“英芬昔孛耳” Invincible	铁甲舰	5909 吨	
萨镇冰	1878 年 8 月	“们那次” *Monarch*	铁甲舰	8322 吨	

① 本表参考了：《据报分派出洋学生学习并续遣厂徒出洋片》，《吴光禄使闽奏稿汇存》，光绪丙戌刊版，第 21—22 页。《出洋限满，生徒学成并华、洋各员襄办肄业事宜出力，分别请奖折》，《船政文化研究——船政奏议汇编点校辑》，海潮摄影艺术出版社 2006 年版，第 181 页。王家俭：《中国近代海军史论集》，（台湾）文史哲出版社 1984 年版，第 41—42 页。其中王家俭所著列出的中国留学生实习军舰的舰名英文拼写存在普遍和严重的错漏，引用时需要特别注意甄别，另黄建勋、林颖启、江懋祉的登舰见习时间根据中国驻英公使郭嵩焘的日记显示，应在 1877 年 11 月，而王著列为 10 月，本书从前者。王家俭所著中又称林泰曾在 1878 年 8 月还曾登英国军舰“威灵顿”见习，但是此时英国海军并没有一艘叫作“威灵顿”的在役军舰，当时与这一舰名类似的是在朴次茅斯停泊不动的“威灵顿公爵”号（*Duke of Wellington*），属于泊港的仪仗舰，林泰曾或许是曾在这艘舰上进行过短暂的学习。

首批留学计划从光绪三年（1877 年）二月开始，至光绪六年二月止，从学习成果看，此次留学活动成效颇著，从留学生洋监督帮办斯恭塞格多年后写给中国驻英公使曾纪泽的禀帖中可以一窥大概。

制造船械学生九人，除梁炳年病故外，考试以陈兆翱、魏瀚为最出色，可与法国水师制造监工并驾齐驱。郑清濂、杨廉臣、吴德章次之，林怡游、李寿田、陈林璋又次之。郑清濂、林怡游，堪胜船厂总监工之任，亦可派制造军器。杨廉臣、吴德章，堪胜总监工之任，亦可管理造炮之事。李寿田、陈林璋，堪充总监工或造船或造水师机器。

矿务学生五人，考试以林庆昇、池贞铨为最优，张金生、罗臻禄、林日章次之。池贞铨、罗臻禄，可派查看地势、制造木炭并设厂炼铁。林庆昇、张金生，可派管理铁厂并添设钢厂。林日章可派管铁厂之化学学堂。

水师管驾学生二十人，以刘步蟾、林泰曾、严宗光、蒋超英为最出色，萨镇冰、方伯谦、何心川、叶祖珪次之，林永升、林颖启、江懋祉、黄建勋又次之。刘步蟾、林泰曾，知水师兵船紧要关键，足与西洋水师管驾官相等，均堪重任；不但能管驾大小兵船，更能测绘海图、防守港口、布置水雷。严宗光于管驾官应知学问以外，更能探本溯源，以为传授生徒之资，足胜水师学堂教习之任。萨镇冰、叶祖珪、林永升，勤敏颖悟，历练甚精，均胜管驾官之任。方伯谦可谓水师中聪明谙练之员。何心川因病回华。蒋超英、林颖启、江懋祉、黄建勋，堪胜水师管驾之任。

艺徒刘懋勋，凡上等匠首应知之艺皆能通达，可充铸铁局匠首，或派绘画船图。郭瑞圭［珪］始终勤学，可派充汽锅局匠首，或绘画船图。裘国安大致同郭瑞珪，而沉静稍逊之。王桂芳、任照、吴学铿［锵］，可派入拉铁厂充当查工；或在机器局襄助，三人以王桂芳为领袖。陈可会学艺可观，堪充制造战舰匠首，张启正聪明稍次，可为其副；叶殿铄与张启正相同。[1]

---

① 薛福成：《出使英法义比四国日记》，岳麓书社 1985 年版，第 205—206 页。

在首次赴欧留学计划如期届满前，前学堂的魏瀚、陈兆翱和后学堂的刘步蟾、林泰曾 4 人因为之前已经跟随日意格在英法有过较长时间的学习，根底较扎实，学业进展较其他留学生更快，在 1879 年夏秋之际最先归国；后学堂的留学生何心川因为身体不佳，也提前结束实习和刘步蟾等一并回华，5 人成为首批留学肄业计划中最早归国的留学生。此后，因船政教学需人，在英国格林威治海军学校学习的后学堂留学生严宗光也被提前召回。剩余的学生以及随员马建忠、翻译罗丰禄则大都于学习完毕，经西方相关教育机构或教习测试合格后，在 1880 年年初如期回华。① 原留学生华监督李凤苞、文案陈季同、续派文案钱德培因为在 1878 年获派担任驻欧外交官，继续留在欧洲，同时李凤苞还在协助北洋海防办理订造鱼雷艇、铁甲舰等购买军火装备的工作。根据这些工作的需要，李凤苞还将首批留学生中在瑟堡工程学校考试名列第一的郑清濂留在欧洲，协助办理购买铁甲舰等事务。又因为当时国内北洋海防和广东省都在德国大量购买鱼雷艇，李凤苞还将艺圃出身的陈可会、叶殿铄、张启正留在欧洲，先是学习鱼雷和鱼雷艇知识，后来则派至承造中国鱼雷艇和铁甲舰的德国伏尔铿公司（Stettiner Maschinenbau A. G. Vulcan）造船厂学习制造。②

三、第二期留欧学生

1879 年秋天，首届赴欧留学的刘步蟾、林泰曾等回国。见到留欧肄业计划进展顺畅，颇著成效，南洋大臣沈葆桢随即和北洋大臣李鸿章协商有关续派留学生出洋的事务，李鸿章的真实观点是认为应该等到首届学生全部归来后再讨论此事，③ 但在沈葆桢的大力坚持下，李鸿章似

---

① 根据后学堂留学生方伯谦自撰年谱显示，他从英国返回的时间是光绪六年的二月，大部分首批留学生都应是在这一时间从英国学成归国。参见方伯谦：《益堂年谱》，中国船政文化博物馆藏方氏抄本。

② 《出洋限满，生徒学成并华、洋各员襄办肄业事宜出力，分别请奖折》，《船政文化研究——船政奏议汇编点校辑》，海潮摄影艺术出版社 2006 年版，第 181—182 页。徐建寅：《欧游杂录》，岳麓书社 1985 年版，第 754 页。

③ 徐建寅：《欧游杂录》，岳麓书社 1985 年版，第 661 页。

乎做出了妥协，二人于当年年末一起向清廷上奏，正式申请筹备派出第二批赴欧留学生。

此后闽厂成船日多，管驾之选日亟，而厂中方讲求新式机器，监工亦在在需才，统计生徒分赴英法者仅三十余人耳，所需之数何止数倍，非源头活水，窃虑无以应汲者之求。查闽局前后学堂尚有续招各生，其中不乏颖异之才，于西学已窥见门径者，以之接续派往，就已成之绪，收深造之功，取多用宏，事至乃有以应之。或谓责令学成而归者以新得牖后进，亦可望日起有功，不知西学精益求精，原无止境，推步制造用意日新，彼既得鱼忘筌，我尚刻舟求剑，守其一得，何异废于半途，因其已新者而日日新之，又日新之诚，正修齐治平之功如是，即格致之功何莫不如是。臣等往返函商，意见相同，相应请旨，饬下闽海关将军、福建督抚臣、船政大臣，查照前届出洋章程接续择才派赴英法就学，俾人才蒸蒸日盛，无俟藉资外助，缓急有以自谋，大局幸甚。[①]

十分遗憾的是，就在这份奏折上陈后不久，对中国海防近代化建设满怀深情的沈葆桢在两江总督任上去世，此后的船政留学事务，甚至是船政事务，事实上处于李鸿章的意见主导或影响下。显得非常拖沓的是，早在1879年末就提出并经清廷裁可的第二期船政留学计划，迟迟不见有实际的动作，真正着手落实时已经是1881年。此时的南洋大臣为刘坤一，船政大臣则是黎兆棠，名义上虽然是南、北洋大臣和船政大臣会办此事，实际操作中则主要是李鸿章与黎兆棠进行单独的商议，刘坤一对此道并没有什么真正的兴趣。

关于船政第二批留学生出洋的筹办工作为什么会显得如此拖拉，有论者认为是当时闽浙总督何璟等福建地方大员不积极，以及时任船政大臣黎兆棠对船政学堂学生的品行存在成见，即因为阴暗负面的问题而导致了留学计划的拖延。[②] 其实真正的原因，是当时船政出现了无人可派

① 《闽省出洋生徒请予蝉联折》，《沈文肃公政书》，（台湾）文海出版社1966年版，第1538—1539页。

② 此观点见王家俭：《中国近代海军史论集》，（台湾）文史哲出版社1984年版，第44页。

的问题。

船政派出首届赴欧留学生的1877年，正是李鸿章主持下的北洋海防建设如日中天、快速发展的时候，这以后北洋海防连续购置了6艘“镇”字号蚊子船、2艘“超勇”级撞击巡洋舰，并在讨论从德国订造铁甲巨舰，此外还开设天津水师学堂，配置专门的训练舰。随着这些事务的推进，十分必然地对专业人才有大量的需求，北洋海防在在需人，而当时中国唯一的有海军专门人才储备与培育机制的机构就是船政。也就从19世纪70年代末期开始，船政学堂（主要是后学堂）毕业的学生被大量抽调向北洋，北洋海防开始了十分猛烈的从船政借才的风潮，不仅首批留学归来的刘步蟾、林泰曾、严宗光等被李鸿章相中，或是派任新式蚊子船的管带，或是派任天津水师学堂教习，在巨大的人才数量需求下，就连留在船政没有留学经历的军官也被大量北调。以船政后学堂航海专业为例，该专业的学生一、二、三届共计毕业54人，几乎都已经在船政水师或南、北洋海防的军舰上任职，骤难调派留学，而新收的后学堂学员则尚未毕业，不具备留学资格。至于船政前学堂，虽然没有像后学堂航海专业那般有大量毕业生被北调，但是前学堂已有14名毕业生参加过留学，而未参加留学的毕业生都已经在船政生产厂区的各车间担任主要技术职务，在留学生很多又被派遣回欧洲担任北洋海防所造舰艇的监造工程师的情况下，前学堂自身尚未有大量新毕业生可以接替老生在船政的工作，事实上也处于乏人可调的局面。

延至1881年9月29日，船政大臣黎兆棠将一份几经挑选的名单抄送给北洋大臣李鸿章，列在其中的有前学堂出身者8名、后学堂出身者6名。李鸿章看到后，发现其中所列的6名后学堂毕业生中，实际上已经有许兆箕等4人被调在天津水师学堂和“威远”号练习舰充当教习，只剩下了2名可派人选。对此无人可派的青黄不接局面，李鸿章也是万般无奈，10月15日致函黎兆棠，认为北洋海防需才紧迫，难以缓调，而续派留学生一事之前已经和沈葆桢正式上奏过，显然也无法暂停，“此事经沈文肃会奏已久，断难中止”，虽然后学堂毕业生只有2人可以派出，李鸿章自觉“不甚郑重”，但也属无可奈何。因第二批赴欧留学计划已经拖延日久，李鸿章遂和黎兆棠协商，决定就以圈选合适的10

人先派出，“俟续选得人，再行分批送往”。①

经过和黎兆棠统一意见后，1881 年 12 月 2 日李鸿章会同闽浙总督等联衔上奏，报告将派出 10 名留学生作为第二批船政出洋肄业人员前往欧洲学习，并解释了这批留学生人数如此之少的原因：“船政前后学堂生徒初次选择三十人出洋，已拔其尤。其续入学堂者，年资稍浅，遴选较难”。② 议上遂获批准，该批 10 名留学生于 1882 年束装起程，由船政委员尹翼经带领乘坐商船先到达香港，再由留学生等自行转乘前往法国马赛的邮轮赴欧。③

第二批留学生共为 10 人，其中一些（如前学堂出身的魏暹）实际仍然是船政学堂首届学生出身。留学生的章程与第一期时基本相同，仍然为分赴英、法留学三年。在留学生的管理方面，因为原留学华监督李凤苞已经在 1878 年出任中国驻德公使，原文案陈季同、钱德培等都已经在使馆任职，属于以外交官身份兼任留学监督和翻译、文案，三人已有本任的薪金，在兼办留学事务时便不再支领薪水。华监督李凤苞一跃而为公使，地位发生重要变化，原洋监督日意格事实上变成了李凤苞的助手，帮同料理，又因留学生人数减少，其薪水也被下调。④ 因留学人数下降，此次的留学经费也较第一届时大幅减少，总计需银 10 万两，仍然由闽海关四成洋税解拨南北洋海防经费、福建厘金解拨南北洋海防经费以及船政经费共同负担。⑤

---

① 《复船政黎召民京卿》，《李鸿章全集》第三十三册，安徽教育出版社 2008 年版，第 76 页。

② 《续选学生出洋折》，《李鸿章全集》第九册，安徽教育出版社 2008 年版，第 510 页。

③ 包遵彭：《清季海军教育史》，（台湾）“国防研究院”1969 年版，第 66 页。

④ 《复船政黎召民京卿》，《李鸿章全集》第三十三册，安徽教育出版社 2008 年版，第 33 页。由于认为日意格的薪水过高，在筹备第二批留学计划时，李鸿章曾有计划不用日意格，见《复船政黎召民》，《李鸿章全集》第三十二册，安徽教育出版社 2008 年版，第 583 页。

⑤ 《海防档·乙》福州船厂（下），（台湾）“中央研究院”近代史研究所 1957 年版，第 951 页。

总计船政第二批赴欧留学团人员情况如下：

洋监督：日意格

洋监督帮办：斯恭塞格

洋文案：高氏耶

兼办华监督：李凤苞

帮办：徐建寅（驻德使馆参赞兼任）

兼办翻译：陈季同

兼办文案：钱德培

前学堂出身留学生：王庆端、黄庭、李芳荣、魏暹、王福昌、王廻澜、陈伯璋、陈才鍴

后学堂出身留学生：李鼎新、陈兆艺（1883年追加派遣邱宝仁、林履中）[①]

1882年秋，第二批留学生抵达欧洲，仍然按照前、后学堂专业出身不同而分在英、法两国学习。

船政前学堂出身的第二届赴欧留学生李芳荣、魏暹、王福昌、王廻澜、陈才鍴。

其中前学堂出身者多在法国，亦有部分派至德国，所学的专业多为兵器方面。王庆端被派在巴黎桥路工程学校学习，黄庭、李芳荣、王廻澜在枫丹白露枪炮工程学校学习，王福昌派在法国火药官学堂学习，魏暹、陈伯璋、陈才鍴则前往德国刷次考甫工厂学习鱼雷修造（魏暹因体弱，后改在法国阿可土艺学院学习）。

---

① 包遵彭：《清季海军教育史》，（台湾）“国防研究院”1969年版，第66页。另据王家俭发现，后学堂出身的邱宝仁、林履中后也赴欧加入了留学计划，唯此说在其他史料中尚得不到印证。见王家俭：《中国近代海军史论集》，（台湾）文史哲出版社1984年版，第44页。

后学堂的李鼎新、陈兆艺先排入格林威治海军学院进行短期进修，而后分派登舰见习，其中李鼎新被派赴巡洋舰“北安普敦”（*Northampton*，7473 吨），陈兆艺被派上铁甲舰“敏捷”（*Swiftsure*，6910 吨）。[①]

第二批留学生按计划在 1885 年归国，[②] 这批留学生的选择颇为勉强，而其留学期间华监督李凤苞因为担任驻德公使，事务繁杂，难以兼顾，因而此次留学的见效一般，而且发生了很多意外情况。前学堂留学生陈伯璋因为研究鱼雷而自费购买试药，导致债台高筑而自杀身亡，王庆端因手腕生疮在动手术时不幸亡故。[③]

值得一提的是，在第二批留学生赴欧时，实际上第一批留学生又因种种机会也重返欧洲。其中前学堂出身的首届留学生魏瀚、陈兆翱等被派赴德国，和原留在德国的同学郑清濂等一起参加中国订造的铁甲舰“定远”“镇远”的监造和学习工作，期间魏瀚还一度赴英监造“超勇”“扬威”舰，[④] 后学堂出身的刘步蟾等被派往德国，学习铁甲舰的驾驶，林泰曾则作为北洋海防的军官，跟随北洋水师统领丁汝昌参加了赴英国接收巡洋舰“超勇”“扬威”的行动。

四、船政自身教育的发展

督办船政大臣时代，船政的教育工作除成功实践了破天荒般的向欧洲派遣留学生计划外，船政的学堂和艺圃教育的学制等基本没有发生大的变化，处在如常向前推行的正常发展轨道之中。

现代传用非常广泛的一份名为“海军各学校历届毕业生名册”的名单，[⑤] 罗列了近代中国各海军教育机构毕业的人员姓名与毕业届别，其中有关船政学堂的早期毕业生名单是研究船政教育极为重要的材料。不

---

① 王家俭：《中国近代海军史论集》，（台湾）文史哲出版社 1984 年版，第 45 页。

② 据王家俭发现，追派赴欧留学的邱宝仁、林履中 1883 年抵英，1886 年回国。王家俭：《中国近代海军史论集》，（台湾）文史哲出版社 1984 年版，第 45 页。

③ 包遵彭：《清季海军教育史》，（台湾）“国防研究院”1969 年版，第 66 页。

④ 黎庶昌：《西洋杂志》，岳麓书社 1985 年版，第 468 页。

⑤ 参见《清末海军史料》，海洋出版社 1982 年版，第 434—440 页。

过长久以来很多使用者和阅读者往往将这份名单中所列的毕业届别当作就是入校的届别，产生了每届毕业生必然是同届录取生的误会，实际上船政同批招收入学的学生，根据学习的快慢程度不等，其毕业的时间并不会完全一致，很可能在不同届别的毕业生中，很多人实际本是同届招收入读的同学。

船政教育从 1866 年末求是堂艺局筹办开始，在很长的时间里，其招生的时间、批次并没有一定的规律，并不存在后来出现的逐年招考等情况。甚至在早期，同一年里还会根据学堂教育的具体情况所需，有可能出现多次陆续补招入读的情况。在缺乏船政学堂、艺圃等进行招生工作时的学员名单等准确原始档案的情况下，对于船政教育的渐次发展，只能依据船政大臣在处理涉及教育的事务时透露出的蛛丝马迹，进行程度十分有限的推测。

船政教育早期对所录取的学生，并没有现代意义上的届别区分，而是大多冠以比较含混的旧班、新班等名称。从船政五年计划到期时洋员正监督日意格的报告中可以了解到，当时船政前后学堂的同一班级里，也都可能同时出现不同批次招录的学生，很难对之从入校届别上进行严格的区分。为便于叙述和考察，从大略而论，似可将五年计划期间船政教育所招录、在读的学员统一理解为“首届”，其中按照入读的时间不同、学习快慢不等，分为旧班、新班（旧班、新班的名称并不固定，刚入读的班较之已经在校学习有年的班级属于新班，而当其学习日久后，则又会被称作旧班）。据日意格的报告显示，至 1874 年年初时，船政前学堂制造专业、绘事院以及艺圃原有的旧班已经毕业，另各还有 2 个班级的首届学员尚在学习中，这些原本的新班因为已经有长期学习积累，对后来者而言又变成了旧班。后学堂航海专业的首届学员则已经全部通过了堂课教育，除已在训练舰上考核通过正式毕业任职的以外，其余都尚在训练舰上接受实习教育，成为旧班生（以日意格的估计，首届后学堂学员中学习进度最慢的一批也会在大约 2 年后，即 1876 年至 1877 年全部通过训练舰见习考核），后学堂的轮机专业首届生则已经全部毕业。

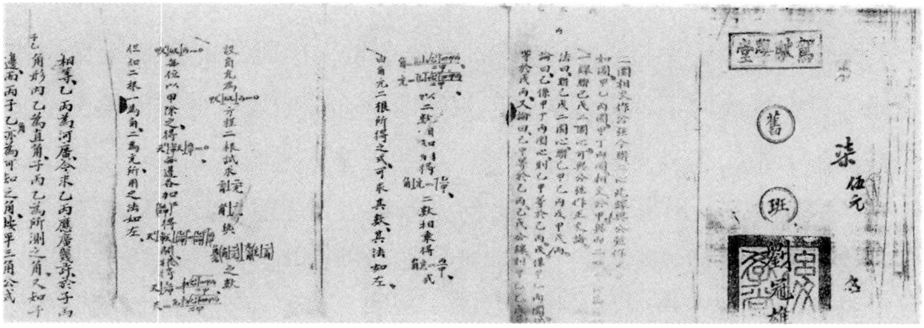

刘冠雄在船政后学堂就学时的一份试卷。卷子右侧从上至下可以看到驾驶学堂、旧班的班级名称以及刘冠雄考列第七名、领奖五元的批文，最下方则是刘冠雄的姓名以及钤盖的后学堂印章。

1875年督办大臣丁日昌出掌船政，据丁日昌在次年向清廷上奏时称，当时的船政前学堂、艺圃未毕业的旧班还在继续学习，尚未招收新班，而船政后学堂航海专业的旧班生仍然全都在训练舰上实习，不过后学堂航海专业的教室里已经坐进了新班生，“新选幼童，仅习咿唔”。[①]又据后来官至民国海军总长的船政后学堂毕业生刘冠雄的生平历史看，刘冠雄恰是在1875年入读船政后学堂，极有可能就是当时丁日昌看到的新选幼童之一。1875年招收的这批后学堂航海专业学员是船政教育在五年计划到期之后的首批新班生。[②]

鉴于当时船政后学堂航海专业的新班学员尚在从基础入门知识学起，丁日昌为加速造就人才起见，在1876年初经奏请清廷批准，参考原船政后学堂航海专业当年从香港招收张成、吕翰等粤籍外堂生的前例，派委员唐廷枢、黄达权前往香港，设法从香港的学校里招收40名具有一定西学基础的华人学员，加入后学堂一起学习。就此便能看出船政学堂初期招生上存在的难以严格界别的混淆情况，从香港招录的学员明显要晚于已经在读的新班生，但是招录到船政后，显然会并入新班一

① 《委赴香港招募学生片》，《丁日昌集》上，上海古籍出版社2010年版，第105页。

② 《永远的蔚蓝色——福州“宫巷海军刘”》，天津大学出版社2014年版，第120页。

起学习。①

同年因福建官方将1874年日本侵台事情发生时委托丹麦大北电报公司铺设而未成的福建有线电报工程收回自办，为培育继续的中国电报工程技术人员，丁日昌与大北电报公司签订协议，由大北电报公司派遣3名洋教习，在福州南台岛的电报局中开设电报学堂，其管理依附隶属于船政学堂，经费也由船政支付，成为船政教育中首个与舰船工程和海军没有直接关联的专业。4月8日船政电报学堂正式授课，学制一年，是为中国第一处专门的近代化电信教育机构。电报学堂首届学员共32人（福建籍4人，粤籍28人），其中的粤籍生推测可能来自此前丁日昌命令唐廷枢等从香港招募的40名学员之中。②

1877年，船政电报学堂的首届学员毕业，此后电报学堂停办，但是船政的电报教育仍然继续，只是不以电报学堂的名义进行，而是改为由设在南台的电报局组织进行授课培训，因为其资费仍然从船政经费中支出，仍可视作船政的电报专业教育得以继续。

船政的电报教育影响和意义至为深远，早在首届学员毕业时，时已任福建巡抚的丁日昌立即奏调其中的苏汝灼、陈平国等前往台湾，架设连接旗后、台湾府城直至北部基隆的陆上电报线，沟通了台湾岛内南北的高效通讯联络，是台湾岛内有电报之始。③ 此外，船政电报学生还参加了福建省内以及直隶天津的电报铺设工作，甚至参加了后来李鸿章创办的天津电报学堂的建设，在西方大东、大北电报公司几乎包揽东亚地区的电报业务的时代，船政电报人员的出现，对维护中国在近代化通信领域的主权意义重大。首开电报教育后，丁日昌即意识到电报对于国防

---

① 《委赴香港招募学生片》，《丁日昌集》上，上海古籍出版社2010年版，第105页。

② 《闽省电线改归官办疏》，《丁日昌集》上，上海古籍出版社2010年版，第112页。本节另参考了丘新洋：《福州电报学堂新论》，《重庆邮电大学学报·社会科学版》，2015年第2期。

③ 《奏台湾设立电线片》，《丁日昌集》上，上海古籍出版社2010年版，第112—113页。需注意的是，上海古籍版《丁日昌集》在整理时将这份奏片的产生时间误会成光绪二年（1876年），实际应为光绪三年。另见：《光绪三年三月二十五日福建巡抚丁日昌片》，《洋务运动》第六册，上海人民出版社1961年版，第334页。

的重要意义，提出了“将来仍拟将洋字改译汉字，约得万字，可敷通报军情、货价之用，然后我用我法，遇有紧急机务不致泄漏”，[①] 从日后中国电报发展的实际情况看，确实完成了从洋字改汉字以及自订密码等种种重要的技术转变，而在这中间，船政教育所培育出的电报人才，所做的贡献不容忽视。

继丁日昌之后，1876 年吴赞诚接任督办船政大臣，在其任上船政教育除办理丁日昌开创局面的电报教育外，船政的前学堂以及后学堂的管轮专业在 1878 年招收了新班生（管轮专业新班生包括福建籍 21 人、广东籍 8 人，其中 4 人原为轮机车间的艺徒）。因为船政后学堂以英语教学，而管轮专业也涉及轮机构造等深入的机械知识，吴赞诚就此还产生了颇具价值的设想，即船政前学堂学生因为都是采取法语教学，对英语不熟悉，因而赴欧留学时只能主要在法国学习和考察，吴赞诚设想在未来可以把船政后学堂学生也作为制造学生，派至英国的相关学校和工厂去学习，以增广船政在技术方面的眼界，丰富技术技能。[②] 另外，鉴于当时后学堂航海专业的在堂学生毕业尚早，而在“扬武”舰上实习的航海专业旧班学生不断毕业，名额日少，吴赞诚为节省本就拮据的船政经费，将原在“扬武”上的洋教习德勒塞乃至督操蔡国祥等全部撤出，改以船政水师营务处吴世忠管带“扬武”舰，同时兼顾为数不多的在舰老班实习生的教学任务。[③]

1879 年末，黎兆棠接替吴赞诚担任督办船政大臣，任内值 1881 年留美幼童计划被清廷下令中止，留美幼童被撤回国，根据李鸿章的安排，部分在美国对西学有根基的留美幼童被转至船政，进入后学堂学习航海专业，计有陈钜庸、詹天佑、吴应科、欧阳庚、苏锐钊、陆永泉、杨兆楠、邝咏钟、徐振鹏、容尚谦、黄季良、薛有福、邓士聪、吴其

---

① 《奏台湾设立电线片》，《丁日昌集》上，上海古籍出版社 2010 年版，第 113 页。

② 《第二号铁胁轮船下水并厂务情形折》，《船政文化研究——船政奏议汇编点校辑》，海潮摄影艺术出版社 2006 年版，第 143 页。

③ 《撤“扬武”练船教习，调吴镇管驾操练片》，《船政文化研究——船政奏议汇编点校辑》，海潮摄影艺术出版社 2006 年版，第 130—131 页。

藻、宋文翙、邓廷桂等 16 人，[①] 是黎兆棠督办时期船政学堂最主要的一批新生。这批学员在后学堂依然按照 5 年学制学习，中途黎兆棠一度有计划从中抽派学员前往欧洲留学，以充实人数稀少的第二批留欧学生团，但北洋大臣李鸿章则对此持否定意见，“美国调回学生，洋文洋语多已精熟，惟洋气既深，华文太浅，现拨归后学堂，有名师严立规矩，似须三二年后，水师稍入门径，乃可再派出洋”。[②]

督办大臣时代，船政教育最大规模的生源扩充则是在黎兆棠之后的张梦元时期。张梦元任内因船政经费被严重拖欠，因而对船政建设持紧缩态度，诸如计划停止造舰和大幅裁员等，不过张梦元对事关中国舰船工程和海军人才根本的教育却颇为重视，非但没有对此进行缩减，反而设法扩大规模，在 1883 年到任伊始即进行了手笔颇大的招生工作，共计划招录 120 名幼童，充实入前、后学堂。至其于 1883 年末离任时为止，船政前学堂的新、旧班共有在读学员 47 名，后学堂驾驶专业新、旧班共有在读学员 71 名，管轮专业共有 31 名，总计 149 名。[③]

继张梦元之后，何如璋出任最后一任督办船政大臣，至 1884 年中法马江之战爆发时为止，其任内未招收新班学生。不过何如璋在汇报船政经费支领情况时对船政教育机构的在学人数进行了统计罗列，使得今人仍然可以对 1883 年初时的船政各教育机构中的学员人数情况有更加清晰的了解，就此也可以知道至 1883 年为止，船政教育体系里的前后学堂、绘事院、艺圃等都在正常运行。

据何如璋统计，当时船政各教育机构中的学员包括：前学堂学员 34 名，绘事院学员 11 名，后学堂航海专业学员 48 名（其中包括 4 名留

---

① 《清末海军史料》，海洋出版社 1982 年版，第 437 页。

② 《复黎兆民京卿》，《李鸿章全集》第三十三册，安徽教育出版社 2008 年版，第 113 页。

③ 《展留洋员教习，酌加薪水并陈学堂现办情形折》，《船政文化研究——船政奏议汇编点校辑》，海潮摄影艺术出版社 2006 年版，第 226 页。

美幼童），后学堂管轮专业学员 18 名，电报学员 6 名，艺圃学徒工 62 名。[①] 其中前、后学堂本身的学员总数为 111 名，与 1883 年末张梦元离任时的 149 人相比，除去 1883 年当年可能有旧班学生毕业而导致人数增长不明显外，也可能是张梦元 1883 年初招收的 120 名新招的幼童，在经历了预读和考核淘汰后，到了 1883 年末正式在读的只有几十人。

表二十　督办船政大臣时期船政学堂主要招生情况

督办船政大臣	任内招生情况
丁日昌	1876 年，赴香港招收 40 名学员，部分进入船政后学堂航海专业，部分可能拨入船政电报学堂学习
吴赞诚	1878 年，招收前学堂与后学堂管轮专业新班学员
黎兆棠	1881 年，由撤回的留美幼童中拨入 16 人，入读后学堂航海专业
张梦元	1883 年，招收前学堂、后学堂（航海与管轮专业）新班学员 120 人
何如璋	无

在督办大臣时期，船政教育机构的学制本身没有明显变化，唯招生办法发生过重要的调整。自五年计划时代之后，随着风气渐开，船政学堂的招生情况不似初创时那般艰难，反而出现了有人试图找人冒名顶替参加考试，想要蒙混进船政学堂的情况。为了保证招生的质量，船政开始施行推荐招生制度，即招生活动不对外公开，而是由船政学堂的在读学员进行推荐，画押保送，在招生的年龄条件上也有所更改，即参加过科举考试具有生员（秀才）功名资格的不能超过 25 岁，其他未取得科举学历的则不能超过 20 岁，而且如果此前曾报考船政学堂没有被录取，或是在船政学堂试读阶段经考试淘汰的，从此不能再报考。这一制度明显的好处是进一步提高入学学员的质量，但其明显的问题则是容易出现“近亲繁殖”，即如海军史研究者包遵彭所说的“不免相互援引乡党，种因了此后数十年间海军乡土观念与门户学派之分歧”。[②]

除此，督办大臣时期继续了从西方为前后学堂等雇佣教习的办法，

---

① 《光绪六年至八年制船用款，遵照部颁格式变通办理折》，《船政文化研究——船政奏议汇编点校辑》，海潮摄影艺术出版社 2006 年版，第 247—248 页。

② 包遵彭：《清季海军教育史》，（台湾）“国防研究院” 1969 年版，第 11 页。

在雇佣模式上改变了以往由监督日意格出面与教习签约的做法，而是由船政直接和洋教习签订合同，在人员的选择上也不再是完全被动地接受，而开始通过中国驻外公使与英、法海军机构接洽，主动去寻觅挑选合适的教习人才。在督办大臣主政船政的后期，随着留欧学生学成归国，开始有船政学堂自己的毕业生开始充任正教习，是一项值得注意的变化。

船政教育另有一项值得注意的成绩，即后学堂的出海实习获得了令人刮目相看的进步。船政五年计划时期，后学堂以风帆训练舰“建威”号作为出海实习军舰。后在1874年日本侵台事件发生后，为加强船政后学堂海军教育中诸如舰上枪炮操作等教育内容，时任总理船政大臣沈葆桢将船政水师的“扬武”舰改作舰队的旗舰和训练舰，负责带领船政水师军舰训练阵法、操演火炮等，同时也承担船政后学堂实习生的枪炮教育。而至吴赞诚出任督办船政大臣时，因风帆训练舰“建威”渐渐朽坏不堪用，而“扬武”舰也有全套风帆装备，同样可以进行基础船艺训练，“扬武”遂也同时承担船政后学堂见习生的基础航海见习。

五年计划时代，船政后学堂训练舰的实习范围主要是在中国的南北沿海，而“扬武”加入训练舰行列后，船政后学堂的训练航迹开始大幅延伸。日本侵台事件平息后，1875年11月18日，执行训练航行未久的“扬武”舰载着船政学堂的见习生首次抵达日本，根据日方档案记述，当次在舰的见习生包括萨镇冰、林颖启、吴开泰、江懋祉、叶琛、林履中、蓝建枢、戴伯康、许济川、陈英、林森林、韦振声、史建中等13人。经在日本长崎停泊数日，与日本海军互相拜访后，“扬武”舰在27日离开长崎前往横滨，沿途熟悉日本的海域和港口情况，在日本引起了轰动。[①] 不仅北向航迹拓展至日本，“扬武”舰训练航行的南下航迹也远远超过了香港。1876年12月13日，中国首任驻英公使郭嵩焘在前往英国赴任途中经过新加坡，当其乘坐的邮轮“达梵廓尔”抵达

---

① 《清国军舰扬武号入港》，（日本）国立公文书馆藏，《太政类典》第二编。《清国軍艦渡來ノ節接待ノ儀上申》，（日本）国立公文书馆藏，《公文录》，明治八年第三十三卷。

时，突然发现船政水师的“扬武”舰竟然正停泊在新加坡。异乡相遇，“扬武”舰还在 14 日举行了升桅、鸣礼炮等致敬礼节，为中国公使的赴任壮行。①

总体上，船政学堂自身在督办船政大臣时代，并未受到船政经费长期不足问题的影响，无论是办学规模还是教育质量都是平稳推进，这也显现了历任督办大臣对教育事业的重视程度。不过随着南、北洋分筹海防建设战略的实施，尤其是北洋海防建设的大步迈进，船政教育在督办大臣时代的末期，其在中国独一无二的地位开始受到来自北方天津水师学堂的挑战。

五、船政人才的北送与对天津水师学堂的影响

1875 年清廷开启南、北洋分筹海防的建设战略，其中尤以北洋为重点。初期北洋大臣李鸿章所着手实施的海防建设工作，更主要的是编练海防陆军和营造陆上的防御设施，直到 1877 年从英国订造的 2 艘新式蚊子船“龙骧”“虎威”归国开始，北洋的近代化海军建设才伴随着不断从西方购造新式舰艇装备而开始快速发展。

当 1877 年蚊子船“龙骧”“虎威”由雇佣的英国船员驶回中国时，北洋海防自身几乎没有任何接受过近代化海军教育的专门人才，从舰长直至水兵的人选，几乎全部四顾茫茫。为了如期接收军舰计，李鸿章的目光自然而然地投向船政，经向船政大臣吴赞诚提出要求，“遴选学习驾驶可靠之员，赴津候代”，由船政派出了后学堂航海专业毕业的优秀军官张成、邱宝仁前赴天津。在“龙骧”“虎威”抵达后，张成、邱宝仁二人分别被命担任管带，就此开启了船政学堂毕业生担任北洋海防主力军舰管带的历史，也是船政学堂学子被北洋海防调用大潮的开始。随后，张成、邱宝仁二人会同原协助驾驶来华的英国船员将“龙骧”“虎

① 郭嵩焘：《伦敦与巴黎日记》，岳麓书社 1984 年版，第 35、40 页。升桅是发源自风帆时代的重要海军礼节，其形式为军舰上所有的桅杆横桁上都列队站满舰员，以示战斗岗位没有留人员，即表示无敌意。近代随着军舰上帆装、横桁的消失，这种礼节逐渐演变为“站坡”礼，即舰员沿军舰舷侧列队致敬，其本质的寓意仍然是表示军舰无敌意。

威”开往福建，由船政为这两艘新舰配齐各岗位人员，并实施编练。[1]

此后，北洋海防购买的“飞霆”“策电”蚊子船也顺利抵达中国，直接在马尾交付中国，也由船政为其配备人员。经船政大臣吴赞诚的推荐以及张成等先被调用的军官的荐举，更多的船政学堂毕业生登上了北洋海防的军舰，计有邓世昌、李和、李田、吴梦良等。[2] 军舰编列人员期间，北洋海防还将四艘新式蚊子船统编为一队实施训练，成为后来北洋水师的最早雏形，船政后学堂毕业生张成则成为了北洋海防这支军舰编队的领袖，其职务名称甚至还借鉴自船政水师，称为督操。[3]

从 1879 年开始，船政首届留欧学生开始陆续返回，对其中留学海军专业的后学堂留学生，李鸿章几乎全部延揽至北洋海防，不仅派任为北洋新购的“镇”字号蚊子船管带、高级军官，在中国破天荒地派出大规模部队赴英国接收新式巡洋舰“超勇”“扬威”时，其技术骨干全为船政学堂毕业生，赴德国监造、接收东亚巨舰“定远”“镇远”号铁甲舰时，所依仗的也全是船政后学堂出身的军官们。船政学堂毕业生的大量北调，形成了日后影响中国海军史超过半个世纪的闽人身居海军主干要职的局面，可以认为，如果当年没有船政学堂的长期人才培育和积累，从 1875 年开始异军突起的北洋海防建设就不可能成效如此之速。但同时也需要看到的，北洋海防的大举调用人才，事实上将船政后学堂经历多年积累培育出的精英人才几乎完全抽走，不免令人担心船政所辖的船政水师本身的人才状况。

就在大量依靠船政后学堂毕业生筹建北洋海防力量的同时，北洋大臣李鸿章实际对完全依赖从闽省借才的局面并不满足，已经在筹谋于北洋就地开设学堂，自行培育海防上的子弟兵。船政首届留学生在欧学习时，因视力不合格而未能登英国海军军舰实习的严宗光，被安排在格林

---

① 《光绪二年十月二十日直隶总督李鸿章奏折附片》，《洋务运动》第二册，上海人民出版社 1961 年版，第 345 页。

② 《复丁雨生中丞》《复吴春帆京卿》，《李鸿章全集》第三十二册，安徽教育出版社 2008 年版，第 14、40 页。

③ 《复吴春帆钦使》，《李鸿章全集》第三十二册，安徽教育出版社 2008 年版，第 154 页。

威治海军学院继续学习，背后实际已有李鸿章要为北洋海防造就教习的用意。李鸿章早在1879年就曾与时任船政大臣吴赞诚以及留学生华监督李凤苞等讨论言及严宗光，对一名堪当教习的留学生如此留意，其考虑无疑已经超过了对严宗光本人的重视，事实上已经显露了李鸿章想要自行创设学堂的用意。

1880年船政首届留欧学生归来，李鸿章向时任船政大臣黎兆棠催调严宗光北上。同年8月19日李鸿章正式上奏，申请在天津设立一座水师学堂，而奏请任用的水师学堂督办的则是曾任督办船政大臣的吴赞诚。

中国驾驶兵轮船学堂创自福建船政，北洋前购蚊船所需管驾、大副、二副、管理轮机炮位人员，皆借才于闽省，往返咨调，动需时日；且南北水土异宜，亦须就地作养人才，以备异日之用。北洋现筹添购碰快铁甲等船，需人甚众。臣于去年十月奏明拟设练船，选募北省丁壮素谙风涛者上船练习，尤必以学堂为根本，乃可逐渐造就，取资不穷。应就天津机器局度地建设水师学堂，俟落成后参酌西国成规，拣派监督教习，招考学生入堂肄业，逐渐练习。惟事体烦重，造端不易，须有明练大员专意督率，实力经营。查前任船政大臣、光禄寺卿吴赞诚，洞悉机宜，条理精详，曾在天津办理机器局有年，熟谙情形。前因患病奏准开缺调理，今夏臣缄商来津就医，刻已稍就痊可，精神尚健。拟请旨即令该大臣吴赞诚在津督同局员筹办水师学堂，练船事宜，俾可从容就绪。①

李鸿章奏上于8月22日获得批准，就此在吴赞诚的主持下，天津水师学堂在天津机器局附近择地开始筹建，旋由吴赞诚选定，于天津机器局河东一带建设学校。由吴赞诚的前任船政大臣身份，已不难想象天津水师学堂与船政学堂的关联，而9月船政留学生严宗光由闽抵津报到，成为天津水师学堂的洋文教习，则更可见津堂与船政学堂的

① 《筹办天津水师学堂片》，《李鸿章全集》第九册，安徽教育出版社2008年版，第138页。

关系。[1]

吴赞诚勘定完学堂地基后，在 1880 年冬季返回江苏，在上海一带招募幼童入学，旋因身体欠佳而辞去学堂差事。1881 年 5 月 20 日，经李鸿章奏请，赴部引见的原船政提调委员吴仲翔被留用在天津，接办天津水师学堂。[2]

天津水师学堂最初仅考虑设立航海专业，即驾驶班，其章程几乎完全仿照自船政学堂，学制同为五年，管理官员和教习的设置也一如船政学堂，设有监督、洋文正副教习、汉文教习。其中的监督一职推测由水师学堂督办吴仲翔兼任，洋文正副教习则是学堂的专业课教师，其正教习一职由严宗光担任，汉文教习负责教授《春秋》《左传》等传统知识，担任者为董元度。天津学堂开学未久，督办吴仲翔认为“今既设立学堂专培水师人材，数年之后管驾辈出而管轮阙如，求诸堂外既恐任非其人，取自堂中又惜使违其器，此则管轮学堂之设所为不容或缓也”，建议设立管轮专业，获李鸿章批准后以原附设在天津机器局中的水雷学堂为基础，改为管轮学堂，由原水师学堂汉文教习董元度担任监督，船政后学堂毕业生萨镇冰担任洋文正教习，而船政后学堂的副教习郑文成被调至天津，出任管轮专业洋文副教习。[3] 由原船政提调委员总管，船政学生担任教习，办学模式完全效仿船政学堂，且同时设有驾驶和管轮两个专业的天津水师学堂，几乎如同时船政后学堂的复制，又恍若是船政学堂的分校一般。

由全国海防的视角来看，北洋大臣李鸿章借用船政人才、仿照船政学堂模式而建设起天津水师学堂，显然可以进一步促进中国近代化海军人才的培育、造就，增加此方面人才的培育数量。可是如果考虑到当时中国近代化海军建设的总体规模有限的现实，除了在初创阶段会出现大规模的人才需求外，事实上除非能够保持连续不断添置新舰船，否则几

---

① 《复船政黎召民》，《李鸿章全集》第三十二册，安徽教育出版社 2008 年版，第 138 页。

② 《吴仲翔办理学堂片》，《李鸿章全集》第九册，安徽教育出版社 2008 年版，第 342—343 页。

③ 《北洋纪事》第十册 · 水师学堂，上海图书馆藏抄本。

乎不可能长期、持久地维持对海军人才的大规模需求。在不可能有持续大量的海军人才需求的情况下，新增加出的天津水师学堂，无疑会对船政后学堂形成挤压之势。而且天津水师学堂被置于南北洋海防建设的总战略中，属于李鸿章淮系的嫡派，作为全国对海防人才需求最盛的北洋水师也是李鸿章的嫡系，以此局面，显而易见的是，仅需数年的时间，当天津水师学堂的毕业生开始涌现后，必将取代船政学堂，成为北洋水师的人才优先乃至主要来源，届时船政后学堂所培育出来的人才很可能会遇到前途危机，甚至会使人怀疑船政后学堂教育是否有必要以较大的规模持续开展。

与此问题十分相似的是，船政的前学堂以及艺圃虽然暂时在国内一枝独秀，但是在当时中国国内缺乏更多工业制造机构、企业的大背景下，事实上主要只有船政的生产部门能够对前学堂、艺圃的毕业生有需求。假如船政的生产部门不会有大的扩张，那么其人才需求的总量也会有限，在经历一个可以预期的时段后，必然会出现人才饱和，彼时船政前学堂和艺圃也必将面临十分严峻的人才往何处去以及是否有必要继续维持大规模教育的难题。

要破解这一局面，所需之道就是中国海防乃至国家社会的近代化建设必须持续大步地朝前迈进，而这显然不是船政自身所能影响和决定之事。

第十五章 马江之战和船政水师的陨落

一、中法战争前的船政水师

对于船政三大职能部门之一的军事部门——船政水师而言，督办大臣时代意义重大，在此时代船政水师一度几乎得以被清廷正名，获得领先于全国各地区近代化舰船武装的发展机遇，然而也就是在这一个时代的末期，船政水师却犹如从天际划过的一颗流星般，陨落于中法马江之战的战场上，成为中国近代海军史上最早的国殇。

1874 年日本侵台事件的发生，对清政府刺激极深，进而引发了第一次海防大筹议，之后开启了南、北洋建设海防的新战略格局。仅仅几年之后，日本又在 1879 年悍然吞并了中国的传统属国琉球，对此，清廷内外震动、愤慨，却以海防实力不及而只能默默坐视。日本吞并琉球后，清廷高层再度进行了犹如海防大筹议一般的海防政策讨论，有鉴于当时北洋海防办理渐有声色，而正对琉球、日本方向的南洋海防力量尚显得薄弱的状况，总理衙门、南洋大臣、闽浙总督等上奏会商，决计设法从速加强南洋海防。当年 7 月 6 日，清廷颁布上谕，以尽速将船政水师编练成军作为加强南洋海防的重要途径。

> 闻李成谋在厦门整顿舟师极为得力，现在闽海防务重于江防，著沈葆桢传知李成谋，即赴福建、厦门、台湾一带总统水师，并将船政轮船先行练成一军，以备不虞。①

根据这一指示，船政水师事实上获得了极为难得的发展机遇，如果把握时机顺潮而上，极有可能成长为中国第一支具有国家经制编制的近代化舰队。然而可惜的是，在北洋海防建设已经成为全国重点的局面

---

① 《光绪五年七月初四日督办船政吴赞诚奏折》，《洋务运动》第二册，上海人民出版社 1961 年版，第 403 页。

下，且南、北洋大臣沈葆桢、李鸿章都将从国外购买先进军舰作为制压日本的最重要措施，具有淮系军政集团背景的督办船政大臣吴赞诚、福建巡抚丁日昌并没有就将船政水师先编练成军一事有实质性的工作安排，也未借此大好机会围绕将船政水师先行练成一军的题目，就所必需的资金、政策等支持而向清廷提出主动的奏请、呼吁。在缺乏地方大臣奏请，加之海防经费本就吃紧的情况下，清政府也没有主动再就先将船政水师练成一军的具体政策或经费支持有所布置，此事不了了之，船政水师并没有发生本质性的革新变化。

沈葆桢担任总理船政大臣时期，在 1875 年调用原湘军水师将领蔡国祥担任船政水师督操，坐镇“扬武”舰，并聘用英籍洋员德勒塞担任“扬武”舰管带兼水师总教习，由“扬武”舰来承担船政后学堂毕业生的见习教育并带领船政水师各舰进行操演训练。[①] 此模式发展到吴赞诚出任督办船政大臣时进行了稍许调整，1877 年因“扬武”舰上的船政后学堂见习生日少，吴赞诚出于节省经费的考虑，将德勒塞等洋员全部解聘，其后很可能也将蔡国祥撤任调离，不再设立专门的舰队领导官员，改成委派船政水师的资深管带同时兼任船政水师营务处的吴世忠接掌“扬武”舰管带一职，事实上担负起原船政水师督操的种种工作，“督率各兵船，实力操练”，形成了由船政水师营务处兼“扬武”舰管带来指挥舰队的新形式。[②]

1879 年 3 月 13 日，一艘运送官盐的商船在闽江口外的赤屿洋面遭遇大风，桅杆摧折，船内漏水，被迫驶入附近的松下（在今天福建长乐境内）海湾避风待救。闻警后，吴世忠亲自坐镇“湄云”舰，前往救援，不料在此期间，吴世忠于 19 日突然中风，在“湄云”舰上不幸去世。[③] 之后，船政后学堂航海专业毕业的军官张成继任船政水师营务处

① 《委蔡国祥驻“扬武”督操片》，《船政文化研究——船政奏议汇编点校辑》，海潮摄影艺术出版社 2006 年版，第 102 页。

② 《撤“扬武”练船教习，调吴镇管驾操练片》，《船政文化研究——船政奏议汇编点校辑》，海潮摄影艺术出版社 2006 年版，第 130—131 页。

③ 《总兵吴世忠驾船出洋，猝遇恶风身故请恤片》，《船政文化研究——船政奏议汇编点校辑》，海潮摄影艺术出版社 2006 年版，第 162 页。

兼“扬武”舰管带，同时兼管船政水师军舰的督操工作，船政水师就此拥有了第一位具有近代海军科班教育背景的统帅。直至 1884 年中法马江之战爆发时，均由张成具体负责留闽船政水师军舰的操练、管理工作。

督办大臣时代，尽管中国的海防建设战略已经变成南、北洋分筹的模式，但既有的船政水师军舰分布全国沿海各通商港口的情况并未被调整改变，且原总理船政大臣沈葆桢出掌南洋后，为了帮助船政解决养船经费不足的困难，大量调拨接纳船政水师的军舰，此前唯独没有船政军舰驻扎的江苏省也出现了船政的舰影。

可是这一现象的背后，事实上直接导致了船政水师留闽舰队实力贫弱。船政自身的养船经费和舰船人员薪饷等经费，都来自于福建省厘捐的有限拨款，且自丁日昌、吴赞诚督办船政后，常年遭到拖欠，被迫从船政自身的运行经费中腾挪应付。依靠这部分经费，船政只有能力自行维持一支规模较小的留闽常驻舰队，大量的军舰都依赖外省调拨才能获得饷费供应。情理之中的是，外省调拨船政军舰时，都会尽量将舰型新颖、规模较大的新舰和战斗力较强的军舰调走，以至于出现了船政所造的新舰尽被外省调拨而去，而船政水师留闽的基干舰队中基本上都是被外省挑剩下军舰，成了老舰、弱舰的收容所，诸如督办大臣时代船政新造的数艘新式铁胁木壳炮舰，就没有一艘得以留闽自用的。

不仅如此，受薪饷和养船经费不足的影响，早在沈葆桢担任总理大臣时期，在有限的薪饷供应支撑下，船政水师的军舰中只能勉强保留保证舰船执行航行任务的基础舰员，至于非航行必需的战斗部门的炮术人员等，则时存时撤，没有一定之规，甚至一些军舰在很长时间里根本没有配置战斗部门人员。沈葆桢当初所设想的解决之道是，各舰上只编配最少数量的炮手，操作、训练时以水手兼差辅助弥补人手不足，应对平时的操演检阅所需，真正遇有紧急军情再临时从陆军中调拨炮手登舰补充。1874 年日本侵台事件发生后，面对紧迫的军事需要，在沈葆桢的奏请下由台防经费中腾挪支应，为在闽各舰补充了大批炮手，但是台湾事件平息后，督办大臣时代又故态复萌。[①] 以 1884 年中法战争之前为例，当时船政水师的“扬武”舰只有 2 名炮术士官和 26 名专职炮手的编制，“伏波”级 150 马力炮舰每艘只有 1 名炮术士官和 10 名专职炮手的编制，“湄云”级 80 马力炮舰每艘只编制有 1 名炮术士官和 6 名专职炮手。[②] 在此情形下，船政水师留闽军舰的实际战斗力可想而知，纵使是大战临头而应急增加炮手人数，但是新派入军舰的人员是否能够很快适应军舰作战的战术要求，其对舰炮的操作程度如何，则是很大的问题。

表二十一　船政水师主要舰型不同时期的炮手编制情况

炮手人数 / 军舰种类 / 时期	250 马力军舰 11 门炮	150 马力军舰 7 门炮	80 马力军舰 5 门炮
沈葆桢总理大臣时期	26 人	10 人	6 人
日本侵台事件时	76 人	50 人	36 人
1884 年初	26 人	10 人	6 人
马江之战前	106 人	40 人或 60 人[③]	21 人

时至 1883 年，在张梦元督办船政大臣时期，受困于经费无着，不仅试图大幅降低船政水师的薪饷标准，甚至还设想了将在闽的船政水师军舰仅仅只保留“扬武”舰 1 艘，其他尽数撤编封存的极端计划。尽管 1884 年何如璋接任后对张梦元的计划都做了调整甚至推翻，但很多问题已经是积重难返，船政水师留闽军舰所存在的舰老、人少等实力薄弱的问题并没有得到根本性的改变，而就在这样的状况下，一场真正的战斗考验突然而至。

二、战云密集

位于中南半岛上的越南，在清末仍然是中国的传统藩属之一，不过

---

① 《各轮船添设炮勇片》，《船政文化研究——船政奏议汇编点校辑》，海潮摄影艺术出版社 2006 年版，第 85 页。

② 《遵旨酌核轮船薪费、名额，练船各事宜，现筹变通、整顿情形折》，《船政文化研究——船政奏议汇编点校辑》，海潮摄影艺术出版社 2006 年版，第 239—241 页。

③ 马江之战前在闽 150 马力军舰的炮手增添人数并不一致，其中“伏波”舰添加 30 名炮手，“济安”“飞云”则各添加了 50 名炮手。

早在18世纪末，法国就对越南表露出了垂涎之意，19世纪五六十年代更是凭借着军武优势从越南强行割占土地，在越南经营起了法国的远东殖民帝国——交趾支那殖民地。1871年法国在普法战争中落败后，国力大损，更是将拓展、掠取海外殖民利益视作是恢复国家元气的重要手段。随着法国向在越殖民地以外的越南北部扩张势力范围，与越南王朝乃至越南北部的华人武装黑旗军不断发生武装冲突，进而引起清廷中持“保藩固边”主见的政治力量推动清军进入越北，与黑旗军联手防护中越边境地区不受法国势力染指。

1883年，因法国全面入侵越南，进而以武力逼迫越南王朝签订《顺化条约》向法国臣服，引起了入境保藩的清政府军队以及抗法武装黑旗军和法军在越南北部发生激烈的武装冲突。1884年，中、法两国试图通过外交谈判来解决越南问题，旋又因中、法两国军队在中越边境的观音桥一带突然爆发战斗摩擦，导致事态恶化。针对观音桥战斗爆发的责任在谁，中、法两国相持不下，当年7月，法国以最后通牒的形式威逼中国在越南问题上让步，并要求中国赔偿军费。[①] 作为威胁恐吓，法国扬言如果最后通牒到期仍得不到满意的答复，将会夺占中国东南沿海的基隆和福州两地。

法国所提出的夺取基隆和福州的威胁，实际的核心目标是位于福州马尾的船政。在当时，船政是中国最大的造舰和海军教育机构，法国政府认为清政府势必会竭尽全力确保船政的安全，一旦法军对船政构成武力威胁，或是干脆彻底占领船政，清政府必定会在外交和谈上对法国让步、就范。由于法国在远东的陆军主要集结在越南，在缺乏足够运输船只的情况下，短时间不可能部署到中国东南沿海，显然必须由海军执行这一任务。而且在中法两国并没有正式开战的情况下，法国军舰根据之前签订的不平等条约可以自由出入作为对外通商口岸的福州，中国并没有理由进行干涉阻止，如此法国军舰一旦大量集中到船政一带，就能立刻形成“不战而屈人之兵”的威慑态势，配合外交交涉，文武并举向清政府施加压力。

---

① 龙章：《越南与中法战争》，（台湾）商务印书馆1996年版，第254页。

之所以法国方面还威胁进攻基隆，则是因为基隆有当时中国东南最重要的煤矿，一旦需要在中国东南沿海动武、进攻船政，那么占领基隆、获得煤矿，可以为法国在闽作战的军舰就近提供燃料补给。

1884 年 7 月 14 日，法国驻福州领事白藻泰（Comte G. de Bezaure）正式通报闽浙总督何璟，告知当天将有 2 艘法国军舰到达马尾。明知法国军舰来者不善，但中法并没有正式开战，按照条约不能对其阻拦，“众议不敢阻，阻亦徒费口舌，两轮亦尚无碍”。① 随着法国军舰的到来，闽江防务顿时告急，首当其冲的船政水师立刻被推到了风口浪尖上。

当时主管船政及闽江沿线军务的，除了福州将军、闽浙总督、福建巡抚以及督办船政大臣何如璋之外，还有 7 月初由船政水师军舰从天津接来的会办福建海疆事宜大臣张佩纶，② 其中针对船政及附近江面的防务布置，又以何如璋和张佩纶二人为主进行。面对不怀好意的法国军舰，何如璋立即命令停泊在马尾一带的“扬武”“福星”“福胜”“建胜”4 舰提高戒备，“饬令各管驾严密预备，以为互相牵制之计”，同时张佩纶紧急上奏，请求清廷饬令南北洋派出军舰支援船政，并着手将船政水师驻防外地的军舰调拨回马尾。③ 经张佩纶、何如璋四处催促，停泊在福建沿海的船政水师“福星”“艺新”“振威”号炮艇陆续返回马尾，驻在台湾的炮舰“伏波”在得到命令后也匆匆返回船政，“伏波”级改型的商船“琛航”“永保”也于不久后回到了船政。但是船政以往调拨至外省的军舰，多被地方大员借故留用不还，仅有广东将调用的“济安”“飞云”2 舰派回船政。

作为船政水师近在眼前的潜在敌，到达马江的法国军舰都属于法国海军少将孤拔（Amédée Anatole Prosper Courbet）统辖的东京支队（Division Navale de Tonkin），该支队是 1883 年 5 月为了侵略越南而专

① 《中法战争》第四册，新知识出版社 1955 年版，第 376—377 页。

② 《恭报到闽日期折》，《涧与集》，（台湾）文海出版社 1966 年版，第 535—537 页。

③ 《法船骤泊马江，敌情叵测，应亟调各省兵船协防折》，《船政文化研究——船政奏议汇编点校辑》，海潮摄影艺术出版社 2006 年版，第 256 页。

门组建，支队名称中的东京是指越南北部的首府东京，即今天的河内。在配合执行越南北部作战乃至征服越南王朝后，法国便将舰艇大量集结到中国东南沿海，与原在这一海区的法国海军中国、日本海支队（Division Navale de Mes de Chine et du Japon）会合。

之前曾任法国海军实验支队（Division du Essai）司令的孤拔性格沉稳，工于谋划，在越南指挥法国海陆军作战时表现出色，一举扭转了越南北部战场上的胶着战势，获得法国政府和军方的看重，也颇受东京支队官兵拥戴。1884 年 7 月 12 日孤拔得到法国政府要求其准备派军舰前往马尾的密令，而后收到法国海军和殖民地部进一步的具体指令："派遣你所有可以调用的船只到福州和基隆去。我们的用意是要拿这两个埠口作质，如果我们的最后通牒被拒绝的话。"①

1884 年 7 月 14 日，在中国军民的众目睽睽下，法国东京支队军舰"阿米林"（*Hamelin*）最先进入闽江，犹如示威游行一般向马尾方向航行。由于对马江水文情况不熟悉，该舰航经洋屿附近时竟触礁遇险，被迫撤往香港修理。7 月 16 日，孤拔乘坐巡洋舰"窝尔达"（*Volta*）进入马江（孤拔的旗舰原为"巴雅"号铁甲舰，因马江水浅，"巴雅"无法深入，临时改以"窝尔达"为旗舰），在罗星塔附近锚地下锚。17 日，法国炮艇"益士弼"（*Aspic*）到达马尾，18 日又增加了巡洋舰"杜居土路因"（*Duguay Trouin*）、炮艇"野猫"（*Lynx*），至 8 月中旬，法国东京支队共在船政附近的罗星塔一带江面上集结了 9 艘舰艇。从舰艇数量看，法舰不如船政水师在闽军舰多，但是法舰中有"杜居土路因"等多艘巡洋舰，总体火力在船政水师各舰之上。

当法国军舰陆续到来之际，会办大臣张佩纶已经从福州城赶到马尾，就近直接驻扎在船政指示机宜。就如何抗衡法国军舰，张佩纶和船政大臣何如璋计划采取并泊抗衡的策略，即以船政水师军舰贴近马江上的法国军舰停泊，"与敌船首尾衔接相泊"，一旦发现法国军舰有异常动

① 龙章：《越南与中法战争》，（台湾）商务印书馆 1996 年版，第 253 页。

静，“即与击撞并碎，为死战孤注计”。[①] 同时张佩纶还命令何如璋为马江上的船政水师军舰增募炮手，添补战斗岗位的人员，计“扬武”舰添加了80名炮手，“济安”“飞云”舰各添加50名，“伏波”舰添加30名，蚊子船“福胜”和“建胜”各添加20名，“永保”舰添加20名，“福星”号炮艇添加15名。

除布置船政水师军舰和法舰在江上并泊抗衡外，张佩纶还命令何如璋安排船政工厂赶造20具杆雷，[②] 同时撤下江上船政水师军舰携带的蒸汽舢板，并从省城福州等地，挑选坚固的小火轮，在其上安装杆雷装置，一共改装出了12艘杆雷艇，由署绿营督标水师营参将傅德柯就近在马江上下招募杆雷艇人员，共征集150人，任命五品军功林庆平率10名可能是从北洋海防借调的水雷军官进行统御，组成一支杆雷艇队，终日在船政附近的乌龙江中操演训练，预备一旦有事即可以配合船政水师军舰，对法舰发起出其不意的杆雷袭击。张佩纶另又调集绿营福建水师平海中、左、右营师船9艘，准备“乘风撞击”；还派遣在籍二等侍卫林培基招募水勇341人，穿着便服，“作渔舟，伏河干”，以备战时采取奇策。闽安、琯头等马江沿江地带，另还征集了壮丁1840人，“互为声援”。[③]

张佩纶、何如璋的应对策略，其要旨是通过突袭、近战等非常态的战斗方式一招制胜，克制住法国军舰。在航道狭窄的马江江面上，船政水师选择紧贴对手，猝发近战的战术的确是一手高招，而若能加以杆雷艇、伪装民船进行有效的配合作战，则更会大奏其效。但是，因为双方军舰间的距离十分近，并泊抗衡的双方军舰其实都能获得近战优势，唯一的决胜因素就是看谁先开火。近距离上炮战，抢先开火的一方必然将

---

① 《密陈到防布置情形折》，《涧于集》，（台湾）文海出版社1967年版，第551页。

② 杆雷是19世纪中叶出现的一种爆炸兵器，其原理类似将小型水雷固定在撑杆的杆首。在专门的杆雷艇或者其他小艇上安装这种武器，作战时小艇驶近目标，而后将长杆伸出，以杆雷撞击目标引起爆炸（或通过控制台以电流激发杆雷爆炸），从而达到破坏目标的效果。

③ 《闽省各海口续添兵勇情形折》，《涧于集》，（台湾）文海出版社1967年版，第559—560页。

能获得决定性优势，被动的一方几乎不会有还手的机会，可能在第一轮射击中直接被摧毁。当时清政府高层围绕对法策略，和、战两派相持不下，其直接的结果就是无法制定明确的意见，乃至令一线的官员无所适从，几乎注定了船政水师将不会得到先下手为强的机会。

1884 年 8 月 4 日，张佩纶再度上折请战，奏折中，张佩纶分析了马江局势，指出此时法军大型军舰都在马江口外，进入到马尾一带的多是中小型军舰，可以抓住这一大好机会，如果法舰所有水兵“全队登陆”，则船政水师军舰可以利用法舰人员不充，发起主动攻击。如果法舰只派出半数水兵登陆，“则我以二千人敌其数百人，彼未必遂胜”，而且即使法军获胜，“深入数百里，我处处可以截后”。更为重要的是，当时马江“连日汐小信”，每天涨潮能供法舰出入的时间仅有一两个小时，“犯军家之忌”，张佩纶建议批准立刻先发制人。对张佩纶的奏请，清廷的意见摇摆不一，一直拖延到 8 月 12 日才做出了模糊朦胧的回应，要求张佩纶“加意谨慎，严密防守，并随时确探消息，力遏狡谋”，事实上驳回了其请战的要求。[①]

就在张佩纶上奏后的第二天，8 月 5 日法国军舰炮击基隆，证明了法国之前的对华威胁并不是虚声恫吓。以清廷在中法交涉上毫不让步的态度看，战事显然在所难免，但清廷又对法国抱有幻想，仍然没有立即开战的决心，处于不和不战的奇怪状态中。8 月 15、16 日，法国议会参众两院均通过了政府追加对华军费预算的提案，获知此一消息后，北洋大臣李鸿章急电张佩纶：“台援绝，法援来。廷议三十五疏上，战衅将成，杞忧何极！尊处好自支持！鸿。”[②] 当晚，张佩纶召集停泊马江的船政水师各舰舰长登岸会议，是马江之战爆发前船政水师级别最高的一次军事讨论会。

张佩纶之所以选择夜间召集诸将会议，原因在于夏日马江白天江水涨潮，水深足够，利于军舰活动，属于防备法舰异动的重要时刻。深夜

---

① 《密陈到防布置情形折》，《涧于集》，（台湾）文海出版社 1967 年版，第 551—557 页。

② 《寄闽防张会办》，《李鸿章全集》第二十一册，安徽教育出版社 2008 年版，第 250 页。

退潮后，吃水深的法军舰船难以机动，相对属于安全时期。“每召其计事，均以深夜潮尽始来。”[①]

夜半时分，各舰管带会齐在船政衙门议事，从广东带舰回闽的“飞云”舰管带高腾云认为“闽防之意，本图牵制，使敌不发耳”，但是各舰为了牵制法军，防护船政，停泊在根本无法施展的船政厂前，不利于作战，高腾云主张如若作战应该各舰“专攻孤拔一船”。[②] 对此，船政后学堂毕业的“福星”舰管带陈英的建议类似，陈英认为应将江面上的船政水师军舰进行集中，合力对付孤拔的坐舰，另以编练的杆雷艇和火攻船部署到下游，牵制下游的法国军舰和杆雷艇。

马江之战爆发前夕，美国海军情报人员拍摄到的船政水师炮艇“福星”（右）和一艘“福胜”级蚊子船。照片收藏：美国海军历史资料中心。

高腾云、陈英的意见获得张佩纶赞许，在此基础上，形成了马江之战前船政水师最后的部署阵略。马江江面，自船政生产厂区岸边至罗星

① 《查明水师阵亡人员请恤折》，《涧于集》，（台湾）文海出版社 1967 年版，第 604 页。

② 《阵亡员弁恳请优恤片》，《涧于集》，（台湾）文海出版社 1967 年版，第 589—590 页。

塔所在的青洲岛一带的江段是海关设定的外国轮船停泊区域，即罗星塔锚地，当时法国军舰基本都处在该区域，张佩纶的江上设防方案，即围绕罗星塔锚地进行部署。总体上，仍然沿用此前执行的一对一监视的方法，即每艘船政的军舰各看住一艘法国军舰，从军舰数量上求得与法舰的势均力敌，防范法国军舰异动。除此，以张成管带的船政水师旗舰“扬武”作为领队，炮舰“伏波”，炮艇“福星”“艺新”，蚊子船“福胜”“建胜”，运输船“琛航”“永保”等，从船政江边向对岸方向呈一字排开，大致处在罗星塔锚地的边缘上，构筑成一道江上防线。如此，既可以防范法国军舰逼近船政厂前炮击、登陆，同时又把守在通往省城福州的闽江航道咽喉上。另外，船政厂前的马江江段，刚好将近浅水区，停泊防范在这个位置，还可以发挥船政水师军舰相对吃水浅以及拥有浅水防御利器——蚊子船的特点，一举数得。平日，各艘军舰紧密注意外国轮船停泊区内的法国军舰，一旦情况突变，则集中力量，群起进攻法舰的核心——旗舰“窝尔达”。

美国军舰“企业”号上的海军情报人员在马江之战前拍摄到的海关附近中、法军舰对峙的实况。照片中左右两侧、接近近景的军舰分别是法军的巡洋舰“德斯丹”和“杜居土路因”，被遮掩在“杜居土路因”内侧的是船政水师的“济安”舰，2艘法舰之间的空隙里露出的远处军舰是船政水师的“飞云”号。从这种近距离的紧盯对峙局面，可以想象马江之战发生时的惨烈程度。照片收藏：美国海军历史资料中心。

美国海军人员拍摄到的另一幅中、法军舰对峙照片。左侧为船政水师的“飞云”舰，右侧是法国海军东京支队的“德斯丹”。照片收藏：美国海军历史资料中心。

罗星塔锚地附近，在船政生产厂区的斜对岸还有另外一组船政军舰，即停泊在海关附近的“飞云”“济安”“振威”。最初这3艘军舰是为了紧盯身旁的法国军舰而泊此，但随着法国军舰越聚越多，渐被孤立于“扬武”率领的大队之外无法回队，独处法军的阵中。根据之后发生的战事情况判断，张佩纶很可能指令3艘军舰，一旦江上风云突变，立刻开往船政附近，与“扬武”等大队会合。

船政衙门内的会商讨论到最后，各舰管带纷纷表示对被动局面的担心，生怕江岸之间联络不便，即使发现法舰有可疑迹象，但如果等上岸汇报之后再作定夺，已经失去了先着。众将请求钦差大臣张佩纶亲自上舰，现场督师，以便随机应变。张佩纶以自己需要总揽大局，无法脱身而婉拒。

时至1884年8月21日，在上海举行的中、法和谈陷入僵局，法国驻华公使当天撤离北京，事实上表示着中、法关系已经到了破裂的边缘。22日下午5时，孤拔在“窝尔达”上正式收到了法国政府要求其在23日进攻船政的命令。和张佩纶选择夜间召集船政水师军事会议的情况一样，为确保白天保持对船政水师的警戒，孤拔也选择晚间举行会议，于当晚8时召集各舰舰长到“窝尔达”舰上领受作战机宜。

当时停泊在马尾附近马江上的法国舰艇共计9艘，总体上锚泊成2列纵队。其中以旗舰“窝尔达”为首，依次包括“益士弼”“蝮蛇”“野猫”的一列，停泊在船政生产厂区前至罗星塔江段，“窝尔达”身旁另还有45号、46号杆雷艇相伴左右。这组军舰直接和以旗舰“扬武”为首排列在船政厂区附近的船政水师主力抗衡。在这组军舰后方，是吃水深的3艘一等巡洋舰“杜居士路因”“维拉”“德斯丹”，停泊在江水较深的海关附近，和船政水师“飞云”“济安”“振威”3舰对峙。

马江之战爆发前，停泊在江面上的法军旗舰“窝尔达”，拖曳在其身后的小艇是改装杆雷艇“怀特”。照片收藏：美国海军历史资料中心。

按照孤拔的作战方案，23日的开战时间设定在下午2时。原因是马江江水于每天上午涨潮，午后逐渐退潮。下舰首锚的军舰，在涨潮、落潮时，舰位会随着潮水的涌动发生变化。下午2时江水已经开始退潮，根据多日来的观察，这段时间潮水刚好会将船政厂前的“扬武”等中国主力军舰推动成船尾对向法舰的形势。此时开战，法舰得以直接攻击中国军舰火力薄弱的舰尾，中国军舰如果要旋转阵位，旋转过程中当舷侧朝向法舰时，更是给了法军进攻的良机。

关于具体战斗，孤拔制定了环环相扣的周密作战计划。孤拔计划当下午退潮开始时，法国军舰开微速，保持动力，当旗舰“窝尔达”升起第一号战斗旗时，法军的45号和46号杆雷艇立即出击，攻击停泊在旗舰“窝尔达”前方的“扬武”“伏波”。此后，以第一号战斗旗从“窝尔达”桅杆上降下为号，江面上所有法舰全线开火：“窝尔达”以左舷火力掩护杆雷艇进攻，以右舷火力进攻停泊在附近的中国水师师船。同时，“益士弼”“蝮蛇”“野猫”向“扬武”侧后穿插，进攻“福星”“艺新”“福胜”“建胜”“琛航”“永保”等。停泊在海关附近的“杜居士路因”“维拉”“德斯丹”则用一舷火炮摧毁近旁的“飞云”等中国军舰，用另一舷火力摧毁附近的中国师船。当上述战斗得手时，由“德斯丹”负责立即驶入海关附近的港汊，搜索、消灭中国的杆雷艇。

总揽孤拔的战斗策略，其实和张佩纶、何如璋的策略存在有惊人的相似，犹如是船政水师制敌策略的倒影。在江面狭窄的水域，舰队作战根本无法采取海上作战时的传统打法，即编列为战斗阵型作战，所能够选择的战术，无非就是近战、突袭。

停泊在马江上的美国军舰“企业”号，马江之战前后的战场照片多为“企业”号上的美国海军情报人员拍摄。照片收藏：美国海军历史资料中心。

战斗细节安排完毕后，鉴于当时马江上还停泊着美国“企业”号（*Enteprise*），英国“冠军”（*Champion*）、“翡翠”（*Sapphire*）、“警戒”（*Vigilant*）等静观局势的外国军舰以及部分外国商船，孤拔决定，在法国军舰战斗准备完成后，通报在江所有外国船只，以防误伤。另外，孤拔决定在23日上午通知他所认为的中国方面最高官员——闽浙总督何璟，告知中方将于当天开战。①

表二十二　中法马江之战双方主要参战舰艇一览②

	舰名	舰种	排水量	舰质	舰长
船政水师	“扬武”	巡洋舰	1560吨	木肋木壳	张　成
	“伏波”	炮　舰	1258吨	木肋木壳	吕文经
	“艺新”	炮　艇	245吨	木肋木壳	不　详
	“福星”	炮　艇	515吨	木肋木壳	陈　英
	“振威”	炮　艇	572吨	木肋木壳	许寿山
	“飞云”	炮　舰	1258吨	木肋木壳	高腾云
	“济安”	炮　舰	1258吨	木肋木壳	林国祥
	“福胜”	蚊子船	256吨	铁肋铁壳	叶　琛
	“建胜”	蚊子船	256吨	铁肋铁壳	林森林 督队官：吕　翰
法国海军东京支队	“窝尔达”	巡洋舰	1323吨	木肋木壳	Fournier
	“益士弼”	炮　艇	492吨	铁肋木壳	Jonquieres
	“蝮蛇”	炮　艇	492吨	铁肋木壳	Lejard
	“野猫”	炮　艇	492吨	铁肋木壳	Blouet
	“杜居士路因”	巡洋舰	3479吨	铁肋铁壳	Muret de Pagnac
	“维拉”	巡洋舰	2382吨	铁肋木壳	Viville
	“德斯丹”	巡洋舰	2363吨	铁肋木壳	Coulombeaud
	“凯旋”	装甲巡洋舰	4585吨	铁肋铁壳	Bavx
	45号	杆雷艇	31吨	铁肋铁壳	Latour
	46号	杆雷艇	31吨	铁肋铁壳	Douzans

三、命运相搏

22日深夜，张佩纶一直没有等到清廷授权他先下手的电报，预感

① 〔法〕Maurice Loir：*L'Escadre de L'Amiral Courbet——Notes et Souvenirs*，1886，p121—123.

② 船政水师的“琛航”“永保”也在马江上，由于二舰事实上属于无武装的运输船，因而本表未将其计入。

大事不妙的张佩纶，按照连日来与江上诸将的沟通方式，手书信笺“初三（8月23日）风定，法必妄动”送往江上各舰，提醒诸舰做好戒备工作。

8月23日，碧空如洗，马江上风平浪静，一派瑰丽美景。清早，法国领事白藻泰来到“窝尔达”舰，告知已经安排将于上午8时通知各国军舰开战的消息，上午10时通知闽浙总督何璟开战时间。

上午9时30分，孤拔下令各舰开始做战斗准备，15分钟后，所有的法国军舰都完成了备战工作。① 鬼使神差的是，法方有关当日开战时间的照会，实际上直到中午才送到福州，又因当天福州至马尾的电报联络突然中断，无法将此一消息及时送达船政。②

下午1时30分，马江开始退潮，法舰官兵全部就战斗岗位。1时45分，法舰起锚作业基本完成，各舰升火待发。江上的船政水师各舰已觉情形不对，张佩纶、何如璋也通过在岸上观察，发觉形势正在发生剧变，为向外界打听中法交涉是否发生了重要变化，何如璋派船政工程师魏瀚乘坐火轮舢板，前往对岸海关打听最新消息。由船政江边驶出的这艘火轮舢板，被法军立即判断为是前来进攻的中国杆雷艇，未等到约定的下午2点钟开战时间，“窝尔达”的桅杆上就升起了示意开始作战的战斗旗，45号、46号杆雷艇得令立即出击。“窝尔达”身后的“野猫”号则没有按照孤拔前夜的部署，未等杆雷艇突击得手，就立即以安装在桅杆上战斗桅盘内的“哈乞开斯”（Hotchkiss）5管机关炮向船政军舰扫射，孤拔遂将错就错，命令“窝尔达”降下第一号战斗旗，法舰立即全线开火，中法马江之战就此爆发，时为8月23日的下午1时56分13秒。③

---

① 〔法〕Maurice Loir：*L' Escadre de L' Amiral Courbet——Notes et Souvenirs*，Berger Levrault，1886，p124—125.

② 当天，张佩纶原本还有另外一个机会能够获得战报，船政工程师魏瀚从西方人处获悉法军将于当天开战，但自认为无法确认情报的准确性，而并没有向张佩纶做出汇报。

③ 《马江观战记》，《福州马尾港图志》，福建省地图出版社1984年版，第137页。

中法战争期间法国报纸刊载的美术作品：马江之战爆发。画面上白色舰身的是法国军舰，居中者是法军旗舰“窝尔达”，在其右侧的是法舰“野猫”。画面左侧的2艘黑色军舰，分别是“扬武”（左一）和“伏波”，正在遭到法军杆雷艇的袭击。

由于法方夺得了首先开火的主动权，不难预料到战事的最后结局情况。1884年8月23日发生的马江之战，从战斗爆发开始至主要战斗结束，实际上仅仅只有20分钟左右的时间，可谓至为激烈残酷。按照战斗的次序，20分钟的海战可以大致分为3个部分。

1. “扬武”“伏波”

船政水师营务处张成坐镇的“扬武”号，是当时马江上船政水师火力最强的军舰，也是全军的中枢所在。8月23日战斗打响时，“扬武”正处于舰尾对敌的不利姿态，在设法启动军舰，调整舰位的同时，舰上官兵顽强地用舷侧和舰尾火炮向法舰射击。然而包括“扬武”在内的几乎所有参战船政水师军舰，在开战的第一时间内就立刻遭到了最为恐怖的弹雨压制。

“扬武”等参战的船政水师军舰在火炮布置方面均为露天炮甲板的形式，即全舰所有的火炮都露天安装在主甲板上，战时炮手、水手们在露天甲板上云集操作。马江之战中参战的法国军舰虽然也大都属于同一类炮位布置方式，但是包括“野猫”等在内的很多法国军舰在桅杆上的桅盘里安装了“哈乞开斯”5管机关炮。这种火炮拥有5根37毫米口

中法战争期间法国报纸刊登的铜版画，法国炮艇“雎鸠”号在越南作战时用桅盘里的“哈乞开斯”5管居高临下扫射的情形。中法马江之战时，船政水师各舰几乎都遭到了类似的火力压制。

径的炮管，围绕安装在中心传动轴外围，射击时驱动中心传动轴，便能实现5根炮管旋转、逐次击发，是当时世界上非常著名的高射速武器，俗称小速射炮，也是后世机关枪的雏形之一。① 在马江上双方军舰距离十分近的状况下，法国军舰得以用5管机关炮居高临下高速扫射船政水师军舰，对露天甲板上满是战斗人员的船政水师各舰造成了大量的杀伤减员，而且还直接压制、迟滞了船政军舰上的火炮操纵。从法舰桅杆上飞泻而下的弹雨，在船政军舰的火炮甲板上形成一片血肉横飞，虽然总有英勇无畏的将士在弹雨中前仆后继，奋力抗敌，但面对来自高处的攻击，实际根本没有招架还手之力。

与此同时，法军的杆雷艇按照作战部署，也已经逼近了“扬武”和其身旁的另外一艘船政水师大型军舰“伏波”。

法国杆雷艇45号、46号为同型，都属于法国海军的27米型杆雷艇，由地中海船厂建造。这种艇体量很小，长度只有26米，宽3.6米，吃水0.8米，排水量则仅仅只有31吨，不过其动力性能在当时可称强劲，每艘杆雷艇配置了1台3缸往复式蒸汽机，配合1座汽车式锅炉，

---

① 〔美〕Ian V. Hogg：*Machine Guns*，Krause Publications2002，P20—21.

单轴推进，航速高达 18 节。艇体采用了全封闭设计，航行和战斗时，所有艇员无须到外部甲板上就能完成工作。该型艇唯一的武器是杆雷，在艇的前部布置有一根升出艇体的金属长杆，杆头装备 1 个填装 13 公斤重棉火药的杆雷。长杆后方的司令塔，既是艇上的驾驶、指挥场所，同时还装有一套齿轮、杠杆装置，可以用人力调整雷杆伸出的长度和角度，而且这型艇的杆雷可以采用电发，电线一头连接在司令塔里的蓄电池上，一头连接到杆雷尾部的引信内。作战时杆雷艇快速冲向目标，将杆雷突出撞入目标舰艇，同时司令塔里按下电闸，就可依靠电流引爆杆雷实现攻击效果。

快速冲出阵前后，46 号杆雷艇在下午 1 时 56 分 40 秒击中了“扬武”舰的左舷中部，立刻导致“扬武”舰体爆炸，破裂进水。当时“扬武”舰尚没有从锚泊状态中挣脱，舰员们冒着法舰机关炮的猛烈扫射正努力砍断锚链，驱动蒸汽机，恰在此时突遭法国杆雷艇的荼毒。几乎就在被杆雷击中的同时，“扬武”舰的炮手用舷侧 160 毫米口径炮准确命中了 46 号杆雷艇，炮弹洞穿其轮机舱，击毙 1 人，击伤数人。动力系统被毁坏的 46 号艇后随波浪漂移到战场外，人员被中立国军舰救起，艇体受伤过重报废，成为马江之战中法军损失的第一艘舰艇。

猝然遭受重创的“扬武”尽管不断倾斜下沉，仍然在努力地往江边浅水区挪动，意图冲滩搁浅自救，“（‘扬武’）受到致命的一击，不断地发出气喘声，机器奄奄一息，就像肺部在呼吸最后的一口气一样”①，最终因进水过多，在近岸地方无助地下沉触底，因为该处的江水不深，坐沉的“扬武”还有大量的上层建筑露出在水面上。根据法舰人员的目击，就在“扬武”舰下沉的最后时间里，舰上出现了极为悲壮的一幕，一位不知名的中国水兵爬上桅杆，高扬起一面崭新的龙旗，表示“舰虽亡，旗仍在”的不屈精神，号召江面上的其他船政水师军舰坚持作战。

---

① 《孤拔元帅的小水手》，（台湾）“中央研究院”台湾史研究所筹备处 2004 年版，第 16 页。

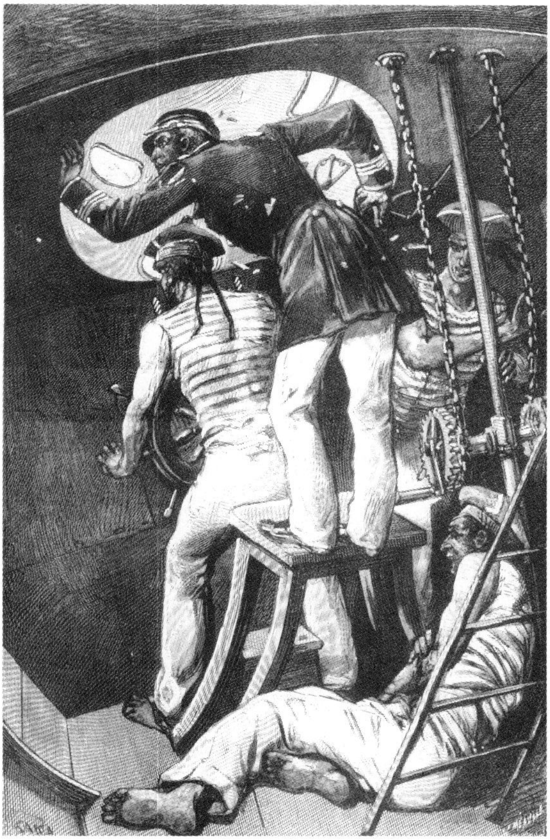

中法战争期间法国报纸刊登的铜版画，表现的是46号杆雷艇艇长Latour在司令塔内中弹的情景。

“扬武”舰沉没时，管带张成受伤落水，后漂至附近的君竹港岸边，被福靖后营哨官吴德恩救起。与“扬武”舰中雷受损几乎同时，法军的45号杆雷艇击中了“扬武”附近的“伏波”舰。[①] 击中“伏波”后，45号杆雷艇因为雷杆插在“伏波”舰体上无法拔出而牵连在“伏波”舷旁，没有能够立刻逃离，成为了绝佳的攻击目标。“伏波”舰上的官兵立即以轻武器向45号艇猛烈开火，其艇长Latour在司令塔内中弹，一只眼睛被“伏波”舰上射来的手枪子弹打瞎。[②] 其后，“伏波”舰挣脱锚链得以航行机动，45号艇的雷杆则随之脱离“伏波”的舰体，侥幸逃出战场。受伤的“伏波”因为舰内严重进水，管带吕文经指挥军舰脱离战场，向马江上游的林浦方向驶避，在“伏波”附近的小炮艇“艺新”也随之退出了战场。战后，吕文经因逃跑之嫌被清廷治罪，发往军台效力，后在其兄、

① 国内很多论著常将中法马江之战中法国45号杆雷艇的袭击目标写作“福星”，实际应为“伏波”。此事的详细考证见陈悦：《中法马江之战中史事考疑一则——马江之战中“福星”、“伏波”战事新考》，收录于《船政文化研究》第七辑，鹭江出版社2011年版。

② 〔法〕Maurice Loir：*L' Escadre de L' Amiral Courbet——Notes et Souvenirs*，Berger Levrault1886，p129.

原中国海关总税务司李泰国的帮助下，得以在津海关谋得差事，又从津海关转入北洋海军任职。

2. “飞云”“永保”“振威”

就在“扬武”“伏波”遭到法舰攻击时，位于船政对岸海关方向扼守的3艘中国军舰也陷入了恶战的境地。

战前从广东召回的“飞云”“济安”二舰以及从福建沿海召回的“振威”，自从到达马江开始，就一直停泊在海关附近江面，与身旁的法国军舰抗衡，马江之战中这3艘军舰所面对的敌手，远比“扬武”等舰遭遇的法舰更为强大。

“飞云”“济安”同属于船政建造的“伏波”级150马力炮舰，排水量为1258吨，单舷作战时每舰可以使用的火力包括1门160毫米口径前膛炮、3门120毫米口径前膛炮。与这两艘军舰在一处停泊的“振威”是3舰中体量最小的1艘，属于“湄云”级的改进型炮舰，排水量572吨，单舷作战时可以获得的火力包括1门160毫米口径前膛炮、2门120毫米口径前膛炮。总计，这3艘中国军舰单舷作战时，可用的火炮共为3门160毫米口径前膛炮和8门120毫米口径前膛炮。

马江之战时，和这3艘中国军舰以平行并列姿态对峙的，是此战中法军3艘最精锐的军舰：排水量3479吨的“杜居士路因”、2382吨的“维拉”、2363吨的“德斯丹”，总计这3艘法国军舰单舷作战时，可以使用的火炮包括2门190毫米口径后膛炮，19门140毫米口径后膛炮。两相比较，无论是火炮的口径、数量、先进程度，船政水师军舰都根本比不上敌手。在这样悬殊的火力对比下，双方进行近距离的火炮对射，其结局可以想见。更为不利的是，这种火炮对决还是以对方占有主动权的情况下开始的，这意味着3艘船政水师军舰实际来不及做任何抵抗，就会在法舰的首轮炮击中被击沉。

当天下午战斗开始后，“杜居士路因”等法舰立刻用舷侧火炮向身旁的“飞云”等实施齐射，同时法舰桅盘里的“哈乞开斯”5管机关炮也居高临下扫射船政水师军舰的火炮甲板。在法舰猛烈的火力攻击下，“飞云”和“济安”还没有来得及砍断锚链，就已经身受重创，舰体燃起了大火。“飞云”舰的管带高腾云亲自赶往160毫米口径主炮炮位，意图稳定官兵情绪，坚持作战，不幸腿部中弹倒地，紧接着又一颗法国炮弹击中炮位，高腾云被炸飞入海中，壮烈殉国，时年44岁。同队的“飞云”姊妹舰“济安”在抵挡住第一轮炮击后，舰体受创过于严重，由管带林国祥指挥砍断锚链退往下游，最后在青洲岛附近焚没。

西方铜版画，“振威”舰下沉前的景象。

瞬时间，海关附近江面上的船政水师军舰只剩下了炮艇“振威”，因其舰体小，所配用的锚链直径细，砍断较易，当法军齐射时，“振威”已经摆脱了铁锚的束缚，管带许寿山屹立飞桥，指挥将士坚持作战。正当此时，法国铁甲舰“凯旋”（*Triomphante*）来到战场，因为闽安以及长门、金牌各炮台，并不清楚马尾江面发生了什么事，使得这艘法国军舰得以大摇大摆地顺利入江。

在中国的史料里又被译为“特隆方”的“凯旋”号，是一艘标准的铁甲舰，按照法国海军的分类则称为驻外战舰（Station Battleship），也可视作装甲巡洋舰。该舰的排水量4585吨，舰长78.64米，宽14.86米，吃水7.37米，航速12.7节，水线带装甲厚6英寸，装备有240毫米口径主炮4门，190毫米口径炮1门，140毫米炮6门，是马江之战中参战双方舰艇里体量最大、火力最猛的巨无霸。加入战阵的“凯旋”，一面炮击罗星塔下的中国陆军行营炮阵地，一面用其威力巨大的主炮向“振威”射击。“该舰初击罗星塔一垒而中之，砂土飞散，守者披靡，继击‘振威’号，其弹掠船尾而过，落于水中，势颇猛烈”。[1]

本就势不能支的“振威”，又遇到简直如同泰山压顶般的攻击，舰上大批水兵放舢板逃生，一些上不了舢板的逃兵甚至直接跳入江中，尽管管带许寿山下令炮击逃跑的舢板，但仍然“纷纷不止”。法舰机关炮的扫射中，坚持在舰上作战的军官们大都殉难，管带许寿山、大副梁祖勋中弹阵亡，“碎尸飞堕”，“振威”舰“船体受弹无数，状如蜂巢，船身歪斜，势将及溺”。然而就在这时，不知道在哪一名军官指挥下，“振威”突然调整方位，直接瞄准法国巡洋舰“德斯丹”的舷侧直冲而来。

船体严重侧倾，带着熊熊烈焰努力航行的“振威”，意图与法舰同归于尽，最终不幸被“德斯丹”的一轮舷炮齐射击中沉没。让附近的中立国军舰，乃至在场法国军舰都极为震惊的是，“振威”舰即将没入水中的时候，前主炮突然发出了一声怒吼，向法舰做出了最后的攻击尝试，与此同时，和“扬武”舰下沉时的情形一样，一面崭新的龙旗升起在了“振威”的桅杆上。“它们的兵员想法躲脱危险，但没有办法，无情的榴弹把死亡散布到他们中间来。但其中有些人表现出勇敢和英雄的优美榜样。在其中一艘巡洋舰上，船身四分之三都着了火，而且即要沉入江中，中国黄旗忽然升起来，又有一个炮手向我们的战舰送来最后的一炮。”[2]

3. “福星”“福胜”“建胜”

船政水师的炮艇“福星”和蚊子船“福胜”“建胜”是战斗开始前与“扬武”“伏波”同处在船政厂区附近的军舰。当“扬武”舰被法军杆雷艇击伤后，砍断锚链的“福星”在管带陈英指挥下冲出阵列，试图向法军的旗舰“窝尔达”发起进攻。目睹“福星”号的壮举，原本停泊在“福星”后方的船政水师蚊子船“福胜”“建胜”受到鼓舞，由统带官吕翰指挥，2艘蚊子船从后方双双尾随“福星”前进。

“窝尔达”“益士弼”“蝮蛇”“野猫”立刻集中炮火向来袭的中国军舰进行射击，尤其是领头的“福星”艇，遭到了法舰炮火的聚攻。战斗

---

① 《马江观战记》，《福州马尾港图志》，福建省地图出版社1984年版，第137页。

② 〔法〕Maurice Loir：*L' Escadre de L' Amiral Courbet——Notes et Souvenirs*，Berger Levrault1886，p133.

中，“福星”管带陈英不幸被“哈乞开斯”机关炮弹击中胸膛，当即殉国，牺牲时年仅 28 岁。二副六品军功张春上前接替指挥，又被法军炮火击中殉难。三副五品军功王涟继之，也倒在了法国军舰“哈乞开斯”机关炮的扫射中。

高级军官接连殉难的“福星”，随之又被“窝尔达”的舰载蒸汽舢板“怀特”（*White*）用临时加装的杆雷击中（艇长为“窝尔达”大副 Boué de Lapeyrère），爆炸彻底毁坏了“福星”的螺旋桨，在距“窝尔达”很近的地方，“福星”失去了航行能力。紧接而来的场面，是身处和平年代的现代人很难想象的，根据法方档案记述，法国军舰在近距离上以几乎百发百中的炮火摧残着这艘船政水师的小军舰，“福星”舰上四处中弹起火，最后引起弹药舱爆炸，舰体倾斜，因为舱面人员几乎全军覆没，甲板上一片死寂，只有桅杆顶的龙旗还在哀伤地飘扬着。看到“福星”失去战斗力，法军意图将“福星”掳为战利品，“怀特”和其他几艘法国蒸汽舢板聚拢向“福星”，一些法国官兵爬上了甲板，又顺着绳梯上到桅杆顶端，撕下了黄龙旗，升起一面法国国旗。“‘福星’挂着法国旗向罗星塔下游漂去，一道浓烟从该舰的舱壁冒出。在这艘军舰的甲板上、飞桥上，到处都是尸体和垂死的人，被我军炮弹击破锅炉而迸发出的蒸汽笼罩着这些中国人，他们被我们的炮火打得肢残体伤，又被可怕的大火焚烧。拉北列（‘怀特’艇艇长）无法控制火势，只能很遗憾地放弃‘福星’这个战利品，他下令从这艘中国军舰上撤离，带走了舰上没死的几个中国兵作为战俘。过后不久，这艘中国军舰便沉入江中。”①

此时，马江江面上还在浴血作战的船政水师军舰，只剩下了“福胜”和“建胜”。

舰名寓意着福建胜利的“福胜”“建胜”属于蚊子船，虽然主炮威力在船政水师参战各舰中威力较大，但是发射速度非常缓慢，而且这 2 艘军舰的航速迟缓，在尾随“福星”号冲向法阵时，因为航速过慢而落

---

① 〔法〕Maurice Loir：*L’ Escadre de L’ Amiral Courbet——Notes et Souvenirs*，Berger Levrault1886，p134—135.

在“福星”的后方，只能远远以船头大炮射击助阵。[①] 当“福星”失去战斗力后，法舰炮火便集中向这两艘蚊子船。根据法国军史记载，“福胜”“建胜”坚持作战的时间极长，被法国军舰攻击到舰员死伤惨重，乃至失去机器动力，只能随江水漂流的境地。

下午2时8分，“福胜”“建胜”顺流漂至法国军舰“杜居士路因”附近时，仍然试图发炮攻击，最后不幸被“凯旋”和“杜居士路因”用大口径舰炮一一击沉。[②] 据中方史料的一些描述，可以了解到“福胜”“建胜”舰最后坚持作战的惨烈场面。“建胜”舰的管带，船政后学堂航海专业毕业的五品军功林森林中弹阵亡后，“建胜”舰由在船督队的广东鹤山籍将领吕翰接管。出身于船政后学堂外堂生的吕翰尽管已经在战斗中受伤，仍毅然指挥“建胜”努力击敌，“弹及公额，流血被面，裹首以帛，督战如故”，看到有一些胆小的水兵准备跳水逃生，吕翰愤怒地拔出佩剑劈砍，最后“建胜”中弹沉没，这位刚烈的将领也随舰而沉，时年32岁。[③]

蚊子船“福胜”上的战况也同样的惨烈，福建闽县籍五品军功大副翁守恭直接在炮位上指挥操炮，不幸中弹牺牲，年仅18岁。管带叶琛面颊中弹，仍坚持指挥操炮，后被机关炮弹击中而阵亡。[④]

1884年8月23日下午2时15分，马江江面上已经没有了中国军舰的踪影，原停泊在船政岸边的运输船“琛航”“永保”也已在法军的攻击下双双沉没。马江之战以仅仅20分钟左右的战斗，在闽的福建船政水师几乎全军覆没。此战，船政水师有姓名可考的阵亡者500余人，法军损失2艘杆雷艇，阵亡6人，受伤27人。

四、大战落幕

8月23日下午2时15分过后，马江上的主要战斗结束，孤拔下令各法舰开始扫荡江面，准备进攻船政的生产厂区。恶战过后，江面上到

---

① 《普天忠愤集》，（台湾）文海出版社1967年版，第573—579页。

② 《马江观战记》，《福州马尾港图志》，福建省地图出版社1984年版，第138页。

③ 《吕游戎赓堂事略》，《海军实记》，（民国）海军部1926年版。

④ 《许游戎玉珊事略附》，《海军实记》，（民国）海军部1926年版。

处是漂浮的尸体和待救的落水者，“企业”号等中立国军舰，立刻放下舢板施救。[1] 杀红了眼的法军，则不断残酷地屠杀江水中的中国官兵。“江面上满是木块、折断的桅杆以及帆船的碎片，攀援在这些漂流物上的是那些可怜的天朝士兵，他们的头部浮出水面，像些小黑点。我们的水兵，自开战即表现了令人羡慕的精神和纪律，现在因战斗过于兴奋，要阻止他们对这些在水上漂流的黑点用枪射击，是非常困难的事。”[2]

沉没在船政生产厂区铁船槽附近的运输船“琛航”，江面上还能看到桅杆和烟囱。

下午 2 时 25 分，船政江边的拖船坞附近被法舰击中，张佩纶事前部署埋设在附近的地雷被引爆，发生了剧烈爆炸。2 时 32 分，法国军舰开始集中在船政厂前，或是炮击厂区，或是攻击附近的中国火炮阵地。至下午 3 时 45 分，船政厂区的一处弹药库被击中，发生剧烈爆炸。4 时，孤拔下令停止炮击，预备结束当天的战斗。当法国军舰的炮火稍一停歇，张佩纶战前布置在马限山上的一处清军火炮阵地立即向“窝尔达”发起猛烈炮击，包括孤拔的副官莱威尔（Ravel）上尉在内的多名法军官兵被击毙击伤。又经过近 1 个小时的交火，马限山上的清军炮兵

① 《马江观战记》，《福州马尾港图志》，福建省地图出版社 1984 年版，第 138 页。

② 〔法〕Maurice Loir：*L' Escadre de L' Amiral Courbet——Notes et Souvenirs*，Berger Levrault1886，p133—134.

阵地被法军炮火压制，至傍晚 4 时 55 分，炮战结束。当天从傍晚开始，清军还彻夜实施火攻战术，以火攻船从上游漂向法国军舰方向，但是并未获得战果。

1884 年 8 月 24 日清早天色放亮之后，马江江面上举目都是凄惨的景象，“天明，江上见浮尸废材累累，蔽江而下，而昨日上流所见之中国舰队，已无复只影矣”。[①] 法军开始准备实施登陆，以图攻占船政厂区，完成法国政府授予的夺取船政为质物的目标。不过此时马江上的法国军舰看似舰只众多，其实各舰搭载的登陆队总计兵力不过只有 600 多人，孤拔不敢贸然以这样规模的兵力登陆作战，仍然继续以军舰向船政厂区炮击。由于船政近旁水浅，法军中的“凯旋”等装备有大口径火炮的军舰无法靠近，只能由“窝尔达”“益士弼”“野猫”等吃水较浅的军舰实施。11 时 30 分，“窝尔达”用侧舷火炮和舰上的“哈乞开斯”机关炮开始猛烈射击，其重点攻击目标是船政厂区江边的拖船坞、仓库、厂房以及江边船台上尚未下水的船政铁胁木壳炮舰“横海”。

孤拔事后在战斗报告中称：“我们重 28 公斤的榴弹对凡力所能及的东西，均予以摧毁，对准工场和仓库以及一艘正要完工的巡洋舰所发起的攻击，产生很大损害，但没有达到我们所希望的程度。我们口径只有 14 厘米的大炮无法获得更大的攻击效果了……铸造所、装配所、设计所受到很大的破坏，巡洋舰遍身是孔洞。”[②] 然而根据船政大臣何如璋在第二天回到船政的检查情况看，法国军舰当天对船政厂区的攻击效果其实并不理想。“窝尔达”等炮舰的主炮威力有限，同时可能是因为法舰炮火弹道较平，无法进行远距离曲射，事实上射击仅仅对紧挨江边的目标产生了一定的破坏，以船政江边的围墙、拖船坞中弹最多，厂区内最严重的损伤则是铁工厂的大烟囱被击倒，离马江边越远的船政建筑受伤则越轻，远远没有达到孤拔所说的“摧毁”船政的程度。

炮击持续到下午，法军艇队接近船政江岸边，意图近距离侦察厂区

---

① 《马江观战记》，《马尾港图志》，福建省地图出版社 1984 年版，第 140 页。

② 〔法〕Maurice Loir：*L' Escadre de L' Amiral Courbet——Notes et Souvenirs*，Berger Levrault1886，p138—139.

内的情形，立刻遭到在船政生产厂区内设防的福靖军老后、新后营攻击。法军小艇上的兵力根本无法与福靖军对抗，而炮舰又根本找不准福靖军具体隐蔽的位置，炮击始终不得要领。因无法估计清军岸上兵力的规模，又恐战端已开，如果在马江内徘徊过久，中方一旦堵塞了闽江航道，法舰将陷入无法离去的被动境地，孤拔最终决定放弃攻占船政的计划，在 8 月 25 日中午率所有的法舰驶离马尾，经过与闽江沿线的中国炮台作战，最后在 8 月 29 日退出了闽江。

8 月 23 日马江之战爆发后，会办大臣张佩纶逃往 10 里外的小乡村彭田暂住，在 24 日天明后重新赶回船政坐镇。船政大臣何如璋也逃离船政，在家丁亲兵的保护下退往快安村，在 25 日到达省城福州，后于 27 日返回船政。① 由于法国军舰事实上很快便离开了马尾，二人回到船政后主要开始处理各项善后工作。

1884 年 9 月 2 日，会办大臣张佩纶与船政大臣何如璋等联合上奏，正式汇报马江之战的经过情况以及战后的善后之策，同时请求优恤阵亡的将士，并严惩对战败负有责任的相关人员。有关船政水师马江之战失利，张佩纶将责任几乎全部推给船政水师营务处张成，称“张成于风逆之际不能防范，致所统兵轮中敌暗计，全军气沮，虽系守久力疲，受伤遇救，究属咎无可辞”，请求清廷将张成即行革职。②

返观马江之战的经过，张佩纶、何如璋将责任归咎于张成，显然没有充分的道理。总结马江之战船政水师失利的原因，从军事技术层面看，无疑是法军凭借杆雷、多管机关炮等先进武器装备取得了对船政水师军舰的压倒性优势，再度证明在纯技术对抗性质的近代化舰船交战中，技术装备的重要性。而从更高层的角度看，马江之战失利的重要原因便是清廷在对法的和、战策略上没有一定的主见，导致一线无所适从，使得船政水师从一开始就陷入了必然被动挨打的境地。至于作为船政水师的主管将领的张成，身处这一困局中，其实并没有办法做出更多

---

① 《何如璋家书》，《福建文博》，1985 年第 1 期，第 94 页。

② 《副将张成等请革职治罪片》，《涧于集》，（台湾）文海出版社 1967 年版，第 595 页。

的积极作为。而战斗打响后，法军几乎在瞬间就占据了上风，船政水师根本没有招架还击的机会，在这种局面下，将战败的责任归结为是张成本人指挥无方，显然无法令人信服。

就在张佩纶、何如璋等上奏后，清廷对马江之战责任的认定也是一派推脱的态度。除将其实并没有参与马江防守的具体布置工作的闽浙总督何璟、福建巡抚张兆栋分别革职外，船政大臣何如璋因在战斗发生后离开船政，而被处以开缺，交部严议的处分；至于张佩纶，清廷则指责张佩纶在中法和谈阶段屡屡申请先发制敌，而中法和谈破裂后“未能力践前言”，却绝口未提清廷没有给予张佩纶明确的作战指示一事，最后对张佩纶施以革去三品衔，交部议处的处分。①

作为后话，就在张佩纶、何如璋等上奏的当天，清廷谕令左宗棠为督办福建军务大臣，赴闽整顿防务。1885 年 2 月 11 日，左宗棠就马江之战失利的责任人员再度上奏，仍然将责任主要推给张成。“军情日急，该革员身负轮船营务处重任，应如何刻刻戒备？乃平日毫无布置，及初三日法已悬旗示战，该革员始行登舟，又不督饬各船竭力抵御。‘福星’、‘振威’、‘飞云’、‘福胜’四船死战不退，而‘扬武’著名坚大之船仅还一炮！陈英、高腾云等尚能力战捐躯，该革员遽以船受炮伤驶至浅处，凫水而逃！张成系有统率各船之责，似此玩寇怯战，若不从严惩办，何以服军心而作士气？”②

此后，张成被清廷宣布为马江之败的罪魁，“定为斩监候，秋后处决”，后从宽发往军台效力。多年之后，经原“扬武”舰管轮郭懋之等船政水师旧部集资缴清了台费后，③ 张成得以从军台被释放归乡。

令人痛惜的是，随着留闽主力军舰几乎被摧残一空，加之大量经年

① 《涧于集》，（台湾）文海出版社 1967 年版，第 581—582 页。

② 《查复马江失守被参偾事各员情形折》，《左宗棠全集》第八册，岳麓书社 1996 年版，第 546 页。

③ 根据清代制度，发配往军台充军效力的罪官，以三年为期每月缴纳一定数额的台费（33 两银至 43 两银不等），三年期间台费能逐月缴清者，可以释放回籍。如三年到期未能缴清台费的，则继续留在军台，直到缴清为止。郭懋之等集资援助张成一事，见《郑孝胥日记》（一），中华书局 1993 年版，第 117 页。

累月培育出的近代化海军人才的殉难，船政水师从此事实上消亡，再未能恢复。原本作为船政三个重要功能单位之一的舰队力量，自此战之后便不复存在，虽然之后船政下辖仍有部分舰艇，但再也没有能够重组为舰队。船政水师消亡后，原本调拨各省的船政军舰，也便事实上成为所有权在各省份的舰只。

船政水师的消亡，对中国近代海防是一大重要损失，对船政本身的打击则更为沉重。失去了舰队这一职能部门之后，原本尚能直接参与到海防一线工作讨论的船政，彻底成为了一个只具有生产与教育职能的二线辅助性机构，其在举国海防战略中的重要性与地位变得更为低下。从这一意义上看，马江之战中船政水师的覆灭，成为船政地位降低的一大重要转折点。

第四编　署理船政大臣时代

第十六章　张、裴交替

一、张佩纶时期的船政建设

中法战争后曾任署理船政大臣的张佩纶。

中法马江之战后，原督办船政大臣何如璋被清廷指认为胆小畏葸，下旨革去职务，交部严议，所遗的船政大臣一职，清廷在 9 月 7 日派原会办福建海防事宜张佩纶兼署，后清廷除去了张佩纶身兼的会办福建海防事宜职务，署理船政大臣便成了张佩纶的专差，船政就此告别了督办大臣时代，进入了短暂的署理大臣时期。

仅从船政大臣职务名称的字面上，就能看出此时船政的政治地位实际又遭到了大幅的贬损，相较之督办船政大臣职务中的督办一词，署理意指暂时代理，将船政主管官员的职务定为临时的署理性质，其地位可见一斑。所辖的船政水师在马江之败后几乎不复存在的船政，此时在清廷海防战略中的重要性已经大幅降低。

署理船政大臣张佩纶，字幼樵，直隶丰润人（今河北省唐山市丰润区），出生于 1848 年，其父亲张印塘曾担任过安徽按察使，在太平天国战争期间与回籍办理团练的李鸿章多有合作，两人私交甚厚。张佩纶本人是同治十年（1871 年）辛未科的进士出身，出仕后一直担任京官，历任翰林院编修、侍讲、日讲起居注官、文渊阁校理、翰林院侍读、署理左副都御史、侍讲学士等职，因为文章出色，又敢于议论纠参，与当时风头极健的张之洞、宝廷、黄体芳三人并称为清流四谏。基于父辈的友谊背景，张佩纶和李鸿章的关系也极为密切，在朝堂上对李鸿章多有帮衬、配合，并曾积极参与过北洋海防建设方略的谋划，李鸿章对这位子侄辈的青年才俊也是青眼有加，常倚为与朝中政治大佬进行沟通、交流的重要桥梁纽带。

张佩纶身上有着当时清流言官普遍存在的通病，因为没有担任过地方具体职务，缺乏实际的行政经验，在议论政治方略时，常常会在不经意间就流于纸上谈兵。但和很多空谈道德的清流人物不一样的是，张佩纶不仅敢于言事，而且还勇于任事。不过同样因为缺乏政治经验，在对事务的处理中，往往容易被激动的情绪所左右。

1884 年，清廷发生“甲申易枢”事件，违逆慈禧太后意旨的恭亲王奕䜣被逐出权力中心，对恭亲王被黜意存不满的张佩纶也被以会办福建海防事宜之名，调往地方。在被派会办福建海防事宜时，因为明知这一调任其实属于政治上的打压，而自己对于海防军务并无实际经验，且深感到在清廷对中法交涉和战政策摇摆不定的局面下，前往福建办理军务很可能会落入不可预料的政治陷阱，张佩纶原意到达福州后只做表面上的虚于应付，寻机尽快抽身事外，“初意将船政、台事及各处防务查明复奏，静听朝命。召回，中途乞病；不召，设辞乞病，所见颇绝”。[①] 然而在张佩纶出都之后不久，中法观音桥之战突然爆发，中法间的外交谈判陷入困境，东南海防顿时吃紧。目睹时艰，加之到任福建后看到闽省江海防务一无布置的情况，张佩纶遂改变初衷，全力投身闽省防务。当法国军舰到达马尾一带后，张佩纶更是不顾会办大臣只需在福州城内处理事务的惯例，直接赶到马尾坐镇船政，与督办船政大臣何如璋会商，专督战守事务。

---

① 《致李兰孙师相》，《中法战争》，新知识出版社 1955 年版，第 375 页。

当马江之战惨败后，各界批评责难之声犹如潮涌，张佩纶自觉身败名裂，显得灰心丧气，对清廷命令其出任署理船政大臣时，意存推脱，后在清廷的催促之下，才于 1884 年 10 月 3 日接过总理船政木质关防，正式上任。①

得知张佩纶出任署理船政大臣，对张佩纶颇为爱护关照的北洋大臣李鸿章向其致信，为张佩纶谋划指点。李鸿章在信中，对此前张佩纶抵闽后全身心投入筹防一事，加以暗暗的责备。同时，考虑到马江战后闽台海防仍然吃重，李鸿章提醒张佩纶应该设法尽快离开福建，不要深陷其中，甚至连脱身之计也为张佩纶直接点明，建议张佩纶申请由福建巡抚来兼任船政大臣。鉴于此时的福建巡抚为淮军大将刘铭传，倘若张佩纶奏请卸任，在李鸿章的影响下，刘铭传极有可能就势主动表态接过船政权柄，为张佩纶开辟退路。

可能出乎李鸿章意料的是，当张佩纶出任署理船政大臣后，目睹船政建设中的种种应办之处，一如当时抵达福建会办海疆事宜时的情况再现，张佩纶又抛开对个人命运和政治前途的种种考量，一度真正投入到了船政的建设之中。

张佩纶上任后，先是和时任福建按察使裴荫森联合调查了船政在马江之战中的受损情况，而后“检查案卷，咨访员绅”，经过了解船政的创办经历，历任船政大臣的管理方略以及思考船政所面临的急迫问题，张佩纶在 1884 年 10 月 23 日向清廷上奏了一份内容十分全面的船政建设新方略，其中共分为“整饬局章”“兼筹军火”“拟增炮台”“统计船费”等四个方面的事务。

张佩纶在这一方略中提出的整饬局章一事，本意是指要尽快恢复因中法战事而告停顿的船政生产建设和教学工作，“惟有修补快船，招集旧匠，为船政目前要义……海防既未解严，功候不容作辍”。为此，张佩纶建议恢复沈葆桢总理船政时设立的船政总稽查一职，并举荐当时担任着船政文案职务的沈葆桢长孙沈翊清来出任，“以复沈葆桢之旧规，

---

① 《兼署船政恭谢天恩折》，《船政文化研究——船政奏议汇编点校辑》，海潮摄影艺术出版社 2006 年版，第 265 页。

以补微臣之疏失”。

方略中的兼筹军火计划，是针对当时仍在进行中的中法战争大战略而言。虽然马江之战结束，法国军舰已经退出了闽江，但是闽省海防仍然吃紧，法军随时有可能再度进犯。因为福建防务缺乏要塞火炮，张佩纶、何如璋等在马江战后委派署理水师参将傅德柯等雇佣人夫，从沉没在马江里的船政水师军舰上打捞出了前、后膛舰炮 24 门，已经着手以此布置于闽江沿线的金牌、射马以及船政等处，添建炮台，增强扼守江流的实力。为了预储作战所需的弹药，张佩纶计划由船政为这些火炮尽快仿造炮弹与发射药，同时由船政设法制造水雷、地雷等防敌军火，以备军需。

张佩纶方略里提到的拟增炮台，主旨是要充实整个船政地域的防御力量。中法马江之战前，利用北洋大臣李鸿章支援的“克虏伯”行营炮和炮术人员，张佩纶与何如璋临时在船政附近的马限山、罗星塔等处择地布置过临时性的火炮阵地，马江之战时，这些火炮阵地对阻吓、防范法军登陆颇为奏效，甚至还曾击中过孤拔的旗舰“窝尔达”。据此，张佩纶拟在船政附近建设永久性的炮台工事，安装大口径的克虏伯要塞炮，以作为船政的常备防御炮台，“增台卫厂”。对于购买炮械所需的资金，张佩纶拟从船政的造船经费以及闽海关六成洋税拖欠船政的经费中腾挪筹措。

最后有关统计船费的方略，则是关于船政的经费问题。张佩纶注意到了督办大臣时代船政运行经费连年遭到拖欠的积弊，显得颇为务实的是，张佩纶同时也考虑到闽海关、福建税厘入不敷出的实际情况，并没有一味提出催促闽海关解还欠款的请求，而是基于马江一战中船政水师损失了 9 艘军舰的实际情况，提出腾挪养船经费的设想。船政水师在马江损失的军舰中，除原调拨广东，由广东负担军饷及养船费用的“飞云”“济安”外，其余都是由船政长年自行供养的舰只，其经费出自福建省的厘捐。张佩纶提议福建省按照以往筹备这些军舰的养船和军饷经费额度继续拨解资金，转作为船政经费。[1]

在中法战争的现实形势压迫下，清廷对张佩纶的奏请未作多少讨论，就都一一予以允准，并提醒张佩纶“务将船厂事宜认真整顿，以期日有起色”。此后，张佩纶在船政大臣任上还相继组织张成、吕文经等革职将领着手办理打捞修复马江之战沉没的“琛航”“飞云”舰，并处理了多项人事安排。

在人事方面，原船政提调吕耀斗在 1884 年农历七月离任船政，提调一职空缺，经张佩纶奏请，将原船政大臣何如璋调用担任船政总监工的原台湾知府周懋琦改任为提调。[2] 另外为了整顿船政学堂的教育工作，张佩纶还委任在籍的原甘肃即用知县何屡亨为后学堂监督，并根据船政学堂的教学所需，委托中国驻英公使曾纪泽帮助在英增聘教习（上等格致教习 2 名、上等管轮教习 1 名）。[3]

署理船政大臣张佩纶有关船政建设的种种计划尚未来得及全面铺开施展，1885 年 1 月 27 日清廷上谕追究马江之败的责任，革去张佩纶的职务，召其返回北京听候查办。接旨后，张佩纶推荐福建按察使裴荫森接任署理船政大臣，黯然踏上北归之路，后被清廷判处发往军台效力。

二、张佩纶时期的舰船购造

因为在船政大臣任上的实际任职时间十分短暂，张佩纶并没有能展现出多少实际的建设作为，其较为突出的工作成绩主要集中表现在有关舰船购造的方面。

张佩纶出任署理船政大臣后，船政建造未成的“横海”号铁胁炮舰得以继续施工，修复完马江之战中遭法舰炮击的伤损，再经舾装工程，该舰在 1884 年 11 月 19 日顺利下水。张佩纶因病未能参加下水仪式，

---

① 《筹办船政事宜折》，《船政文化研究——船政奏议汇编点校辑》，海潮摄影艺术出版社 2006 年版，第 262—263 页。

② 《委提调代拆代行片》，《船政文化研究——船政奏议汇编点校辑》，海潮摄影艺术出版社 2006 年版，第 265 页。

③ 《延订英国教习片》，《船政文化研究——船政奏议汇编点校辑》，海潮摄影艺术出版社 2006 年版，第 267—268 页。

而由船政总稽查沈翊清代为主持，是为马江之战后船政下水的第一艘军舰。由于当时船政水师在闽的军舰几乎荡然无存，张佩纶计划将“横海”舰留在福建驻防使用，同时筹措经费78500余两银，通过德国洋行为该舰订购了所需的火炮武备，包括2门150毫米口径克虏伯炮，5门120毫米口径克虏伯炮以及4门“诺典费尔德”机关炮。此后因为克虏伯火炮建造需时，而“横海”成军在即，“有船无炮，缓不济急”，又筹资96300余两银，从欧洲重新购买了一批现成的舰炮，计为6门“阿姆斯特朗”6英寸（152毫米）口径后膛炮，4门“哈乞开斯”5管机关炮，以此安装上“横海”舰。原来向“克虏伯”公司订造的舰炮，则成为张佩纶留给后任船政大臣的“礼物”，可以“移配续造新船”。①

张佩纶任内在舰船购造方面最显眼的工作是重启了福建向国外订造新式舰艇的历史，张佩纶计划从欧洲订造比杆雷艇更为先进的武器，即能够发射鱼雷的鱼雷艇，而且计划订造能够在外海对铁甲舰等大型主战军舰构成威胁的头等出海鱼雷艇。经选择，最初拟向德国的伏尔铿船厂订造，所配套使用的鱼雷则订造当时世界上最先进的德国刷次考甫磷铜鱼雷，即著名的黑头鱼雷。② 按照测算，建造鱼雷艇本身以及连带的运输、保险费用，共需银57000余两。订购备用的10枚鱼雷需银28000余两。张佩纶和中法战争后新任的闽浙总督杨昌濬协商，由福建省来筹划这些购买所需的费用，驾艇以及维护鱼雷所需的人员，则先期从船政学堂的毕业生乃至学员中抽调，派往当时已经装备有小型鱼雷艇的北洋海防进行学习。尤值得一提的是，因为鱼雷艇在当时世界海军中尚属十分新锐的武器，船政乃至中国并没有设计、建造鱼雷艇的经验，按照张

---

① 《购配“横海”炮位片》，《船政文化研究——船政奏议汇编点校辑》，海潮摄影艺术出版社2006年版，第266—267页。

② 19世纪七八十年代世界上的鱼雷生产厂家共有两家，一为创造了鱼雷这一兵器的奥匈帝国飞雄门（Fium）鱼雷工厂，其生产的鱼雷以发明者罗伯特·怀特黑德（Robert Whitehead）的名字命名，称为怀特鱼雷，中国意译为白头鱼雷。另一种则是德国工程师刷次考甫改进设计的德式鱼雷，因为采用磷铜为壳体，较钢质壳体的白头鱼雷更耐锈蚀，被认为优于白头鱼雷，为区别于白头，中国将这种鱼雷称为黑头鱼雷。

佩纶的设想，从德国购买的鱼雷并回闽后，还将作为设计样板，由船政工程处组织对之进行逆向测绘，实施大量仿造，编练成军。①

西方铜版画：在狂涛怒浪中高速航行的“福龙”号鱼雷艇。

张佩纶的奏折上呈后，很快获得清廷批准。这艘鱼雷艇由德商泰来洋行居中代为向厂家订购，因为德国伏尔铿船厂自觉没有能力建造这样的大型出海鱼雷艇，放弃了此项订单，合同最后是由当时德国最著名的鱼雷艇建造厂希肖船厂（Schichau，清代又译为什好船厂）承造。该艇的级别属于头等大型出海鱼雷艇，可以在外海作战，是近现代驱逐舰的雏形，也是德国造船工业史上建造的第一艘排水量突破 100 吨的大型鱼雷艇，建造当时即备受欧洲各海军强国的注意。

张佩纶通过泰来洋行订造的这艘鱼雷艇后来被命名为“福龙”号，寓意或为福建蛟龙、福建之龙，在德国海军的档案中称该艇为 S10 艇。“福龙”艇的艇体采用全金属结构，排水量达到 120 吨，艇长 42.75 米，

① 《定购鱼雷艇片》，《船政文化研究——船政奏议汇编点校辑》，海潮摄影艺术出版社 2006 年版，第 265 页。

宽5米，吃水2.3米，其体量在当时世界各国海军的鱼雷艇中鹤立鸡群。“福龙”艇的动力系统采用了1座大功率的3膨胀3汽缸蒸汽机，较当时船政建造的2汽缸复合式蒸汽机更为先进，配套由1座汽车式锅炉提供高压蒸汽，蒸汽机实马力1597匹，采用单轴推进，每分钟360转，设计航速高达23节，而实际航试时则测得24.2节，是当时德国建造过的航速最快的军舰，也是世界上航速最快的军舰之一。因为鱼雷艇的作战战术对机动性能要求颇高，为便于战时机动，“福龙”艇除了在艇尾水线下有1片转向舵叶之外，在艇首下方还设计安装了1片可以收放到艇体内的辅助舵叶，使该艇的机动性能极佳。在航试时测得，“福龙”艇完成360度转向仅需要1分13秒，而转向半径仅有70米。

“福龙”鱼雷艇购回后，受船政经费不足的制约，迟迟未能得到仿制。当船政在卞宝第担任兼管大臣时，最终将该艇作价出售给了北洋海军。明信片上展示的是停泊在北洋海军旅顺基地的“福龙”号，艇上的桅杆、机关炮等都未安装，推测处于维护状态。明信片收藏：陈悦。

“福龙”艇的煤舱标准容量14.5吨，最大容量24吨，续航力能够达到3000海里/10节。艇上的主要武器是3具14英寸口径鱼雷发射管，其中的2具位于艇首艇体内，在艇首外左右可以看到露出的艇外的部分，属于固定式鱼雷管，另外的1具安装在艇体中后部的露天甲板上，为可旋转式鱼雷管，配套采用爆炸威力惊人的14英寸口径黑头鱼雷。此外，艇上还装备有近战、自卫用的“哈乞开斯”5管机关炮2门，分装于艇体前、后部的司令塔以及备用司令塔顶上。

在外形上，德国设计师充分考虑了鱼雷艇作战的特点，即需要尽量隐蔽地接近目标，“福龙”不仅艇体低矮，而且烟囱的高度也被特意加以控制，并在烟囱上加装了防护性的风雨罩。此外考虑到鱼雷艇干舷低，高速航行时很容易出现艇首被掀起的巨浪埋没的“埋首”问题，“福龙”的艇首横截面为外飘很大的V字形，可以很好地实现压浪的效果，减少涌上艇首的海浪。“当驶行极速之时，激起浪花亦不过高，烟囱低而有罩，火焰不出，风雨不入，经过海面，望之殊甚隐约，用以攻守，洵济胜之具”。①

“福龙”艇最终建成时，已是中法战争结束后的1886年，张佩纶早已离开了船政任上。再度显现了这艘鱼雷艇性能优异的是，仅有100余吨的“福龙”艇选择了从欧洲直航福建，引起当时西方海军和造船界的轰动，因为此前普遍认为这类小艇不足以远涉重洋，如果要进行远程的运输或者调动，多是采取搭载在大型船舰上进行运输的方式。“福龙”艇由雇佣的欧洲船员驾驶，于1886年6月从希肖船厂所在的德国港口城市埃尔宾出发，以高航速航行，仅仅五昼夜就到达了葡萄牙里斯本，由里斯本出发后，仅仅九个小时就抵达直布罗陀，又用了七昼夜便横穿了地中海，出现到了苏伊士运河北口的塞得港，五昼夜后驶出红海，到达亚丁，东望大洋，去国已经不远。历经数万里航程，“福龙”顺利抵达马尾，“船主及水手等莫不欢腾鼓舞，逸兴遄飞，相与举酒为乐”。②

三、署理大臣裴荫森

继张佩纶之后，时年62岁的原福建按察使裴荫森在1885年2月

① 《德国什好厂鱼雷船图纪》，上海同文书局光绪戊子版，第15页。《添购雷艇配用炮位雷机片》，《船政文化研究——船政奏议汇编点校辑》，海潮摄影艺术出版社2006年版，第325页。

② 《德国什好厂鱼雷船图纪》，上海同文书局光绪戊子版，第12—13页。

8 日抵达马尾，从船政提调委员周懋琦、福靖军营官彭定太处接过木质总理船政关防以及一应的船政档案文卷，以三品衔出任署理船政大臣。①

裴荫森，字樾岑，1823 年出生于江苏阜宁，早年用心于课读，但科举之途多遇波折，直至咸丰十年（1860 年）恩科才终于中试，于同治二年（1863 年）参加殿试，考中二甲第四十五名，获得了进士出身，与后来的军政重臣张之洞有同年之谊。裴荫森在 1863 年当年朝考签分工部都水司行走，原本可以沿着京官道路发展，但是 1864 年其戚友认为京官没有实际利益，劝其设法谋任地方官职，并资助其改捐道员，旋被指分湖南，外放出京。此后裴荫森的宦途极不顺遂，长期未得实职，只是在湖南以道员候补，担任团防局督办等临时机构的职务。1870 年，裴荫森应李鸿章的幕僚杨宗濂邀请，以湖南候补道员身份赴湖北协助办理淮军营务，时值天津教案事发，裴荫森随李鸿章赴津处理教案，因为在教案处置方略上和李鸿章存在意见分歧，以病辞去，仍回到湖南办理团防局，又兼湖南通志局提调。直到 1879 年，始获任署理衡永郴桂兵备道，时年已 57 岁。此后裴荫森在 1881 年改任署理湖南辰沅永靖兵备道，1882 年补为实缺。② 1883 年福建按察使缺出，裴荫森被调署理，就此来到了闽省。

仅从履历显示的情况看，裴荫森在官场上既无背景倚靠，又没有多少突出的政绩值得一述，其在署理和实缺道员任上的资历也不过只有区区五年，而其人已逾花甲之年，由这样显得十分平庸的官员来署理船政大臣，似乎有敷衍草率之意。原署理船政大臣张佩纶之所以会推荐裴荫森，可能与马江之战前后两人曾在闽江设防以及点验船政战损情况等工作上有过合作有关，张佩纶或许是通过合作对裴荫森的实际为人和办事能力获得了较为直接的了解。

当裴荫森出任船政大臣，获得相对可以独当一面的权力时，其所展

---

① 《接篆任事日期，并叩谢天恩折》，《船政文化研究——船政奏议汇编点校辑》，海潮摄影艺术出版社 2006 年版，第 269 页。

② 裴荫森早年的履历情况，主要依据《裴光禄年谱》整理所得，参见该书相关年份条目。

现出来的行政能力与工作热情，着实令人刮目相看。

从 1885 年初获派署理，至 1890 年被清廷撤职，裴荫森在船政大臣职务上任事将近 6 年，任职时长仅次于沈葆桢。任内，此前并没有多少管理洋务事业经验的裴荫森十分敏锐地把握出船政工作的关键，坚持船政的立身之本，从制造和教育两大端着手，取得了可观的建设成绩。

在制造方面，裴荫森力破重重阻力，向清廷争取支持，同时在地方获得了两广总督的协造订单，成功实现了船政自造钢甲舰、穹甲鱼雷巡洋舰的计划，是船政造舰技术从木胁木壳军舰提升为铁胁木壳乃至铁胁铁壳军舰之后，最为重大的技术升级。

在船政教育方面，裴荫森任内对船政教育原有的前后学堂、艺圃分别整顿，增改校舍，扩大招生，并成功向欧洲派出了船政的第三批留学生。同时，其任内值两广总督在黄埔发展水陆师学堂，经张之洞与裴荫森商议，船政继督办大臣黎兆棠时代以智力、人力支援天津水师学堂建设后，又为黄埔水陆师学堂提供了十分重要的支持。

除此之外，裴荫森担任船政大臣时期，在船政自身的建设上也颇有可述之处，配合钢甲舰的建造所需，裴荫森任内对船政的生产车间进行了适应性的新建和改造，并大举增加机器设备。借着为张佩纶时期从德国订造的“福龙”鱼雷艇及一应的鱼雷、设备的归国，在船政新设立了专门的鱼雷厂，为鱼雷的使用提供维护支持，并准备尝试自造鱼雷和鱼雷艇。吸取马江之战时船政与外界通信不灵的教训，裴荫森时期还直接在船政衙门内择地建设洋式电报房。马江之战后，张佩纶曾经上奏提起的在船政周边修造护厂炮台的计划，经裴荫森主办，成功得以落实。此外，从沈葆桢时代开始就已经议及的修建船政干船坞的计划，终于在裴荫森时代成了现实，裴荫森经过实地踏勘，在清政府未有支持表示的情况下，以船政自身之力开始了青洲船坞的营建。

总结裴荫森在船政建设上的种种努力和成果，可称得上是长袖善舞。如果看到裴荫森主政时代的中国海防战略大背景，那么这种努力和成果则更难能可贵。

1885 年中法战争结束后，在清廷“大治水师”的战略下，清政府高层兴起了史称第二次海防大筹议的海防政策大讨论，其直接的结果是清政府在中央设立了总管海防建设的机构——海军衙门，而在海防建设的具体举措上，从日本侵台事件后的南北洋并重战略，调整为以北洋作为唯一重点。[①] 由总理衙门提出的海防建设大战略，再一次将船政排斥在外，意味着船政无法从国家海防经费中获取资金支持，又因北洋大臣李鸿章在近代化舰船装备建设方面，坚持外购舰船的理念，也意味着船政将不可能从国家最重点的海防建设项目中获得协造军舰的机会。此时，李鸿章创立的天津水师学堂羽翼渐丰，这甚至意味着船政学堂也将无法继续成为北洋海防人才的主要输出地。

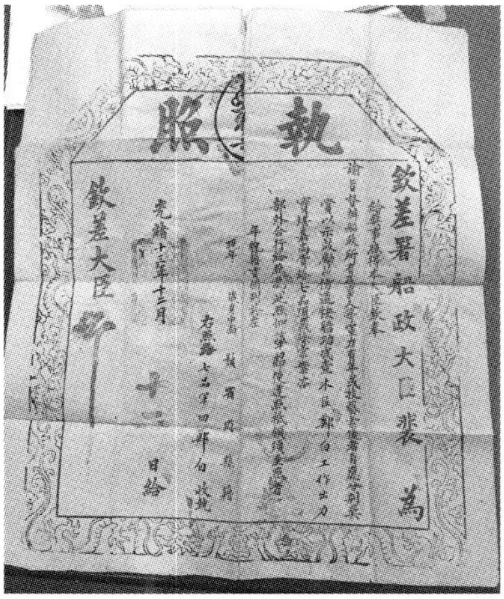
執照
欽差署船政大臣裴 為
欽差大臣
光緒十三年十二月
日給

1887 年裴荫森因为船政代南洋建造巡洋舰成功，经奏请给木匠郑白授奖的功牌。原件收藏：中国船政文化博物馆。

執照
欽差署船政大臣裴 為
欽差大臣
日給

因代南洋建造巡洋舰成功，裴荫森颁给船政艺徒刘栋臣的功牌。图片提供：中国船政文化博物馆。

清政府调动举国资源倾注北洋，成效立竿见影，1888 年北洋海军正式成军，获得了国家经制海军的正式身份。这一时期的船政，所身处的建设环境则可谓是空前的恶劣，经费、国家政策等诸多方面都缺乏可靠保障，而就在这种逆境里，裴荫森竟然带领船政，取得了俨然如同中兴一般的景象，不由得令人钦赞。裴荫森之所以能够在船政任上励精图

① 《总理各国事务衙门遵旨会议海防折》，《清末海军史料》，海洋出版社 1982 年版，第 58—59 页。

治，于困境中竭力寻求转机，一方面固然取决于其坚韧的性格和强烈的责任心，同时也不能忽视其特殊的宦海经历。少年时代就踏入科举之途，期待一展抱负的裴荫森，直到度尽大半生之后才首次获得了机会，对已过花甲之年的裴荫森而言，来日无多，担任独当一面的船政大臣，是他一生功业的真正起点，也注定将是其一生功业的收官之作。这短暂的时光，对裴荫森具有着时不我待的别样意义。

裴荫森性格仁厚，在其任上，对于船政的当事人员颇为厚待、礼遇。值钢甲舰成功、南洋巡洋舰工程成功、第三届留学计划成功等契机，大量褒奖船政人员。从现存于中国船政文化博物馆的功牌实物看，不仅仅是船政的管理官员、技术人员受到褒奖，甚至连造船一线的工人也没有被裴荫森遗忘。不过，这种大力推奖人员的举动，几乎是无法闪避地遭到了外界的议论，进而引生出裴荫森被船政闽籍官员挟制等传言，最终出现了令今人感到惋惜的结果，即清廷听信流言将裴荫森中途撤职。

第十七章　裴荫森时代的舰船建造

一、钢甲舰“龙威”/“平远”

钢甲舰“龙威”号，是裴荫森担任署理船政大臣期间主持建造的规模最大的军舰，也是船政历史上在造舰方面所取得的最高技术成就。这艘军舰之所以得以兴工建造，与中法战争带给中国海防的强烈刺激息息相关。

裴荫森在1885年初接任署理船政大臣后，对船政的两大工作重点——制造与教育都给予了高度的重视，尤其是吸取马江之战惨败的教训，对于舰船建造工作格外在意，视之为“海军根本”，决定船政此后将全心全意建造作战军舰，不再旁骛商船或者兵商两用舰船等非战斗性船只的建造。①

和裴荫森的态度相似，船政的开创者、时任督办福建军务钦差大臣左宗棠也根据中法战争的实际教训，对自造威力更大的军舰充满了兴趣。左宗棠在1885年3月11日上奏清廷，就有关“攘夷之策”陈述自己的见解，认为无论是船政水师的马江之败，或是台湾海峡遭到法国军舰封锁的情况，都和法军的舰炮装备优于中国有关，就此提出了应该设法提升造舰水平，乃至设法建造铁甲舰等建议。

> 此次法夷犯顺，游弋重洋，不过恃其船坚炮利，而我以船炮悬殊之故，匪独不能海上交绥，即台湾数百里水程，亦苦难于渡涉。及时开厂制办，补牢顾犬，已觉其迟，若更畏难惜费，不思振作，何以谋自强而息外患耶？……臣老矣，无深谋至计可分圣主忧劳，目睹时艰，不胜愧愤。惟念开铁矿、制船炮各节，事虽重大，实系

① 《接篆任事日期，并叩谢天恩折》，《船政文化研究——船政奏议汇编点校辑》，海潮摄影艺术出版社2006年版，第269页。

刻不容缓。[1]

1885年6月9日《中法新约》签署，中法战争正式结束，清廷在当月21日颁布上谕，“当此事定之时，惩前毖后，自以大治水师为主”的国防战略决策被诏告天下，沿海的督抚、将军等重臣经上谕要求，必须就如何加强中国的海防进行筹商，发表意见。[2] 在增强海防建设已经成为国家急务的重要时代背景之下，1885年7月4日，由裴荫森主稿，会同督办福建军务大臣左宗棠、福州将军穆图善、闽浙总督杨昌浚等一起向清廷上奏，共同汇报了一项破天荒的造舰计划，即申请批准船政自行建造新式的“钢甲兵船”，以此增强中国的海防力量。

奏折里，裴荫森首先介绍了这一计划的产生情况：中法战争中的海上战局证明了中国的舰船实力不足，难以和法舰进行周旋，其中最主要的问题是中国缺乏主战军舰，即铁甲舰，“皆无铁甲而兵轮失所恃之明证也”。为了弥补海防力量的缺失，为中国的海防创制铁甲舰，曾经留欧学习多年，并曾赴德国监造北洋海防所订铁甲舰的船政工程师魏瀚、陈兆翱、郑清濂等向船政提调周懋琦提出设想，计划参照法国海军最新式的“黄泉”级“双机钢甲兵船”，自行仿制小型的钢甲舰（钢甲舰和铁甲舰同属于装甲军舰，而钢甲较铁甲更坚硬，同等厚度的钢甲，其防御力要高过铁甲），“闽省若有此等钢甲兵船三数号，炮船、快船得所护卫，胆壮则气扬，法船断不敢轻率启衅”。周懋琦对该方案实施审查，认为此事“确有把握”而呈报裴荫森，裴荫森据此与左宗棠等联衔将此计划上奏。

裴荫森在奏折中对船政的钢甲舰方案进行了自我分析，裴荫森称魏瀚等拟仿制的钢甲兵船如果建造成功，必将对中国的海防大有裨益。而且这一方案较当时北洋海防在德国订造的“定远”级铁甲舰规模小，“驾驶较易，费用较减”，从经济性等角度考量，非常适合此时中国的实际情况，适宜于船政进行建造。依据测算，船政拟造的这种钢甲舰如果

① 《请旨敕议拓增船炮大厂以图久远折》，《左宗棠全集》第八册，岳麓书社1996年版，第555页。

② 《光绪十一年五月初九日上谕》，《洋务运动》第二册，上海人民出版社1961年版，第560页。

法国海军的近海防御舰“黄泉”号。该型军舰不仅是船政“龙威”舰的设计母型，日本海军为克制中国铁甲舰“定远”级而订造的“松岛”级军舰，也是参考“黄泉”进行设计的。

不算火炮、鱼雷、电灯等装备，建造一艘的工料费用估计为 46 万两银，如果同时建造 2 艘，总建造周期为 28 个月，倘若同时开工 3 艘这种军舰，那么在 36 个月内可以全部完工。如果建造 3 艘钢甲军舰，总计需要工料银 130 余万两，这笔巨额费用，船政自身无力筹措，裴荫森于是在奏折里申请清政府全额下拨经费。为了唤起清政府的重视和支持，裴荫森还在奏折中有一番十分动情的陈述：

> 该道员久官闽、台，该学生等籍隶福省，均无希图名利之心，只以马江死事诸人非其亲故即属乡邻，以报仇雪愤之心，寄于监作考工之事，其成效必有可观……欧洲大局已成连横之势，中国若再拘于成见，情形岌岌可危。除制炮、造船、教将、练兵，别无自强之道。①

此奏递上时，恰好北洋大臣李鸿章为向德国订造 6 艘穹甲巡洋舰，也正在向清廷申请资金，裴荫森的申请和李鸿章的报告不期而遇。李鸿

① 《恳准拨款试造钢甲兵船折》，《船政文化研究——船政奏议汇编点校辑》，海潮摄影艺术出版社 2006 年版，第 272—273 页。

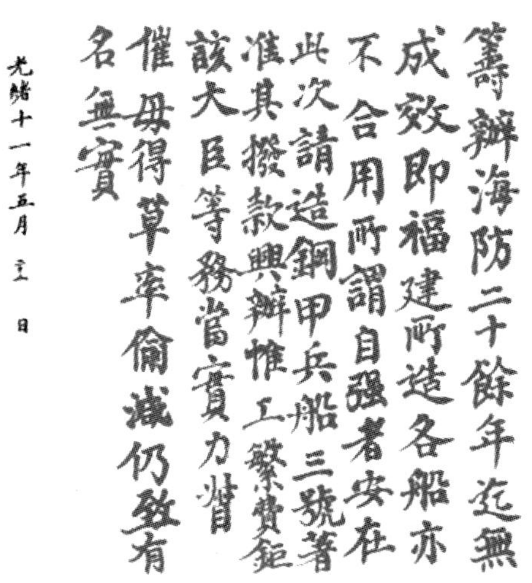

籌辦海防二十餘年迄無成效即福建所造各船亦不合用所謂自強者安在此次請造鋼甲兵船三號著准其撥款興辦惟工繁費鉅該大臣等務當實力督催毋得草率偷減仍致有名無實

光緒十一年五月 日

慈禧太后在船政申请建造钢甲兵船的奏折末尾所做的朱批。

章认为裴荫森此举是与自己争夺中央资金支持，随后开始对船政的钢甲舰方案大加指责，称这一方案有种种弊病，李鸿章挟北洋大臣之威，几乎就要将船政的自造钢甲军舰方案全盘推翻。[①] 不过当得知裴荫森的本意只是申请动用福建省善后局的海防资金造舰后，李鸿章对船政钢甲舰的态度发生了大变化，前后判若两人，在给海军衙门大臣醇亲王的私信里，李鸿章甚至为船政的钢甲舰计划充当了说客。“晨奉钧谕，遵即将原电交阎相等阅看。前日面陈，拟电商闽督，船政所借洋款能造几号，酌定电复。兹接裴船政电，称请造浅水双底钢舰三号，照前奏船式略改，连炮位、雷电价银共百三十万两，由闽省现存洋款百六十万内抵拨，求奏准等因。鸿章查‘济远船’二十外可到，前会奏清单内有能否参酌仿照之语，第船式大小不同，碍难一一比例。船政所拟水线带及仓面炮台钢甲，尚可备战，且趁该省洋款尚未用罄，拨作此项要需，非同虚掷。拟恳核准转奏，请旨电饬闽督暨船政妥速遵办。谨照钞电信呈览，手肃，奉叩钧福。”[②]

在船政请拨专款建造钢甲兵船的问题上，最终做出决策的是慈禧太后。慈禧对裴荫森的奏请，以朱批批准船政造舰，同时提醒船政必须用心营造：“筹办海防二十余年迄无成效，即福建所造各船亦不合用，所谓自强者安在？此次请造钢甲兵船三号，著准其拨款兴办，惟工繁费巨，该大臣等务当实力督促，毋得草率偷减，仍致有名无实”。[③] 经清

① 《致总署议驳船政局请造兵船》，《李鸿章全集》第三十三册，安徽教育出版社2008年版，第519页。

② 《致醇邸》，《李鸿章全集》第三十三册，安徽教育出版社2008年版，第552页。

③ 《光绪朝朱批奏折》第六十四册，中华书局1996年版，第832页。

廷统筹安排，决策批准船政建造一艘钢甲舰，所需资金从福建善后局拨用。中央财政专门为建造一艘军舰而额外指拨经费，在船政的历史上尚属首次。

自造计划获得批准后，钢甲舰的筹造准备工作立即展开。船政工程师魏瀚在 1886 年初被派赴法国，订购建造钢甲舰所需的钢料，顺道又前往德国，在克虏伯公司以 47790 两银的价格购买了 1 门 260 毫米口径、35 倍径的“克虏伯”后膛舰炮，准备充当船政钢甲舰的主炮，魏瀚同时还顺带订购了该火炮所用的钢开花弹 30 枚、生铁开花弹 70 枚，总价 4270 两银，[①] 另外又为船政马限山炮台定购了要塞炮。

在船政生产厂区内，根据建造钢甲舰的技术要求，也开始对车间厂房实施改造，增置机器设备，加固船台设施。经历了近一年的前期准备，船政的钢甲兵船在 1886 年 12 月 7 日铺设龙骨，正式开工建造，提议建造该舰的工程师魏瀚、郑清濂、吴德章三人负责舰体的设计与监造，陈兆翱、李寿田、杨廉臣负责该舰所需轮机的设计和监造。该舰的工料银最后经实际统计，较最初的估计数有所增加，达到 52 万余两银。

船政开工建造的这艘钢甲舰后来被裴荫森命名为“龙威”，从其威武的舰名不难看到船政主事者对该舰寄予的无限期望。按照舰型分类，“龙威”舰属于 19 世纪铁甲舰家族中的近海防御铁甲舰（Coast Defence Ships），即所谓守口铁甲舰，这种军舰和大型铁甲舰决胜于大海的设计用途截然不同，主要是用在近海、沿岸区域驻扎、作战，其军舰吃水浅、吨位较小，但是安装有大口径舰炮，且有装甲防护，类似后世的浅水重炮军舰，属于以防守为主要使命的军舰。某种意义上，甚至可以看作是体型放大、增加装甲的大型铁甲蚊子船。

有关“龙威”舰的设计渊源，魏瀚、陈兆翱、郑清濂等在向船政提调周懋琦申请仿造钢甲舰时就作了明确的说明，即仿照法国新式的“柯袭德”“士迪克士”“飞礼则唐”3 舰，按照舰名读音对应检索，即法国海军的“痛哭河”（*Cocyte*）、“冥河”（*Styx*）、“地狱火河”（*Phlegeton*），3

---

① 《定购外洋大炮，请准支销立案折》，《船政文化研究——船政奏议汇编点校辑》，海潮摄影艺术出版社 2006 年版，第 332 页。

舰属于同型，另外尚有1艘同型舰“黄泉”（*Achéron*），4舰并称为“黄泉”级。[①] 1885年魏瀚等准备仿造该型舰时，该级的首舰“黄泉”才刚刚下水，属于是法国海军的一型崭新军舰。

表二十三　“龙威”与“黄泉”主要性能对比[②]

参数 \ 舰名	“龙威”	“黄泉”
排水量	2100吨	1690吨
主尺度	长60.04米×宽12.19米×吃水4米	长55.2米×宽12.32米×吃水3.56米
动力配置	2座蒸汽机、4座锅炉	2座蒸汽机、4座锅炉
主机功率	2400马力	1600马力
航速	12.5节	11.6节
主要武备	260mm炮×1，120mm炮×3	270mm炮×1，100mm炮×2
装甲	水线带钢甲厚203毫米	水线带钢甲厚203毫米
载煤量	250吨	98吨

鉴于当时中法战争结束未久，中国根本没有可能直接从法国军方或船厂得到这种还在建造中的全新舰船的图纸，魏瀚等的资料来源，推测是得益于西方出版的工程学报、海军年鉴一类的出版物，当时包括英国《工程师报》（The Engineer）在内的一些刊物，曾登载过“黄泉”级的基本参数以及总布置图、典型分段横剖图等片段性的资料。船政的工程师可能是依据这些资料，再凭着自己的舰船工程学知识和设计经验，进行逆向反推设计，最终完成了“龙威”的总体设计。因而，该舰事实上并不能直接视为是法国“黄泉”级军舰的翻版，而是船政技术人员参考了“黄泉”的部分设计元素，独立设计出的一型全新军舰。

“龙威”舰外观上是单烟囱、单桅杆的造型，不具有使用帆装的功能，其桅杆上安装有1座金属战斗桅盘，可供舰员在内值守瞭望或作战。为了尽量避免烟囱喷出的煤烟影响桅盘里的舰员，该舰的桅杆位置

① *The Naval Annual 1886*，J Griffin And Co. 1886，p224. *Conway's All The World's Fighting Ships 1860—1905*，Conway Maritime Press1979.

② “龙威”的武备状态为设计时的计划情况。该舰在北洋海军服役后，武备改为1门260毫米口径炮和2门150毫米口径炮的搭配模式。

和当时很多单桅的法国军舰一样，设在了烟囱的前方。

“龙威”舰的排水量为2100吨，舰长60.04米，宽12.19米，吃水4米，体量上超过了“黄泉”级，同时能够适应船政自身的船台等建造设施的技术条件。和“黄泉”级的材质一样，“龙威”全舰也完全采用钢质，属于全钢军舰。在当时，钢材虽然坚硬度超过熟铁，但海军界普遍认为其韧性不足，容易折断，很少敢于尝试建造全钢军舰的。当时只有法国成功地创制了全钢军舰，船政建造“龙威”号，也使中国成功跻身于为数不多的拥有全钢军舰制造经验的国家之列。不过，因为中国缺乏规模化的铁矿和冶炼工厂，“龙威”所用的钢料全部购自法国施耐德公司的克鲁索铁工厂（Creusot works），再由船政的铁工车间加工制成造舰所需的龙骨、肋骨、船板、装甲等舰材。

民国时代《北洋画报》上登载的停泊在旅顺东港的“平远”/“龙威”的照片，照片摄于1891年李鸿章大阅海军期间。摄影：梁时泰。

作为钢甲舰，“龙威”舰安装有水线带装甲，在全舰的水线处（军舰舰体与水面交界的部位）外侧环绕安装有一圈钢装甲，犹如一圈装甲的矮墙般紧贴保护在舰体的外围。位于舰体中部的轮机舱、弹药舱外侧的水线带装甲高1.52米，厚203毫米，水线带装甲汇聚到舰体最前缘的部分高度为2.13米，厚127毫米，汇聚到舰体后部的水线带甲则高1.28米，厚152毫米。此外，“龙威”舰还有多处有装甲防护，位于军舰前部的主炮台基座敷设了厚127毫米的装甲，主炮以及副炮的炮罩装甲厚50毫米，舰内还平向铺设了厚度为50毫米的装甲甲板。在船政工程师及技术工人的努力下，作为船政造舰史上第一艘有装甲防护的军舰，“龙威”的整体防护配置已经相当完善，该舰除了装甲外，还和“黄泉”一样，采用双层底设计（即军舰有两层水密舰底，即使外层的舰壳破损，因为内层还有舰壳，进水不会直接淹入舰内），其总体的防护性能和法国的“黄泉”号不相上下。

“龙威”舰的动力系统全部由船政的轮机车间、锅炉车间等自行制造，采用2座蒸汽机和4座燃煤锅炉相配套的配置，双轴双桨推进。在为“龙威”舰设计蒸汽机时，工程师陈兆翱等并没有采用当时船政已经有丰富设计施工经验的2汽缸复合式康邦蒸汽机，而是自行绘图设计了更为新式的3汽缸多级膨胀式蒸汽机，并由轮机车间等部门成功制造问世，就此追赶上了世界海军在蒸汽机技术方面的主流技术。“龙威”舰的2座3胀蒸汽机，总功率为2400马力，大大超过了“黄泉”级，该舰设计航速为10.5节，实际航试时测得航速12.5节。另外作为近海防御军舰的“龙威”，舰上仍设置了较大的燃料舱，载煤量为250吨，这意味着这艘军舰具有远距离航行能力。无论是功率、航速还是煤舱容量，“龙威”舰的指标都大大超过了法国的“黄泉”，从中可见船政工程技术人员在这艘军舰上所付出的心血。

在武备配置方面，“龙威”的主炮是魏瀚从德国购买的1门260毫米口径“克虏伯”后膛炮，口径之巨，在船政所造的军舰上前所未有，也是甲午战争前中国军舰中仅次于“定远”级铁甲舰305毫米口径火炮的巨炮，其攻击威力惊人，足以对敌方军舰产生强大的威慑。按照设计，主炮安装在军舰的舰首甲板上，副炮则计划装备3门120毫米口径后膛炮，其中两门安装在军舰两舷，另外一门安装于尾楼顶部甲板上。此外，舰上还设计安装2座探照灯，“用以远照敌舟，防其暗劫”，安装4门多管机关炮，“用以近击雷艇，勿使前侵”，并在舰首、舰尾各安装1具鱼雷发射管。因为经费有限，船政实际上除安装了主炮外，其余的武备多只是根据设计预留了安装位置。

显得施工效率极高的是，该舰的舰体仅仅经历了近一年的建造便规模初具，在1888年1月29日的午后成功下水，船政大臣裴荫森亲自主持了下水仪式。目睹中国自行设计、建造的装甲军舰问世，裴荫森分外激动，在向清廷报告下水情况的奏折里一派豪迈之情：“该学生等损益泰西新法，其聪明才力，亦已殚竭无遗矣……近日海上争衡全资铁舰，该船工料坚实，万一海疆有事，不特在深水洋面纵横荡决，可壮声威，即使港汊浅狭，进退艰难，斯船吃水不深，其攻守尤资得力。”①

在经历了安装动力、火炮等各项舾装工程后，1889 年 5 月 15 日“龙威”开始进行航试，在 16 日的出海测试中，测得最大航速 12.5 节，超过了设计指标。航试之中，除了发现右侧螺旋桨折损、脱落螺丝外，其余均一切顺利。经过对伤损处进行修理，9 月 28 日“龙威”舰重新出海进行航试，获得圆满成功，旋告竣工。② 鲜为人知的是，在这次出海航试中几乎发生了一场重大事故。当次为慎重起见，裴荫森仍然亲自登舰监督，时值台风季节，“龙威”驶出大洋后“猝遇飓风，波涛叫啸”，年已 67 岁的裴荫森在风涛颠簸中突感眩晕，从“龙威”舰上不慎坠落水中，幸亏救援得力而有惊无险，“公强立站坪，眩晕堕水，几濒于危”。③

“龙威”舰竣工时，北洋海防的建设已经获得重大成果，建成了中国第一支有国家编制的近代化海军部队北洋海军。1889 年 10 月，裴荫森安排新竣工的“龙威”舰前往天津，请求海军衙门勘验，同时想要将“龙威”舰顺势编入北洋海军。“龙威”舰在北上途经上海时，轮机突然发生故障，经查明是因为小抽汽机的连杆铁质不佳所致。④ 在上海修理期间，北洋海军的总查洋员琅威理刚好借机对“龙威”进行了先期检查，琅威理认为“龙威”舰多采用法国式的制造标准和舾装配件，而北洋海军的各舰则多为德国、英国建造，二者间在很多舾装件、配件上存在有差异，“龙威”如果直接编入北洋海军，势必会对北洋海军的后勤

① 《双机钢甲兵船下水并陈现在厂务情形折》，《船政文化研究——船政奏议汇编点校辑》，海潮摄影艺术出版社 2006 年版，第 364—365 页。

② 《“龙威”钢舰试洋折损螺丝修好回工折》，《船政文化研究——船政奏议汇编点校辑》，海潮摄影艺术出版社 2006 年版，第 381 页。

③ 《裴光禄年谱》，光绪己亥版，卷四，第 13 页。

④ 《“龙威”钢甲在沪修机，请暂摘制机学生顶戴片》，《船政文化研究——船政奏议汇编点校辑》，海潮摄影艺术出版社 2006 年版，第 391 页。

供应统一化和训练标准化造成麻烦，由此围绕“闽船与津船船中配件不能一式者”，琅威理圈选出了百余件，要求“龙威”驶回船政照单修改、增配。[①]

待到1890年春天，南下过冬的北洋海军主力舰队从香港北返途径闽江，改造完竣的“龙威”便与之同行前往北洋，经李鸿章和裴荫森商议，按照北洋海军军舰的命名习惯，更名为“平远”舰，就此直接成为北洋海军的军舰。[②] 不过由于“平远”加入北洋海军时，北洋海军的编制早经《北洋海军章程》明确编列，并没有可用的缺额，无法直接从北洋海军军费中获得薪饷、公费，经北洋大臣李鸿章与总理海军衙门协商腾挪，“平远”舰的人员薪粮银确定比照北洋海军“七舰”（指“定远”“镇远”“济远”“经远”“来远”“致远”“靖远”7舰）旧例，由总理海军衙门直接发放，“平远”的杂费（燃煤、油漆、小维修和保养用物料、人员冬季棉衣）等则从北洋海军预存的“定远”等7舰的杂支经费中“设法匀拨”。“平远”的管带由“镇南”号蚊子船管带、船政首届后学堂外堂生李和兼任。由于北洋海军6艘蚊子船实际上常年仅维持2艘在役，事实上李和则成为“平远”的专职管带。除李和外，推测“平远”舰的军官多从蚊子船的军官中借用。

二、穹甲鱼雷巡洋舰“广乙”级

船政获得清廷批准建造1艘钢甲舰时，李鸿章的北洋海防获得了建造4艘巡洋舰的拨款，后来以此款在英国订造穹甲巡洋舰“致远”“靖远”，在德国订造装甲巡洋舰“经远”“来远”。1886年初船政工程师魏瀚赴欧洲采购钢甲舰所用的钢料时，了解到了上述巡洋舰的技术情况，认为其中的穹甲巡洋舰属于新式，回国后便上陈裴荫森，建议参考法国最新式的一种穹甲巡洋舰进行仿造。裴荫森遂据此在1886年11月3日上奏清廷，申请从南、北洋海防经费中拨款，由船政仿造1艘穹甲巡洋

① 《试造钢甲兵船溢用银数，声明立案片》，《船政文化研究——船政奏议汇编点校辑》，海潮摄影艺术出版社2006年版，第408页。

② 《“龙威”钢甲兵船修正完竣，改名“平远”，驶赴天津折》，《船政文化研究——船政奏议汇编点校辑》，海潮摄影艺术出版社2006年版，第408—409页。

舰，造成后归北洋海军使用。①

所谓的穹甲巡洋舰（Armour Deck Cruiser），是指带有装甲甲板防护的巡洋舰，现代又称为防护巡洋舰（Protected Cruiser）。19 世纪后的巡洋舰属于一种快速军舰，其主要用途原本是侦查、通信，列强国家还习惯派遣巡洋舰驻扎于海外殖民地实施警戒。初期这类军舰强调高航速，在设计上没有配备任何的额外装甲防护，船政五年计划时代建造的“扬武”舰就是类似的例子。随着海军战术以及巡洋舰技术的发展，西方海军界发现这类军舰也具有参加海战的潜力，甚至在海外殖民地地区，因为潜在的假想敌力量不强，巡洋舰甚至可以当作主力舰来与之作战。为了提升巡洋舰的战斗能力，在保证巡洋舰具有高航速的同时，提升其火力和防护力就被提上了议事日程。

在 19 世纪中叶，为巡洋舰添加装甲防护主要有两种方式，一种是直接模仿铁甲舰，在军舰舷侧接近水面的部位（即水线带）敷设装甲，以防中弹进水，犹如用钢铁的墙壁为军舰侧方要害处提供遮护。这种装甲防护方式在中国称为竖甲，防护面积较大，其缺点是会给巡洋舰带来很重的负担，迟滞巡洋舰的航速。另外一种防护形式，则是不在军舰的舷侧布设装甲，转而在军舰内部靠近水线的位置平铺一层装甲直接作为甲板，这种装甲甲板通常从舰首向舰尾贯通，连接全舰，横向则延伸到军舰左右两侧舷边，犹如一层装甲的顶盖，将轮机舱、弹药舱等舰上要害舱室遮护在其下方。其理念是，军舰的轮机舱、弹药舱等要害部位往往处于军舰水线之下的位置，在实际交战中，不太可能被侧方袭来的敌方炮弹攻击到，因为火炮在中远距离射击后所形成的炮弹弹道实际是抛物线，敌方袭来的炮弹有很大可能会从军舰的甲板上方坠入，水平铺设的装甲甲板可以阻挡住上方坠下的敌弹，从而保护住机舱等要害部位。

在装甲甲板的发展中，舰船设计界发现如果装甲甲板的安装位置低于水线，一旦装甲甲板上方的舰体被击破进水，涌入的海水将装甲甲板的上方淹没，军舰仍然会沉没。如果把装甲甲板安装在高过水线的位置

---

① 《请拨款仿制穹甲快船折》，《船政文化研究——船政奏议汇编点校辑》，海潮摄影艺术出版社 2006 年版，第 329—330 页。

上，则装甲甲板下方露出在水线上的舷侧就有遭敌方炮弹击穿之虞。为此装甲甲板被改良成了一种“拱背”状，从横截面来看是一种两侧是斜坡、中间为平面的形状，装甲甲板的中间一线为平面，高出军舰的水线之上，以消除万一军舰被击破进水，装甲甲板容易被完全淹没的危险；而装甲甲板平面位置的两侧是斜坡，一直斜伸向军舰水下的舷边，假如舰体舷侧水线上的部分被击穿，装甲甲板两侧的斜面也可以抵挡住炮弹。这种中间平、两侧坡的装甲甲板样式，在中国被形象地翻译为穹甲，采用这种装甲防护的军舰就是穹甲巡洋舰。①

因为裴荫森提出建造穹甲巡洋舰的申请时，北洋海防已经在英国订造了先进的穹甲巡洋舰“致远”“靖远”，本就对国造军舰不甚看好的李鸿章，不愿意从本就不宽裕的南、北洋海防经费中挪款支持船政自造穹甲巡洋舰，此事遂没有下文。时至 1887 年，和裴荫森有同榜进士之谊的两广总督张之洞因广东海防缺乏大舰，与裴荫森协商，想要援引此前南洋大臣协款建造撞击巡洋舰“开济”的先例，两广协拨部分造舰经费，由船政为其建造 8 艘蒸汽动力军舰。船政此前议而未决的仿造穹甲巡洋舰的计划借此得以施展。在两广协款建造的 8 艘军舰中，共有 3 艘被定为建成穹甲巡洋舰，为此两广给每艘穹甲巡洋舰支付 9 万两银的协造款。②

两广协款建造的穹甲巡洋舰，张之洞后来分别命名为“广乙”“广丙”“广丁”，三舰属于同型，可以并称为“广乙”级。魏瀚在 1886 年提出自造穹甲巡洋舰方案时，原计划以当年法国圣纳泽尔 Penhoet 船厂开工的穹甲巡洋舰“福尔班”（*Forbin*）为设计参考母型，而当两广协款造舰定议时，可能是出自节省造舰费用的考虑，设计参考母型实际更改成了法国罗什福尔船厂（Arsenal de Rochefort）在 1886 年为法国海军建造的“老鹰”（*Condor*）号。不同凡响的是，“老鹰”号看似是比“福尔班”体量略小的小舰，但这艘军舰实际上是法国建造的第一型大型鱼雷军舰——鱼雷巡洋舰（Torpedo Cruiser）。

① 陈悦：《中国近代军舰图志 1855—1811》，（香港）商务印书馆 2013 年版，第 240—241 页。

② 《协造广东兵轮八号，请由船政报销折》，《船政文化研究——船政奏议汇编点校辑》，海潮摄影艺术出版社 2006 年版，第 353 页。

船政建造的“广乙”号鱼雷巡洋舰。

所谓的鱼雷巡洋舰，是19世纪70年代后出现的新舰种。因为当时的鱼雷艇大都体量较小，难抗巨浪，也无法搭载过多的燃料，不具备出远海作战的航行能力，而且鱼雷艇自身的战场生存能力较差，除了鱼雷外，几乎没有其他值得一提的武器，以之攻击敌方大舰，很有可能在进入鱼雷有效射程之前就被敌舰的炮火摧毁，抑或是成功逼近到了发射鱼雷的距离，在射击完毕后如果不能及时脱离目标，也很有可能遭到敌方炮火的蹂躏。为了获取同时具有强大的鱼雷进攻能力，自身又具有较高的生存力甚至炮战能力的军舰，以鱼雷为主要进攻武器的大型鱼雷军舰应运而生，其中排水量在1000吨左右的，称为鱼雷巡洋舰。

“广乙”级的排水量为1000吨，刚好处在鱼雷巡洋舰的入门门槛上(后世也有观点将该舰视为鱼雷炮舰)，该级军舰为3桅杆、单烟囱的外形特征，其舰体的材质和“龙威”一样，也是全钢结构，钢料全部购自法国克鲁索铁工厂。该级军舰的长度为71.63米，宽8.23米，吃水3.96米，外观看起来显得比造型敦厚的“平远”更大。“广乙”级的主机采用2座双缸复合式蒸汽机和3座圆形锅炉的组合方式，其中蒸汽机直接从欧洲购买，设计功率为2400马力。①

---

① 《协造粤东“广庚”、“广乙”兵轮先后下水折》《协粤“广丙”穹甲船下水折》《“福靖”穹甲船出海试洋情形片》，《船政文化研究——船政奏议汇编点校辑》，海潮摄影艺术出版社2006年版，第386—387、422、435页。

作为典型的穹甲军舰，“广乙”级舰内水线附近铺设了纵贯全舰的穹甲甲板，不过厚度只有25.4毫米，只能够抵御直径较小的炮弹攻击。作为鱼雷巡洋舰，“广乙”级在武器的配置上充分显现了重视鱼雷兵器的特点，其鱼雷武装十分的强势，全舰共装备有4具14英寸口径的鱼雷发射管，其中的2具采取了和当时鱼雷艇一样的布置方法，即安装在舰首的两侧，这样当冲锋作战时，“广乙”级向舰首方向的主要进攻兵器其实就是鱼雷，足以证明这类军舰冲击敌阵，以鱼雷破敌的功能特点。除了舰首的发射管外，该级军舰的另外2具鱼雷发射管布置在中后部的舰内两舷，主要用来阻吓、防御从侧翼方向逼近的敌方舰艇。

除了鱼雷兵器外，“广乙”级军舰还装备了具有一定威力的火炮武备，而这正是鱼雷巡洋舰超越鱼雷艇的一大优势所在。“广乙”级的主炮采用后三点式的布局形式，即不在舰首中轴线上安装主炮，而是在军舰舷侧两边突出舰体之外的耳台上各安装1门火炮，以此作为舰首方向鱼雷兵器的辅助，另外再在舰尾安装1门，作为尾炮。由于“广乙”级的体量较小，且主要的攻敌手段是鱼雷，其主炮的口径相对较小，从后来实际安装的情况看，主要是150毫米或120毫米口径的“克虏伯”炮。除此之外，同级各舰另辅助安装了数量不等的小口径机关炮。和通常的巡洋舰相比，“广乙”级的炮火力量稍显薄弱，但考虑到这级军舰实际是以鱼雷作为主攻兵器，炮火只是辅助，那么与当时的鱼雷舰艇相比，“广乙”级的火力足可称为凶猛。

1888年1月2日，“广乙”级的首舰“广乙”号在船政开工建造，[①]至1889年8月28日，“广乙”的舰体顺利完工，署理船政大臣裴荫森亲自主持了下水仪式。当时已被调任湖广总督而尚未离粤的张之洞得知该舰下水，充满感情地致信裴荫森，表达自己兴奋的心情以及对两广和船政合作协造军舰的来之不易表示感慨。“鄙人约十月半交卸，即将去粤。此事集资奏准，颇费周章，‘广乙’系穹甲新制之船，必欲亲自一

① 《粤船舷后安上龙骨并厂务情形折》，《船政文化研究——船政奏议汇编点校辑》，海潮摄影艺术出版社2006年版，第378页。

观，亦以慰数年经营之苦心。”[①]

十分遗憾的是，不仅张之洞未能在第一时间亲眼看到驰骋海上的“广乙”，就连署理船政大臣裴荫森本人也未及看到，1890 年 4 月裴荫森被清廷以调京任职名义撤职，就此离别了他倾注无限工作热忱的船政事业。当“广乙”于 1890 年 11 月 30 日出海航试时，主持船政的已是闽浙总督卞宝第，具体在舰监督航试的则是提调杨廷传，经过航试测得，“广乙”舰的最高航速能够达到 15 节，宣告竣工。

“广乙”级后续的“广丙”“广丁”也都是在裴荫森主政时期陆续开工，而竣工期则都是在他去职之后，仿佛是裴荫森时代的遗产一般。

其中的“广丙”舰在 1888 年 7 月 7 日开工，受舰材采购、运输耗时的影响，直到 1891 年 4 月 11 日才告下水，当年 12 月 18 日经过航试，测得最大航速也是 15 节，遂告竣工。[②] 此后到了 1892 年，“广丙”与“广乙”在完成了炮械安装后，跟随路过福建的北洋海军军舰一道南下，前往广东。[③]

“广乙”级的 3 号舰“广丁”在 1889 年的 11 月 4 日开工，是裴荫森任上主持开工的最后一艘军舰。略有区别的是，该舰的主尺度和此前的“广乙”“广丙”稍有不同，其舰长为 71.01 米，宽 8.02 米，舱深 5.48 米，舰体中部吃水 3.5 米。[④]

“广丁”舰开工后不久，新任的两广总督李瀚章为樽节经费计，咨会船政将不再为“广丁”舰继续协拨经费。经此时兼管船政的闽浙总督卞宝第考察，认为“广丁”已经开工，而且需用的建造材料、舾装件等很多已经购办，如果就此中途废止未免可惜，遂上奏清廷，申请将“广丁”工程改为由船政自行负担全部的经费，以便能够完成其建造，不致

① 《致福州船政大臣裴》，《张之洞全集》第八册，武汉出版社 2008 年版，第 22 页。

② 《“广丙”轮船出海试洋并拟续制船只折》，《船政文化研究——船政奏议汇编点校辑》，海潮摄影艺术出版社 2006 年版，第 426 页。

③ 《黄埔船坞修理工竣片》，《合肥李勤恪公政书》，（台湾）文海出版社 1967 年版，第 909 页。

④ 《“福靖”穹甲船出海试洋情形片》，《船政文化研究——船政奏议汇编点校辑》，海潮摄影艺术出版社 2006 年版，第 435 页。

于夭折，“该船已动工程约有一万三千与工，购备料件亦已过三分之一，与其半途而废，不若竟其未完之工”。[①]

上奏获准后，“广丁”的舰名被改成了带有明显福建地域标识的“福靖”，成为船政计划留闽使用的军舰。因为船政经费不充，“福靖”的建造工程虽然得以继续，但是受资金时有时无的牵绊，进度十分的缓慢，直到 1893 年 1 月 20 日才得以下水，又经历舾装工程后，在当年的年末基本告成。1893 年 12 月 16 日，“福靖”由时任船政总办杨正仪在舰监督，“靖远”舰管带林承谟负责指挥驾驶，驶出闽江口，在马祖岛一带海域进行航试，测得以 2000 马力的功率航行时，航速 12.4 节，据此推算，如以 2400 马力全力航行，航速应当约在 13.4 节左右，较“广乙”“广丙”略显逊色，但是也达到了设计要求。[②]“福靖”成为中法战争之后，船政自造的第一艘留闽军舰，1895 年甲午战争结束后，“福靖”被调北上驻防，和南洋水师北援的军舰一起协助填补北洋海防，后不幸于 1898 年 6 月在旅顺口遇海难沉没。[③]

三、“威远”级后续军舰“广甲”

裴荫森署理船政大臣时期，两广共提议协款建造八艘军舰，具体为四大四小的组合，其中四艘大舰里除了新造三艘“广乙”级穹甲鱼雷巡洋舰外，另外从现成起见，船政和两广商定，将当时船政已经下水的一艘新造大舰就势拨给两广，充作协造军舰。

这艘最先交付两广的军舰被张之洞命名为“广甲”号，视之为巡洋舰，实际上该舰属于船政“威远”级铁肋炮舰的后续改进型，是继“威远”“超武”“康济”“澄庆”“横海”舰之后的第六艘，也是裴荫森在接任船政大臣职务之后，主持开工新造的第一艘军舰。该舰于 1885 年 11 月 24 日铺设龙骨，开工兴造，裴荫森在向清廷汇报时，特别声明将吸

① 《闽厂工程稍松，接造穹甲快船折》，《船政文化研究——船政奏议汇编点校辑》，海潮摄影艺术出版社 2006 年版，第 416 页。

② 《“福靖”穹甲船出海试洋情形片》，《船政文化研究——船政奏议汇编点校辑》，海潮摄影艺术出版社 2006 年版，第 435 页。

③ 陈悦：《清末海军舰船志》，山东画报出版社 2012 年版，第 473—475 页。

取马江之战血的教训，此后船政将彻底摒弃左宗棠提出的建造兵商两用军舰的方案，专造军舰，“厂中历来制成之兵船，如一百五十四、七百五十四等号，意在有事利于攻战，无事便于转输。其制系参兵船、商船之度，转致行程不速。去岁马江之战，兵、商两绌……臣莅工后，坚与员绅约，专造兵轮，永不准再造商船”。[①] 作为船政“专造兵轮”时期诞生的第一舰，“广甲”还具有格外特殊的标志性意义。

为了更好地适应作战需要，经船政工程处进行协商，在原有的“威远”级军舰方案基础上，对新造的第六号铁胁军舰进行了改良，主要改动之处为增加舰宽，提升军舰的稳性，并加大主机功率，提高航速。

1888 年拍摄到的“广甲”舰。

“广甲”舰的舰体采用传统的铁胁木壳结构，其中木料从暹罗进口，铁胁等金属构件则由船政自造。舰上设计有全套的帆装设施，属于三桅后桅斜帆式（Barc）布置。吸取马江之战法国军舰以桅盘上的机关炮压制中方的教训，“广甲”舰的前后桅杆上均设有战斗桅盘，以便安装机关炮。该舰的排水量为 1300 吨，舰长 67.66 米，宽 10.27 米，舱深 7.71 米，舰首吃水 3.35 米，舰体中部吃水 3.81 米，舰尾吃水 4.23 米。因为开工的时候，船政的轮机车间等正在为南洋订造的“寰泰”“镜清”2 舰赶造配套的轮机，没有余力兼顾新造的铁胁军舰，第六号铁胁舰“广甲”的蒸汽机遂改成从英国采购配件回闽组装，具体为 1 座功率

① 《第六号铁胁轮船安上龙骨并陈厂务情形折》，《船政文化研究——船政奏议汇编点校辑》，海潮摄影艺术出版社 2006 年版，第 291 页。

1600 实马力的三汽缸三膨胀式复合蒸汽机。

“广甲”舰的武备配置，与此前船政建造的第五号铁胁军舰“横海”十分相似，在军舰舰体前部左右两舷边的耳台内各安装 1 门 150 毫米口径“克虏伯”炮，每门炮的射界为 120 度，在军舰尾部尾楼甲板上另安装 1 门同型炮，射界 210 度。除这 3 门主炮外，军舰中后部的两舷各安装 2 门 120 毫米口径“克虏伯”炮，每门炮的射界 90 度。作为对马江之战失败经验的记取，“广甲”舰还安装有 4 门“哈乞开斯”5 管机关炮，其中 2 门安装在军舰飞桥的两翼，另外两门则分别安装在前后桅杆上的战斗桅盘里。[①]

1887 年 8 月 6 日，已经由两广总督张之洞命名为“广甲”的第六号铁胁舰顺利下水，当年 12 月 4 日，由广东选派的接舰军官武永泰为管带，船政后学堂毕业生程璧光为帮带，“广甲”舰进行出海航试，测得大轴每分钟 125 转，航速超过 14 节，旋告竣工。[②] 作为广东协造八舰的首艘，“广甲”完成后立即南下广东加入广东水师，两广总督张之洞曾在 1888 年 1 月 14 日亲自乘坐“广甲”巡阅粤海防务，航迹到达香港、海南岛等地。[③]

四、小型炮舰“广庚”

除“威远”级铁胁木壳炮舰的后续型“广甲”以及“广乙”级穹甲鱼雷巡洋舰外，两广总督张之洞向船政协款建造的军舰里还计划有 4 艘小型炮艇，设计将用于广东内河的巡防，即“广庚”级。

该级军舰属于小型的炮艇，与船政以往建造过的“湄云”级类似，两广计划为每艘协款 3 万两银。“广庚”级军舰的排水量 320 吨，长 43.89 米，宽 6 米，吃水 3.04 米，其配套的蒸汽机、锅炉推测为船政

① 《第六号铁胁兵船下水折》，《船政文化研究——船政奏议汇编点校辑》，海潮摄影艺术出版社 2006 年版，第 355—356 页。

② 《“广甲”轮船出口试洋并陈现办厂务情形折》，《船政文化研究——船政奏议汇编点校辑》，海潮摄影艺术出版社 2006 年版，第 363 页。

③ 《恭报巡海旋省并查阅围陧情形折》，《张之洞全集》第二册，武汉出版社 2008 年版，第 61 页。

生产，装备1座功率为400实马力的蒸汽机。舰上的武备包括充当前主炮的1门120毫米口径炮和充当后主炮的1门105毫米口径炮，另有4门“哈乞开斯”5管机关炮，其中2门分装在前后桅的桅盘内，另外2门分装在军舰中部两舷。

“广庚”级的首舰“广庚”号在1888年2月1日铺设龙骨开造，[①]在其前后，“广乙”级的“广乙”“广丙”也都相继开工。1888年的船政生产厂区里，3座船台上同时都在为广东省建造军舰，场景蔚为壮观。因为“广庚”的舰体小，工程量较少，最先于1889年5月30日顺利下水。[②] 至当年10月中，“广庚”的各项舾装工程便告全部完成，“船上应需之活桅、钢罩、水缸、机炉均已配置齐全”，经系泊状态下试机后，10月30日由广东派至船政接舰的都司张斌管带，船政大臣裴荫森亲自坐镇监督，“广庚”进行出海航试，测得主轴转速每分钟120转，航速12节，“船身坚稳，机器灵捷，其余亦一切如法”，随后于当年11月12日由闽南下，前往广东交收。[③]

根据张之洞的协造军舰计划，“广庚”之后，同型还将要建造“广辛”“广壬”“广癸”等3艘，然而随着张之洞被调离两广，新任的两广总督李瀚章不愿继续筹资以完成张之洞的协造计划。李瀚章认为“广庚”级军舰体量过小，不适合出外海活动，决定取消后续舰的建造，“辛、壬、癸三艘船身过小，均难适用”。[④] 与同时被李瀚章叫停的“广丁”舰有所不同的是，“广辛”“广壬”“广癸”三舰均尚停留在计划中，并没有实际购备物料以及开工建造，因而随着两广方面宣布取消协造这些军舰的计划，三舰直接胎死腹中。“广庚”级硕果仅存的“广庚”号，同时还是裴荫森在署理大臣任内，船政建造竣工的最后一艘军舰。

---

① 《粤船先后安上龙骨并厂务情形折》，《船政文化研究——船政奏议汇编点校辑》，海潮摄影艺术出版社2006年版，第378页。

② 《协造粤东“广庚”、“广乙”兵轮先后下水折》，《船政文化研究——船政奏议汇编点校辑》，海潮摄影艺术出版社2006年版，第386—387页。

③ 《“广庚”轮船试洋赴粤并现办厂工情形折》，《船政文化研究——船政奏议汇编点校辑》，海潮摄影艺术出版社2006年版，第389页。

④ 《筹办海防并陈管见折》，《合肥李勤恪公政书》，（台湾）文海出版社1967年版，第841页。

第十八章　裴荫森时期的船政自身建设与教育发展

一、经费状况与车间的增建撤并

中法马江之战结束后，署理船政大臣张佩纶因为任职时间十分短暂，没有在公文奏折中留下对当时船政经费状况的详细说明，裴荫森继任署理大臣后，甫经抵任，经其核算汇报的船政经费收支，显露出了经费问题的严重性较之此前的督办大臣时期更甚。

在 1885 年 7 月 17 日上呈的涉及船政经费的奏片里，裴荫森向清廷汇报，此时闽海关拖欠船政的经费累计已经达到 250 余万两银之巨，拖欠主要是因为闽海关六成洋税长期无法如数解足船政的经费而造成，历任船政大臣任内的拖欠累积，已经是积重难返。以当时闽海关的收支情况，根本无法指望依靠闽海关的关税能在短时间内将这笔巨额欠款完全清偿，裴荫森在向清廷的报告中，只是请求饬令福州将军安排闽海关将当年应解的运行经费足额解到，至于之前被拖欠的经费，则没有抱丝毫希望。①

此后在裴荫森担任船政大臣时期，船政额定经费的解拨情况没有丝毫的好转，每月的运行经费中，能够得到保障的主要是闽海关四成洋税下的拨款 2 万两银，这样的经费收入只够勉强维持船政人员的薪水发放以及支应诸如车间建设等船政内部的基本建设工作，至于耗费较多的军舰建造工程，则几乎完全无力涉及。后来船政之所以仍然能够创制多艘军舰，则与在裴荫森的努力下船政获得了额外拨款建造钢甲舰以及获得两广协款造舰有重大的关系。

钢甲舰“龙威”号是裴荫森任内船政建造的规模最大的军舰，造价

---

① 《粤省划收快船购料存银，请饬拨还并催积欠关款折》，《船政文化研究——船政奏议汇编点校辑》，海潮摄影艺术出版社 2006 年版，第 275 页。

约估 46 万两银，实际耗资 52 万余两银，而实际拨到的款项为 30 万两银，不足之数则由船政从自身的经费中设法挪垫。[①]

广东建造 8 舰原定协款 53 万两银，后因张之洞调任湖广总督，新任两广总督李瀚章不愿继续履行协造计划，半途中止，实际船政共收到广东协款 39 万两银，[②] 而原本建造 8 艘军舰的计划实际上也只是建造交付了 4 艘便告终止。尽管如此，两广协造军舰仍然意义非凡，成为裴荫森担任船政大臣期间，船政之所以能够在资金万难的局面中仍然得以维持着密集的舰船建造工作的重要原因，而如此数量规模的造舰行动，则成了晚清时代船政历史上的绝唱。

因清廷指拨款项建造钢甲舰、两广协造巡洋舰和炮舰，船政的生产厂区在裴荫森时代还保持着繁忙不已的工作面貌，而在这背后，经费不足的问题已经在不断蚕食船政的生命力。至裴荫森离任前，船政累计被拖欠经费超过了 300 万两银，受经费窘迫的影响，船政开始继续裁撤官员和工人，甚至开始了合并、关停车间等无奈的举动。

裴荫森担任船政大臣期间，因为接连兴办钢甲舰和穹甲鱼雷巡洋舰建造工程，为了适应这些新式军舰的建造所需，船政生产厂区对车间厂房以及机器设备进行了一轮规模较大的增扩工程。从具体的内容上看，主要是以围绕钢甲舰的建造所需为大端，所增加的机器设备大致可以分为起重搬运设施、金属钻孔设施、钢板加工设施等三大类，新建的房屋建筑也多是适应车间机器的增多以及所加工的金属件的体量加大而增盖车间、仓库等。

值得一提的是，在建造钢甲舰“龙威”期间，船政生产厂区内昼夜兴工，为了提高夜间工作的效率，船政大部分的生产车间都安装上了电灯，并在生产厂区内建成蒸汽动力的发电机房，自行供电，“因钢甲舰

① 《闽厂制造轮船支用各款，造册核实报销折》，《船政文化研究——船政奏议汇编点校辑》，海潮摄影艺术出版社 2006 年版，第 406 页。

② 《闽厂制造轮船支用各款，造册核实报销折》，《船政文化研究——船政奏议汇编点校辑》，海潮摄影艺术出版社 2006 年版，第 406 页。

工程繁重，间有未便停辍，须日夜兼营者，设电灯以利夜工”。[1] 夜晚灯光通明、机器声隆隆的船政，成为那个时代中国大地上为数不多的带有浓郁西式工业化气息的场所。

表二十四　裴荫森主政时期船政车间设施添置及厂房建设情况[2]

车间名称	新增设备内容	改扩建内容
铸铁厂	铁铸大悬机1座	添盖洋式厂屋1座
拉铁厂	拉铁碾轮3副；8匹轮机锅炉1套；拉铁碾轮7座	添盖栈房1座，烟囱1座
轮机厂	制轮轴毂旋机1座	合拢车间，重铺地面
锅炉厂	梁上起重铁车1座；钻孔软手机	
铁胁厂	刨钢板机器2座；碾钢板机器1副；拗铁平床1座；开钢铁圆孔手机1副；起重机5座；大洋磅机器1副；烧钢板大砖炉1座；25匹马力轮机锅炉1套；钻机6座；钻剪机2座；100吨水压机1座；锯冷钢铁锯机1座；锯热钢铁锯机1座；卷钢桅机1座	添盖大烟囱1座
小轮机厂	挂壁钻机2套；锯钢铁小锯机1座；大铁座螺丝旋床1座	原设行锯机器移设于木模厂，于厂旁添盖栈房1座
砖灰厂		添盖厂屋1所
帆缆厂	30吨悬机洋磅1架	
储炮厂		添盖厂房、栈房各1座
鱼雷厂	空气压缩机1座；15匹马力蒸汽机及锅炉；旋床3座；制鱼雷尾机器1座；刨床2座；刨齿轮机器1座；双机钻床1座；压水力验雷气柜1座；蓄气柜1座；校定鱼雷各机件1套；操鱼雷潜水服、机具1套	添盖厂房1座，栈房、蒸汽机房各1座
广储所		添盖洋式栈房1座

① 《建盖厂屋、炮台，购制机器、炉座，声明立案片》，《船政文化研究——船政奏议汇编点校辑》，海潮摄影艺术出版社2006年版，第379页。

② 本表据以下资料整理：《添盖厂屋修船添机照章声明片》《添盖厂屋并添制机器动用银数片》《建修厂所、船台，添配各项机器，照章声明立案片》《建盖厂屋、炮台，购制机器、炉座，声明立案片》《添拓厂地并购修机器，请饬部立案片》，《船政文化研究——船政奏议汇编点校辑》，海潮摄影艺术出版社2006年版，第296—297、326—327、361—362、379—380、390—391页。

裴荫森主政时期增扩建船政生产设施时，所遇到的挑战除了经费外，还有便是用地遇到困难。船政的建设用地早经左宗棠、沈葆桢时代征买、划定，几乎占用了马尾中岐村滨江的全部平坦土地，在其周围再难找到合适的大块建设用地。裴荫森时期为了增盖厂房建筑，只能在船政既有的范围内设法解决，最后则变成了见缝插针式地建设。

1890 年左右拍摄到的船政景象。照片中右侧的院落建筑是船政衙门，可以看到在船政衙门外的官厅池畔此时已经盖起了车间厂房以及高大的烟囱，照片中部的长条状白色洋式二层楼，则是裴荫森为扩招幼童入学而加盖的校舍。再往江边望去，船厂区块内也已经是烟囱林立的景象。十分巧合的是，在这张照片中船政附近江上驶来一艘较大的双桅、单烟囱轮船，恰是这时主要在福建沿海活动的海底电缆船“飞捷”号，其凸出在船首之外的圆形电缆绞车十分醒目。

船政原在初建时代，经首任洋员总监工达士博设计，生产厂区划分为以木工作业为主的船厂区域和以铁工作业为主的轮机、铁工厂区域。随着船政造舰从木制构造发展为全金属结构，原本的船厂区域也渐渐变为以铁工作业为主，新加盖的车间厂房便向原本隙地相对较多的船厂区域拓展，以致原船厂范围内也渐渐变成了烟囱、厂房林立的景象，原先本是以露天为主的船台建筑也改造成了带有屋顶的半封闭样式。甚而为给生产建设让路，在紧挨着船政衙门的空地上都兴建了车间厂房。

尽管船政造舰对于木材的需求大为减少，但是军舰内饰、甲板面仍然需要用到很多木料，鉴于铁工车间和木工车间混杂已经是在所难免之事，加之当时船政生产厂区还增添了诸如鱼雷厂、储炮厂以及水雷所等存放有易燃、易爆危险品的建筑，为了防患于未然，在加盖车间的同时，船政还格外考虑到了生产厂区内消防设施的添置，共安装了化学灭火泵（灭初火药水铜壳水龙）2 座，普通水泵 1 座。[1]

在这些车间的设备添置和厂房营造之中，鱼雷厂的设立十分值得注意。

鱼雷是 19 世纪中叶问世的人类历史上第一种水中自航兵器，可以依靠自身的动力自动向目标航进、攻击的爆炸兵器，其内部包括了战斗部、压缩空气瓶、发动机、航向设定和自我校正系统、入水深度设定和自我校正系统、舵系、传动系统等，构造十分精密，其复杂程度不亚于一艘小舰艇，对储存的环境和日常的维护保养也有着非常严格的要求。因为鱼雷的价格昂贵，训练发射时不能直接安装战雷头（装有棉火药的战斗部）射击而白白消耗，而是换装上训练用的不会爆炸的操雷头（用金属或者水配重的假战斗部），发射后进行回收，重新擦洗保养入库。如果发现鱼雷的机构有故障，还需要进行专门的维修、调校，每次使用前也要进行定深、向压缩空气瓶充气等专业作业，所以伴随着鱼雷兵器的使用，必定需要在基地设有专门的维修车间和库房。

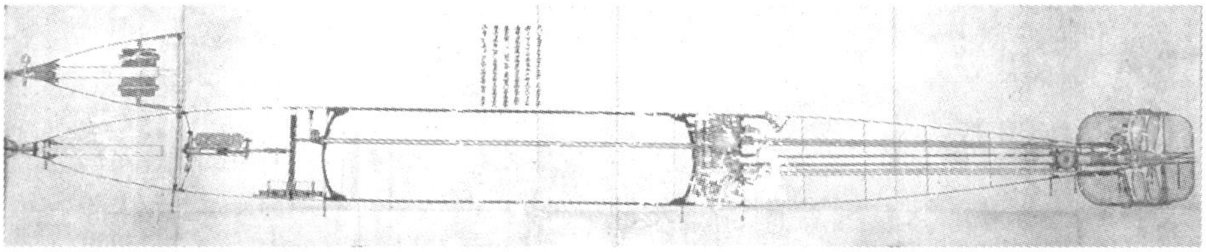

清宫舆图：黑头鱼雷纵剖图。图上可以大致了解当时鱼雷的内部构造情况，从左至右的几个分段分别是战斗部、深浅机、空气瓶、发动机、舵机、螺旋桨。原件收藏：中国第一历史档案馆。

中法马江之战后，署理船政大臣张佩纶向德国订造了“福龙”号鱼雷艇以及配套的 10 枚黑头鱼雷，当 1885 年 10 月这批鱼雷首先运到船政交付时，已经是裴荫森主政的时期。为了装配和保养鱼雷所需，裴荫森即命令在船政择地建设厂房，并派第二届留学欧洲、曾在德国刷次考甫公司学习过鱼雷制造的船政学生陈才鍴为监督，开始教导工匠装配购

---

① 《建盖厂屋、炮台，购制机器、炉座，声明立案片》，《船政文化研究——船政奏议汇编点校辑》，海潮摄影艺术出版社 2006 年版，第 379 页。

回的鱼雷（将鱼雷的各个分段装配、调校），“督课匠徒，细加修整、合拢，以备演试”，并准备着手仿造鱼雷和鱼雷艇。[①] 1886 年 7 月 2 日该车间投入使用，设为专厂，称作鱼雷厂，[②] 此后，鱼雷厂又陆续从德国刷次考甫原厂购买了战雷头所用的棉火药（硝化棉火药）、撞针、深浅机等备用件以及空气压缩机、钻床、齿轮刨床等必备的设备，规模渐著，[③] 为船政发展鱼雷兵器奠定了十分可贵的硬件基础。

与增添车间设备、增设鱼雷厂等车间同步，经费拮据的船政，同时也在对旧有的很多车间实施撤并。据裴荫森统计，自沈葆桢时代以来，船政共有 30 座厂、所等机构，受经费不足的影响，至 1890 年正月被裁剩只有 24 座，即文案处、支应处、发审所、采办局、东西考工所、前学堂、后学堂、艺圃、船厂、铁胁厂、轮机厂、铸铁厂、水缸厂、小轮机厂、拉铁厂、模厂、帆缆厂、砖灰厂、船槽、版筑所、广储所、储材所、水雷所、鱼雷厂等，其中具有车间性质的“厂”则只剩下了 11 个。[④]

二、青洲船坞的营建

船政从建设开始，因为所处施工地域的地理环境和施工时间的限制，放弃了原有的建设干船坞的计划，而以铁船槽替代标准的干船坞。不过干船坞的维修能力显然要超过铁船槽，而且建设一劳永逸，尤其在船坞自身的维护方面不如铁船槽的要求复杂，因而从沈葆桢开始，历任船政大臣丁日昌、黎兆棠、何如璋等多有新建干船坞的设想，或是设想兼并船政生产厂区近旁的英商天裕木船坞进行改造。英商天裕船坞占据

---

① 《添购雷艇配用炮位雷机片》，《船政文化研究——船政奏议汇编点校辑》，海潮摄影艺术出版社 2006 年版，第 325 页。

② 《核定鱼雷厂名额、薪工，恳恩饬部立案折》，《船政文化研究——船政奏议汇编点校辑》，海潮摄影艺术出版社 2006 年版，第 335 页。

③ 《定购鱼雷战头棉花药，照章声明立案片》《定购修理鱼雷机件，照章声明立案片》《添拓厂地并购修机器，请饬部立案片》，《船政文化研究——船政奏议汇编点校辑》，海潮摄影艺术出版社 2006 年版，第 383—384、390 页。

④ 《遵旨裁员，依限具报折》，《船政文化研究——船政奏议汇编点校辑》，海潮摄影艺术出版社 2006 年版，第 400 页。

佳地，不愿出售，新建船坞则面临经费、选址等难题，以致这一设想长久未能得到真正的推进落实。

裴荫森担任船政大臣时，营建干船坞的问题已经迫在眉睫。此前船政为南洋协造、代造的“开济”级巡洋舰，因为排水量逾2000吨，已然无法使用铁船槽拖曳离水维护，而船政又在开工规模更巨的钢甲舰“龙威”号，如果不能及时拓展、新建干船坞设施，船政将无法维护保养自己所造的军舰，这对船政的修造船功能不啻是严重削弱。

1886年1月6日，裴荫森将择地新建船坞一事作为船政应办的重要工程计划上报清廷。干船坞的修建对所在地域的地质条件有较高要求，必须在土石坚硬、地下水不丰富的滨水地区开挖建设，通常是选择山边土地。[①] 报告中，裴荫森陈述了修建干船坞的必要性和急迫性，并汇报已经选择了一块合适的地域。当时裴荫森经在马尾附近择地，看中了马江下游元山水寨对面的红山一带地区，认为该地距离船政不远，且地质坚实，适合营造，“距船政仅水程八里，工匠往来，取携甚便。亟宜砌石造就大坞，以备勘修南洋快船及台湾所用快船；即北洋之铁舰，如‘定远’‘镇远’者，亦可来闽修理”。[②]

此议奏上后，经清廷责成刚刚设立未久的新海防事务主管机构——总理海军事务衙门（简称海署）讨论，海署的态度并不积极，虽然没有驳回裴荫森的提议，但也没有支持的态度，而是称“俟筹有定款，再行举办”。当时，北洋海防正在旅顺耗巨资修建大型干船坞，准备作为“定远”“镇远”铁甲舰的维护保养之地。在北方已经开办大型船坞工程的局面下，作为并不是当时国家海防建设重点方向的船政提出同样的工程拨款请求，很容易便被忽略了。

让人难以想象的是，此后裴荫森非但没有灰心，也未再向清廷吁请拨款，而是以船政自身之力自己着手开展干船坞计划，在船坞开工之后才汇报清廷，请求允许船政以自己的运行经费开办船坞。对这一不用额

① 《船坞论略》，江南制造局，光绪二十年版，卷一。

② 《谨陈船政形势及应次第举办事宜折》，《船政文化研究——船政奏议汇编点校辑》，海潮摄影艺术出版社2006年版，第294页。

外筹措款项的计划，清廷旋加以批准。

因原挑选的红山一带距离船政尚有较远的路程，裴荫森又和船政工程师郑清濂、吴德章不断在船政的周边地区踏勘走访，最终于罗星塔所在的青洲岛一带发现了一处适合开挖干船坞的新址，该地距离船政仅有3里，中间仅隔着一条君竹港，较红山坞址更为近便，而且其地址位于山脉边缘，在石质地基上开凿船坞，是建设干船坞最佳的条件。裴荫森考虑到“傥闽厂建一大坞，不特南洋、浙洋、粤洋、台湾各兵船就近勘修甚便，即北洋铁舰每冬避冻南下，亦可备不时之需”，遂在1887年岁末组织施工，从本已可怜的船政经费中努力挪支薪工，在青洲开始了建坝、挖凿干船坞的工程。

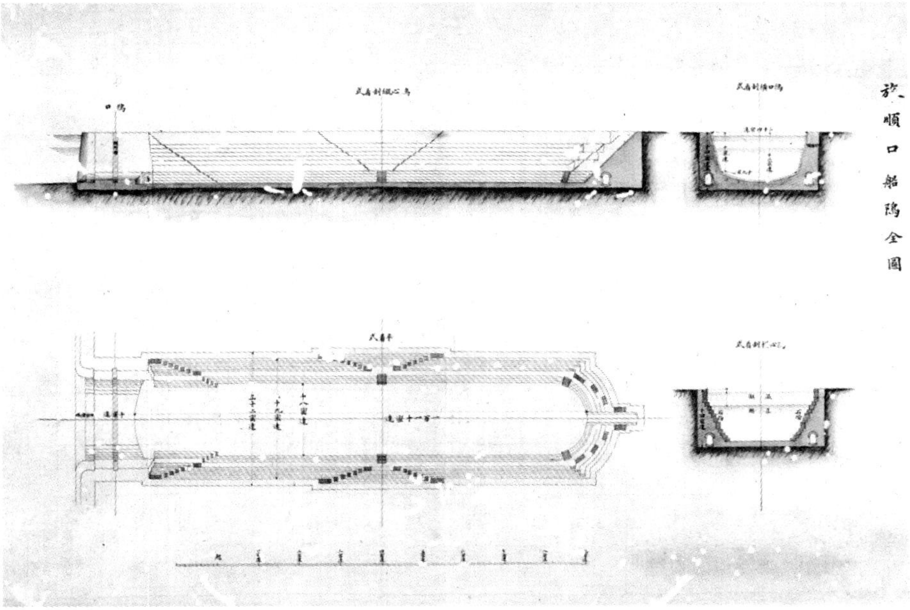

清宫舆图：旅顺大石船坞的四面图。船政青洲船坞的规模和设计情况与此相仿。原件收藏：中国第一历史档案馆。

根据设计，船政的青洲船坞总长38丈，宽10丈，深2丈8尺（以清代的营造尺单位进行换算，约为长121.6米，宽32米，深8.96米），坞口江域在平潮期水深10米左右，总体规模上和北方的旅顺大船坞相近（长110米，宽32米，深14米），可以容纳当时中国规模最大的

“定远”级铁甲舰进入保养。①

较旅顺船坞条件更好的是，青洲船坞是在山脉基础上开挖，基础坚实，且省材料，“逼近山根，大半石骨，以为石底之坞，料省工坚”。而且青洲船坞身处江边，面朝大江，坞口水域开阔，天然就是避风锚地，不用如同旅顺船坞那样在船坞之外耗费工力修建专门的避风港池，也因此，裴荫森预计青洲船坞工程的耗费不至过大，约计在 30 万两银左右，所以敢于以船政自身之力投入营建。有所欠缺的是，青洲船坞的选址地点几乎正对着闽江支流乌龙江，由乌龙江的江流裹挟而下的泥沙会在青洲一带淤积，一旦建成后，必须要像当时使用进口挖泥船疏浚的船政厂区江岸一样，保持经常不断的挖泥作业，否则会有坞口淤积之虞。此外，乌龙江江流在青洲船坞附近经过，导致坞口水域的江流湍急，使得舰船在出入船坞时会有碰擦坞体之虞。

船政青洲船坞照片。照片提供：中国船政文化博物馆。

按照通常修建干船坞的工程施工步骤，1887 年末开始，青洲干船坞工程的前期施工内容是在坞口外修建拦水石坝（船坞修成、闸门安设完毕后，会将石坝拆除），并按照船坞图纸，开挖坞身，此时主要依靠投入大量的人工，尚未需要用到大量外购材料。而随着工程的不断进

① 《闽厂开办船坞，由制船经费拨用报销折》，《船政文化研究——船政奏议汇编点校辑》，海潮摄影艺术出版社 2006 年版，第 369 页。

行，船坞内奠定坞基、修砌坞底和船坞内面等工作陆续开展，工程规模渐大，所需的砖石材料也日多，而同一时间船政承接了为两广协造军舰的工程，本就极为有限的船政经费大量被抽用到粤舰工程上，船坞工程的经费日益吃紧，“闽海关于四成项下犹能按月拨解，其六成项下迄今八个月只准解到三万两，加以粤船工程正在趱赶，以致左支右绌，几成无米之炊”，于是被迫暂停船坞施工，专注协造广东军舰。裴荫森为此在 1889 年 9 月 4 日上奏汇报了该事。① 不过暂停未过太久，船政的青洲船坞工程就在北洋海军的迫切需求下，得以接续兴工。

裴荫森 1887 年上奏请求拨款修造船政大船坞时，就已经考虑到这一船坞如果建成，不仅对南洋、粤洋以及福建本身的舰船维护有裨助之益，而且还可以为北洋舰队新提供一处重要的维护场所，只不过当时北洋海防看重营建旅顺基地，对于马江之滨的船政没有太过在意。就在船政青洲船坞开工后不久，恰逢北洋海军正式成军，按照《北洋海军章程》的相关规定，北洋舰队每年冬季都会由北方南下巡弋避冻，至来年开春再转棹北返。在此背景下，如果在南方也能有一座可以容纳“定远”级铁甲舰的大型干船坞（青洲船坞建成之前，在华南方向此类大船坞只有香港和新加坡才有），便能和北方的旅顺干船坞遥相呼应，为每年冬季长程航行南下的北洋海军舰船提供维护保障，对北洋海军而言极具实用价值，此时船政的青洲船坞在北洋海防眼中便有了不一般的色彩。而且北洋海军提督丁汝昌在北洋海军成军之前，曾经亲临青洲船坞施工现场考察，确认过青洲船坞的重要价值。值得注意的是，北洋大臣李鸿章本人也曾在 1889 年初向丁汝昌具体询问过青洲船坞的情况，显现了对船政青洲船坞的看重。②

当得知青洲船坞因建设经费不足而暂时停工，1889 年末海军衙门直接咨函船政大臣，希望船政在建造军舰的同时，能够分出力量继续将青洲船坞修理完竣，“海军衙门来咨，以闽省石坞可备北洋兵船避冻南

---

① 《请暂停船坞工程片》，《船政文化研究——船政奏议汇编点校辑》，海潮摄影艺术出版社 2006 年版，第 369 页。

② 《船政裴大臣一件》，《丁汝昌集》，山东大学出版社 1997 年版，第 107 页。

下及时修整之需，应分工兼办，以重海防”。以此为契机，裴荫森将海军衙门的意见与福州将军、闽浙总督进行协商，讨论决定每年从应拨船政的闽海关六成洋税中提留两个月的经费，即 6 万两，专门作为船坞建设资金，经奏请清廷批准后，1890 年 3 月 17 日青洲船坞得以复工。①

由裴荫森竭力推动开办的青洲船坞于 1896 年正式竣工，时任船政大臣已经是闽浙总督谭钟麟。除船坞本身外，船政还在青洲船坞与船政之间的君竹港上修建了一座通济桥，又在船坞周边购买土地，营建相关的仓库、机器房等建筑，使青洲船坞成为当时中国南方最为重要的一处干船坞，总计青洲船坞工程以及附带设施的营建共耗资 49 万余两银。只是可惜的是，当青洲船坞竣工时，原计划将使用该船坞作为冬季维护之所的北洋海军，已经在甲午战争中灰飞烟灭。

三、护厂炮台与昭忠祠

除了关乎船政生产能力的建筑设施外，裴荫森担任船政大臣期间，在前任张佩纶于船政周边布设的火炮阵地、临时炮台基础上，对船政附近的炮台工事进行了整建，筑成了永久性的正式炮台，完成了船政地块主要军事防御工事的营建。

裴荫森主持建设的船政周边炮台，因为环护船政，统称为护厂炮台。以船政近旁的马限山为中心，分别建设有马限山前坡炮台、马限山中坡炮台以及马限山后路炮台，又称前坡、中坡、后坡炮台。

马限山前坡炮台，位于船政厂区的东南侧，在马限山上原张佩纶时期修建的临时炮台基础上开拓台址，夯土垫成更大的山间平台，“用铁钞木平铺七层，内嵌螺丝巨钉，填以三合土”。该炮台的形制属于新式的露炮台，朝向东南侧闽江江面，由平面俯瞰总体近似为圆形，纵剖则为东南高、西北低的形态。炮台面朝闽江的东南侧一面用三合土夯砌胸墙，设有 3 处露天的炮位，位于中间的炮位上安装 1 门 210 毫米口径“克虏伯”要塞炮，在其左右各安装 1 门“阿姆斯特朗”6 英寸口径

---

① 《青洲石坞复行开办片》，《船政文化研究——船政奏议汇编点校辑》，海潮摄影艺术出版社 2006 年版，第 409—410 页。

清代《福建闽厦两口各炮台图》中的“马尾护厂各炮台全图”。原件收藏：北京大学图书馆。

(152毫米)要塞炮，3门火炮的炮架均为前砥柱式，即火炮炮架的支柱位于炮架的前方，火炮以这个支柱为轴心，可以半圈转向，射界不超过180度。3处炮位的后方，建有3间供守台官兵居住的营房，在炮台的东侧还建有瞭望台3间，炮台西北侧的后方则以栅栏围挡。

马限山的中坡炮台位于前坡炮台东北侧的高处，也是在山间用三合土夯土垫成平台，而后在台上营建炮位等建筑。炮台上朝向东南的一面修有胸墙，左右边角上各有一处露天炮位，分别安装1门150毫米口径“克虏伯”要塞炮，均为前砥柱炮架。在这两处炮位的中间，另设有一处露天的炮位，裴荫森设想将在这里安装1门240毫米口径的“克虏伯”要塞炮，在三处炮位的后方，“开暗道，设子药洞、兵房两所”。中坡炮台是马限山船政护厂炮台群中的主炮台，和前坡炮台一起监视、封锁闽江江面，并兼顾罗星塔方向，同时这处炮台附近还营建了营房兵舍，派驻兵勇，“以防罗星塔后小港划船之登岸”。

马限山后路炮台即后坡炮台，在中坡炮台的东北侧，同样是在山间垫修出一个夯土平台地块，平台的东侧和南侧修建有夯土的胸墙，于胸墙边角筑出2处露天炮位，各安装1门6英寸口径（152毫米）“阿姆斯特朗”要塞炮，炮位分别朝向东南侧和东北侧，在这两处炮位中间，后坡炮台上另有1处较大的露天炮位，计划安装1门210毫米口径“克虏伯”要塞炮。

除马限山上的3处西式炮台之外，在船政生产厂区南侧和西北侧的外围，另各有1处小型的中式土炮台，其中南侧位于英商天裕船坞以南的马限山山脚，为夯土炮台，安设5门“威斯窝斯”六角膛前装线膛炮，炮位后方修建有一排兵舍。西北侧则在船政官街附近，也属于夯土的土炮台，安设2门前膛炮，这两处位于低处的炮台成掎角之势衔护船政生产厂区江面，与其后方处在马限山上的大口径火炮形成配合态势。①

清末台湾炮台上使用的“阿姆斯特朗”6英寸口径要塞炮，船政护厂炮台上所用的可能与此同型，炮架前下方的砖石基座就是前砥柱，炮架的转向轮在后方。

清末旅顺炮台使用的“克虏伯”240毫米口径要塞炮，船政护厂炮台所用的210毫米炮与此同型，只是火炮口径和炮管身长等有所区别。

根据船政护厂炮台营建的时间来分析，其所安装的要塞炮的具体型号可能和台湾海防炮台所用的

① 《马尾护厂炮台图说》，《福建闽厦两口各炮台图》，北京大学图书馆藏1886年写本。《船政添筑护厂炮台，经费拟从制船项下支销，恳请饬部立案折》，《船政文化研究——船政奏议汇编点校辑》，海潮摄影艺术出版社2006年版，第340页。

相接近。其中的“阿姆斯特朗”6 英寸口径要塞炮全长为 6360 毫米，采用前砥柱架退式炮架。该型火炮共 4 门，其中前坡炮台上的 2 门可能是自马江中沉没的船政军舰上打捞所得，又另外制配要塞炮架以便适用，[1] 后坡炮台的 2 门则是由裴荫森从船政的库存中调拨。

护厂炮台中的 210 毫米口径“克虏伯”要塞炮实际口径 209.3 毫米，炮身全长 7330 毫米，重 13500 公斤，火炮的俯仰射界为－5 度至＋30 度，最大射程 11200 米，炮架也是前砥柱架退式[2]。这门火炮是船政工程师魏瀚前往欧洲购买建造钢甲舰所需的钢料时，顺道前往克虏伯公司订购的。

船政护厂炮台上安装的 150 毫米口径的“克虏伯”要塞炮，其外观上和 210 毫米炮相仿，只是口径较小，该炮是由船政库存的炮械中调拨，推测原配用的是舰炮炮架，后改制了要塞炮架。以当时的兵器发展情况看，这些火炮都属于威力较大的要塞防御兵器，仅以护卫船政、震慑船政附近闽江江面上的舰船而言，其火力已经是绰绰有余。

意义不亚于生产和防御性建筑的是，裴荫森担任船政大臣时期，还在马限山附近建成了船政首座重要的纪念性建筑，即昭忠祠。

1884 年 8 月 23 日的马江之战中，船政水师阵亡官兵数百人，绿营水师师船也有大量的官兵为国捐躯，其中船政水师军舰管带高腾云、吕翰、许寿山、陈英等人的事迹格外壮烈。战后，船政提调周懋琦、总稽查沈翊清为祭祀英烈，彰显其事迹，向署理大臣张佩纶禀请，希望请求清廷给予特恩，为马江之战殉国将士设立专祠以作祭祀。被革职而尚未交卸的署理船政大臣张佩纶在 1885 年 1 月 31 日就此事上奏，旋获批准。[3]

因为张佩纶很快离职，昭忠祠的营建工作具体由裴荫森主持，成为其任内颇具意义的一项工程。经过择地，最后选在马限山麓的横浦村一

---

① 《筹办船政事宜者》，《涧于集》，（台湾）文海出版社 1967 年版，第 635 页。中有马尾炮台为“各船起出之炮”等语。

② 〔日〕佐山二郎：《日本陸軍の火砲——要塞砲》，（日本）光人社 2011 年版。

③ 《光绪十年十二月十六日，奏建昭忠祠折》，《涧于集》，（台湾）文海出版社 1967 年版，第 679—681 页。

带建设昭忠祠。

马江昭忠祠背山面江，“广八丈有三尺，深减五尺，五楹并列，巍然奂然”，其中在正殿内供奉马江之战中牺牲的高腾云等12名军官的栗木牌位，正殿内两侧供奉48名官弁、学生的牌位，在正殿外的两侧回廊中，祭祀阵亡士兵736人，多人名字刻在大木制灵牌上，其中右侧为船政水师阵亡士兵的灵牌，左侧为阵亡的其他部队士兵的灵牌。① 在昭忠祠的一侧，另封土合葬马江之战中战死的将士尸骨。

1886年农历九月昭忠祠落成，裴荫森亲率僚属前往致祭，并亲撰碑文，缅怀烈士们的功绩。② 马江昭忠祠是中国第一座国家批准设立的以祭祀海军殉国人员为主的昭忠祠，也成为马尾地区一处和海军相关的重要纪念建筑。

四、船政学堂的发展

中法马江之战后，船政水师全军覆没，再没有能够恢复昔日的气象，船政原有的三项职能中只剩下了制造和教育两端。张佩纶署理船政大臣期间，鉴于船政经费支绌，学堂教育有因陋就简的趋势，加之原船政前学堂的法文教习迈达等在中法关系交恶时已被辞退，前学堂执教乏人，张佩纶特别委派何履亨为学堂监督，整顿风气，命令后学堂洋教习英国人邓罗“增购洋籍，加定课程”，同时通过中国驻英公使曾纪泽，设法在英国雇佣上等格致教习2名、上等管轮教习1名。③

没有来得及在船政的教育工作上有更多的措置，张佩纶被清廷追究马江之败的责任，革职离任。裴荫森接替船政大臣后，仍然在教育方面继续投入很大的精力。

1885年5月1日，张佩纶委托曾纪泽从英国雇佣的教习来到船政，是为由英国格林威治海军学校校长推荐的赖格罗、李家孜两人。根据其专长，赖格罗被派担任船政后学堂管轮专业教习，李家孜则充任船政前

① 林键：《马江昭忠祠考略》，《船政文讯》，2014年7月，第9—10页。

② 《裴光禄年谱》，光绪己亥版，卷三，第15页。

③ 《延订英国教习片》，《船政文化研究——船政奏议汇编点校辑》，海潮摄影艺术出版社2006年版，第267—268页。

学堂格致、算学教习，恢复前学堂的教学工作，成为原本以法文开展教育的船政前学堂的首位英国教习。

因为在北洋海军建军加速的时代，船政后学堂毕业的驾驶军官不敷调拨使用，而前学堂预备彻底更改学习模式，以英文教学，裴荫森当即新招了百余名幼童进行试读，准备三个月后根据学习情况进行汰选，再具体分配到前、后学堂正式学习。为了解决这批新招幼童的居住、生活和学习问题，裴荫森安排在船政官厅池外原仓库的位置上加盖了一排洋式二层楼，具体式样和前、后学堂的教学楼相似，只不过是长排形状，楼上楼下各 40 间房。① 据船政学堂此前的惯例，新学员招考后每月即发给饭食银和赡养银，对此裴荫森加以改革，即新学员在试读的三个月期间只给饭食，不发赡养，只有当通过试读考试，成为正式学员后才享有领取赡养银的权利。②

当时因船政后学堂驾驶班一班（旧班）学生堂课毕业临期，而原本充当后学堂练习舰的“扬武”号已在马江之战中损失，船政急需新的练习舰。恰值一艘英国双桅帆船在船政隔壁的英商天裕船坞上坞维护，船主有意出售，船政即以 4000 元价格购入该船进行改造，命名为“平远”号，充当船政练习舰。③ 后随着船政后学堂旧班毕业，应届能够在舰学习的学员渐少，时值台湾巡抚刘铭传为台湾建设所需，向船政借用“平远”充当运输船，于是改派驻台湾听用。船政则函商时任两江总督的曾国荃，将此前派在南洋的船政造炮艇“靖远”号调回福建，经过整修充当练习舰。④

如同督办大臣时期北洋仿照船政模式创建天津水师学堂的往事再现，裴荫森在担任船政大臣时，两广总督张之洞有意加强粤省的海防建

① 《洋教习到工，添盖学堂洋房片》，《船政文化研究——船政奏议汇编点校辑》，海潮摄影艺术出版社 2006 年版，第 279 页。

② 《添盖学舍，复设艺圃，招考生徒片》，《船政文化研究——船政奏议汇编点校辑》，海潮摄影艺术出版社 2006 年版，第 309 页。

③ 《购修夹板，复设练船折》，《船政文化研究——船政奏议汇编点校辑》，海潮摄影艺术出版社 2006 年版，第 273—274 页。

④ 《调回“靖远”轮船，改设练船折》，《船政文化研究——船政奏议汇编点校辑》，海潮摄影艺术出版社 2006 年版，第 371 页。

设，除了在广州黄埔船坞自造军舰以及与船政协商协造军舰外，张之洞的视野所及，也对发展近代化海军教育产生了浓厚兴趣。此前 1880 年张树声总督两广时，曾模仿船政后学堂在珠江下游的黄埔地方建筑校舍，并聘用曾担任船政后学堂监督的广东籍绅士金铭、金铸负责筹办，预备建设一所广东的洋务学堂，工程于 1882 年完成，取名实学馆，开班招生，一切制度模仿船政学堂。张之洞总督两广后，意在扩充规模，经奏请更名为黄埔水陆师学堂，并将曾任天津水师学堂督办的原船政提调吴仲翔调任为总办。[①]

时值 1887 年，因为两广协造军舰一事，张之洞和船政大臣裴荫森交集日多，关系益近，也就在此时，张之洞提议将船政学堂英国教习李家孜转调为黄埔学堂的驾驶班教习，船政学堂则改雇用了一名来华的英国人斐士博接替。[②] 继而因深知船政经费吃紧，张之洞又与裴荫森商议，将船政后学堂驾驶、管轮专业“材堪造就，学经四、五年”的毕业班学生整体转校到黄埔水陆师学堂肄业。[③] 将即将毕业的学员转到黄埔学堂，无疑可以使张之洞主持下的黄埔学堂在外人看来有立竿见影的教学成绩，站在中国海防的全局高度看，此举可以理解为是船政无私帮助友邻，而对当时的船政学堂而言，此举直接带来的是一次严重的人才流失，将造成几乎整整一届学生的断层。对于张之洞的这一要求，裴荫森或许是为了维护闽粤协造军舰合作关系，竟然真的从船政后学堂即将堂课毕业的驾驶、管轮专业中抽出了 30 余名学员资送南下。“驾驶、管轮学生，陆续传到，考选材堪造就，在堂已经三年者，约定三十余人，拟酌给盘川，日内附轮咨送”。[④]

按照船政学堂的模式建设，任用船政的管理人员及教习作为管理者

---

① 包遵彭：《清季海军教育史》，（台湾）“国防研究院”1969 年版，第 74—75 页。

② 《延留洋教习片》，《船政文化研究——船政奏议汇编点校辑》，海潮摄影艺术出版社 2006 年版，第 372 页。

③ 《致福州船政大臣裴》，《张之洞全集》第八册，武汉出版社 2008 年版，第 12—13 页。

④ 《裴大臣来电》，《张之洞全集》第八册，武汉出版社 2008 年版，第 13 页。

和师资力量，甚而抽调船政的毕业班学生作为自身首届毕业学生的黄埔水陆师学堂，又恍若是船政学堂在黄埔的分校，这使船政教育模式继续发扬扩散，而黄埔水陆师学堂事实上和天津水师学堂一样，在中国海防建设资源有限、对近代化海军人才需求有限的时代里，对船政学堂也渐渐产生了分流和挤压之势。

五、第三届赴欧留学计划

裴荫森任内，船政教育除了学堂建设本身外，另一十分重要的工作便是成功延续了派遣留学生前往欧洲的计划。中法战争之前，船政先后向英、法两国派出过两届留学生，成绩斐然。随着中法战争的结束，两国的关系开始恢复发展，裴荫森在1885年末会同福州将军古尼音布、闽浙总督杨昌浚以及南洋大臣曾国荃上奏，申请援引前例，继续向欧洲派出留学生。正值清廷强调“大治水师”的大好机会，又加之北洋海防建设如火如荼，对人才的能力要求愈发提高，裴荫森等的奏请几乎立刻获得批准，第三届赴欧留学计划就此启动。

第三届留学计划的种种细节，几乎完全参酌第一、二届时使用的出洋肄业章程，仍然是分派留学生前往英、法两国学习，留学团的管理仍然由华、洋监督各一人负责，因为原华监督李凤苞已在1885年因订造“济远”舰等事遭顽固派攻击而去职，裴荫森改派船政提调周懋琦为华监督，率队出洋。留学生洋监督原准备仍然委托日意格担任，恰在第三届留学团筹备期间，日意格于1886年2月19日在法国因病去世，于是改派原洋监督帮办斯恭塞格担任洋监督。①

留学生人员的选择方面，第三届留学计划不仅从在闽的船政前、后学堂出身者中挑选人员，还将范围扩大至北洋，天津水师学堂出身者以及在北洋海防上任职的船政学堂毕业生也有多人入选。总计共选拔了14名船政前学堂出身者前往法国，选拔了10名在闽的船政后学堂出身

① 《核估第三届出洋用款并另委洋监督折》《洋监督日意格积劳病故，恳请议恤片》，《船政文化研究——船政奏议汇编点校辑》，海潮摄影艺术出版社2006年版，第311—312、323页。

者赴英国，另从北洋舰队选拔了10名船政后学堂以及天津水师学堂出身者，同赴英国。总计第三届赴欧留学团的主要成员情况如下：

华监督：周懋琦

翻　译：李隆芳

供　事：熊应斌

通　事：张宝章

洋监督：斯恭塞格

洋支应：贝西保儿

赴法留学生：

郑守箴、林振峰、陈庆平、王寿昌、李大受、高而谦、陈长龄、卢守孟、林志荣、杨济成、林藩、游学楷、许寿仁、柯鸿年

赴英留学生：

天津水师学堂出身者及北洋海军军官中选拔者：陈恩焘、刘冠雄、曹廉正、陈燕年、黄裳吉、伍光鉴、郑汝成、陈杜衡、王学廉、沈寿堃

留闽船政后学堂出身者：黄鸣球、罗忠尧、贾凝禧、郑文英、张秉圭、罗忠铭、周献琛、王桐、陈鹤潭、邱志范

根据预算，第三届赴欧洲留学计划共需资金30万两银，具体则参照第一、二届留学经费的解决办法，即从福建省厘捐中应解南、北洋海防经费的额度里支应二分之一的留学款项，闽海关洋税应付南、北洋海防经费的额度中支应四分之一，最后四分之一则从船政的经费中支应。

1886年春，除原列在赴英留学名单中的黄裳吉因在北洋已经被派任“镇中”蚊子船管带，无法前往海外留学外，其余的33名留学生均会齐马尾，由华监督周懋琦率领，乘坐商船出发，赴欧的路线仍和第一、二届一样，即先从马尾乘轮船抵达香港，再换乘前往法国的邮轮。所有人员4月6日在香港登上了前往马赛的邮轮，经历一月余航程，顺利踏上欧陆大地，随即分在英国、法国进行学习。

与第一、二届留学时的安排有所不同的是，考虑到前学堂出身学员学习的制造等专业程度较深，其留学时间被翻倍调整为6年，而赴英留学海军的学员仍为3年。鉴于制造专业留学时间过长，在出发之前裴荫

森为鼓舞学员们的士气，经奏请清廷，准许在赴英学员三年学成论功请奖时，也对在法国学习制造的学员根据学习情况进行一次褒奖，待6年学期届满后则再褒奖一次，“使各生咸知朝廷作育人才，令其重瀛远涉，期限倍增，所以奖励之者，亦复有加无已，必能争先奋发，相劝有成”。①

与第一、二届外派留学生时的情形相仿，第三届留学生赴英、法的留学内容也极具针对性，主要是根据此时北洋海军筹建中暴露出来的人才缺项以及中国洋务制造事业对专业技术知识的需求而定。

其中赴英国学习的19名留学生根据培养目标的不同，分作5组。

第一组：陈恩焘、贾凝禧、周献琛留学的主要目标是“专习测绘海图”以及学习“巡海练船、兼驾驶铁甲兵船之学”。3人到达英国后，首先由英国海军部派入练习舰见习，而后陈恩焘前往法国海军部的海图绘制部门学习海图制图，贾凝禧、周献琛分别被派登英国海军巡洋舰“丹麦雷”（*Tourmaline*）、铁甲舰“糯次安伯伦”（*Northumberland*）学习。

第二组：刘冠雄、黄鸣球、邱志范、王学廉、郑汝成、陈杜衡、沈寿堃、郑文英等8人的留学目标是进修炮术、兵器、编队战术以及学习舰船大副应掌握的相应知识。刘冠雄、黄鸣球、邱志范等3人首先被派在朴次茅斯的英国海军炮术学校［炮术训练舰“卓越”（*Excellent*）］学习，而后刘冠雄前往乌里治炮厂（Royal Arsenal，Woolwich）继续深造学习火炮等兵器的构造、原理，黄鸣球、邱志范则被派登英国海军铁甲舰“爱伦求克”（*Iron Duke*）学习鱼雷兵器的操作。王学廉、郑汝成、陈杜衡、沈寿堃、郑文英等5人则先在格林威治海军学院学习，而后分配在炮术训练舰“卓越”（*Excellent*）学习“操炮、操弹、操机、操转轮炮台、操洋枪队”等内容。

第三组：王桐赴英的留学目标是“专习兵船管轮机之学”，先在格林威治海军学院学习，而后派在英国海军铁甲舰“莫纳克而克”（*Monarch*）见习，一度代职三管轮。

---

① 《三届出洋制造学生先予请奖片》，《船政文化研究——船政奏议汇编点校辑》，海潮摄影艺术出版社2006年版，第315页。

第四组：伍光鉴、曹廉正、陈燕年 3 人留学英国的学习目标是"专习水师兵船、算学、格物"，准备回国后担任水师学堂的教习，先在格林威治海军学院学习 2 年，而后分别转入"公司遇尼外耳"（女王大学，Queen's University）、"金士哥利士"（国王学院，King's College）进修 1 年，主修代数、三角、微积分、力学、化学、蒸汽机等基础学科。

第五组：张秉圭、罗忠铭、陈伯涵 3 人赴英主要进修海军公法、捕盗公法等涉及海洋和海军的国际法，抵英后即进入格林威治海军学院专攻此项知识，"学习腊丁文字及英刑司各种律例、海军捕盗等项公法"。①

第三届留学生中在法国学习的内容也十分广泛，14 人中除杨济成一人考试没有及格未能入学外，其余 13 人分在 4 座学校学习。

第一组：陈庆平、李大受、林志荣考入"法国工部制造大书院"，推测为法国国立高等工程技术学院（Ecole Nationale Supérieure d'Arts et Métiers），学习"开河、筑坝，起造铁、石桥梁，试估轮车、铁道各项工程"。

第二组：陈长龄、卢守孟考入"法国海部制造大书院"，推测是位于瑟堡的法国海军造船工程学应用学校，学习轮机和舰体制造。

第三组：郑守箴、林振峰考入"法国学部娜蛮大书院"，推测为巴黎高等师范学院（Ecole Normale Superieure），学习数学、格致。

第四组：王寿昌、高而谦、林藩、游学楷、许寿仁、柯鸿年考入"法国学部律例大书院"，推测即巴黎政治学院（École Libre des Sciences Politiques）。②

1890 年初，第三届留学生中在英国学习者三年留学届满，如期回国，裴荫森为这些他当年送出的学生们上奏请奖，留法学生虽然学习期

① 《三届出洋学生学成并襄办肄业各员出力，分别奖励折》，《船政文化研究——船政奏议汇编点校辑》，海潮摄影艺术出版社 2006 年版，第 402—403 页。需要注意的是，第三届留学生赴英共计有 19 人，但是在这份奏折中未提到出洋留学名单中的留学生罗忠尧，却出现了一名原名单中没有的叫作陈寿彭的留学生，此事的细节情形尚待进一步探讨。

② 《三届出洋学生学成并襄办肄业各员出力，分别奖励折》，《船政文化研究——船政奏议汇编点校辑》，海潮摄影艺术出版社 2006 年版，第 403 页。

至此刚刚过半，裴荫森也按照留学出发前的设定，一并请奖。令人惋惜的是，留学生中留英的陈鹤潭和留法的林志荣二人，此时已经在异国病故。第三届留学生归国后，从中受益最大的是新成立不久的北洋海军，留英毕业的学生除原本为北洋所派之外，其余原在闽船政后学堂出身的留学生也大都被调入了北洋海军，成为其军中的骨干人才。

六、裴荫森去职

世事难料的是，船政第三届留英学生计划告成之时，船政大臣裴荫森却遭到了来自清廷高层的非议，最终从船政大臣任上被撤职。

据《裴光禄年谱》记载，1889 年裴荫森因年事已高，且身体健康情况不佳，有过想要奏请休致的想法，当时正值以思想保守著名的言官徐致祥典试福建，期间曾和裴有所接触，裴荫森向徐致祥流露过“久任烦剧，伏疾已深”等想法。[1] 就在徐致祥回京后不久，清廷突然在 1890 年 4 月 19 日颁出上谕，事实上撤销了裴荫森的船政大臣职务。在清廷给裴荫森的谕旨中，似是为了照顾裴年岁已高，没有以直言说明是撤职，而是委婉地称是召其赴京供职。但在委派闽浙总督卞宝第兼管船政的密谕里，清廷则直接向卞宝第表示出对裴荫森的不满，称裴荫森“于刁劣员绅未能钤束”，要求卞宝第对船政进行“实力整顿”。

裴荫森为人长厚，是忠厚长者，任上对船政的员绅、学生、工人等均颇为关护，至于引起朝廷不满的“于刁劣员绅未能钤束”一层究竟是什么问题，在卞宝第到任后不久，很快浮出水面。

卞宝第就任兼管船政大臣后，立刻纠察出一桩此前刚刚发生的舞弊行为。

1890 年第三届留英学生学习届满时，在裴荫森和李鸿章联衔上奏褒奖的奏折中，受褒奖的人员名单里还有魏瀚、李寿田、吴德章、王崧辰、许贞干、沈翊清、韩沐之、梁孝熊、李圣培等船政官员和工程师，推奖事由称这些人员属于“随带各学生出洋肄业并襄办出洋肄业事务”，

---

① 《裴光禄年谱》，光绪己亥版，卷 4，第 18 页。

"于应办事务均能措理得宜"。[①] 事实上这些人员当时根本没有前往欧洲，也与留学事务没有直接的关系，将他们列名在对留学生褒奖的奏折中一并请奖，属于清代官场的一项陋规，即所谓附保。当因遇有战功、事功事件（即保案），当事主管官员向朝廷上奏请给有功人员授予奖励时，会将一些与此事没有关系的人员添加到请奖名单中，编造有关功绩事项，请求奖励，私下称为附保。这种蒙混举动往往出现在请奖人员数量较多的保案中，很难被甄别发现。地方大员对一些任事日久，但却没有突出成绩的官员，往往会通过这种办法为其牟取朝廷褒奖，以作酬答。甚至官员间也会互相联络交易，将自己的亲友附列到某项保案的请奖名单中，以求谋得好处。

这样的情况在清末极为泛滥，只要留意观察，例子比比皆是。例如1888年台湾后山番乱被平息后，北洋水师统领丁汝昌就曾与台湾巡抚刘铭传商议，将自己的儿子添列到请奖的人员名单中，"汝昌自从军以来，凡三十年，备历险艰，绌于赢蓄。长子读书甫见成效，不幸夭亡，仅余中子年已及冠，虽经童试，难必成名。昨承友人顾念，为捐江苏县丞，拟恳宪台附入后山案内，赏保一阶"。不仅如此，当时丁汝昌还透露过这样的信息，"后山一捷，各处函托附保衔条如九秋落叶，扫却不尽"。[②]

在清末，借保案而附保私人已经成为官场的通例，清廷内外对此均心知肚明，为各方所坐视默认。但是此种情况毕竟属于严重的违纪举动，无法拿到公开台面上直言不讳，虽然更多时候根本无人会去纠查，但一旦有人纠查上报，只要证据确凿，必然会引发查办处理程序。在清末，对这种普遍存在的陋规现象进行纠查的举动，实际很多时候目的都并不纯粹，往往带有倾轧、攻击等政治目的。

卞宝第对第三届留学生请奖奏折里存在的附保人员情况进行调查后，很快就得出了结论，称此封奏折上呈时，"裴荫森患病，神志不清"，而代理船政提调王崧辰实际是此事的罪魁。卞宝第指称是王崧辰

---

① 《三届出洋学生学成并襄办肄业各员出力，分别奖励折》，《船政文化研究——船政奏议汇编点校辑》，海潮摄影艺术出版社2006年版，第403页。

② 《禀刘爵帅》《禀爵帅》，《丁汝昌集》，山东大学出版社1997年版，第103、105页。

擅自在誊稿时添加了这批人员的名字，冒领奖励，这样的结论无疑为清廷之前提出的裴荫森“于刁劣员绅未能钤束”一说提供了印证。卞宝第随即要求将之前给王崧辰的褒奖取消，交部议处，而对其他附保受奖人员则未予议及。①

从卞宝第上奏中汇报的调查结果看，所谓的裴荫森神志不清才使王崧辰乘机舞弊的说法显得过于牵强和戏剧化。作为船政的主管官员，如果附保一事没有事先经过裴荫森的允许或默认，就由一名提调自作主张擅自在奏稿中添加，显然不合情理，真要是发生这样的情形，不用等到卞宝第奏参，裴荫森本人在事后就很容易发现乃至处理。结合此事前后有关船政的一些人事活动情况来看，不难对纠察保案弊端乃至裴荫森被撤职的经过得出判断。

极有可能的情况是，身体健康状况不佳的裴荫森经常性将船政管理的重任委托于代理提调王崧辰，进而在船政内外引生出了所谓劣绅挟持船政大臣，闽人结党蒙蔽船政大臣等流言。以参劾著名的言官徐致祥到福建典试时，通过种种途径听说了这类消息，在返回北京后上达天听，并在高层政场内传播，形成了对裴荫森不利的舆论氛围。裴荫森本就没有深厚的官场根基、背景，其担任船政大臣时期竭力推动船政建设，在客观上或多或少对一些其他政治势力有过挤压态势，当有关裴荫森的负面消息在高层官场上传播时，一些刻意的推波助澜，最终影响清廷做出了撤销裴荫森船政大臣职务的决定。北洋大臣李鸿章后来与同僚交流此事时，就透露出了裴荫森被撤是先有流言，且是“过甚”流言，而后才有撤任的决策。“裴月岑光禄天性长厚，闻为闽人之代办提调者所劫持，都中早有传闻过甚之词，故亟须更换”。②

在有关“于刁劣员绅未能钤束”的风波中，船政的署理大臣时代悄然落幕。裴荫森离开船政后，以病自请开缺，回到故乡休养，后于1895年病逝。

---

① 《三届出洋保案即选知县王崧辰所保官阶请撤销片》，《船政文化研究——船政奏议汇编点校辑》，海潮摄影艺术出版社2006年版，第412—413页。

② 《复总办广东水陆师学堂即补道施》，《李鸿章全集》第三十五册，安徽教育出版社2008年版，第55页。

第五编　兼管、兼充船政大臣时代

第十九章　兼管、兼充船政大臣时代的历任大臣

一、闽浙总督兼管时期

1890 年 5 月 17 日，清廷召裴荫森赴京供职的上谕经由海军衙门咨行至福州，同谕中还命令闽浙总督卞宝第负责兼管船政，接替裴荫森的工作。从兼管一词来看，清廷的谕令仿佛只是在未能派出新任船政大臣之前所做的临时性安排，但是由其他大臣兼管事实上成为了后来船政的长期管理模式。船政大臣的政治地位在经历了从总理大臣至督办大臣、署理大臣的三连降之后，再遭重挫，至兼管大臣时代，船政已经彻底成为了闽浙总督附属、兼顾的事务，如果将此时的船政称为福建船政就比较贴切了。

因为闽浙总督综管福建、浙江、台湾三省，且直接充任原福建巡抚的工作（中法战争后福建巡抚的驻地移至台湾，改称福建台湾巡抚，原大陆上福建省的巡抚工作由闽浙总督代管），所要主持处理的各种军政事务本就十分繁杂，面对必须投入专门精力办理的船政事务，势必会陷于兼而难顾的尴尬境地，尤其是闽浙总督的本职必须坐镇在驻地福州城内，在交通和通讯手段都尚不发达的时代，对远处在 30 公里之外的船政根本不可能时时顾及。而且当时北洋海军已经成军，龙旗舰队规模初具，清廷在海防建设工作上已经显露出志得意满的骄惰之态，连北洋海军都已面临很可能后继投入不足的危险局面，原本在举国海防战略中就

处在被忽视的角落中的船政，其生存和发展环境也就变得更为艰难，工作更难措手。

首任兼管船政大臣卞宝第，字颂臣，江苏扬州府仪征县人（今仪征市），1824 年出生，其父亲卞士云曾任浙江巡抚，属于官宦家庭背景的子弟。卞宝第在咸丰元年（1851 年）考中举人，后通过以金钱捐资的途径出仕，被任命为刑部江西司主事，又历任实录馆校对、刑部陕西司员外郎、浙江道监察御史等职，在御史言官的任上，以敢于参劾言事而著名。1862 年，卞宝第由言官转任顺天府，继而外迁河南布政使、福建巡抚、湖南巡抚等要职。①

卞宝第在 1888 年出任闽浙总督，同时兼署福州将军，又兼福建本省巡抚事务。1890 年清廷派卞宝第兼管船政的任命下达后，正如兼管大臣职务名称中所显露出的临时和不正式的性质那般，卞宝第并没有对兼管船政大臣一职给予重视，既没有亲自前往马尾接收关防，甚至也没有举行以往船政大臣上任时例行的焚香谢恩仪式，只是由原署理船政大臣裴荫森派员在 5 月 24 日来到福州城内，将总理船政木质关防以及相应的档案文卷呈交给卞宝第，就算完成了交接手续。

对于兼管船政这一全新的责任，卞宝第感到十分为难，不仅是因为对此毫无经验，更主要的原因则是分身乏术，精力不敷。围绕此题，卞宝第曾经和他的亲家、北洋大臣李鸿章进行过探讨交流，卞的设想是上奏申请朝廷委派专门的管理官员前来船政，以便自己从中抽身，李对卞的这种自求解脱的谋划则表示赞同。同时，李鸿章在给卞宝第的信里，还透露过裴荫森是因为遭传闻影响而被清廷撤换的重要信息。另外有趣的是，在李鸿章和卞宝第的通信里，还显示了二人曾讨论过以福州将军来兼管船政的设想。“备聆种切，樾岑办理不得手，都中传闻更有过甚之词，不能不换。台端兼持双节，统辖三省，事务本极繁重，似难更顾将作之劳。海署原拟由尊处酌派司、道大员驻厂，或于粮、盐两道中择一事简才长者任之，否则派熟悉船务制造候补道亦无不可。执事特总其成，即以体制论，亦正如总督兼盐政，将军管监督耳。添派一层，既经

① 台北“故宫博物院”图书文献处国史馆传包，702003404 号，“卞宝第传包”。

奏请，或蒙俞允，亦未可知。至将军兼理海关，从前论者已多异词，似未便更兼船政也。”①

正如在和李鸿章讨论中所流露出的想法，卞宝第在就任伊始就上奏清廷，将自己所要处理的政务过于繁杂，加之驻地福州距离马尾较远，“恐查察难周”等情况向清廷陈述，希望中央或是另派大员专管船政，或是派大员作为自己的副手，驻船政代为管理。② 得到奏报后，清廷不同意卞宝第交卸船政，否决了派任专员代替卞宝第管理船政的意见，而表示卞宝第可以选择一名道员或知府级的官员常驻马尾，负责“逐日稽查课程等事”，但总体管理工作则仍然必须由卞宝第一身兼任。此后在卞宝第兼管船政时期，在马尾具体代行管理事务的是提调委员杨廷传。

从 1890 年至 1892 年，卞宝第兼管船政为期仅两年余，在任时对船政事务并没有多少突出的工作举措。这一时期船政主要是凭着数十年积累的惯性，向前缓缓运行，主要是延续裴荫森时期开工而未建成的广东协造军舰的施工，以及在两广总督李瀚章中止协造计划后，将原已经开工的巡洋舰“广丁”建造完成。略有所作为的是，卞宝第鉴于当时闽台海防缺乏近代化运输舰船的情况，在任内命令船政工程处着手设计新舰，预备仿照左宗棠、沈葆桢时代兵商两用的做法，建造一艘既能够装运物资，又可以助益海防的新舰。③ 同时，卞宝第计划进一步加强闽江防御，认为张佩纶中法战后从德国购买的出海鱼雷艇“福龙”号势力过单，不适用于内河防御，将该艇作价 6 万两银出售给北洋海军，与鱼雷艇维护相关的船政鱼雷厂彻底关停，改在闽江新设水雷营，依托船政的制造力量，发展水雷兵器，以备防务所需。④

卞宝第兼管船政时，船政的开创者左宗棠、沈葆桢都已去世多年，

① 《复闽浙制台卞》，《李鸿章全集》第三十五册，安徽教育出版社 2008 年版，第 50—51 页。

② 《恭报接受船政关防，叩谢天恩折》，《船政文化研究——船政奏议汇编点校辑》，海潮摄影艺术出版社 2006 年版，第 411 页。

③ 《“广丙”轮船出海试洋并拟续制船只折》，《船政文化研究——船政奏议汇编点校辑》，海潮摄影艺术出版社 2006 年版，第 426 页。

④ 《闽防拟设水雷营，变通筹款折》，《船政文化研究——船政奏议汇编点校辑》，海潮摄影艺术出版社 2006 年版，第 413—414 页。

画像：曾任闽浙总督、兼管船政大臣的谭钟麟。

经提调杨廷传等建议，卞宝第奏请清廷，在马尾择地，由船政自筹款项，为对船政创始有功的左宗棠、沈葆桢二人设立合祀祠，即左、沈二公祠。[①] 只是此时船政乃至中国海防建设的情形，都离左、沈二公当年期待的相去甚远。

1892 年，卞宝第因病去职，年近 70 岁的原吏部左侍郎谭钟麟接任闽浙总督，船政作为闽浙总督的兼差，也被一并交予谭钟麟管理。谭钟麟，字文卿，1822 年出生，湖南茶陵人，咸丰六年（1856 年）丙辰科进士出身，其任官经历和卞宝第相似，早期在京任御史言官，曾担任江南道监察御史，后外放出京，历任河南按察使、陕西布政使、陕西巡抚、浙江巡抚、陕甘总督等职，1891 年任吏部左侍郎，兼署户部左侍郎，旋在 1892 年被派福建接任闽浙总督。[②] 抵任闽浙后，谭钟麟对船政事务的感受和卞宝第一样，颇觉分身乏术，与船政相关的具体工作仍然主要依靠提调杨廷传在马尾负责，后杨廷传因病辞差，谭钟麟在 1893 年 9 月 29 日上奏，保荐福建即补道杨正仪接替，同时为杨正仪量身设置了一个全新的职务，即总办局务，简称为总办。[③] 其职责内容与之前代管船政的提调类似，但是赋予其总办之名，显得不再是临时代管船政全局的提调，而实际上成了闽浙总督属下的船政负责人。

谭钟麟兼管时代，因船政的经费状况没有丝毫好转，总办杨正仪奉命开始追索以往船政员绅从支应所借领的经费，“从前支应所通融借支各款，悉令归还”，同时还继续着手进一步裁减管理人员。卞宝第时代下令船政工程处设计的新舰，在谭钟麟任内则得以开工建造，但是因为

① 《大员遗爱在人，工次员绅佥请建立合祠，据情转奏折》，《船政文化研究——船政奏议汇编点校辑》，海潮摄影艺术出版社 2006 年版，第 423 页。

② 台北“故宫博物院”图书文献处国史馆传包，702002660 号，“谭钟麟传包”。

③ 《委杨道总办船政局片》，《船政文化研究——船政奏议汇编点校辑》，海潮摄影艺术出版社 2006 年版，第 434 页。

船政经费不足，工程的进展极为缓慢。

1894年甲午战争爆发，谭钟麟被调任为四川总督，在籍养病的原河南巡抚边宝泉被清廷起用，接任闽浙总督，同时也成为第三任兼管船政大臣。

边宝泉，字润民，又作瑞明，祖籍奉天辽阳，八旗汉军镶红旗人，生于1831年，同治二年（1863年）癸亥恩科进士出身（二甲第七名），和原署理船政大臣裴荫森有同年之谊。边宝泉早年担任过翰林院编修、浙江道监察御使，以敢于直谏著名，曾多次针对北洋大臣李鸿章的上奏进行参驳，为时人称道。

边宝泉的任官经历和卞宝第、谭钟麟的情况也十分相似，后来也是由言官而外放至地方，曾任陕西按察使、江西布政使、陕西巡抚、河南巡抚等职。[①] 甲午年边宝泉被起用为闽浙总督后不久，恰值中国近代史上的空前劫难——甲午惨败。耗尽十余年心血建设的北洋海军，经历此战全军覆没，北洋地区的海防力量几乎被横扫一空，战争失败带来了空前沉重的打击，在清末历史上一再出现的被动建设局面再度出现。当遭受被动挨打的刺激后，清政府终于又开始重视海防问题，重建海军的议论也在甲午战败后渐渐兴起，甲午战争的失败客观上反而给了当时的船政挣脱浑浑噩噩生存状态的重要转机。

1895年，闽籍监察御史陈璧接连上奏清廷，认为船政的兴废“于中国关系至大”，请求派大员查明船政实在情形，将振兴船政的设想提到了清廷中枢的讨论中。[②] 12月23日户部上奏，认为可以按照船政过往的旧制，派专门的总理大臣管理船政。对此，兼管船政大臣边宝泉在1896年5月11日上奏，详细陈述了自己对船政发展的看法。边宝泉认为应当立刻对船政加以整顿和扩张，“船政之设，经营垂三十年，糜帑至千百万两，纲举目张，规模毕具，只以财力短绌，因陋就简，积习日深，若不及时整顿，设法扩充，则堕弃前功，殊属可惜”。关于整顿和

---

① 台北“故宫博物院”图书文献处国史馆传包，702003243号，“边宝泉传包”。

② 《请派大员查明福建船政实在情形，速规推广，以振防务折》，《望岩堂奏稿》，（台湾）文海出版社1967年版，第75—76页。

扩张的具体方略，边宝泉则从造船、购料、教育、经费等四大端进行了分析，而最终则将整顿、扩张船政的前提要点归结到管理模式的改革，认为必须改变兼管模式，派专门大员经管船政，“总督事繁，不能兼顾，委员总办，权势较轻，非有专管大员驻工督率，破除情面，不足以振全局而扩前功”。[①]

边宝泉所胪举的船政发展方略，几乎是自吴赞诚之后多任船政大臣屡屡上奏提及的老生常谈，以往在南北洋海防建设优先的战略格局中，长期未得到清廷的重视。时值甲午惨败，海防建设急待重开局面，边宝泉的奏折递上，清廷中出现了令人耳目一新的反应，犹如日本侵台事件后海防大筹议的往事重现。因为总理海军事务衙门已在甲午战败后被撤销，海防建设事务的管理权重操于总理各国事务衙门之手，针对边宝泉的上奏，总理衙门立刻提出了全面支持性的意见。

不仅赞成派大员专管船政，总理衙门还对事关船政命脉的经费问题作了鞭辟入里的分析，足以让过往受困于经费不足的船政大臣们闻之溅泪。总理衙门指出，以往船政经费被长期拖欠的根本原因是因为船政大臣的政治地位过低，难以和福州将军、闽浙总督等力争经费，“黎兆棠、张梦元、裴荫森皆以两司调管船政，不能不事事禀承督抚、将军，名为专管，实与司道兼权无异……所以光绪四五年以后，闽海关积欠几至三百万两，善后局积欠亦不下百万两”，建议以后必须足额如期解拨船政经费，如若发生拖欠，“由臣衙门严定功过奏明，请旨办理”。[②]

总理衙门的分析显现了清廷高层对于以往船政发展艰难的症结问题并非完全不清楚，也并非没有任何的解困之策，之所以彼时对船政的困局漠视不管，而此时又突然制定种种治理之道要全力振兴船政，其关键所在是国家对船政重要性的认识摇摆不定。以外购作为舰船装备获取方式的北洋海防建设兴起之时，船政在清廷眼中只是无足轻重的角色，而当北洋海军尽覆，重建海军头绪未明时，清廷突然发现能够自造军舰的

① 《复陈船政实在情形折》，《船政文化研究——船政奏议汇编点校辑》，海潮摄影艺术出版社 2006 年版，第 440—441 页。

② 《总理衙门复奏遵议闽督奏船政情形，请派大员督办一折》，《船政文化研究——船政奏议汇编点校辑》，海潮摄影艺术出版社 2006 年版，第 446 页。

船政尚有很大的潜力，又重新对船政表示重视，只是这种突然而至的重视并不是基于对海防建设发展的坚定认识，不过是在遭受战争惨败后闪现的条件反射式的短暂避害反应而已。海防对于国家的重要性无法得到清政府真正理解和重视的情况下，突发式的海防建设必然会随着时间的推移，重新归于浑浑噩噩。

1896 年 7 月 26 日，根据边宝泉的奏议以及总理衙门的议复，清廷颁布上谕，命令时任福州将军裕禄兼充船政大臣，对船政实施“大加整顿”,[①] 船政就此进入了由福州将军兼充大臣的时期。

二、福州将军兼充时期

裕禄，姓喜塔腊，字寿山，满洲正白旗人，其祖父喜塔腊庆林曾担任过山东按察使，其父亲喜塔腊崇纶曾任湖北巡抚。裕禄本人是监生出身，历任刑部笔帖式、刑部主事、安徽按察使、安徽布政使、安徽巡抚、湖广总督、盛京将军等职，在 1895 年出任福州将军。[②]

首任兼充船政大臣、福州将军裕禄。

由福州将军兼充船政，和闽浙总督兼管船政相比，虽然字面上仅仅只有“充”与“管”的一字之别，但是个中奥妙无穷。兼管可以理解为是进行总体上的管理把控，兼充则意味着要将很主要的精力投入到船政大臣一职上，寓意迥异。而且从本任所肩负的工作来看，福州将军的地位较尊，但是经管的事务远没有闽浙总督那般繁杂，具有对船政事务进行全方面管理的可能性。另外，船政经费的主要来源是闽海关的洋税，福州将军恰兼任闽海关监督，由福州将军兼充船政大臣，似乎船政可以借此获得坚实可靠的

---

① 《钦奉上谕一道》，《船政文化研究——船政奏议汇编点校辑》，海潮摄影艺术出版社 2006 年版，第 447—448 页。

② 台北“故宫博物院”图书文献处国史馆传包，702003135 号，“裕禄传包”。

经费保障。

1896年8月16日，边宝泉派船政总办杨正仪将总理船政关防和档案文卷送交给裕禄，裕禄当即举行焚香谢恩等仪式，接任兼充船政大臣。为了设法振兴船政，总理衙门同时还给裕禄调派了一名得力的技术官员，早年曾在德国协助李凤苞订造铁甲舰的工程师徐建寅被派赴船政，听候差遣，经裕禄任命为船政提调。因为裕禄将要直接管理船政，原设的船政总办一职便被取消，总办杨正仪也被改为提调，和总稽查沈翊清、工程处道员魏瀚、提调徐建寅一起配合裕禄，开展船政的具体工作。[①]

裕禄上任时，船政因为连年经费不充以及建造工作稀疏，技术人才流失严重。为了重整旗鼓，根据总理衙门的建议，参考左宗棠、沈葆桢创办船政时雇佣外籍顾问团参与建设的例子，裕禄与法国驻华公使派闽的代表进行磋商，达成了雇佣法国顾问团全面协助船政建设的新五年计划。当法国顾问团到来后，根据洋员正监督杜业尔（Charles Doyère）上呈的条陈，裕禄决策开始由法国技术团协助，开造新式鱼雷巡洋舰，为裴荫森时期之后了无生气的船政制造带来了一丝新的希望。

身处在甲午战争后重振海防的良好政治背景下，具有长期地方官员任职经历且本身是满洲八旗子弟的裕禄，对振兴船政具有十分强烈的兴趣，任内参考船政创办时代的种种前例，竭力恢复旧日的兴盛景象，甚而有传言称裕禄曾以“沈葆桢第二”自居。

任内，除开启了重聘法国顾问团和重开船政建造新建项目外，裕禄还对裴荫森之后每况愈下的船政教育加以整顿，根据杜业尔的建议，扩招学生，重新核定教学内容，并推动实现了船政第四届留欧计划。

较为遗憾的是，尽管裕禄在兼充船政大臣任上展现出了十分积极果决的干练之姿，但因为裕禄的本职是福州将军，并不以船政为专任，随着1897年裕禄被调任四川总督，他在船政任上的行政举措便不得不就此而止。接替裕禄兼充船政大臣的，是新任福州将军增祺。和裕禄相

---

① 《道员徐建寅到工派充提调，总办杨正仪改充提调片》，《船政文化研究——船政奏议汇编点校辑》，海潮摄影艺术出版社2006年版，第451页。

比，增祺只是满洲八旗的低级武官出身，长期在八旗担任军政职务，并没有如同裕禄那般的地方行省任职经历。

增祺，姓伊拉里，字瑞堂，由八旗前锋出身，历任镶白正蓝旗满洲骁骑校、镶黄正白旗满洲防御、镶黄旗满洲佐领、齐齐哈尔副都统、护理黑龙江将军，1897 年调福州将军，[①] 遂经总理衙门奏请，由清廷谕旨其兼充船政大臣。

继裕禄之后担任兼充船政大臣的福州将军增祺。

1898 年 5 月 21 日，增祺到达福州就任福州将军，同天船政提调徐建寅将总理船政关防、文卷等送到，增祺举行焚香、叩谢天恩等仪式，正式接任兼充船政大臣。上任之时，船政原有的两名提调都因故无法继续留任，其中原船政提调杨正仪被委福建督粮道，提调徐建寅则被总理衙门调为农工商总局督理，增祺于是奏请将原船政总稽查、沈葆桢的长孙沈翊清提升为船政提调。[②] 增祺任上的船政具体管理工作，多出自沈翊清之手。在先祖艰辛开创的事业里，沈翊清较其他当事人员，多出了一份来自于家族传承的无形责任。

增祺就任兼充船政大臣时，正遇到清政府高层政治发生巨变，即光绪帝发布“明定国是”诏书，开始了史称百日维新的戊戌变法。期间，已任军机大臣的原福州将军裕禄在接受光绪帝召见时，提及了船政情形，指出船政建设对于中国的重要性，并强调发展船政的一大瓶颈在于

① 《清代官员履历档案全编》第六册，华东师范大学出版社 1996 年版，第 376—377 页。

② 《船工紧要，遵旨遴员接办提调折》，《船政文化研究——船政奏议汇编点校辑》，海潮摄影艺术出版社 2006 年版，第 493 页。

经费，“工匠、机器一切均足以资兴造，惟所需款项较巨，必须于原拨常年经费外，另筹的款，按年拨解，庶足备制造船炮之用”。在积极革新的气氛中，光绪帝下谕，责成全国各省筹款，以举国财力来支援船政建设，共经核定每年将解拨给船政 188 万两银巨款，[①] 是船政自开创以来所遇到的前所未有的中央财政支持。在指拨巨款的同时，清廷还谕令增祺，要求其按照洋员正监督杜业尔此前向裕禄禀报的造舰计划实施造舰，以 4 年时间建造一等近海防御铁甲舰 1 艘、二等近海防御铁甲舰 2 艘、鱼雷艇 18 艘。[②]

百日维新期间谕令各处拨解给船政的年经费额度[③]

直隶：二十万两银	奉天：五万两银
吉林：五万两银	江苏：二十五万两银
安徽：五万两银	江西：八万两银
福建：十万两银	浙江：八万两银
湖南：十万两银	湖北：十五万两银
河南：五万两银	山东：五万两银
山西：五万两银	四川：十万两银
陕西：五万两银	甘肃：五万两银
出使经费项下：三十万两银	淮盐督销局：十二万两银

这场突如其来的支持船政的国策尚未得以全部落实，当年 9 月 21 日慈禧太后发动政变，囚禁光绪帝，诛杀变法人物，戊戌变法以失败而草草收场。受高层政治变局影响，此前由各省按年筹款支持船政的计划也遂告流产，清廷责成各省将解款改交中央财政。对已经解拨到船政的各省解款，除允许船政留用 15 万两之外，其余也都要求如数上缴中央，

① 《恭录上谕》，《船政文化研究——船政奏议汇编点校辑》，海潮摄影艺术出版社 2006 年版，第 494 页。

② 《恭录上谕》，《船政文化研究——船政奏议汇编点校辑》，海潮摄影艺术出版社 2006 年版，第 495 页。

③ 《恭录上谕》，《船政文化研究——船政奏议汇编点校辑》，海潮摄影艺术出版社 2006 年版，第 494 页。

至于杜业尔提出的造舰方案便成了无本之木，无从提起。[①]

任职不到一年，经历了大起大落的中央财政拨款方案后，增祺在1899年初被清廷召京陛见，所担任的福州将军和兼充船政大臣职务由闽浙总督许应骙暂时署理。当年5月，清廷改命湖北布政使善联署理福州将军，同时接任兼充船政大臣。

善联，姓费莫，字星垣，其父亲文庆是咸丰年间的重臣。善联早年由监生出身，历任礼部主事、总理衙门章京、陕西督粮道、山东督粮道、湖北布政使等职。[②] 其就任未久，就上奏竭力要求辞去船政事务，清廷改在1900年重新命令闽浙总督许应骙兼顾船政，职务名称定为十分临时的暂行兼管船政大臣，是为福州将军兼充船政大臣时期的一次例外。

许应骙，字昌德，又字筠庵，广东番禺人，1830年出生，道光三十年（1850年）庚戌科进士，曾长期在京任职，历任翰林院侍读学士、内阁学士、兵部侍郎、吏部侍郎、仓场侍郎、工部侍郎等。甲午战争后，许应骙在政场上渐渐崛起，出任过工部尚书、总理衙门大臣、礼部尚书等职。作为在清政府中央任职资历丰富的官员，许应骙1898年被外任为闽浙总督，当其被命担任暂行兼管船政大臣时，已经是七十高龄。正如其自己所述，他在任内对于船政事务只不过是“勉力撑持”，因为年事已高，且有闽浙总督本任，许应骙事实上根本无力过问具体的船政事务，主要依靠船政提调沈翊清在实施管理。时值庚子剧变过后，继甲午战败马关条约赔款的空前勒索，中国又遭遇了数额更甚的庚子赔款的敲诈，清廷的财政实际上已濒于破产，海防建设更几乎成为空谈。在此资金和政策的双重困局下，船政也已经到了经费竭蹶、人才日穷的地步。许应骙的任上，因为经费匮乏，船政的官员乃至洋员都开始出现欠薪，船政第四届留学计划也因缺乏经费而被迫提前终止，船政工作已经成为闽省官员们眼中无从措手的畏途。1901年初，湖北巡抚景星被

---

① 《各省协拨船厂经费，收到银两，遵旨解交部库折》，《船政文化研究——船政奏议汇编点校辑》，海潮摄影艺术出版社2006年版，第501页。

② 台北“故宫博物院”图书文献处国史馆传包，702003146号，“善联传包”。

调任为福州将军，许应骙借此机会上奏，申请交卸船政差事，建议清廷派景星兼任船政大臣。①

值得注意的是，清政府在甲午战争后以福州将军兼顾船政时，称为兼充船政大臣。此举的用意所在，原本是因为当时清廷计划振兴船政，鉴于必须要有大员对船政专管才能得力，于是将本职事务较少的福州将军作为专管大员，称为兼充，以区别于之前的兼管。然而自 1900 年后，重又出现闽浙总督兼管船政的情况，当福州将军景星被任命兼顾船政时，清廷也没有再使用兼充一职，而是派景星担任兼管船政大臣。主管官员职务名称的变化，显现的是清廷对待船政建设的态度变化。

景星，姓索绰洛，满洲镶白旗人，二品荫生出身，曾任工部主事、工部都水司郎中、陕西陕安道、长芦盐运使、山西按察使、山东按察使、河南布政使、江西巡抚、湖北巡抚等，其在地方的任职经历十分完整。② 景星上任时，对清廷曾作出过十分积极的表态，称此前的几任将军、总督因为船政经费支绌，对待船政建设都有推卸之态，“时局正值艰难，筹款不易，是以近年兼管之员，每因筹办之难，预为持重之虑，辗转陈请”，表示自己将竭力振作，力任其难，“以奴才庸愚兼此繁剧，益觉陨越堪虞，惟有殚竭血诚，不辞劳怨，随时督饬厂员，细心经理”。③ 然而仅仅不到半年，面对船政状况之艰难，景星在 1902 年的 3 月 7 日向清廷上奏，提出了卸责申请，“诚以兼管难期周妥”，推荐直接将船政提调沈翊清升任为会办船政大臣，具体管理船政事务。“该员系前船政大臣、两江督臣沈葆桢之长孙，家学渊源，能持大体，且在工最久，谙熟洋情，为历任船政臣所倚重。奴才共事数月，深知其于厂务，一切措置咸宜，堪胜专任合无仰恳天恩，俯念船厂关系重要，将该员沈

① 《船政势难兼顾，请简员接管折》，《船政文化研究——船政奏议汇编点校辑》，海潮摄影艺术出版社 2006 年版，第 514—515 页。

② 台北“故宫博物院”图书文献处国史馆传包，702003427 号，“景星传包”。

③ 《恭报接管船政日期，叩谢天恩折》，《船政文化研究——船政奏议汇编点校辑》，海潮摄影艺术出版社 2006 年版，第 516 页。

翊清破格擢用，得以专制船厂”。[1]

奏上，清廷经过讨论，在4月10日就此事作出了决定，任命沈翊清以四品卿衔会办船政，船政的历史在进入20世纪后，开始了由兼管大臣统辖、会办大臣具体办理的新模式。

三、福州将军兼管时期

与之前的总理、督办、署理、兼管、兼充船政大臣相比，仅仅从职务名称中的会办一词，就可以知道此时船政大臣的地位已经是江河日下。会办即会同办理，是主办大臣的助手之意。因为清廷任命会办船政大臣时，并未撤销福州将军对船政的兼管之权，反而强调福州将军对船政事务要“随时筹商办理，不得藉词推诿”，实质上船政仍然由福州将军兼管，会办大臣只是在福州将军之下、为福州将军具体管理船政的大臣，相当于是福州将军在管理船政事务方面的副手。其权限虽然较以往的船政总办以及代行管理职权的提调略重，但本质上并无太大区别，名为大臣，实际仅相当于掌握船政关防的高级提调而已。

首任会办大臣沈翊清，字丹曾，1861年生，是首任总理船政大臣沈葆桢的长孙，在沈葆桢去世后承袭一等轻车都尉世职，长期在船政工作，历任文案、总稽查、提调等职。沈翊清就任会办大臣后，竭力申请清廷饬令外省在船政造船，试图以此来解决船政经费不充、制造不兴的困局。

在沈翊清被派会办船政的1902年，福州将军一职发生了人事变动，满洲宗室贵胄出身的崇善接任福州将军及兼管船政大臣。崇善，姓爱新觉罗，字佑庭，1832年生，世袭奉恩将军，曾担任过护军参领、广宁城守卫、锦州副都统、江宁将军、盛京将军、绥远将军等职务。[2] 1902年接任福州将军后，崇善在涉及船政的问题上与沈翊清多有意见不合，尤其是在杜业尔承造江船事件中，崇善和沈翊清的态度存在明显的分

---

① 《船厂兼顾难周，据实荐举船务真才，恳恩简用折》，《船政文化研究——船政奏议汇编点校辑》，海潮摄影艺术出版社2006年版，第517—518页。

② 台北“故宫博物院”图书文献处国史馆传包，702001209号，“崇善传包”。

歧，1903 年 6 月崇善以沈翊清会办船政不能得力为由向清廷提起奏参，[①] 沈翊清在当月的 28 日被清廷下谕撤去会办船政大臣职务，并撤销了四品卿衔。根据崇善的建议，当时在湖北任职的船政前学堂毕业生魏瀚被调回船政，赏加四品卿衔，接任会办船政大臣一职。[②]

福州将军、兼管船政大臣崇善。照片摄于1905 年。

魏瀚，名植夫，字季渚，1850 年生于福州，1867 年和堂兄弟魏暹一起入读船政前学堂，其学业出色，曾受到船政洋员正监督日意格的推奖，船政派出首届留欧学生时，魏瀚考入瑟堡法国海军应用工学院学习制造专业，回国后又被派赴德国参与监造北洋海防定制的“定远”级铁甲舰。后在船政工程处任管理职务，甲午战争后法籍洋员全面介入船政的技术事务，魏瀚与法籍洋员正监督杜业尔关系不睦，当时正值湖广总督张之洞为创办洋务而四处招揽人才，魏瀚于是在 1898 年离开船政，投入到湖广总督张之洞的幕下效力。1903 年经福州将军崇善保荐，魏瀚重回船政，成为第一位在船政担任主要管理职务的船政学堂毕业生。

1903 年 8 月 16 日，魏瀚在他万分熟悉的船政接过了福州将军崇善派员送来的总理船政关防及档案文卷，正式就任会办大臣。回首昔年岁月，魏瀚充满感慨，在向清廷拜发的谢恩折中对自己抵任后的工作要点做了扼要的论及。“伏念臣早蒙甄育，数历荒遐，廿载考工，未收‘横

① 《清实录》58，中华书局 1985 年版，第 820 页。

② 《清实录》58，中华书局 1985 年版，第 821 页。

海’‘伏波’之用；一阶监郡，不没竹头、木屑之劳。兹复特赐清衔，俾参将作。当制用拮据之极，宜审要以先营鉴；借才驾驭之艰，贵收权于旁落。迂愚自揣，襄赞奚胜？惟有以渐程功，积诚感物，集众思于象译，庶几舍旧图新；效薄技于般、倕，敢谓驾轻就熟？”①

魏瀚谢恩折中所提出的“收权于旁落”，正是当时清廷军机处以及福州将军崇善想要解决的问题，即准备驱逐洋员正监督杜业尔。与杜业尔私人关系并不和睦的魏瀚，根据相关的授意，上任之后即对杜业尔经手的事务展开调查，抨击杜业尔私自签订商船合同的行为，在魏瀚的激烈纠查参奏下，最终杜业尔在 1903 年秋季被遣撤开除。此后船政洋员顾问团的模式仍然延续，原顾问团中的工程师柏奥镗（Bertrand）被崇善派任为船政总监工，主导船政的工程事务。② 而魏瀚在完成驱逐杜业尔后，因与兼管船政大臣崇善在船政工作上意见不合，在杜业尔被逐后遭崇善撤职，后被两广总督岑春煊延揽至广东担任黄埔水师学堂总办，③ 此后直至清朝覆灭，船政没有再设会办大臣。④

1904 年，兼管船政大臣崇善为了解决始终困扰着船政的经费不足问题，做出了一项新的尝试，将 1889 年停办后就长期闲置的船政鱼雷厂改为造币车间，添购机器铸造机制铜币，称为闽海关铜币局，又称东局，派直隶候补知府马庆祺为提调主管。因为铜币的工料成本和面值之间有差值利润，计划以此贴补船政经费，⑤ 然而由于管理混乱，铜币局非但没能实现盈利，还形成了新的亏欠，最终在 1907 年被钦差考察铜

① 《恭谢天恩并报明任事日期折》，《船政文化研究——船政奏议汇编点校辑》，海潮摄影艺术出版社 2006 年版，第 529—530 页。

② 《海防档·乙》福州船厂（下），（台湾）“中央研究院”近代史研究所 1957 年版，第 1063 页。

③ 包遵彭：《清季海军教育史》，（台湾）“国防研究院”1969 年版，第 75 页。

④ 1906 年崇善曾奏请将主管铜币局的直隶候补知府马庆祺以提调会办船政事务，但是在职时间短暂，1907 年因铜币局弊案被参革。参见《海防档·乙》福州船厂（下），（台湾）“中央研究院”近代史研究所 1957 年版，第 1094 页。

⑤ 《船政开厂鼓铸铜元片》，《船政文化研究——船政奏议汇编点校辑》，海潮摄影艺术出版社 2006 年版，第 532 页。

币大臣陈璧奏参撤销。[①] 为了开办铜币局，崇善安排由闽海关向汇丰银行贷款 30 万银元，作为购料和运行费用，随着铜币局被撤，这笔外债使得闽海关的经费状况雪上加霜，连带而及，依赖闽海关拨解经费的船政也陷入了日暮途穷般的经费绝境。

造舰方面，船政以自身的经费根本无力自造新舰，又几乎得不到任何他省的代造订单。清政府在庚子之变后，尽管财政极度困难，仍然开始推行重建海军的工作，并在 1905 年实现了南、北洋水师合并的重大战略调整。然而清廷主导的南、北洋水师建设，根本上以巩固、重建北洋海防为重点，舰船装备仍然是依赖于外购。而在地方，张之洞先后在任职两江总督和湖广总督时筹划购造新舰，充实长江江防力量，期间船政会办大臣沈翊清曾积极设法承揽造船，甚至提出了以最低价为南洋建造军舰的提议，但最终因为张之洞对日本川崎造船所情有独钟，订单撒向了东瀛日本。[②]

在人才育成方面，除天津水师学堂在甲午战争后被撤办外，至 1906 年，国内同时还有江南水师学堂、黄埔水师学堂以及 1903 年北洋新办的烟台海军学堂，这些海军学校的办学模式从根源上实际都参考自船政学堂，对船政的后学堂教育形成了十分严峻的挤压态势。尤其是其中的烟台海军学校，因为倚靠新建北洋海军，其办学规模大，学员的前途出路明确，是船政后学堂最有力的竞争对手。而船政前学堂在国内虽然没有太多的竞争对手，但是因为船政自身制造不兴，原本作为船政制造人才摇篮而设置的前学堂，其毕业生大量外流，对船政自身技术人员队伍的巩固并没有产生多少积极的作用。

目睹此情，自觉已经无力回天的福州将军崇善在 1906 年 12 月 18

① 《请将福建船政提调高凌汉革职永不叙用片》，《望岩堂奏稿》，（台湾）文海出版社 1967 年版，第 489 页。

② 1903 年，张之洞在总督两江时筹造江防炮舰，船政以及多家外国造船厂投标竞争，其中以船政的报价最低，条件最优，但最终张之洞选择了报价最高的日本川崎造船所。从留存于日本防卫省的档案中可以看到，在这项炮舰交易的幕后，张之洞与日本川崎造船所可能存在有某种特殊的利益交换。参见陈悦：《清末海军舰船志》，山东画报出版社 2012 年版，第 197—201 页。

日向清廷上奏，痛陈船政的种种苦衷和弊端。崇善从制造乏力、人才流失等六个方面阐述船政存在的问题，最后归纳分析出了船政发展停滞的关键症结，其结论恰好回到了1866年左宗棠创设船政时曾试图万般争取和坚持的船政地位问题上，即船政应该具有国家机构的地位，而不能被埋没为地方经管的机构，必须要在国家海防建设中占据有一席之地。经过40年的光阴，在面临绝境之际，船政的主事者终于能够直接明言向清廷道出这一问题。

该厂为中国制造肇端之地，接管以来，无时不饬各员匠认真整理，以求进步，并严定赏罚，以为之程。数年中，制成及修竣船只虽亦不少，但厂务兴衰，别有原理所在。仅恃督责之力，虽救一偏，难裨全局。

船政受病之深，揆厥由来，要非一时一事所致。今请缕晰陈之：创造之初，集款颇厚，故能因应咸宜，毫无掣肘。后此关款改提，或解难足数，于是停工待料，购料待价，一方困难，百端牵动，逾期给价，又须贴息。且现银交易，与订期付值，价目之昂贱悬殊，其弊一；一轮之动，须运以全厂之机力，并造数船，其厂费如此，造一船费亦如之，且造船料件竹头、木屑都无弃材，若只造一船，则宜于甲者，或不宜于乙。今款不应手，势难并造数船，无形中实滋亏折，其弊二；匠薪厂耗，或合同之所载，或养厂之必需，工则作辍相乘，费则一无可节，其弊三；消耗既多，间有揽造船只，自不能不权其工费，虽极克己，较之商厂，仍判低昂。故修配官船之外，商船之修造日稀，其弊四；闽厂久处困穷，人皆视为残局，即筹商协济，舌敝唇焦，鲜有应者。闽关税连年短绌，凡经部指拨之项，均有考成，自难专顾船政，自后厂需尤有日窘之势，其弊五；船政前学堂为制造专门之学，卒业后资遣出洋，学成回华，即以备本厂制造工程之用。连年经费不敷，无从遣送，而前届回华学生散诸四方，就食他省，禄养既穷，羁縻无术，间有才智之士留厂效用，亦以工程作辍之故莫罄所长，其弊六。综上六弊，实出一源。奴才之愚，诚知闽关一隅之力，固万万不足以存船政，熟思而审处之，决非改归南、北洋会筹管理不可。①

崇善认为，如要让船政得到发展，必须将船政纳入国家海军战略的范畴中，由南、北洋大臣会筹管理，不应只作为福建一省的省属机构对待。这番上奏，或也可视为是崇善对继续发展船政无计可施而做出的卸责举动。但其中所道出的种种苦衷，确实直接切中了影响船政发展的要害所在。该奏递上之后，清廷责成陆军部会同度支部以及南、北洋大臣进行商议。② 最终的结论让人失望。在南北洋水师军舰装备多依赖外购，人员多依赖于烟台、江南水师学堂的情况下，船政被视作了无用的包袱，陆军部先行咨会福州将军崇善，要求将船政的制造部门停工，“船工暂行停办，听候部议，再为定夺”。③

关于陆军部以及南、北洋大臣为何最终讨论决定暂停船政，1907年7月16日上海出版的《申报》上的一篇报道透露了重要的信息，即南、北洋大臣认为维持船政的建造需要投入重金，短时间难以筹措。而身处在闽江中的船政，在南、北洋大臣看来其地理位置不佳，也是对船政兴趣不大的原因所在：“查看厂内机器大半陈旧腐败，以之制船工费须加一倍，耗所殊巨。若加整顿，非数百万金不足以敷展布，是以议停。闻将来合拟南北洋等出具款复行制造，但北洋以马江厂所虽佳，船槽甚小，不足以置巨舰，即泊船之港亦太狭隘，有另择别处兴筑船厂之议。果尔，则马江之厂恐即废置矣。”④

1907年，度支部侍郎、钦差考察铜币大臣陈璧赴各省检查铜币局情况，抵闽时发现崇善年事已高，长期病假，以致所管政务荒芜，“该督精神恍忽，久未接见属员，地方一切要政无所禀承”⑤，经陈璧上奏

---

① 《船政请归南、北洋会筹管理，缕陈利弊折》，《船政文化研究——船政奏议汇编点校辑》，海潮摄影艺术出版社2006年版，第541页。

② 1906年清政府厘定官制，改兵部为陆军部，在海军部未设立前，所有海军事务也暂归陆军部管理。

③ 《船政未便全行停办，续准部咨令，就原厂、原款设法整顿片》，《船政文化研究——船政奏议汇编点校辑》，海潮摄影艺术出版社2006年版，第546—547页。

④ 《议停马江船厂之原因》，《申报》光绪三十三年六月初七日，第一张。

⑤ 《请旨饬下闽浙总督松寿赴闽任电》，《望岩堂奏稿》，（台湾）文海出版社1967年版，第467页。

建议，福州将军崇善在当年以病被免，改由闽浙总督松寿暂时兼署，旋任命镶蓝旗蒙古都统特图慎接任福州将军，又由于特图慎的健康情况不佳，最后改调正黄旗汉军都统朴寿担任福州将军，兼管船政。由于朴寿和此前署理福州将军的闽浙总督松寿名字中仅一字之差，且二人在任的时间相隔得很短，以致后世常有关于船政的论著中将末任福州将军朴寿误写作松寿的错讹情况。

朴寿，字仁山，1856 年生，满洲镶黄旗人，光绪二十年（1894 年）举人，早年任太常寺笔帖式、步军统领衙门笔帖式等职，甲午战争后曾任总理衙门章京、外务部和会司郎中、库伦办事大臣、归化城副都统、正黄旗汉军都统。相较之前的崇善等人，朴寿是清末就任时年纪相对较轻的一任福州将军。

上任之时，朴寿即面临陆军部要求停办船政的决策。朴寿以法国洋员柏奥镗等在 1904 年签订的四年合同尚未到期，且船政还有大量工程事务未完成为由，上奏请求展限。至 1907 年末，法国洋员的合同期满，朴寿为最后这批洋员上奏请奖，未再续订合同，洋员的离去成为清末船政制造寿终正寝的信号。此后，经船政提调杨廉臣主持，大幅裁撤船政的工匠，仅仅维持看管、维护机械设备和材料所需的基本人员，而船政学堂也仅限于对在校未毕业的学员继续授课，不再招收新生。1908 年 2 月 26 日，福州将军朴寿上奏清廷，汇报船政已经按照陆军部的要求，进入了封存休克状态，即所谓“就原厂、原款设法整顿”的时期。[①]

1908 年，光绪帝驾崩，宣统帝继位。1909 年初，清廷谕令肃亲王善耆、镇国公载泽、尚书铁良、提督萨镇冰筹划海军建设方略，在所提交的方案中，拟将船政学堂只保留前学堂，作为工程学校，而对船政制造则拟“就该坞原有经费应付”。[②] 当年，清政府设立筹办海军事务处，负责统筹全国的海军建设，船政并未被列入筹办海军事务处专管，仍然作为福州将军兼管的地方机构。

---

① 《船政未便全行停办，续准部咨令，就原厂、原款设法整顿片》，《船政文化研究——船政奏议汇编点校辑》，海潮摄影艺术出版社 2006 年版，第 547 页。

② 《善耆等奏请画一海军教育，统编舰艇，开办军港，整顿厂坞台垒折》，《清末海军史料》，海洋出版社 1982 年版，第 95—96 页。

1910年筹办海军事务处升格为海军部，此时的船政既无制造活动，也停止了教育，没有被海军部收归部管，仍然还是福建省的地方机构。虽然清廷中偶尔有整顿船政之议提出，但并无实际的举动。当年6月5日，中国历史上首个国内博览会在江苏省城江宁举办，即南洋劝业会，船政也派员参加，并布置了展台展位。尽管此时的船政已经陷入制造、教育全部荒废的状态，主事者们仍希望通过展览，竭力呼吁国家、社会对船政加以关注。船政在自己的展位上，陈列了引以为傲的昔日建设成就，诸如钢甲舰“平远”号、撞击巡洋舰“开济”级、鱼雷巡洋舰“建威”级的模型以及船政生产厂区的总体沙盘模型等。用心良苦的是，在船政沙盘模型一旁的展览词里，还详细回顾了船政的兴衰始末，从早期如日中天的建设历史，直到当时无力回天的景象，“年来船政无米为炊，仅仅免于停废，坐令旧日之工师、徒匠散走四方，技术生疏，厂务日靡”。其中的一些文字，恍若为船政的一生历史提前书写了总结词：

> 马尾船政开办最早，成绩昭著，实中国海军惟一之大制造场也，其影响于工业界、实业界者甚大。爰将厂场缩制模型全具充会场之展览品，亦藉以知四十余年之缔造几费苦心，二千余万之帑金非尽虚掷，且其中惨淡经营，原因复杂，尤足以资兵、工、商界之参考研究焉。①

1911年夏季，船政后学堂毕业的海军部军学司科长刘冠雄被派赴闽，查看船政情形，“将船政船坞并一切机器逐件细察”，给人以海军部将要重兴船政的印象。② 不久之后辛亥革命爆发，清王朝覆灭，福州将军、兼管船政大臣朴寿在福州被革命军捕杀，船政和整个国家一起进入了中华民国时代。

---

① 《船政厂坞模型说明书》，《中国近代舰艇工业史料集》，上海人民出版社1994年版，第424页。

② 《左海公道报》，宣统三年七月朔日。

表二十五　1885—1911年船政主要管理人员一览[①]

<table>
<tr><th>年　份</th><th>船政大臣</th><th>会办大臣/船政总办</th><th>提　调</th><th>总稽查</th><th>工程处/总监工</th></tr>
<tr><td>1885年</td><td rowspan="5">裴荫森</td><td rowspan="8">未　设</td><td>周懋琦</td><td rowspan="13">沈翊清</td><td rowspan="13">魏　瀚</td></tr>
<tr><td>1886年</td><td rowspan="3">王崧辰</td></tr>
<tr><td>1887年</td></tr>
<tr><td>1888年</td></tr>
<tr><td>1889年</td><td rowspan="4">杨廷传</td></tr>
<tr><td>1890年</td><td rowspan="2">卞宝第</td></tr>
<tr><td>1891年</td></tr>
<tr><td>1892年</td><td rowspan="2">谭钟麟</td></tr>
<tr><td>1893年</td><td rowspan="3">杨正仪（船政总办）</td><td rowspan="3">空　缺</td></tr>
<tr><td>1894年</td><td rowspan="2">边宝泉</td></tr>
<tr><td>1895年</td></tr>
<tr><td>1896年</td><td rowspan="2">裕　禄</td><td rowspan="6">空　缺</td><td rowspan="2">徐建寅
杨正仪</td></tr>
<tr><td>1897年</td></tr>
<tr><td>1898年</td><td>曾　祺
许应骙（署）</td><td rowspan="4">沈翊清</td><td rowspan="14">空　缺</td><td>魏　瀚
〔法〕杜业尔</td></tr>
<tr><td>1899年</td><td>善　联</td><td rowspan="3">〔法〕杜业尔</td></tr>
<tr><td>1900年</td><td>许应骙</td></tr>
<tr><td>1901年</td><td>景　星</td></tr>
<tr><td>1902年</td><td rowspan="5">崇　善</td><td>沈翊清（会办大臣）</td><td rowspan="2">空　缺</td><td rowspan="5">〔法〕柏奥镗</td></tr>
<tr><td>1903年</td><td>魏　瀚（会办大臣）</td></tr>
<tr><td>1904年</td><td rowspan="2">空　缺</td><td rowspan="3">高凌汉</td></tr>
<tr><td>1905年</td></tr>
<tr><td>1906年</td><td>马庆祺（会办提调）</td></tr>
<tr><td>1907年</td><td>松寿（署）、
特图慎、朴寿</td><td rowspan="5">空　缺</td><td rowspan="5">杨廉臣</td><td rowspan="5">空　缺</td></tr>
<tr><td>1908年</td><td rowspan="4">朴　寿</td></tr>
<tr><td>1909年</td></tr>
<tr><td>1910年</td></tr>
<tr><td>1911年</td></tr>
</table>

① 本表中各职位人员的任职年份，以其就任的年份起算。

第二十章　兼管、兼充船政大臣时代的船政自身建设及教育

一、船政经费告罄

1890 年，闽浙总督卞宝第被清廷任命兼管船政，开启了由闽浙地方大员同时兼管船政的局面，从此之后船政事实上彻底成了闽浙的下属机构。卞宝第就任船政大臣时，所面临的挑战和此前的裴荫森时代别无二致，其中最具难度也最为关键的一点就是船政的经费问题。

船政的经费本来就来源于闽浙地方的海关税收，改由地方总督来直接兼顾船政，看似可能将获得更坚实有力的地方支持，但船政经费被欠解的情况实际上并没有因此而得到丝毫的好转，从 1889 年农历正月至 1890 年底的两年时间里，船政实际只收到 62 万两银（四成洋税下解到 50 万两银，六成洋税下只解到 12 万两银），仅仅相当于额定经费的一半，闽海关历年累计欠缴船政的经费已近 400 万两银，成了根本不可能追偿的不了了之局面。

卞宝第任内多次向清廷呼吁关注船政的经费问题，但几乎没有再提起过索要闽海关欠款以及要求闽海关以后足额解款等设想。作为闽浙总督，卞宝第显然对闽海关洋税收支的实情心知肚明，以闽海关当时的收支情况，除非有突然的大项关税增长，或者清廷对闽海关支付各处的任务作大幅调整，否则在较长的时间内根本没有希望足额应付船政经费。

为尽量争取资金，卞宝第的目光改投向了他处，在其任内，开创了将扣存的减平银留用于船政的先例。所谓的减平，是源自清代混乱的银两制度，清末的银两根据成色（含银量）和重量的不一，分为关平、库平、湘平、漕平银等货币计算标准。虽然同称为银两，但是如果按照不同的计算标准计量称重，每单位银子的实际重量并不相等，例如湘平的一两就不如关平的一两重，在结算时会产生差值，如果在收入时是按照重量较高的银两计算标准记账，而支出时则改成重量略低的银两计算标

准支出，就称为减平。

船政原收领的经费以海关的关平银标准计算（关平银 1 两约等于 37.8 克十足纹银），发放时也多以此为标准。1887 年清政府户部颁下新规，要求支付人员薪水、饭食银以及其他杂项费用时，以湘平银的计算标准（湘平银一两约等于 36.6 克十足纹银）减平发放，具体则按照每库平银两减扣 4 分银（1.2 克十足纹银）发放。如此，每发放 1 两就会产生 4 分银的剩余差值，户部要求将扣减下的这部分银两存储，等待中央提拨。不难看出，这一做法实际上是清政府在中央财政支绌的情况下，利用银两计算标准不同而形成的差额，试图以此缓解收不抵支的问题。

1891 年 1 月 5 日，卞宝第就船政经费中扣下的减平银问题上奏，称船政经费吃紧，“工繁费绌，竭蹶立形”，申请将船政支出人员薪工等过程中形成的减平银拨还给船政，仍然充当船政经费，“惟有将扣存之款略济要工，虽为临渴掘井之谋，暂免悬釜待炊之患”，议上经户部讨论后得到批准。虽然船政减平银涉及的银数并不很多，但这笔钱实际本就属于船政经费，是清政府利用银两计算标准的差异而勒索出的款项，减平银得以归属船政，对船政保护自己本就紧张的经费而言，意义重大。[①] 此后历任的船政大臣，均延续卞宝第时期的这一旧例，虽然按照户部将薪工银折色发放，但各年扣存的减平银仍然归还在船政经费内使用。[②] 不过减平制度的出现，最终的受损害者实际是船政的职员和工人，船政奏准将扣存的减平银充作船政经费后，并不会贴补到其原来的出处，而是作为额外多出的一笔经费来使用，船政职员和工人的薪金事实上被扣减的局面则变为了常态。

1894 年中日甲午战争爆发，清政府在海陆战场上连战连败，最终被迫和日本签订《马关条约》，割地赔款。为了支付《马关条约》带来的 2 亿两银巨额赔款，清政府被迫向英、德、法、俄等列强举借外债，

---

① 《船政扣平银两列入收款折》，《船政文化研究——船政奏议汇编点校辑》，海潮摄影艺术出版社 2006 年版，第 418—419 页。

② 卞宝第之后历任船政大臣将减平银留用船政的情况，见《船政文化研究——船政奏议汇编点校辑》，海潮摄影艺术出版社 2006 年版，第 436、439、462 页。

连本带息共计背负了7亿余两白银的巨大财政包袱，几乎相当于清政府10年的财政收入总和，导致清政府的财政实际上已经处于破产境地。[①]受此影响连带而起的是，从甲午战争后出现了西方列强针对中国的大规模金融侵略，直接导致了甲午战争后中国白银对以金本位货币为主的西方货币的严重贬值，在短暂的时间里，贬值幅度竟然达到了惊人的50%左右。处在这一恶劣的经济环境中，本就经费不足的船政，已经无法再用与以往同样的银两数额从西方购得同量的材料、设备（1880年代，1两关平银可以兑换约8法郎，1895年则只能兑换约4法郎），船政制造受到了经费不足以及白银贬值的双重冲击。

1896年，福州将军裕禄临危受命，担任兼充船政大臣，任内试图设法振兴船政。因为福州将军同时兼任闽海关监督，而船政经费几乎全部来自于闽海关，由福州将军兼充船政似乎对解决船政经费被拖欠的问题会产生积极的意义，然而实际情况却并非如此。

裕禄出任兼充船政大臣时，船政经费已在1891年至1895年的4年里累计被欠解122万两银之巨，连带往年的积欠，船政被欠的经费总数已经超过了500万两银。在闽海关收不抵支的情况下，裕禄虽然兼管着闽海关，且对发展船政颇具热心，但在如何保证海关足额解交船政经费方面也没有更好的办法。

1896年10月29日，裕禄在向清廷汇报船政建设计划的奏折里，一并提及了自己对解决船政经费困局的设想。在裕禄看来，船政的当务之急是保证每年60万两银的经费能如数到位，至于之前的积欠已无法指望能够补足，裕禄也根本没有提及。裕禄分析闽海关当时的收支情况已经是严重收不抵支，为了竭尽全力保证户部指派的各处需款，造成了船政经费的常年拖欠，尤其是闽海关的六成洋税情况最为严重，为了首先确保完成中央财政的调拨任务，六成洋税承担的每年供应船政36万两银经费的任务几乎根本无法完成。基于此，裕禄认为只能由清政府中央设法减除摊派在闽海关关税上的其他经费任务来实现，具体则希望清廷能解除闽海关拨解出使经费等任务。“关务亦为奴才兼管，现在通盘

---

① 周志初：《晚清财政经济研究》，齐鲁书社2002年版，第198页。

核计，为兼顾统筹之举，若以后洋税收数不能加增，而期船政经费仍归有着，其六成内应拨之三十六万，似非于洋药厘金拨款内及六成洋税之应解出使经费内匀挪凑拨，不能以济工用。”①

裕禄测算，当时闽海关四成洋税每年应解的船政经费 24 万两银尚可勉力保障，再加上清廷解除闽海关拨解出使经费等任务后，将此笔经费腾挪于船政，则可以基本保证船政每年能获得 50 万两银左右的运行经费，虽然较 60 万两银的额定数字还有差距，但比之前的情况已属大有改善。

除此，裕禄根据当时船政雇佣的外国技术团队即将来华，船政势将开造新舰的形势，认为在当时的情况下，建造军舰的工料银花费巨大，不能仅仅依靠船政自身来支撑，既然船政所造的军舰必然会调拨给南、北洋海防使用，那么理应由南、北洋经费为造舰提供接济，申请“可否由户部于各省应解南、北洋海防经费项下匀拨四五十万两”，作为船政开造新舰的初始经费。②

裕禄上奏之后，清廷下旨责成此时负责海防建设的总理衙门会同户部进行讨论，最终，裕禄提出的有关减免闽海关承担的出使经费等中央财政调拨任务，以此来贴补船政经费的申请被总理衙门和户部否决，而其提出的从南北洋海防经费中拨款四五十万两接济船政建造新舰的设想，则遭到南、北洋大臣的抵触，最终只是由户部拨款 10 万两银作为新舰开造经费而已。“交总理各国事务衙门会同户部议复，以匀拨出使经费一节，难以准行。由各省应解南北洋海防经费匀拨解济一节，电询南北洋大臣，亦皆称无余力分济”。③

裕禄想要解决船政经费困局的努力几乎毫无结果，不但如此，1897 年户部根据御史宋伯鲁的奏议，为了“以裕利源”，经奏请清廷批准，

---

① 《察看船政情形，应行整顿各事宜折》，《船政文化研究——船政奏议汇编点校辑》，海潮摄影艺术出版社 2006 年版，第 458 页。

② 《察看船政情形，应行整顿各事宜折》，《船政文化研究——船政奏议汇编点校辑》，海潮摄影艺术出版社 2006 年版，第 458 页。

③ 《船厂制造鱼雷快舰现已开办，工需紧要，吁恳匀款接济折》，《船政文化研究——船政奏议汇编点校辑》，海潮摄影艺术出版社 2006 年版，第 486 页。

下令全国各政府、军事单位在原定的于发放人员薪饷以及支应杂费时，每两银扣减4分留待中央拨用的政策基础上，再增加扣减2分，将减平银增到了每两银折扣6分的程度。虽然此事经兼充船政大臣裕禄奏请，将船政按照新规增出的扣留减平银也用于补贴船政经费，但船政员绅、工人的薪金标准遭到了事实上的进一步降低。[①]

在经费问题还没有得到有效解决的情况下，由杜业尔率领的外国技术团已经抵华，紧接着便紧锣密鼓地在船政掀起了整修车间设备、建造新式军舰的生产热潮。外人看来，清政府似乎已经准备振兴船政，但对船政本身而言，其实是因为外国技术团队的多年合同已经签订，重兴制造本质上只是为了履行合同而不得已为之。此事虽然能为国家增建新舰，但国家并没有为船政指拨专门的款项，在没有国家经费有力支持的情况下，以当时船政累计被宕欠经费超过500万两银，而每年运行经费实际只有30余万两的窘迫状况，制造工程规模越巨，新舰建造数量越多，那么船政距离经费彻底枯竭的危险死境就越近。

1898年3月4日，裕禄为了船政新造军舰需款一事再度上奏清廷，以杜业尔等外国技术团和船政定有合同，且已商定创制新式军舰为由，申请从闽海关应解南北洋的24万两银海防经费中截留14万两用于建造新舰，“船厂筹造快舰，本为南北洋海防调用，与北洋之整顿海防修理台工，事无二致。此项应解海防经费，除拨旅顺之款外，其余银两，若以拨济船工，是仍以南北洋海防之需，为南北洋海防之用”。[②] 此奏获准后，总估价150万两银，准备3年建造完成的“建威”级鱼雷巡洋舰工程于1898年4月7日在船政正式启动。

旋后，裕禄被清廷调任，增祺接任福州将军并兼充船政大臣，其任上正好遇到戊戌变法。期间，清廷曾做出一个激进的决策，即由全国各省每年解款188万两银接济船政，计划以4年时间建成1艘一等守口铁

---

① 《遵照部议约扣六分平余，分别一年原扣、添扣数目，先行专案奏报折》，《船政文化研究——船政奏议汇编点校辑》，海潮摄影艺术出版社2006年版，第482页。

② 《船厂制造鱼雷快舰现已开办，工需紧要，吁恳匀款接济折》，《船政文化研究——船政奏议汇编点校辑》，海潮摄影艺术出版社2006年版，第486页。

甲舰、2 艘二等铁甲舰以及 18 艘二等鱼雷艇。[1] 此举对于船政来说，不啻是天降喜讯，是自创设以来由清廷提出的力度最大的扶持，但就当时千疮百孔的清政府财政而言，集全国之力支持船政一隅，势必又将造成对全国各省经费的挪占，显然不能长久。随着百日维新以失败告终，这一宏大的计划也便戛然而止。

百日维新期间的大举造舰规划落空后，增祺估算，船政为了支撑当时在造的"建威"级鱼雷巡洋舰工程，每月起码必须要支出 5 万余两经费，总计一年需要 60 余万两银，"所有应给采购外洋料价及洋员薪水暨常用各款，每月总在五万余两，且须随时发给"。而船政当时一年能够落实的经费只有闽海关四成洋税的拨款 24 万两以及从南北洋海防经费中截留的 14 万两，根本不够支应这一开销。经增祺奏请，清廷最终批准将百日维新期间各省已经解拨给船政的 39 万两银中，提留 15 万两补贴船政经费，其余则全部被要求上缴户部。[2] 自增祺之后，各任船政大臣再未能在船政经费问题上做出大的增益举动，"建威"鱼雷舰工程犹如一个吸金的无底洞，船政经费随到随尽，而且连洋员的工资以及外购装备的款项都发生了拖欠，这一情况在船政历史上也属史无前例。此时船政的洋员以及由洋员提起的舰船建造工程，事实上被船政的主政者视为巨大的负担。

1900 年庚子事变爆发，在八国联军侵华的沉重打击下，清政府在第二年被迫和列强签订《辛丑条约》，其中列强勒索的赔款数额高达 4.5 亿两银之巨，因清政府根本无力在短时间内支付这笔赔款，遂将赔款的性质改为欠列强的借款，约定逐期归还本息，本息合计接近 10 亿两银。[3] 经此重创，清政府在财政方面彻底陷入了山穷水尽的地步。

1901 年，船政进入由兼管大臣指挥会办大臣具体管理的新时期，此时的船政经费仍然维持着每年只能解到约半数的状况。由于清廷财政

---

① 《恭录上谕》，《船政文化研究——船政奏议汇编点校辑》，海潮摄影艺术出版社 2006 年版，第 494—495 页。

② 《福建船厂现造船工暨拟续造各船情形折》，《船政文化研究——船政奏议汇编点校辑》，海潮摄影艺术出版社 2006 年版，第 498 页。

③ 周志初：《晚清财政经济研究》，齐鲁书社 2002 年版，第 199 页。

自身告竭，已经无力接济船政在造的“建威”“建安”鱼雷巡洋舰，两广、北洋等处又以经费吃紧为由，也不愿采取协款的方式帮助船政渡过难关，得不到外力增援的船政根本无法支付“建威”“建安”在国外订造的设备、武器的应付款项，以至于下水后的二舰只能长期停泊于船政岸边，无法完成动力系统安装等最后的舾装工程。两艘本应是中国海防力量新军的鱼雷巡洋舰，在清政府窘迫的财政境况下，成了鸡肋一般的事物。兼管船政大臣崇善上任后对自己的施政策略曾做了十分清晰地阐明，即尽快将“建威”“建安”外购设备的拖欠款项解决，了此局面，此后船政将不再建造大型舰只。“不如多制小船，取其适用。于百孔千疮之时，藉以调和洋员，羁縻工匠，撑此局面。盖目下所急者，在筹还采办洋款；洋款还后，厂事皆可从容擘画。”[1]

在兼管船政大臣崇善已经对船政的舰船制造持尽快了结收局的态度时，洋员正监督杜业尔从上海法商立兴洋行承揽到 3 艘江船订单，船政生产厂区内因此又出现新的大型船舶建造。此事被中方视作是为船政添加负累的多事之举，最终杜业尔被遣撤，其签署的立兴洋行商船订单也被废除，只是已经施工较有规模的第一艘江船如果彻底作废未免可惜，遂由船政以自身经费支撑完成建造工程，后商售给浙江宁绍轮船公司。

1903 年，法国政府鉴于清政府的财政窘状，表态可以从清政府给法国的庚子赔款额度里，抵消一部分清政府以往在法国的各种订货欠款。船政拖欠法国施耐德等公司的轮机、物料费 473095 两银得以被法国政府免除，随着在法国购造的蒸汽机等设备得以运回船政，停工多年的“建威”“建安”旋即建成竣工，船政随后便不再建造大型舰只。

为了试图缓解船政的资金困难，兼管船政大臣崇善在 1904 年做了清末船政历史上最后一次的解困尝试。此时船政根本无法指望通过清廷新增拨款等途径获得援助，崇善鉴于当时包括福建在内的很多省份都在开创机器造币的情况，计划利用船政闲置的原鱼雷车间厂房开设铜币厂，通过造币来牟利，贴补船政经费，“择派精细廉干之员切实举办。

---

① 《察看船政近日制造情形折》，《船政文化研究——船政奏议汇编点校辑》，海潮摄影艺术出版社 2006 年版，第 527 页。

俟有盈余，先行归还借购机器款项，余即留充船厂经费。查海关岁拨船政经费二十四万两，尚不敷用，得此盈余，可以无虞支绌”。[①] 经上奏清廷获准后，由闽海关出面向汇丰银行借款 30 万银元，用于购买造币机器、铜币原料及充当开办运行经费，孰料设在船政内的闽关铜元局开办后，因为管理失当，积弊横生，丝毫没有盈利，反而产生了新的亏欠。1907 年清廷派户部右侍郎陈璧考查全国各省铜元局运营情况时，船政内的闽关铜元局被勒令停办，崇善想要通过造币来补贴船政经费的计划以彻底失败告终。[②]

作为闽关铜元局被停办后的余震，开办该局时崇善以闽海关名义向汇丰银行借款的 30 万元，约合 272727 两银，这笔解款的本息需要由闽海关负责归还。为了铜元局的善后，闽海关也背上了巨大的经济包袱，原本闽海关主要以四成洋税勉力拨解船政经费，此时为了归还汇丰借款利息，闽海关四成洋税也已无法足额供应船政经费，“闽关借贷洋款建设铜币局，并清偿船政料价，原拟以铜元余利协济船工，扩充制造。今铜元局既奉部议饬停，则闽关重负债累，腾挪乏术，即每月应拨之二万两亦恐势难按期拨付”。[③] 至此，清代的船政建设陷入了资金绝境，随着 1906 年外国技术团队合同到期离去，船政的制造工作就在 1907 年彻底终止，距离沈葆桢担任首任船政大臣时恰好 40 年。

清代末任兼管船政大臣朴寿上任后，向清廷汇报了船政最后的经费情况，从 1903 年农历正月至 1907 年农历十二月的 5 年时间里，闽海关六成洋税应解船政的经费一分钱没有解到，只有闽海关四成洋税总计解拨了 129 万两银，与 5 年 300 万两经费的额定标准相差悬殊。[④] 从此以后，船政的经费仅能勉强维持人员薪工的发放以及必要的厂务设施的

---

① 《船政开厂鼓铸铜元片》，《船政文化研究——船政奏议汇编点校辑》，海潮摄影艺术出版社 2006 年版，第 532 页。

② 《陈报考查闽厂情形电》，《望岩堂奏稿》，（台湾）文海出版社 1967 年版，第 471 页。

③ 《厂制一号江船下水日期并现办厂务、拟筹接造各情形折》，《船政文化研究——船政奏议汇编点校辑》，海潮摄影艺术出版社 2006 年版，第 537 页。

④ 《闽厂接造轮船，支用各款造册核实报销折》，《船政文化研究——船政奏议汇编点校辑》，海潮摄影艺术出版社 2006 年版，第 549 页。

维护。

二、厂区建设

闽浙总督、福州将军兼管、兼充船政大臣时代，船政的制造工作规模变小，船政生产厂区及相邻的船政地块的建设工作较少，主要是围绕着青洲石船坞的落成和运行以及法国洋员技术团队来华而产生。

青洲石船坞工程开始于裴荫森担任船政大臣的1887年末，至闽浙总督边宝泉兼管船政时的1896年基本竣工，前后建设耗时近10年。除了船坞本身外，还建设了诸如机器房、料件仓库等众多的配套建筑设施，此外因为船坞坞口水域正对乌龙江江流，容易淤积，又通过福建善后局购买了旧挖泥船1艘、装泥驳船2艘、刮土船1艘，以便配合船坞的维护。不过因为青洲船坞的坞口江流湍急，舰船依靠人力或机器绞拖入坞时，极容易被江流冲扰，有擦碰船坞坞体的危险，事实上船坞竣工后，迟迟未能投入实际使用。当杜业尔率领外国技术团队来华后，根据青洲船坞的这一实际情况，建议添造拖船，用于拖带进出船坞的舰船，就此才解决了“因水流太急，各船未敢轻于一试”的问题。

1898年9月17日，为青洲石船坞配套用的“吉云”号拖轮建成，船政大臣增祺派杜业尔指挥“吉云”拖带船政的“福安”等舰进行出入坞试验，“藉资练习”。当年，已经升任北洋大臣的原福州将军裕禄命令北洋水师的3艘新锐巡洋舰“海筹”“海琛”“海容”南下到青洲船坞入坞维修，大获成功，青洲船坞就此具备了维护舰船的技术能力，“闽省船坞足为南北洋修理中等船只之用”。①

别具趣旨的是，船政原本不是经营性的企业，自创办以来就从不对外开展商业性的活动，但是青洲船坞投入使用后，由于是华南地区唯一的大型石船坞，很多外国舰船前来洽商，想要就近入坞维护，对此船政不便坚决拒绝，又不能让其白白使用青洲船坞，遂决定“于修费之外，酌收槽租，以补经费之不足”。经时任兼充船政大臣增祺指令，船政提

① 《酌定闽厂槽坞代修船只租费价目片》，《船政文化研究——船政奏议汇编点校辑》，海潮摄影艺术出版社2006年版，第503—504页。

调沈翊清与洋员正监督杜业尔进行协商，参考香港英商船坞的例子，将船政青洲船坞和原有的铁船槽一体考虑，拟定了上坞收费标准，除中国军舰和各省官船上坞不收使用费外，其他中国商船和各国船舰来船政上坞，均要收取槽、坞使用费，以铁船槽和青洲船坞为主要作业场地的坞修部门，成为船政首个对外公开商业运营的部门。在1907年船政制造活动因经费困局停止后，坞修工作则依然保持进行。“计自一百至三百吨，收费一百五十元；三百至五百吨，收费二百元；五百至六百吨，收费二百五十元；六百至七百吨，收费三百元；七百至八百吨，收费三百五十元；八百至九百吨，收费三百七十五元；九百至一千吨，收费四百元。自一千吨以上，每吨加收费银四角，按吨递加。又于工料银之外，再行酌加二成，以充公费……如有上槽、入坞，请用拖船拖带者，其拖费拟定每次五十元。所有驾驶法度，均归请修之船主自专其责。倘有意外事变，与槽坞无涉。其船舰停泊槽坞，均以三日为限，逾期照日加费。拟一千吨以内之船，每日每吨应加修费银一角；一千吨以外之船，每日每吨应加修费银九仙。若请修之船系外国战舰，仍请将所拟槽坞价目，值什减二，以示优待”。[①]

除了围绕青洲船坞的建设之外，兼管、兼充船政大臣时期，船政厂区的其他重要建设几乎都和1897年到来的外国技术团队有关。外国技术团队领队、洋员正监督杜业尔抵达中国后，经对船政的生产设施情况进行了解后，提出了一些增购设备、修整厂房的建议，其中改动规模较大的是对原铁胁车间的修整改造以及新设镀锌车间。

船政的铁胁车间建于督办大臣时期，至杜业尔来华时已有近二十年的历史。由于铁胁车间的建筑采用的是木制梁柱，杜业尔察看时发现“原竖木架均年久攲侧，亟须修理”，遂建议干脆将车间拆除重建，利用船政积存的钢铁料件制造铁质梁架进行更换，“并添砌打铁炉一十四座，以利工作”。

原铁胁车间建筑构件里的木料拆下后并没有废弃，而是利用其择地

---

① 《酌定闽厂槽坞代修船只租费价目片》，《船政文化研究——船政奏议汇编点校辑》，海潮摄影艺术出版社2006年版，第504页。

新建一座车间。[①] 在当时的档案文献中，这座车间被称为“镀铅厂”，实际上其所称的“铅”指的是白铅，即锌，也即在船政新建一座镀锌车间。镀锌，是19世纪中叶之后开始大量使用的一种金属防腐工艺，就是在钢铁表面形成一层锌质包覆层。在当时的舰船建造领域，镀锌技术主要运用于小型的鱼雷艇上（也包括驱逐舰），因为这种舰艇干舷低矮，航行时船体的很大部分都沉浸在水中，对舰材的耐腐蚀要求格外高，因而鱼雷艇的船壳板、肋骨、龙骨等金属构件在装配前都要进行镀锌处理，以防腐。可以说，掌握镀锌技术，在当时是建造鱼雷艇的重要技术基础之一。返观船政，杜业尔在船政内建设镀锌车间的同时，事实上正是其准备协助船政试造二等鱼雷艇的时候，船政之后之所以能够顺利建造出二等鱼雷艇“建翼”号，就与自身能够解决钢铁镀锌加工有很大关系。

另据船政的相关档案显示，船政在1899年还进一步扩充了生产厂区的电能设施，新建了一座洋式机器房，其中安装发电机及配套的130马力蒸汽机和锅炉。值得注意的是，当时西方国家的造船业和铁工业已经在建造中采用压缩空气和电力驱动的铆钉枪来取代传统的人力砸打铆钉的工艺，船政在此时也开始出现称为“泡钉汽机”“泡钉电机”等新式生产工具。

1906年，船政在甲午后雇佣的外国技术团合约到期离华，而就在之前，由总监工洋员柏奥镗主持，对沈葆桢时代建成的船政起重码头——铁水坪进行了至关重要的改造。船政起重码头原为铁木结构，使用年久“木架板柱中多朽坏”，遂就此进行修理，同时将原为青洲船坞工程购买的一座蒸汽动力的折倒式起重吊臂改装到起重码头，替代原有的旧吊臂，并在起重码头旁修建了为起重臂提供动力源的机器房。[②]

至1907年船政的制造工作全面停止时为止，仅就船政的硬件设施而言，仍然并不落后于同时代的西方造船和铁工生产企业，只是囿于经

---

① 《续到洋匠应给住房，添修工料，并盖镀铅厂及修补厂屋用款，奏咨立案片》，《船政文化研究——船政奏议汇编点校辑》，海潮摄影艺术出版社2006年版，第489页。

② 《修造石船坞、铁水坪并添盖机器房工料立案片》，《船政文化研究——船政奏议汇编点校辑》，海潮摄影艺术出版社2006年版，第546页。

费和国家政策的双重拘束，被迫停止了生产。

三、船政学堂的发展及第四届留学生

在兼管、兼充船政大臣时代，中国已同时拥有多所开展西式海军军官教育的学校，而在没有大规模新舰艇扩充的情况下，海军军官专业人才教育面临着“供大于求”的问题。具体到船政学堂，因为船政水师已经不复存在，留在福建的船政造舰船的数量也极为有限，且裴荫森担任船政大臣时期已经为后学堂新招了大批幼童入读，所以船政对后学堂航海专业教育没有需要快速扩充的急迫感，反而因为船政涉及制造的技术人员大量流失外省，船政对加大前学堂制造人才的育成规模有了迫切需求。

1896 年福州将军裕禄兼充船政大臣后，借着杜业尔率领外国技术团到来的时机，在 1897 年春进行了自裴荫森时代之后的又一次大规模学堂招生，当时共考选幼童 140 名，其中 80 名分配进入船政前学堂学习，另 60 名分派入船政艺圃，而并没有考虑给船政后学堂分配新的幼童。根据洋员正监督杜业尔的建议，借着新生入读，船政前学堂和艺圃的学制也做了全新的整顿和改动。

对船政的前学堂，杜业尔建议将原延续自日意格时代的 5 年学制改为 6 年制，有关的教学内容和学习进度也做了明确的规范要求，“先照法国初学学堂课程办法，学习《数学入门》、《几何入门》并《格致浅语》等书；次则再按法国水师学堂课程办法，学习《数学》、《理解代数》、《平面及立面几何》、《八线算术》、《几何画法》、《重学》、《格物入门》、《化学入门》等书；至第五、六两年，则学《上等代数学》、《几何代数》、《重学》、《理解微分积分》、《化学》、《格物》等书，循序肄业。除习洋文外，每日仍兼习汉文”。

对船政传统的艺圃教育，杜业尔则根据培养目标的不同，在其中分别设立了艺徒学堂和匠首学堂两个部分，学制各为 3 年。其中艺徒学堂是艺圃的初级教育部分，“初入学堂，按照法国初学学堂办法，学习法国语言文字、《数学》、《几何入门》、《常用艺学浅义》并《画法》等书。各徒均于每日下午赴学肄业，上午入院学习船身、轮机各种绘事，并时时派赴各厂历练”。三年到期后进行考试，合格者从艺徒升为匠人，正式派赴生产厂区工作。而又于其中择优送入匠首学堂深造，“教以稍深艺学，并讲说制造轮机、汽机、打炼钢铁法度”，以备三年期满充当匠首。在技术人才缺乏的局面下，纵使是未能通过艺徒学堂考试的艺徒，船政也不愿轻掷，而是“分派各厂充当小匠，俟其历练娴熟，再升为匠人”。[①]

在船政的后学堂方面，从卞宝第兼任船政大臣开始，一直到裕禄兼充时代，最大的变化是裕禄鉴于后学堂的训练舰“靖远”号不适合教学使用，而将船政留闽的“元凯”号炮舰改造为训练舰，取代了“靖远”，成为船政后学堂直至清王朝覆灭前的最后一艘专用训练舰。[②]

继裕禄在1896年招收140名幼童后，时隔近6年，兼管船政大臣崇善在1902年又为学堂招收了一批新的幼童，总计人数为70名，不同于之前裕禄将新招的幼童全部派入前学堂和艺圃的做法，崇善时期可能因为后学堂的旧班已有学员毕业，新招的70名幼童不仅有派入前学堂的，同时也有部分派至后学堂学习航海专业的。这批幼童于当年的8月4日正式入学就读，[③] 从此后的教学情况看，极有可能是清代船政学堂大规模招收的最后一批学员。

配合学堂教学工作所需，在兼管、兼充大臣时代，船政学堂的教习多由西方人担任。卞宝第兼管船政时，船政学堂的正教习共有2人，分别是后学堂航海专业教习邓罗、后学堂管轮专业教习斐士博，均为英国人，都是按照3年期合同在船政任教。而船政前学堂原有英籍正教习赖格罗，因合同到期已于1889年回国，[④] 所遗留的工作改由前学堂的法

---

① 《挑取生徒入堂肄业并定年限、课程片》，《船政文化研究——船政奏议汇编点校辑》，海潮摄影艺术出版社2006年版，第471页。

② 《“元凯”轮船修改练船规制，估需银数折》《“元凯”练船修改工竣折》，《船政文化研究——船政奏议汇编点校辑》，海潮摄影艺术出版社2006年版，第460—461、490—491页。

③ 《学堂招考学生，就已聘洋员分派教导各学片》，《船政文化研究——船政奏议汇编点校辑》，海潮摄影艺术出版社2006年版，第527页。

④ 《褒奖学堂制造、驾驶、管轮洋教习片》，《船政文化研究——船政奏议汇编点校辑》，海潮摄影艺术出版社2006年版，第415页。

籍教习迈达兼顾。[1] 1897年杜业尔率领的外国技术团到来后，当时在船政学堂任教的迈达等归洋员正监督杜业尔统一管理。此后，除前学堂教习迈达经船政多次续约雇佣外，原在学堂任教的其他教习可能陆续到期解约。1902年崇善招募幼童入学时，改从杜业尔率领的外国技术团中挑选洋员兼顾学堂教学，其中管坞洋员那戴尔被派兼后学堂航海专业教习，书记官伯乐兼任前学堂测量教习，矿师达韦德兼任化学教习。[2] 1907年，外国技术团到期解散且船政停止制造工作后，船政只留用了迈达和竺蒲匏二人继续前学堂未毕业学生的教学，其他在校洋员均一并解散，后学堂的教学工作推测当时已经改由中方教习来担当。

作为兼充、兼管大臣时代船政在教育方面的另外一项重要工作，在甲午战争之后，船政再度启动了赴欧留学生的派遣。

1896年裕禄出任兼充船政大臣，就船政应办的各事项上奏清廷，其中提出了续派留学生的设想。裕禄计划参照第三届留学行动的成案，按照后学堂三年、前学堂六年的留学年限新派一批留学生赴欧。[3] 此事在得到清廷谕准后，裕禄便和船政提调沈翊清等进行协商，计划从前、后学堂各抽选10名学生，后因英国格林威治海军学校外国学生名额已满，无法接收中国留学生，船政遂将留学计划改为只派前学堂学生赴法留学。

经考选，第四届留学生共有前学堂旧班的施恩孚、丁平澜、卢学孟、郑守钦、黄德椿、林福贞等6人入选，留学的人数是历届最少的一次。鉴于人数少，第四届留学团不再分设华、洋监督，而只指派华监督一名，具体由船政首届留学生吴德章担任，另由船政后学堂毕业生沈希南担任随行翻译。[4] 因为全是前学堂人员留学，按学制将要在法国学习

---

① 《展留前学堂洋教习迈达，以资教导片》，《船政文化研究——船政奏议汇编点校辑》，海潮摄影艺术出版社2006年版，第429页。

② 《学堂招考学生，就已聘洋员分派教导各学片》，《船政文化研究——船政奏议汇编点校辑》，海潮摄影艺术出版社2006年版，第527页。

③ 《察看船政情形，应行整顿各事宜折》，《船政文化研究——船政奏议汇编点校辑》，海潮摄影艺术出版社2006年版，第456页。

④ 《清末海军史料》，海洋出版社1982年版，第208页。

6年，经测算，共需经费关平银96193两余，按照以往成案，这笔经费定为逐年拨解，由福建省的厘金中负担四分之二的部分，闽海关四成洋税应解南北洋海防经费中负担四分之一，船政自身负担四分之一。①

1897年农历九月，② 船政第四届留学团踏上旅程，仍然是先取道香港，而后再前往法国。比较特别的是，抵法之后，其实只有施恩孚一人学习舰船工程相关学科，进入法国船机官院学习，其他则几乎全部攻读铁路专业，此举或是为了配合当时国内方兴未艾的铁路建设事业。其中郑守钦、黄德椿、林福贞、丁平澜等4人进入法国铁路桥官院学习，剩余的卢学孟（其兄长卢守孟是第三期留法学生）起初可能也是在铁路桥官院学习，后被中国公使调往比利时担任翻译，其名额改由时任船政工程处道员魏瀚的儿子魏子京替补，魏子京在法国的具体学习情况不详。③

时至1900年，兼充船政大臣善联认为第四届学生人数本少，作为工作人员的华监督以及翻译没有太多的事务可做，“所谓监督者，不过挈同学生出洋到法国后，送入学堂肄业，按期支给房膳、修金，此外无所事事”，而华监督、翻译的薪水及公费开支较高，几乎占了留学经费的一半，于是奏请在当年农历九月，即第四届留学计划执行过半时，将华监督和翻译撤回，在法的留学生则转由驻法公使监督照料，以节省经费。④

同年，闽浙总督许应骙接替善联接管船政后，因为船政经费支绌，难以继续支付留学生经费，“船政工需万分竭蹶，将有悬釜待炊之虑，

---

① 《选派第四届出洋肄业学生，核估用款并派监督带往折》，《船政文化研究——船政奏议汇编点校辑》，海潮摄影艺术出版社2006年版，第472—473页。《海防档·乙》福州船厂（下），（台湾）“中央研究院”近代史研究所1957年版，第1027—1029页。

② 据善联《四届出洋肄业学生交出使大臣照料，监督并翻译先撤回华折》中所述，第四届学生的出发时间是光绪二十三年九月，见《船政文化研究——船政奏议汇编点校辑》，海潮摄影艺术出版社2006年版，第509页。而据第四届留学生卢学孟的哥哥卢毓英叙述，出发时间为八月，本处从前者。

③ 《清末海军史料》，海洋出版社1982年版，第208页。

④ 《四届出洋肄业学生交出使大臣照料，监督并翻译先撤回华折》，《船政文化研究——船政奏议汇编点校辑》，海潮摄影艺术出版社2006年版，第509页。

实属无法腾挪”，而福建厘金也称经费短缺，无法继续供应留学生经费。许应骙遂上奏建议清廷批准终止留学计划，“该学生等远隔重洋，倘未能常川汇款接济，自不免作辍相乘，于学业进修不第毫无裨益，深恐淹留异域，别出事端”。[①] 原定 6 年的船政第四届留学计划仅仅执行了 3 年后，便受困于经费无着，被迫终止并将人员撤回。

此后，由船政学堂主导、推动中国海军、造舰工程学员留学计划的历史不复再见，在清廷逐步收回海军建设权的局面下，海军留学计划渐渐改由清政府中央海军机构管理和派遣，船政则仅成了其中的参与者。

在 1900 年之后，清政府事关海军、舰船工程的留学目的国主要分为日本和英国两大方向。1904 年，署理两江总督端方为造就海军人才，经与英国海军中国舰队商议，从江南水师学堂挑选 6 名学员就近派赴驻在上海的英国军舰见习。[②] 第二年，这一计划得到扩大，可能在南北洋海军统领的安排下，决定从船政学堂和广东水师学堂各挑选 2 名学员，也派登驻沪的英国军舰实习，船政后学堂航海专业的李国堂、许建廷二人入选。

1906 年，清廷决定从安排在驻沪英国军舰上实习的 10 名海军学员中抽选 5 名派往英国本土留学（后又额外加派 1 人），船政后学堂学员许建廷获派赴英，成为自裴荫森时代的第三届留学计划之后，第一位赴英国留学的船政后学堂学员。[③] 抵英后，许建廷和其他中国留学生被派在格林威治等海军学院，“学习驾驶、天文、战术、水雷、鱼雷等艺”，于 1909 年回国。[④]

1909 年当年，清政府设立筹办海军事务处，由贝勒载洵和提督萨镇冰任筹办海军大臣。8 月，载洵与萨镇冰南下巡视海防，校阅舰队，

---

① 《四届出洋学生已历三年，因筹费为难，应一并遣撤回华片》，《船政文化研究——船政奏议汇编点校辑》，海潮摄影艺术出版社 2006 年版，第 511 页。

② 《署两江总督端方奏请派水师学生赴驻沪英舰学习片》，《清末海军史料》，海洋出版社 1982 年版，第 415—416 页。

③ 包遵彭：《清季海军教育史》，（台湾）“国防研究院”1969 年版，第 115 页。

④ 《筹办海军处奏为留学英国海军毕业生考试成绩比照成案量予奖励折》，《清末海军史料》，海洋出版社 1982 年版，第 420—421 页。

并考察海军学校，而后赴欧洲考察海军。载洵、萨镇冰赴欧洲考察海军同时，从各海军学校挑选了20余名学员随行赴欧洲留学，其中以烟台海军学堂、江南水师学堂、广东水师学堂的学员为最多，而船政学堂的教育状况在当时已经极度萎缩，仅有后学堂学员叶宝琦得以入选，是清末派往西方留学的最后一名船政学堂学员。

除英国外，清末中国海军的另一留学热点是日本。1904年左右，船政学堂最先有后学堂学员王麒、张哲培作为武备学生被派往日本，但因当时日本海军兵学校等教育机构拒收中国学员而不得不改学陆军。1906年，清政府练兵处统一组织全国各相关海军教育机构向日本派出海军留学生，船政后学堂派出了学员周光祖赴日，成为中国留日第三期航海科学生，与其他留日的中国海军学生70余人被时人戏称为“七十二贤”,[①] 是船政学堂派出的唯一一名留学日本的海军学生。留日期间，周光祖和同期的中国航海科留学生一起首先入读日本商船学校，学习基础的航海科课程，之后转入日本海军炮术学校、机关学校进修，最后派登日本海军训练舰“严岛”“津轻”实习。

① 黄福庆:《清末留日学生》,（台湾）“中央研究院”近代史研究所1975年版，第48页。包遵彭著《清季海军教育史》中将周光祖误作周志祖，见该书第70页。

第二十一章　最后的外国技术团

一、再雇洋员团队

1896年7月26日，清廷采纳闽浙总督边宝泉等的奏请，谕令福州将军裕禄兼充船政大臣，以专权责。当时正是甲午战争后中国海防百废待兴之际，目睹中国有意着手整顿、兴办海军等近代化建设事业的情况，欧洲列强视之为可以向中国施加影响力，从而攫取经济乃至政治利益的大好时机，纷纷向清政府积极示好，希望能参与中国的海防重建计划。就在裕禄被任命兼充船政大臣后不久，似乎是预感到中国可能会重振船政，7月28日法国海军将领德博孟专程拜访总理衙门，表达法方希望参与中国船政事务的意向。作为当事人之一的军机大臣翁同龢在日记中记录了当天的情况："午正赴总署，恭邸及诸公毕集，庆邸未来。法国水师提督德博孟带兵官六人来谒，皆公服，余等仅穿袍而已。施使暨两翻译同来，谈次著意福建船厂，以为此法人所创，将来必仍用法人，邸漫应之。"[①]

此后不久，法国驻华公使也直接向总理衙门表示法国方面对参与船政事务具有很大兴趣，[②] 愿意协助中国整顿船政，"法使照会中国，如果整顿船政，其国家极愿推荐名手相助"。[③]

时值甲午战争中国惨败之后，原有的北洋海防力量在战争中已被横扫一空，随着战后清廷将总理海军事务衙门等机构撤销，管理举国海防建设的大权又重新回到了总理各国事务衙门手中。面对海防亟须重建的迫切局面，总理衙门也一度将振兴船政看作是海防建设的重点工作之一，意图通过增强船政的制造能力，从而实现大批自造新式舰艇。在如

---

① 《翁同龢日记》第五册，中华书局1997年版，第2919页。

② 《翁同龢日记》第五册，中华书局1997年版，第2922页。

③ 《整顿船政，延订法国洋员，谨将办理情形及议定各洋员薪费数目折》，《船政文化研究——船政奏议汇编点校辑》，海潮摄影艺术出版社2006年版，第452页。

何提升船政制造能力的方面，船政开办之初委托法国人日意格、德克碑组建技术顾问团的成功先例引起总理衙门的兴趣，认为可以依照这一旧例，重新雇佣外国技术人员，协助船政提升造舰的层次。船政的制造技术本就是来源自法国，船政的机械设施布置、制造工艺等也都师从法国，而法方又表示愿意在有关船政的工作方面协助中方，在此背景下，总理衙门很快就和法国驻华使馆达成了意向，准备雇佣法国技术专家协助船政建设。

1896 年 9 月 10 日，法国方面派海军“阿尔及尔”号巡洋舰（*Alger*）的舰长卜玳（Bouter）到达福州拜会船政大臣裕禄，具体洽谈有关帮助船政雇佣法国技术人员的事务。商谈中，卜玳竭力怂恿中方雇佣大规模的法国技术团队来闽，“总欲多用洋员匠”，裕禄则考虑到当时船政自身已经具备一定规模的技术和生产人员力量，坚持只需要聘请总工程师等高端的技术人才，以做提纲挈领式的技术指导。经过对雇员的人数、工作要求、薪水待遇等具体内容进行反复讨论，双方在一个月后的 10 月 10 日将雇员计划的条文商定，第二天裕禄和法国军官卜玳以及法国驻福州领事高乐待（Paul Claudel）一起，在船政衙门内就此计划签约，“彼此于合同内画押钤印立案”。①

需要加以说明和强调的是，裕禄在 1896 年 10 月 11 日和法方签订的合同并不属于直接的雇员合同，这份合同的性质类似于一种居间的中介合同，合同主要的内容是明确中方对于雇员的要求以及给予的待遇标准等细节，并由签约者——法国军官卜玳、法国驻福州领事高乐待代表法国政府方面承诺按照这些条件帮助中国在法国寻觅人选，同时在此事务上给予中方一定的支持和帮助。至于经法方推荐出的洋员人选，还需要由其本人直接和船政签订具体的雇佣合同。

现代一些历史研究者认为，裕禄 1896 年雇佣洋员的活动和左宗棠 1866 年的类似活动存在性质上的根本区别，认为 1866 年日意格、德克碑居间为中国雇佣洋员、洋匠团队，纯属是私人行为的性质，而 1896

---

① 《整顿船政，延订法国洋员，谨将办理情形及议定各洋员薪费数目折》，《船政文化研究——船政奏议汇编点校辑》，海潮摄影艺术出版社 2006 年版，第 454 页。

年裕禄的雇佣洋员计划在法国一方则具有官方性质，“合同第一条规定：‘法国国家允代派监督教习等员弁，差遣来华，以为襄办整顿开拓福州船政之事。’这就意味着不是中国聘用外国人员，而是外国人员代表法国政府来我国襄助船政，使这种关系赋予官方的性质”。[①] 进而根据这种对官方性质的判断，认定此后洋员团队在中国的一些行为是基于法国政府的幕后支持、指使，“依恃法国政府撑腰，在船政局独断专行，并力图为本国的利益捞到好处，以至损害中国的主权和船政局的利益”。[②]

然而事实的情况并非如此，实际上1896年和1866年的雇佣洋员活动在程序乃至性质上，具有很大的相似性。1866年时，左宗棠是通过法国人日意格、德克碑二人居间，代为在法国乃至欧洲雇佣洋员、洋匠，甚至代为出面签订雇佣合同。在当时，日意格、德克碑的身份都是法国海军的现役军官，而且二人在代中国雇佣洋员、洋匠之前，也曾先拟定了一套具有中介、承包合同性质的法律文件，即有关中法合作五年计划的保状等文件，同时还在法国驻上海总领事的见证下，签署了这些文件。日意格、德克碑雇佣洋员、洋匠来华参加船政建设，其表面的性质看起来属于二人的私人行为，但是如果考虑到二人在合同期间始终具有的法国海军军官身份以及雇佣活动期间他们寻求和获得了法国政府的批准和支持，且得到法国海军在远东部队的支持，那么日意格、德克碑雇佣外国技术团队为船政服务的活动，也可以理解为是在法国政府的幕后影响下进行的。

1896年裕禄和法国军官卜玳签署的居间合同，其性质类似于1866年日意格、德克碑签署的保状，只不过居间者改成了法国的政府机构(具体是法国海军远东支队 Division Navale de L’Extreme Orient 以及法国驻华公使馆)。和日意格、德克碑居间雇佣洋员的模式有所不同的是，此次法国方面只是为中国推荐洋员正监督的人选，具体的雇佣决定权在中国方面之手，而非日意格、德克碑当初的大包大揽模式，具体的雇佣合同也由中方直接和洋员本人签署，而不是像当年那样由日意格和

---

① 林庆元:《福建船政局史稿》(增订本)，福建人民出版社1999年版，第337页。

② 林庆元:《福建船政局史稿》(增订本)，福建人民出版社1999年版，第339页。

德克碑出面与受雇者签署。另外，和日意格、德克碑雇员计划存在十分明显区别的是，日意格、德克碑为中国居间雇佣外国技术团队后，居间者同时还担任技术团队的领导者，参与到船政的建设工作中。而1896年的雇佣活动里，作为居间者的法国官方机构只是在筹备阶段居间为中国联系、推荐洋员正监督人选，此后并不直接参与领导洋员在船政的工作。①

在卜玳、高乐待代表法国政府和裕禄签订的居间合同中，列有“法国国家允代派监督教习等员弁，差遣来华，以为襄办整顿开拓福州船政之事”一句，研究者习惯将此条引为法国政府操纵洋员来华活动的重要证据。事实上这条条文只是针对船政将可能雇佣具有法国军籍的工程人员而设置，因为具有法国现役军籍的人员如要接受外国的雇佣，必须首先获得法国政府的批准，即条文文本中所谓的法国国家允许派遣，此条的本意是在法律性文件上为船政雇佣法国技术人员打开绿灯、提供条件而已。当年日意格、德克碑为了能够在保留法国海军军籍的情况下为船政服务，其实也从法国军方获得过这种特殊的派遣批准。

综上，1896年由裕禄和卜玳、高乐待签署居间合同而启动的雇佣洋员计划，本质上仍然属于中国船政当局雇佣一些法国洋员个人的活动，尽管其居间者是法国的政府机构。不可否认的是，一如当年日意格参与船政建设时那般，法国政府仍然会在幕后施加或多或少的影响，但是并不能直接理解为这次雇佣洋员活动具有法国官方派出的性质。法国政府支持、协助中国雇佣法国人，与法国政府直接向中国派出人员，是两个截然不同的概念。

---

① 法国学者巴斯蒂在此方面存有一定的误判，即将合同中规定的法国海军部推荐洋员正监督人选，解读为是法国政府指派了技术团队的全部人员。尽管洋员正监督是法国海军部推荐，而洋员洋匠团队是由正监督选择，但似不能据此简单地认为这些人员都是法国政府直接指派的。巴斯蒂的观点见其论文：《福州船政局的技术引进》，《船政研究集萃》，福建省马尾造船股份有限公司2006年编印，第115页，注38。至于日后船政和这批新雇佣的洋员发生争议时，法国在华外交机构介入干涉的情况，事实上也并不是因为这批洋员具有法国官方背景，而是法国在华外交机构本就有对在华的法国人事务进行领事援助的权利和义务，纵使是普通的法国人也可获得这种领事援助支持，这是现代外交制度中的常例。

按照卜玳和裕禄签订的居间合同，在 1896 年启动的雇佣洋员计划包括几方面的主要内容。

1. 明确规定了雇佣洋员的数量、职务。约定船政将从法国雇佣 5 名洋员，分别是洋员正监督、帮办制造监工、制炼钢铁矿务监工、绘图、书记。5 名洋员中的领队，即洋员正监督，由法国海军部从所辖制造厂中为中国推荐，中方可以由驻法公使在法国对正监督人选进行审核，“正监督由法国海部水师军工人员内遴选，并出使法国大臣所许约者延聘”。至于洋员团队的其他人员，则由洋员正监督挑选推荐，由中方雇佣，“余员皆由该洋正监督从法国大制造厂及法国水师人员内选择”。在合同期间，洋员正监督可以根据洋员们的工作情况，行使处罚、开除的权力，并可雇佣人员替补。另外，除合同中列明的 5 个洋员职位之外，洋员到船政后，可以由洋员正监督根据工作实际需要，向中方申请增雇洋匠来华。

2. 洋员的合同期限为五年，五年到期是否续聘，再行讨论。

3. 对洋员的管理规章，一切按照日意格时代的旧制办理。

4. 船政前学堂已聘的洋教习、法国人迈达重订合同，一并归入这项洋员计划，由洋员正监督统一管理。

5. 鉴于甲午战争之后中国的银两发生严重的贬值，双方约定按照法郎为计算单位核定洋员的薪水，发放时则按照当时的汇率折算成银两发放。以年薪计，洋员正监督的年薪定为 60000 法郎，制造监工 30000 法郎，制炼钢铁矿务监工 36000 法郎，绘图员 19200 法郎，书记员 15000 法郎，留用的洋员教习迈达定月薪为 2000 法郎。如需要增雇洋匠首，则定匠首月薪为 1100 法郎。按照当时 1 两银折合 4 法郎的比价计算，大致上低于左宗棠雇佣日意格等时开出的薪水水准。除薪金外，这批洋员的路费、安家费等，均仿照昔日雇佣日意格等洋员洋匠时的标准，折算为法郎。[①]

---

① 林庆元先生认为居间合同中列出了除薪水之外的洋员路费、公费、安家费等经费名目，属于“法国政府以各种名目索取更多的金钱”，实际上这些经费设定基本都是延续自日意格、德克碑雇佣洋员时的旧有成例制度，而且在具体每项的经费标准上，多有低于日意格时期的。林庆元先生的相关意见见：《福建船政局史稿》（增订本），福建人民出版社 1999 年版，第 339 页。

6. 洋员团队在船政的具体工作为推求制铁之法、帮同创设锤铁钢厂，筹造巨舰，整顿船政学堂，定期限先造新式轮船两只等。①

按照这些条文，船政事实上继日意格、德克碑时代后，又将重组一个新的外国技术团队。之所以在船政自身已经培育出大量技术人员的情况下，还要重新从外国聘用技术人员来华，主要是因为当时船政技术人才大量流散至外省，致使船政自身的技术人员情况不如往昔，加之船政多年未派技术人员留学欧洲，与西方日新月异的舰船技术发展活动已经渐有知识脱节的问题，如要恢复船政制造的往日面貌，追赶上世界造舰潮流，实现振兴船政的目标，不得不依靠外力的支援。

外聘洋员的方案确定后，裕禄立即为洋员来船政工作预作准备，最主要的是为洋员预备生活居住场所。以往日意格率洋员团队在船政工作时，于船政地块上建有多处西式的生活和工作建筑，但是自五年计划到期以后，因为在船政工作的西方人寥寥无几，这些西式建筑长期处于闲置的状态，以至于年久失修，“迄二十余年未经修理，房屋多有渗漏，椽柱蠹朽，墙壁闪裂，灰饰剥落，窗扇不全”，裕禄于是命令船政工程处道员魏瀚立即主持估价修理，准备仍然将这些建筑作为新洋员团队的居住、工作之所。同时为了冶炼钢铁所需，开始筹划采购相关的实验设备、器皿和化学试剂等。②

二、杜业尔的建设计划

1896年末，法国外交部照会中国驻法公使庆常，告知法国海军部已经推荐海军造船工程学应用学校（École D’application du Génie Maritime）的帮办教习、二等监工杜业尔（Charles Doyère）作为船政的洋

① 《整顿船政，延订法国洋员，谨将办理情形及议定各洋员薪费数目折》，《船政文化研究——船政奏议汇编点校辑》，海潮摄影艺术出版社2006年版，第452—453页。

② 《修理洋式楼屋并购备化学器具，估需银数片》，《船政文化研究——船政奏议汇编点校辑》，海潮摄影艺术出版社2006年版，第461页。

员正监督人选，可以接受中国的聘用。[①] 再经杜业尔挑选，又组成了包括帮办制造监工毕尔第、勘矿炼钢监工达韦德、绘图员李嘉乐、书记员伯乐等 4 人的工作团队。5 人的合同期从 1897 年 1 月 1 日起算，在根据合同从中国驻法使馆领取了路费以及安家费等先期经费后，5 人于 2 月 14 日从法国港口城市马赛乘船出发，3 月 24 日顺利抵达船政。兼充船政大臣裕禄经过与这批洋员的交流，认为“人俱诚实，议论工程具有条理”。[②]

以海军舰船工程方面的才学而论，杜业尔的能力远非船政初创时的洋员正监督日意格可以企及，是船政历史上雇佣过的专业能力最强的洋员技术团队领袖。

因为雇佣合同中对杜业尔等来华的工作内容没有特别具体的细节规定，杜业尔等洋员来华的工作，实际是杜业尔根据合同中的大致规定，在对船政的技术情况进行了解熟悉之后提出的。

杜业尔经过查看船政的生产厂区，认为船政的机器设备等技术装备、车间设施较为健全，“一切器具只需略加整理，即如外洋之厂相埒”，足以建造各种中小型的舰船。而为了建造大型军舰计，需要为铁胁、轮机、锅炉车间更换大功率的机器，“方可工程迅速，费用节省”。同时，杜业尔认为船政还需要自造 80 吨铁驳船 2 艘、能够起重 25 吨的起重驳船 1 艘，作为厂用驳船，以便在建造大型舰船时，能够吊运大型的舾装设备以及转运从国外购到的重型物料。

对于船政新修而尚未能投入使用的青洲石船坞，杜业尔在实地查看后，根据青洲船坞所存在的坞口江流湍急的特点，为了解决舰船出入坞时容易受江流影响的问题，建议船政自行建造专用的武装拖船，当有坞修工程时，可以用拖船来顶、拖大船进出船坞，减少受江流干扰的程度。平时没有工程作业任务的情况下，武装拖船还可以充当炮艇，承担

---

① 值得注意的是，此前船政从英国雇佣洋教习的活动也是采取了类似的模式。即中国驻英使馆照会英方，再由英国海军部根据中国的需求列出推荐人选，由中国驻英使馆代表船政签订雇佣合同。

② 《船政延订法国洋员到闽日期折》，《船政文化研究——船政奏议汇编点校辑》，海潮摄影艺术出版社 2006 年版，第 463—464 页。

马江一带的水上巡逻任务，不至于闲置无用。

对中方从沈葆桢、丁日昌时代就具有浓厚兴趣的开铁矿、自行冶炼钢铁一事，杜业尔持截然不同的反对态度。杜业尔认为当时船政的造舰活动并不繁忙，对钢铁船材的需求数量本身并不大，如果仅仅为了造船所需而耗费巨资开矿冶铁，将来必定会造成钢铁供大于求的问题，将会带来人力和财力的巨大浪费，“不特空费重本，抑且多有糜费，转不若采购制造较为合算”，建议船政暂缓实施这一计划。

在船政的教育方面，由于当时船政的后学堂教育受到南北洋各水师学堂的强力冲击，地位大不如前，且船政此时雇佣洋员来华的最主要目标是振兴船政的制造，杜业尔从加强船政技术力量培育的角度出发，主要重点针对船政的前学堂和艺圃教育提出了整顿意见。一方面新招学童入读，一方面重订教学制度，前学堂的学制被确定为六年，所学的课程、教材则按照法国海军制造学校的模式加以整理。

在军舰的建造方面，裕禄和卜玳签订居间合同时，原只粗略地提出先行建造 2 艘新式军舰的目标。杜业尔到达船政后，则提出了仿照法国新式舰型，以 3 年时间建造鱼雷艇 2 艘、鱼雷巡洋舰 1 艘的详细方案。按照其所开列的方案可知，所选的鱼雷艇为排水量 150 吨左右，航速 21 节的样式，鱼雷巡洋舰则是排水量 800 吨左右，航速 23 节的方案，预估总计工料银不超过 120 万两。[①]

当时恰逢总理衙门为了尽快加强黄、渤海海防，向德国希肖船厂订造了 4 艘“海龙”级驱逐舰，这型军舰排水量 280 吨，航速达到了在当时属于惊人程度的 32 节。[②] 裕禄凭着“海龙”级的高航速，怀疑杜业尔所列出的舰艇方案不够新颖，“复与逐细考究”。[③] 出于工程师对于自我技术能力的自负，杜业尔立刻撰写了长篇条陈呈报给裕禄，介绍军舰

---

① 《延募洋员到闽，商拟制造船工大概情形折》，《船政文化研究——船政奏议汇编点校辑》，海潮摄影艺术出版社 2006 年版，第 469—470 页。

② “海龙”级驱逐舰的性能参数参见陈悦：《清末海军舰船志》，山东画报出版社 2012 年版，第 74 页。

③ 《筹造新式快舰，现与洋员议定办理情形折》，《船政文化研究——船政奏议汇编点校辑》，海潮摄影艺术出版社 2006 年版，第 479 页。

并不单纯以航速的快慢作为新旧标准等知识，直接指出裕禄的理解实属错误，乃至抨击德国的造舰技术不如法国。①

杜业尔之前之所以申请建造两种小规模军舰，主要是考虑了中方的经济承受能力，是从可行性角度出发拟定的方案，未想到这样的方案竟然引起中国官员对杜氏的怀疑。在呈报裕禄的条陈里，杜业尔便完全抛开了对经费问题的考虑，尽情陈述自己对当时世界各新颖舰型的理解，提出了一个新的 6 年造舰计划，建议船政建造各种新式军舰 34 艘，共包括有头等守口铁甲舰、二等守口铁甲舰、装甲巡洋舰、鱼雷巡洋舰、鱼雷艇等多种舰型，总计预算达到 6042 万法郎，约合 1500 万两银，相当于船政 25 年的运行经费总和。

方案中杜业尔还提起北洋海军甲午大东沟海战之败的往事，认为如果船政按照自己的方案造出这批军舰，中国就能够编成一支强劲的舰队，“此三十四艘可成强劲水师一军，有大小各炮二百十八尊（中有快炮一百一十尊），则一分钟中，发出炮弹不计其数，必能制胜大东沟炮雨之日本，而日本所以胜于中国者，定以此也”。②

表二十六　杜业尔条陈所列的六年造舰方案③

舰　种	单艘造价	建造数量	造价合计
头等守口铁甲船	10000000 法郎	1 艘	10000000 法郎
二等守口铁甲船	5600000 法郎	2 艘	11200000 法郎
头等铁甲快船	9000000 法郎	2 艘	18000000 法郎
二等快船	4500000 法郎	3 艘	13500000 法郎
鱼雷快船	2400000 法郎	1 艘	2400000 法郎
鱼雷船	1200000 法郎	2 艘	2400000 法郎
头等鱼雷艇	350000 法郎	4 艘	1400000 法郎
二等鱼雷艇	80000 法郎	19 艘	1520000 法郎

杜业尔列出的这项耗资庞大的计划，船政根本无力施行，最后又重

① 《福州船政洋监督上船政大臣裕禄制船条陈》，《时务报》，1898 年第 57 期。
② 《福州船政洋监督上船政大臣裕禄制船条陈》，《时务报》，1898 年第 59 期。
③ 《福州船政洋监督上船政大臣裕禄制船条陈》，《时务报》，1898 年第 59 期。

新回归到了之前杜业尔建议的 3 年时间建造 2 艘鱼雷艇和 1 艘鱼雷巡洋舰的保守方案上。裕禄经过和工程处道员魏瀚商议，觉得 2 艘鱼雷艇的造价和 1 艘鱼雷巡洋舰相差不多，而鱼雷巡洋舰的战力显然要超过鱼雷艇，于是将原方案修改为建造 2 艘同型鱼雷巡洋舰。船政遂决定委托杜业尔就建造计划中所列的估价 240 万法郎的鱼雷巡洋舰，以 3 年时间造成 2 艘。[①] 根据该型军舰的建造需要，杜业尔申请船政再增雇一批洋员洋匠，以便充实工作一线的技术力量，计包括轮机、铁胁、拉铁、锅炉车间各用 1 名洋厂首（每人每月薪水 1100 法郎），铸钢、轮机、锅炉、船坞各用 1 名洋匠首（每人每月薪水 800 法郎），另雇 2 名洋绘图员（每人每月薪水 600 法郎），总计增加 10 名洋员洋匠。

1898 年初，增雇的 10 名洋员、洋匠抵达船政，鱼雷巡洋舰工程随后开工，杜业尔率领的外国技术团队在船政参加的建造工作就此开始。受制于船政经费不足，至 1903 年杜业尔离职为止，洋员技术团队在不到 6 年的时间里共协助船政建造鱼雷巡洋舰 2 艘（“建威”“建安”）、武装拖轮 1 艘（“吉云”）、鱼雷艇 1 艘（“建翼”）、巡防轮船 2 艘（“安海”“定海”）、交通船 2 艘（“济川”“祥云”）以及铁驳船和起重驳船等。虽然较船政初创五年计划时代的造舰数量逊色了许多，但却是甲午战争之后船政最主要的舰船制造成果。

至于杜业尔为船政拟定的那项庞大的 34 艘造舰计划，在戊戌变法时代曾一度被清廷提起，准备集全国之力设法建成（按照杜业尔 34 艘计划中所列的舰种，清廷将自身已有装备的军舰减去，准备建造头等守口铁甲舰 1 艘、二等守口铁甲舰 2 艘、二等鱼雷艇 18 艘），甚至还将杜业尔当初呈给裕禄的计划条陈在著名的维新派报纸《时务报》上全文刊载，以助声势。可惜的是，这一计划最后随着戊戌变法的失败而不了了之。

与五年计划时代洋员、洋匠团队在华的工作情况存在明显区别的是，彼时船政的官员、工匠对于西式造舰基本是一片茫然无知，对洋

---

① 《筹造新式快舰，现与洋员议定办理情形折》，《船政文化研究——船政奏议汇编点校辑》，海潮摄影艺术出版社 2006 年版，第 480 页。

员、洋匠言听计从，而杜业尔团队到来时，船政的技术官员和工程师大多具有一定的西式造舰经验，甚至如魏瀚等还是法国海军造舰高等学府的毕业生，对待来华的外国技术团队已无法做到在技术工作上无条件地遵从，甚而在不经意中会经常和洋员、洋匠发生技术上的争论，客观上出现了对外国技术人员的排挤抵触态势。受此影响，船政的普通工匠也以相似的态度对待外国技术团队。洋员、洋匠和船政中方技术人员事实上处在一种并不和睦的互相戒备的关系中，法国学者巴斯蒂对此时的洋员、洋匠和船政中国工程人员的关系，曾有入木三分的评述。

> 这次来华的法国人只有二十来个，比日意格时的人数少。他们中间没有任何人事先到过中国，对中国也没有半点了解，他们完全依靠翻译人员同船政局的领导和工人打交道。他们几乎全部来自法国海军造船厂——一个受到保护并井然有序的工作环境。除去一两个人外，他们的专业水平一般，来到中国后，这些人很快与中国工程师和技术人员发生了冲突。后者总是以一种多疑的敌视态度对待法国技术人员，这便引起了下层人员对法国人的消极抵触。技术团团长杜业尔性情激烈，难以打交道，好胜心强，他对中法双方的互不谅解应负有很大责任。对曾留学法国的中国人，杜业尔并没有平等对待的意识，他认为这些人应该言听计从。中法合同没有明确指出他对中国工程师的权威，这也使他恼火。然而，中国工程师们具有足够的知识，不像日意格在中国时那样，他们并没有在法国人较高的知识水平前盲目地顺从。相反，他们从来也没有放松过对法国人的挑剔，并在中国官员面前贬低法国人在中国的活动。①

三、“江船”风波和杜业尔被逐

杜业尔率领外国技术团队来华后不久，船政因为得不到清政府持续的政策和经费支持，经历裕禄时代犹如昙花一现的振兴之后，重又归于沉寂，甚至连开工 1 艘鱼雷巡洋舰都感到筹款万难。这一状况下，船政

---

① 〔法〕巴斯蒂：《福州船政局的技术引进》，《船政研究集萃》，福建省马尾造船股份有限公司 2006 年编印，第 110—111 页。

的制造工作稀疏，洋员、洋匠的工作量也十分有限，甚至还出现了拖欠洋员、洋匠薪费的情况。

1899年春，洋员正监督杜业尔向临时代管船政的许应骙禀报了一项特殊的事务。杜业尔称法属印度支那总督有意向船政订造浅水小轮船，已经多次来函商议，“因其睦谊为词，未便峻拒”。①

船政从创立开始，从来没有按照市场模式经营过造船业务，没有任何此方面的经验、成例可循，面对突然出现的外国造船订单，许应骙感到无从措手，在和船政提调沈翊清商议后，本着“务求妥惬”的原则，拟定了一个奇特的处理办法。

可能是考虑到船政经费均属国家拨款，不能为商业造船购料付款的缘故，许应骙表示船政衙门不会直接经管法属印度支那订造轮船一事，虽然由船政出面承造，并由船政提供施工人员及施工设备，但与此相关的一切事务，概由杜业尔本人负责，“估价之盈绌、工料之良窳、成船之早迟，皆杜业尔之责，与船厂无涉”。为此，杜业尔需要向船政支付造船所产生的人工、物料费用，并按照造船的总报价向船政支付20%的场地及机器使用租金，显而易见的是，除此之外从造船报价中如能获得盈余利润，实际上就归属杜业尔个人所有。

许应骙和沈翊清商定的办法，类似于一种承包制度，按照这种模式，杜业尔可以借用船政的名义和生产能力揽接造船订单，而后自行组织监督建造，自负盈亏。这一办法由许应骙报经总理衙门上奏，获得了清廷批准，当年杜业尔便依据和许应骙签订的协议，以法属印度支那订造的轮船定价为21000银元计，向船政先预支了一半的场地及设备租金2100银元，正式以承包的方式在船政开造外国轮船。②

按照船政的旧制，洋员正监督的职责主要是对外国技术团队进行管理，并协助中方开展各项技术性的工作，本不应该涉足船政的日常管理等经营性事务，而许应骙经奏请清廷，和杜业尔订立承包造船合同，允

① 《代法国东京西贡制造小轮章程立案片》，《船政文化研究——船政奏议汇编点校辑》，海潮摄影艺术出版社2006年版，第505页。

② 《代法国东京西贡制造小轮章程立案片》，《船政文化研究——船政奏议汇编点校辑》，海潮摄影艺术出版社2006年版，第505页。

许杜业尔自行揽接造船订单，首度破例，也为后来的江船风波埋下了祸根。

按照1896年裕禄雇佣法国洋员团队的合同规定，合同为期5年，应该在1901年到期终止，是否续约则需要重新商议。然而因为船政经费支绌，在1901年洋员合约期满时，船政还亏欠了杜业尔等洋员的很多薪金未发，在欠款未能解决之前，杜业尔等洋员便顺势展限，在未补签合同的情况下，继续留在船政服务。杜业尔除完成船政的工作任务外，还先后以承包模式为法属印度支那、北洋等处建成了“宝璧”等约4艘小轮船。

时至1902年，上海的法商立兴洋行为了参与上海至汉口之间的长江航运业务，准备订造3艘长江商船。得知这一消息后，杜业尔认为此事对船政而言机会难得，如果获得订单，可以缓解船政经费不足的困难，“代为制造，藉可获利，以为厂中经费之助”，同时盈利后无疑还能解决船政拖欠洋员、洋匠们的薪水，立刻以船政洋员正监督的名义和立兴洋行进行协商，并最终签订了合同，获得订单。合同约定，由杜业尔组织设计这型商船，并在25个月时间里建成3艘，合同总价为115万银元。随后，立兴洋行支付了首笔价款19.5万银元，杜业尔便立刻购办物料，在船政组织施工。

如按照许应骙在代造法属印度支那轮船时拟定的承包办法看，杜业尔的这些举动并无明显的不妥，而且杜业尔在船政大张旗鼓组织商船施工时，具体管理船政事务的会办船政大臣沈翊清并没有表示反对意见，其主要的问题是未向任福州将军、兼管船政大臣崇善提前汇报。可能在杜业尔眼里，认为执掌总理船政关防，且驻扎船政的会办大臣是船政的最高管理者，而没有想到远在福州的福州将军才是船政的真正主管官员。

当崇善在福州得悉此事后，表现出了明显的不快，认为杜业尔是未经批准擅作主张，不过崇善9月23日致信杜业尔时，除提醒杜业尔以后遇有类似事件需要先行向自己报告外，实际上默认了此事。“该大臣八月二十二日致函该监督，虽有辩论专门详细一二层，及将来或有商订此项合同之时，务先行报明之语。亦以该监督未俟合同批准，立即兴工，实属颇顾船政利益之办法。”①

节外生枝的是，在接到崇善来信之前，杜业尔以为崇善会反对承造立兴洋行江船的活动，已经越过崇善，向法国驻福州领事高乐待请求帮助，高乐待又将杜业尔的请求转呈到法国驻华公使馆，希望驻华公使就此事行文清政府外务部，以影响崇善对杜业尔承揽江船的态度，直接将此事提升到了清廷讨论的层面，“但恐该处总督不愿准其制造，因求本国使馆代请政府将此事谕知该总督”②，此举立刻使事态变得复杂。

外务部得到法国公使的照会后，即将此事上奏，清廷随后谕令准奏，批准船政代造江船一事。然而军机处在奉旨后却产生了不同的意见，军机处在 1902 年 10 月 31 日通过外务部致电兼管和会办船政大臣，称代造江船一事，“细思终多流弊”，要求暂缓。③ 至于订造江船究竟存在怎样的流弊，军机处此后在 11 月 4 日通过电报向兼管和会办船政大臣做了进一步的说明。

11 月 4 日军机处发出的电报里显示出了重要的信息。对船政代造江船一事，军机处理解为是船政为了设法归还洋员、洋匠欠薪而做出的措施，即船政拖欠杜业尔等洋员、洋匠的薪金，承揽江船订单是为了牟利而归还欠薪。基于这一认识，军机处进行分析，认为如果通过代造商船牟利以便归还杜业尔等的欠薪，需要耗费较长的时日，且在建造过程中必然需要由船政经费来垫付部分的造船工料费用，原本合同已经到期的洋员也会因为船政有新的造船工程而继续留在船政，军机处事实上就是将这些问题归结为流弊。军机处认为与其用如此周折的办法解决洋员的欠薪，不如改换成直截了当的措施，干脆筹措一笔资金归还给洋员，将合同逾期未走的洋员全部打发回国。军机处遂要求船政另行筹款归还杜业尔等的欠薪，将其遣撤回国，至于在造的江船，则趁着船政没有直

---

① 《海防档·乙》福州船厂（下），（台湾）“中央研究院”近代史研究所 1957 年版，第 1053 页。

② 《海防档·乙》福州船厂（下），（台湾）“中央研究院”近代史研究所 1957 年版，第 1047 页。

③ 《海防档·乙》福州船厂（下），（台湾）“中央研究院”近代史研究所 1957 年版，第 1051 页。

接和立兴洋行签约，直接将杜业尔的合同废除了事。“代造之议，原因欠杜业尔工款无偿，藉此敷衍。我耗费代人造船已失算，况闻每年除有著经费外，尚短十数万，日久愈成不了之局，应设法筹款偿给杜业尔善遣之，以免后累。今会订章程尚未画押，当尚可办到，其公司押，可商作废。”①

按常理论，船政能够接到多艘商船订单，对其发展而言无疑是有积极意义的好事，不仅能够解决部分的经费问题（据后来的测算，按照杜业尔的报价，3 艘商船能够获得约 30 万元利润），为船政的经费获取开辟新的路径，也可以使船政生产厂区不至于停工闲置，如果此举还能够将洋员的欠薪问题解决，更是皆大欢喜。纵或是在订造方没有付清船舶总价时，需要由船政先行设法先垫付材料、人工成本，就总体而言仍然是十分值得揽接的工程。军机处却将此事看作是流弊，进而向船政下达了十分消极的处理办法，以局外人来看，确是难以理解。但仔细分析，军机处之所以做出这样明显不合情理的安排，实际显示了当时清廷对待船政和船政外国技术团队的态度。

杜业尔技术团队来华发生于甲午战争失败后的 1897 年，当时总理衙门以及兼充船政大臣裕禄重启雇佣外国技术团队的初衷，旨在重振船政，然而因为清政府中央财政吃紧，加之对海军装备建设的态度摇摆不定，船政并没有因外国技术团队的到来而获得清廷专门的生产资金支持，经费遭长年拖欠的状况没有丝毫的好转。在此情况下，以协助船政建造新舰为主要使命的外国技术团队，反而成了船政的包袱、负担。

外国技术团队在华的工作任务是协助船政造舰，而船政并没有经费能支撑造舰，以至于仅仅开造 2 艘鱼雷巡洋舰后，船政经费就竭蹶见底，不仅无力支付在欧洲定购的舰用技术装备，甚至连人员薪饷都发生了拖欠。在此局面下，总理衙门以及兼管船政大臣对船政的态度是希望尽快停止造船，以节省本就不多的运行经费。甲午战争之后，清政府财政已经破产，需要耗费巨资的海防建设更是无从提起，在清廷看来，对

① 《海防档·乙》福州船厂（下），（台湾）“中央研究院”近代史研究所 1957 年版，第 1051 页。

于船政，只要勉力维持不至于废止就已属万幸，再营造新的舰船，不啻是给经费万难的船政乃至国家增添负担，清廷在 1900 年后对船政彻底持多一事不如少一事的消极、收束态度。原本是甲午后为振兴船政而雇佣来的洋员、洋匠，在这样的局面下，已经变成了徒增麻烦的多事团体，急待寻找机会将之撤遣。由此便不难理解，杜业尔承揽江船业务为何会被看作是滋生“流弊”的举动，也便不难理解军机处为何对待“江船”一案，选择废止造船合同，将洋员、洋匠遣走的策略，而这也恰好证明了日后清廷决策停止船政的各项业务，并非只是临时起意。

军机处的电令到达福州，正在进行中的江船建造工程应声而止，杜业尔并不清楚这一决策的幕后用意，只是感到十分愤怒，辗转得知此事的法国公使馆也觉得十分费解。新任法国驻华公使吕班（G. Dubail）认为清廷之所以做出此举，可能是因为不清楚船政承造商船所能带给中国的利益，特别就承造商船一事对船政乃至中国的利益做了长篇的阐释说明，在 1902 年 11 月 15 日向清政府外务部发出照会，希望挽回停造商船的决定。“该监督突接该大臣转知京都批驳合同之电，立命停工，在该监督甚为诧异之至，在本大臣想，政府如此定意，莫非因由未经查明此事裨益良多所致，是以将此层详为发明于左：查船政造习人才之所，用备将来各项矿工，委系中国极应存留，必在贵爵洞鉴。船政所有贵重精良种种机器尤应日加运动，设若停工，自必锈败，亦必在贵爵洞鉴。又，船政系众多黎民仰畜之所，设若该厂无事，则此项黎庶，老弱冻馁、壮健为匪，必亦贵爵所明。再查福州船政现时既不得作为修造兵轮之用，惟有仰赖永修商轮，以为存留，备用将来国用之计。况订修之船系于江河通商之用，亦属济助商务兴旺，至于此次订造商轮之洋行，［若］因停工所受亏累，自当请索赔补，乃显明之理，以致中国心存公平，自应认赔。不特将应获利益自行弃失，而又加之以赔补之损。为此相应照会贵爵，并希转达政府，则政府自必为然，始能觉维中国国家实利，将批驳订船合同之语妥为撤销为要。”①

---

① 《海防档·乙》福州船厂（下），（台湾）“中央研究院”近代史研究所 1957 年版，第 1050—1051 页。

经法国驻华公使出面施加影响，陈述船政承造商船的利益，外务部在 1902 年 11 月 21 日照会法国公使，告知军机处已经同意船政继续建造立兴洋行的江船，“军机处电闽，令其妥定章程，赶紧代造”。①

事实上，军机处的此举只是在感受到法国外交压力后的临时应付，对代造江船事务的态度并没有丝毫的改变，军机处处理此事的手段在仅仅几个月过后就全面展露了出来。1903 年，船政上空风云剧变，会办船政大臣沈翊清被指办事不力，遭兼管船政大臣崇善奏参撤职，与杜业尔关系不睦的工程师魏瀚被崇善从湖北调回，接任会办船政大臣，就职后立即对杜业尔在船政经手的账目进行核查，认定存在账目不清等情况，并指责杜业尔“遇事专擅”，以及此前承揽建造的“宝璧”号轮船存在报价过低导致船政亏空的问题。因为杜业尔和船政签订的雇佣合同在当时早已届满过期，1903 年清政府即下令将其遣散，此后杜业尔通过法国驻华使馆索要船政拖欠其的薪金和路费，船政大臣崇善则以杜业尔以往承揽的“宝璧”号轮船报价过低，给船政造成了经济损失为由，拒不认账。双方经由法国驻华使馆和中国外务部居间的隔空争吵，一直持续到 1908 年，最终以中方向杜业尔付清欠薪而了局。② 情形吊诡的是，就在杜业尔被遣撤后不久，会办船政大臣魏瀚也被崇善奏参撤职。

随着杜业尔被遣撤，对于在造的江船，清政府选择了令人不可思议的处理办法。经外务部派浙江宁绍台道高英，与法国公使派遣的法国驻上海总领事巨籁达（L. Ratard）一起赴闽，“勘办杜业尔经手事件”，双方经过商议乃至辩论，中方坚持要将杜业尔和法商立兴洋行签订的代造江船的合同作废，将立兴洋行已经支付给船政的 19.5 万元材料款如数退回，并且向立兴洋行赔偿了 4 万元利息。③

在遣撤杜业尔期间，中、法双方曾在报章上互相揭发、抨击，此中

---

① 《海防档·乙》福州船厂（下），（台湾）“中央研究院”近代史研究所 1957 年版，第 1053 页。

② 《海防档·乙》福州船厂（下），（台湾）“中央研究院”近代史研究所 1957 年版，第 1135 页。

③ 《江船废约贴息，船政认受接造，估需价值立案片》，《船政文化研究——船政奏议汇编点校辑》，海潮摄影艺术出版社 2006 年版，第 535 页。

多有偏激之词。当时上海出版的《中外日报》明显是依据船政中方官员提供的素材，在 1903 年 12 月 20 日载文揭发杜业尔，批评杜业尔在船政办事专擅，且有舞弊行为等。现代中国一些研究者，据《中外日报》中透露的法国立兴洋行准备以公司股票抵算造船费用的情况，认为立兴洋行并不准备认真执行造船合同，其言外之意，无非是论证杜业尔承揽的江船业务近似于骗局，而中国驱逐杜业尔的决策是绝对正确的。① 事实上在船政单方面毁约后，立兴洋行仍然设法建造了 3 艘江船，经过重新寻找厂家定造，在 1906 年全部建成来华，即“立大”“立丰”和“立茂”号。这 3 艘新式的长江商船投入运营后，因为船新、装饰精美，立即在市场上抢尽风头，生意兴旺，以致其他经营长江航运的公司被迫采取降价等手段来应对，“即减船价，下舱每位半元，亦将舱内修葺改良”。②

在中方单方面毁约时，船政内已有两艘在建的江船，其中一艘施工进度较快，已经完成船壳板的封钉，“船身外皮、两胁钢板均已镶配”，另外一艘因为开工时间相对较晚，只铺设了龙骨。兼管船政大臣崇善认为，既然已经将杜业尔和立兴洋行签订的造船合同废止，此船理因归属船政所有，应当筹措经费完成建造。最终船政自筹款项，将毁约时进度较快的那艘江船建造完工，1909 年以 30 万银元的总价出售给了浙江商人虞洽卿新发起成立的宁绍商轮公司，被命名为“宁绍”。③ 1903 年魏瀚驱逐杜业尔时，对杜业尔的一大指责就是批评其承造江船的价格过低，但是与杜业尔和立兴洋行签订的 3 艘江船 115 万银元的价格相比，船政最终将该船卖出的价格其实低于杜业尔承揽的造价，只是此时，已经没有人再去关心其中的是非曲直了。

四、柏奥镗与外国技术团队的到期解散

1903 年杜业尔被遣撤回国，船政的外国技术团队失去了领导者。

---

① 林庆元：《福建船政局史稿》（增订本），福建人民出版社 1999 年版，第 340 页。

② 《中国近代航运史资料》第二辑（上册），中国社会科学出版社 2002 年版，第 167 页。

③ 《中国近代航运史资料》第二辑（下册），中国社会科学出版社 2002 年版，第 1058—1059 页。

如果按照原雇佣合同规定的模式，船政应该和法方协商，雇佣一位新的洋员正监督，不过这时船政的制造业务稀疏，甲午后提出的振兴船政的目标，早就无人问津，洋员对船政的价值已不再是协助提升技术水平，而只是帮助支撑未完成的残留生产项目而已，这时实际上已经不再需要一位能够总揽建设全局的正监督。兼管船政大臣崇善上奏，以船政无力再雇洋员正监督为由，申请将制造监工洋员柏奥镗（Bertrand）改任为总监工，由其担负起领导工作的任务。[①]

柏奥镗在法国属于头等监工，1902年被杜业尔雇佣来华，担任制造监工，在船政主要从事生产管理工作。很特别的是，1903年崇善派任给柏奥镗的职务不是洋员总监工，而竟然是船政总监工，即柏奥镗不仅可以管理在船政生产厂区工作的洋员、洋匠，还有管理中方工作人员之权，“专管厂中制造职事，所有在厂华、法工匠受其调度”[②]，与船政五年计划时代的洋总监工相比，权限实际高出了不少。

1903年10月18日，船政和柏奥镗重新签订雇佣合同，兼管船政大臣崇善、会办船政大臣魏瀚以及法国驻福州领事高乐待都在合同后署名，其他所有被雇佣的洋员、洋匠则各自分别与会办船政大臣魏瀚单独签订合同。从内容看，各洋员、洋匠的雇佣合同相当于是柏奥镗和船政所签合同附属的子合同，总体的模式和1896年时的签约情况基本相似。

根据新订立的合同规定，洋员的合同年限缩短为4年，洋匠则只有3年，所有洋员、洋匠的薪水仍然以法郎为计算单位（具体发放时按照当时的汇率，折算成银两发放），较杜业尔时期的薪酬标准略有下调。

在清廷对船政持收束策略的背景下，柏奥镗等洋员、洋匠之所以能够被继续留在船政服务，与船政当时还有一艘江船制造未成有直接的关系，这批洋员、洋匠此后在船政的主要工作实际上仅仅是协助造完最后的轮船，此后中方显然并不想再继续雇佣他们。对于中方的这种考虑，柏奥镗等洋员并不明了，以至于又发生了围绕洋员、洋匠的一场新

---

① 《海防档·乙》福州船厂（下），（台湾）“中央研究院”近代史研究所1957年版，第1063页。

② 《海防档·乙》福州船厂（下），（台湾）“中央研究院”近代史研究所1957年版，第1069页。

风波。

1906年，外国技术团队中的洋匠3年合同期满，洋厂首韦海、泰贝、麦吕挨、扈挨以及在绘事院工作的洋匠萨巴铁等随之被解约，未被续订。总监工柏奥镗因为制造任务需人，且认为1903年的雇佣合同中约明了洋员、洋匠的总人数，随着这批洋匠离职，空缺的岗位理应续雇新人填补。崇善对此则态度坚决地表示拒绝，双方相持不下，柏奥镗于是将此事汇报给法国驻福州领事馆，又引起了法国驻华使馆直接向清政府外务部交涉船政洋员、洋匠问题的事端。

船政大臣崇善认为，船政之所以留用部分洋员、洋匠，本就是为了制造轮船所需，随着工程告成，且洋员、洋匠的合约也即将届满，自应陆续将这些洋员、洋匠全部遣散，不再留用，因而坚决表示不能续聘洋员、洋匠。"本厂所制江船亦将竣工，能否筹有经费接造船只，目下毫无把握，此时万不能任其延募，虚糜薪俸之事小，滋贻后累之害大"。[①] 而柏奥镗和法国公使馆则抓住1903年的雇佣合同不放，根据该合同中的第四条、第七条规定，总监工有权按照洋员的核定人数，"随时酌雇"，而且当洋匠合同到期时，应由总监工来决定是否还需留用。[②]

最终中、法双方各自让步，3年合约到期的5名洋匠中，除麦吕挨、扈挨2人因身体健康不佳自愿回国外，剩余3人根据合同第七条的规定"（厂首）其可用者多留一年"，在船政留用1年。[③]

对柏奥镗针对洋员、洋匠聘用问题而和船政发生的这次风波，现代的很多研究者习惯将其视为是法国对中国的要挟、纠缠。殊不知柏奥镗坚决要求补全洋匠名额的举动，归根结底是为了保证船政生产工作的正常进行，确保能够完成船政的江船建造工程，而崇善以及清政府坚决不允的态度，实际是为了使船政尽早停工，必须坚决撤去此时船政赖以为

① 《海防档·乙》福州船厂（下），（台湾）"中央研究院"近代史研究所1957年版，第1102页。

② 《海防档·乙》福州船厂（下），（台湾）"中央研究院"近代史研究所1957年版，第1069页。

③ 《海防档·乙》福州船厂（下），（台湾）"中央研究院"近代史研究所1957年版，第1109页。

主要技术支柱的洋员、洋匠队伍。

1907 年 10 月，船政的法国洋员以及延期使用的洋匠全都合同到期，尽管法国公使馆照会清政府外务部，表示法国会继续支持船政雇佣外国技术团队的活动，但清政府收束船政的意图已经十分决绝，且当时江船工程已经收尾，遂不再和洋员、洋匠续订合同。柏奥镗因为“谨慎趋公，于一切工程尚无贻误”，经时任船政大臣松寿奏请颁给三等第二双龙宝星，其他 9 名洋员洋匠也都获得不同等第的双龙宝星勋章，前学堂总教习迈达获二等第三宝星，医生威测海获三等第三宝星，副监工达韦德、竺蒲匏和书记官德尔美获四等宝星，监工萨巴铁和厂首薛法黎、泰贝、韦海获五等宝星。① 因为当时船政前学堂尚有学生未毕业，且船政的江船造成后进行航试时尚需有技术人员监督，前学堂教习迈达和绘事院教习竺蒲匏被船政暂行留用，但不签订雇佣合同，② 其余柏奥镗等 8 名洋员、洋匠则于当年返回法国。

甲午战争后船政雇佣的外国技术团队在 1907 年不复存在，这支技术团队人数规模和工作成就远不如日意格、德克碑领导的五年计划时代的外国技术团，然而这支技术团队在船政工作的期间，恰好是船政处于最艰难境况的时候。从客观上讲，正是有这支技术团队的存在，促成了船政在清代甲午后的最后一批舰船建造工作得以实施，而且使船政在自身技术人才大量流失的情况下，得以勉力完成了这一批舰船的建造。随着这支技术团队的离去，船政车间的隆隆机器声便不复再有。

---

① 《赏给限满回国各洋员宝星片》，《船政文化研究——船政奏议汇编点校辑》，海潮摄影艺术出版社 2006 年版，第 545 页。

② 《资遣闽厂洋员，暂留教习迈达、竺蒲匏二员教导学生折》，《船政文化研究——船政奏议汇编点校辑》，海潮摄影艺术出版社 2006 年版，第 543—544 页。

第二十二章　末期的舰船建造

一、铁肋炮舰“通济”

中法战争后，船政衙门原本统辖的海上武装——船政水师荡然无存，裴荫森担任署理大臣时期船政所建造的军舰又几乎全部都拨交给了外省，船政所在的福建省自身反而缺乏可用的蒸汽动力舰船。到了闽浙总督卞宝第兼管船政时，因为新任两广总督李瀚章废止了在船政协造军舰的计划，原已经开工的两广协造穹甲鱼雷巡洋舰“广丁”改由船政自行接手续造，更名为“福靖”号，被留在福建使用。考虑到“福靖”舰一艘显得过于单薄，卞宝第在1891年开始筹措经费物料，计划再建造一艘“快船”和“福靖”互为配合，“万一海疆有事，军装、粮米多有阻格，该船与‘福靖’快船装运护送，俾无疏失，并可壮炮台防御之声威”。[①]

此后到了新任闽浙总督谭钟麟兼管船政期间，卞宝第筹划的“快船”才得以建造，于1893年4月18日铺设龙骨开工。该舰在卞宝第当初筹划时，原计划是作为兵商两用的轮船，即不仅可以作为军舰，平时还能运输货物，谭钟麟则干脆认为是艘“运粮船”，而以最终建成的情况看，因为建造中途受到了北洋大臣调拨的影响，这艘军舰最后实际成为了纯粹的战斗性军舰，并没有任何运货的功能。

该舰原经船政取名为“建靖”号，和之前船政造的留闽穹甲鱼雷巡洋舰“福靖”的舰名相映成趣。在经历了近两年的建造期后，于1895年4月12日下水，而数天之后就是中日马关条约签订的日子。[②] 当时因北洋海军在甲午战争中全军尽覆，渤海门户洞开，为拱卫京畿，新建

① 《“广丙”轮船出海试洋并拟续制船只折》，《船政文化研究——船政奏议汇编点校辑》，海潮摄影艺术出版社2006年版，第426页。

② 《“通济”轮船下水试洋日期并现办厂务情形折》，《船政文化研究——船政奏议汇编点校辑》，海潮摄影艺术出版社2006年版，第450页。

清末时代的“通济”舰，照片中可以看到该舰舷侧凸出舰体的耳台。

北洋水师之议兴起，新任的北洋大臣、直隶总督王文韶为了北洋添设练习舰的需要，向船政商议调拨“建靖”舰。此时的船政因为船政水师的消亡，早已不再使用无偿调拨军舰的制度，经过协商，由北洋向船政支付“建靖”的部分建造工料银，将“建靖”舰直接领走，而船政则根据北洋的用途要求，对“建靖”实施部分改造，使其能够胜任训练舰的工作。总计“建靖”舰不连火炮在内的工料总价为 22 万两银，北洋为调拨该舰向船政支付了 17 万两银，此后该舰的所属权即归北洋所有，舰名也被王文韶更改为“通济”号，与北洋海防上当时原有的船政造军舰“康济”归于一律。

“通济”舰由船政工程处道员魏瀚等为主进行设计，结合了船政以往所建造过的“开济”和“广乙”级的设计特点，属于首尾楼船型的军舰，舰型类似于炮舰，舰体采用了全钢结构，即钢肋钢壳，外形上是 3 桅杆单烟囱的特征。为了满足北洋对训练舰的教学需求，桅上装备全套帆装，可以张挂风帆航行，帆装形式属于三桅前桅横帆式（Barquentine），和船政早年建造的“万年清”同式。此外根据训练舰的教学需求，该舰还在舷侧增设了 3 对耳台，用以加装炮械。

“通济”舰的排水量为1900吨，全长76.98米，宽10.38米，舱深7.92米，舰首吃水4.39米，舰尾吃水5.18米，其体量在船政所造的军舰中属于中大规模。“通济”的动力系统装备1座船政自造的1600马力双汽缸复合式蒸汽机，配套安装长式、短式圆形锅炉各2座，设计功率1600马力，设计航速为13节。①

清末时期，海军见习生在“通济”舰6英寸主炮旁的留影。

因为船政当时自身的经费十分有限，为了尽量节省造舰成本，一般不会斥资为将要调拨外省的新造军舰专门进口、装备全部的武器，由此船政实际上只为“通济”舰预留了火炮的安装位置，所有的炮械都是该舰到达北洋之后，由北洋海防自行筹设添装的。计有6英寸（152毫米）口径“阿姆斯特朗”速射炮2门，120毫米口径“克虏伯”速射炮5门，57毫米口径“哈乞开斯”机关炮7门，37毫米口径“哈乞开斯”机关炮8门。② 其主要火炮的布置形式颇具特点，该舰在每舷设计了3座突出在船舷外的耳台，6座耳台上共安装6英寸口径炮2门、120毫米口径炮4门，另外在舰尾尾楼甲板上另安装1门120毫米炮充作尾炮。以火力而论，“通济”是当时中国战力最强的训练舰，因为同时具有帆装和大量炮械，该舰可以如以往船政水师的旗舰“扬武”一般，同时承担基础见习训练以及属于高级训练科目的炮术训练。

“通济”的建造工程在1896年下半年完成，当年9月15日，由福建省的“飞捷”海底电缆船管带王以彰代为指挥驾驶，福州将军、兼充船政大臣裕禄亲自登舰监督，“通济”驶出闽江口在马祖岛一带海面进行出洋航试，测得主轴每分钟84转，航速11.5节，虽然没有直接达到

① 《“通济”轮船下水试洋日期并现办厂务情形折》，《船政文化研究——船政奏议汇编点校辑》，海潮摄影艺术出版社2006年版，第450页。

② 《“海容”、“海圻”、“通济”舰表》，中国第一历史档案馆藏醇王府档，第210号。

13节的航速设计指标，但考虑“用上等白煤，每点钟当能行十三海里”，船政自认合格，遂告竣工。回航马尾之后，“通济”当即被移交给北洋大臣派来的接舰军官李和（船政后学堂第一届外堂学生）管理，随后远赴北洋，舰上所有人员均由北洋自行募齐。①

此后“通济”舰从清末直迄民国的抗战时代，长时间充当着中国海军的训练舰，从该舰培养出大批的海军军官，成为中国近代海军史上服役期最长、训练舰员人数最多的一艘训练舰，属于一代名舰。饶具趣旨的是，在民国时代，很多来自于闽省的海军学生登上这艘与他们同籍的训练舰，亲切地称“通济”为“济伯”，而大量毕业自“通济”的海军军官，也会以此亲昵地尊称这艘军舰，这成了中国军舰史上的一段佳话。

二、运输舰“福安”

由于“建靖”号被北洋大臣调用，成为了训练舰“通济”，为了继续解决福建省运输乏船的问题，兼管船政大臣边宝泉在1895年命令船政利用轮机车间组装完毕的1座1600马力蒸汽机，设法再造1艘具有运货能力的军舰，以便作为留闽船只自用，代替原本计划留闽的“建靖”。由船政总办杨正仪主持，新船在1895年的12月2日开工，延续了此前“福靖”“建靖”命名时将福建省名融入舰名中的做法，这艘新船被取名为“福安”号。

“福安”号在设计上并没有另起炉灶，基本上沿袭了“建靖”舰最初的总体设计方案，没有如同“建靖”那样为了满足火炮训练需要而增加耳台等战斗性设施，在舰内保留了原设计中的货舱。另外“福安”也没有使用“建靖”为了满足训练舰需要而设置的带有全帆装的3桅杆形制，而是采取“建靖”初始设计中的双桅杆布局，且没有考虑安装任何的风帆索具，其总体工料造价和“建靖”相近，为20多万两银。

“福安”的船体材质和“建靖”一样，都是钢肋钢壳，其中首柱等

① 《“通济”轮船下水试洋日期并现办厂务情形折》，《船政文化研究——船政奏议汇编点校辑》，海潮摄影艺术出版社2006年版，第450页。

"福安"号运输舰。

部分关键的舰材购自法国施耐德公司的克鲁索铁工厂，船型上则属于民用商船，外观是双桅杆单烟囱的造型特征，基本可以认为"福安"的这幅面貌展现了当初"建靖"号的原始设计方案。"福安"号的排水量为1800吨，长72.54米，宽9.8米，舱深7.31米，舰首吃水4.26米，舰尾吃水4.87米，总体规模和"建靖"十分接近。"福安"的动力系统配置和"建靖"完全一样，都是1座蒸汽机配合4座锅炉的模式。①

"福安"的船型也和"建靖"相同，都属于首尾楼式，因为该船的建造目的是充当运输船，舰内设计了载重一万二三千担的货舱，在舰体中部的两舷各设有1座大型的舷门，以利于货物的搬运。基于卞宝第最初对"建靖"号兵商两用的设计思想，外形和功用上几乎完全是商船的"福安"还被安装了部分的炮械，具有一定的战斗能力，计包括有57毫米口径和37毫米口径的"哈乞开斯"单管机关炮各2门，分别安装在首尾楼和舷侧。凭着这样的火力明显无法用于舰对舰的海战，主要可用于对付江海盗匪等武装程度不高的潜在敌。因为自身装备有武器，且为国家海防机构使用，"福安"就此也可以被认为属于军舰。

经历了一年多的建造工作，"福安"舰在1897年4月19日下水，再经过安装轮机、桅杆等舾装工作之后，在当年8月16日出海航试，由船政"琛航"运输船的时任管带周永庚指挥航行，兼充船政大臣裕禄

① 《报明"福安"铁壳轮船下水日期折》，《船政文化研究——船政奏议汇编点校辑》，海潮摄影艺术出版社2006年版，第468页。

兴致勃勃地登舰监督。经过测试，“福安”舰在平潮时的航速成绩和“建靖”一样，也是11.5节，其航行表现良好，“船身坚固，机器灵捷”，顺利完工。①

因为“福安”建成时，船政水师早已不复存在，数量有限的船政军舰都是单艘使用，没有统一的舰队编组管理，在船政运行经费本就严重不足的情况下，船政留闽自用军舰的薪费支给更为艰难。鉴于当时船政留闽原有1艘“琛航”号运输船，遂决定不再为“福安”舰编制新的舰员，而是采取“琛航”和“福安”2艘军舰共用1套人员的模式，平时只保证1艘处在使用状态，另外1艘作为封存保管舰，以此节约薪饷费用。

按照计划，船政调派11名官兵在“福安”上进行值守，负责看管、保养等日常的警戒和维护性工作，如遇到需要使用“福安”舰执行运输任务时，再将“琛航”的舰员全部调到“福安”上，将原本在“福安”值守的11人移到“琛航”上看守，如此左右腾挪，“如遇新船行驶时，即将‘琛航’自管驾起所有一切官弁、管轮、水手人等全数调归新船驾驶，将新船所派看管弁兵移入‘琛航’看守。‘琛航’行驶时，一切办法亦如之”。②

三、“建威”级鱼雷巡洋舰

甲午战争之后总理衙门重新分管海防建设，一度有意振兴船政，受此影响，船政继早年五年计划时代之后，在1896年成功雇佣了第二支外国技术团队，对甲午战争后的船政造舰事业发展起到了很关键的推动作用。外国技术团队在1897年抵华，经对船政的自身技术情况进行了解和熟悉后，外国技术团的领袖、洋员正监督杜业尔向中方提出了具体的造舰建议，开列了一个以3年时间建造2艘鱼雷艇和1艘鱼雷巡洋舰的建造计划。时任兼充船政大臣裕禄和杜业尔就此进行探讨，并征求了

---

① 《“福安”铁壳轮船告成，拟留闽差遣办理情形折》，《船政文化研究——船政奏议汇编点校辑》，海潮摄影艺术出版社2006年版，第482—483页。

② 《“福安”铁壳轮船告成，拟留闽差遣办理情形折》，《船政文化研究——船政奏议汇编点校辑》，海潮摄影艺术出版社2006年版，第483页。

船政工程处道员魏瀚的意见，最后对这一建造计划略作调整，改为以 3 年时间建造 2 艘同型的鱼雷巡洋舰，这 2 艘军舰也是甲午战争后至清朝覆灭为止，船政所建造的最主要的战斗性军舰。

此前，船政在裴荫森时代曾经自行仿制过一型法式的穹甲鱼雷巡洋舰，即两广协款建造的“广乙”级，杜业尔在 1897 年提出的新的鱼雷巡洋舰方案，仍然是以法国的同类型军舰作为初始的设计参考，对之进行仿制。从杜业尔向裕禄提交的条陈内容看，其具体是建议参考法国海军当时在建的 800 吨级鱼雷军舰“滁奴华”，准备将此型军舰当作母型，为船政创制新舰。①

“建威”级的设计参考母型，法国海军的“迪波威尔”舰。

“滁奴华”，即法国海军在 1896 年刚刚开工的 *Dunois* 级鱼雷炮舰的音译，这级军舰的排水量为 889 吨，外形上和北洋海军曾经购买过的“超勇”级撞击巡洋舰相似，该级军舰从建造时间上算虽然属于新颖，但是其武备配置实际上较弱。当裕禄同意仿造鱼雷巡洋舰后，杜业尔可能在收集“滁奴华”的图纸资料时发现了该舰火力薄弱的问题，而后对船政鱼雷巡洋舰的设计选型悄悄做了偷梁换柱式的改变，表面上仍然继

① 《福建船政洋监督上船政大臣裕禄制船条陈》，《时务报》，1898 年第 59 期。

续称是仿制“滁奴华”，实际上则改换了目标，改以法国海军在1894年至1896年间建成的“迪波威尔”（*D'Iberville*）级鱼雷炮舰作为参考母型。和“滁奴华”相比，“迪波威尔”无论是战斗力或是舰体规模都更大，综合性能更优，最终杜业尔和法国技术团队为船政设计的新鱼雷巡洋舰，外形实际和“迪波威尔”酷似。不过可能是因为之前向船政大臣裕禄提交的预算造价是基于“滁奴华”的体量规模而定，为了不突破这一预算费用，船政的新鱼雷巡洋舰在主尺度等方面明显和“滁奴华”接近，小于“迪波威尔”，属于一种尺度略作了缩小的“迪波威尔”改型军舰。

按照杜业尔的测算，建造2艘鱼雷巡洋舰的总造价约为480万法郎，相当于150万两银左右，按此起码在3年时间里必须保证船政每年能获得50万两银的运行经费，才有望勉强支应这项建造工程，然而闽海关实际上每年仅能保证船政经费30万两银左右，这一数字距离建造鱼雷巡洋舰所必需的50万两银尚短缺近20万两银。为了保证建造鱼雷巡洋舰所需，经裕禄上奏争取，清廷先是安排从总理衙门出使经费中拨出10万两银，作为鱼雷巡洋舰的开工初始费用，而后又批准了每年从闽海关应解南北洋的24万两银海防经费中提留14万两银拨解船政，当作对船政经费的支援。①

1898年4月7日，船政新型鱼雷巡洋舰中的第一艘铺设龙骨开工建造，当时称为第一号新式鱼雷快舰。由于开工时杜业尔已经前往法国采购新舰所需的物料、装备，该舰的工程实际上是由洋员团队中的制造监工毕尔第在主持。② 后来第一号新式鱼雷快舰下水时，被船政大臣取名为“建威”号，按照同型舰以第一艘的舰名作为级名的传统，该级军舰就可以称作“建威”级。③

“建威”级舰体为全钢材质，舰型上和“迪波威尔”一样都是首尾

---

① 《船厂制造鱼雷快舰现已开办，工需紧要，吁恳匀款接济片》，《船政文化研究——船政奏议汇编点校辑》，海潮摄影艺术出版社2006年版，第485—486页。

② 《制造第一号新式鱼雷快舰，安上龙骨日期折》，《船政文化研究——船政奏议汇编点校辑》，海潮摄影艺术出版社2006年版，第490页。

③ 《一号快舰下水，二号安上龙骨暨原定速率折》，《船政文化研究——船政奏议汇编点校辑》，海潮摄影艺术出版社2006年版，第502页。

第一号鱼雷快舰“建威”下水前的留影。注意舰尾的旗杆上挂着写有舰名文字的旗帜。

“建威”级的母型，法国“迪波威尔”级鱼雷炮舰下水时的情景，由这张照片可以看出“建威”和“迪波威尔”在外观上十分相像。

楼船形，外观上也都是双桅杆、双烟囱的造型特征。不过“建威”的排水量只有830吨，比“迪波威尔”少了100吨左右，和“滁奴华”十分接近。在杜业尔的描述中，将该级军舰归类为三等鱼雷巡洋舰，不过如果按照英国式的舰船分类标准，这一吨位规模实际上不能算为巡洋舰，而属于鱼雷炮舰。

“建威”舰的全长为78.58米，最大宽8.1米，舰首吃水2.48米，中部吃水2.89米，舰尾吃水3.3米。舰上的动力系统设计采用2座十分新式的4缸4胀大功率蒸汽机（从法国地中海船厂购买配件，由船政自行组装调试），配套4座双头燃煤水管锅炉（一般的锅炉只在一端设有填送燃料的炉门，双头锅炉是指在锅炉的两端都设有炉门，这种锅炉单位时间内的燃料投送量大，蒸汽压力产生的速度和压强相对更快更大），双轴双桨推进（采用三叶螺旋桨），主机功率6500马力，设计航速22.5节至23节，这套蒸汽机是船政建成以来在舰上安装过的功率最强劲的动力组。

“建威”级的武备系统配置完全模仿了“迪波威尔”，不仅安装的部位相同，甚至连具体的型号都一模一样。在火炮武备方面，“建威”级的前主炮采用1门100毫米口径45倍径的“施耐德”速射炮，由法国施耐德公司的克鲁索铁工厂生产，安装在军舰首楼顶部甲板上，后主炮选用1门65毫米口径45倍径速射炮，也是“施耐德”式，安装在尾楼顶部甲板上。舰上的2门舷侧炮与后主炮同型，分装在军舰中部左右两舷边的耳台内。除此，舰上另外还安装6门37毫米口径“哈乞开斯”5管机关炮。“建威”级的鱼雷武备较“迪波威尔”有所弱化，也不如船政此前建造过的“广乙”级鱼雷巡洋舰，舰上只安装了2具鱼雷发射管，布置在舰体后部的舷侧，共备雷4具。

作为参考法国19世纪90年代末新舰型的成果，“建威”级上有大量此前船政造舰中前所未见的新设备，对船政制造而言有开阔视野和追赶世界造舰潮流的意义。如配有2盏大探照灯（1部安装在前桅上的探照灯台，1部安装在尾楼顶部甲板上的探照灯台，照度各为2400支烛光），舰内各处安设照度10支烛光的照明电灯300盏，舰内的生活舱室有电风扇等，这些电器由2座蒸汽动力发电机提供电力。①

---

① 《筹造新式快舰，现与洋员议定办理情形折》，《船政文化研究——船政奏议汇编点校辑》，海潮摄影艺术出版社2006年版，第479—480页。按照《船政厂建造鱼雷快舰船模说明书》所载，“建威”的排水量为850吨，见《中国近代舰艇工业史料集》，上海人民出版社1994年版，第429页。

1899 年 1 月 29 日，船政的第一号鱼雷快舰“建威”顺利下水，一个月后，第二号鱼雷快舰在 3 月 3 日铺设龙骨开工建造，[①] 后被命名为“建安”舰，于整整一年后的 1900 年 3 月 3 日下水。[②]

与效率很高的船台施工情况迥异的是，“建威”“建安”二舰下水之后的舾装施工十分迟缓，两艘船困顿在船政附近的江畔，长时间保持着一幅没有桅杆、没有烟囱的半成品外貌，其原因仍然是因为经费。

决策和主持鱼雷快舰开工的兼充船政大臣裕禄在 1898 年被调任，改由新任的福州将军增祺担任兼充船政大臣。增祺上任之后向清廷报告了当时的经费情形，尽管根据清政府的安排，船政在 1898 年起的三年里每年可以从闽海关拨解南北洋的海防经费中获得 14 万两银的接济，但是因为船政自身的经费遭严重拖欠，连带上额外的接济款项，总计船政每年能获得的实际经费也不过 38 万两银而已（其中包含南北洋海防经费中划拨的接济款 14 万两银，闽海关四成洋税应解船政的 24 万两银，欠缺的是闽海关六成洋税应解船政的 36 万两银），而连带鱼雷快舰工程以及船政的办公、教育等开支计算，船政每年必须要有 60 万两银的经费才够支应。[③] 在此经费严重不足的情况下，当“建威”“建安”在船台施工的阶段，船政尚可调度人力、物料勉力推进至舰体完成，但是蒸汽机、军械等关键性的装备船政无力自造，只能依赖从国外购买，在经费欠缺的情况下，船政无力结清购造款项，以至于这些设备坐困在欧洲，无法领受运输来华，直接造成“建威”“建安”的舰体在马江之畔空待蒸汽机等关键设备的局面。

这一问题一直拖延至 1903 年，当年法国政府表示可以从清政府赔偿法国的庚子赔款额度里，折抵清政府积欠法国的部分商业欠款，船政在法国地中海船厂订制的“建威”级用轮机得以从庚子赔款额度里被免

---

① 《一号快舰下水，二号安上龙骨暨原定速率折》，《船政文化研究——船政奏议汇编点校辑》，海潮摄影艺术出版社 2006 年版，第 502 页。

② 《二号鱼雷快舰下水日期片》，《船政文化研究——船政奏议汇编点校辑》，海潮摄影艺术出版社 2006 年版，第 508 页。

③ 《福建船厂现造船工暨拟续造各船情形折》，《船政文化研究——船政奏议汇编点校辑》，海潮摄影艺术出版社 2006 年版，第 497 页。

舾装完成后的“建威”舰。照片收藏：国家图书馆。

除了未付的款项，于当年运输来华交付，寂静许久的“建威”“建安”二舰上重新有了施工的热闹声音，被长期耽搁的舾装工程得以开始进行。至于二舰所用的炮械和鱼雷武装，此前同样因为款项未能付清而滞留在法国工厂无法提货，1903 年法国政府同意从庚子赔款额度里折抵清政府欠款时，并不允许以庚子赔款折抵欠付的军火款项，这些武备最后由承领“建威”“建安”舰的南洋大臣魏光焘在两江的款项下设法付清，才得以交收来华。

从 1898 年、1899 年开工的“建威”“建安”工程，最后在 1904 年才得以竣工，航试合格后，在当年的六七月间无偿拨交给了南洋水师，经南洋大臣魏光焘任命，原南洋水师军官徐传隆、叶伯鋆分任二舰管带。[①] 十分遗憾的是，可能是“建威”“建安”的动力设备在法国积存太久，运抵中国的时间过晚，此时船政大量技术人员流失以致技术能力相对较差，而且舾装工作过于急迫，“建威”“建安”二舰的动力设备存

① 台北“故宫博物院”图书文献处清代军机处档，第 163008 号。

在因组装或装备不妥而导致的某种先天缺陷，其新造时的最高航速并没有能够达到设计中的22.5节至23节，实际只有18节，常行航速则仅有10节，这一问题因为南洋对于这两艘免费拨交的军舰没有太多挑剔，在当时未被提起。这型本应以航速和鱼雷兵器见长的鱼雷军舰，正如当时已经日暮途穷的船政一般，在兼管大臣对船政工作缺乏热心的情况下，仓促间草草收场。

四、杂类舰艇

清代末年的船政，除建造了“通济”“福安”和“建威”“建安”共4艘较大型的舰船外，其余的制造成果主要是为船政以及一些外省建造的杂类船只，其中较为重要的大致有下列的一些。

1. 武装拖轮“吉云”

杜业尔1897年率领外国技术团到达船政后，经对船政的青洲船坞实地查看，认为船坞口江流较急，大型舰船依靠人力、绞车牵引出入坞时可能会被江流裹挟发生擦撞坞体的事故。为了解决这一隐患，使青洲船坞尽早投入使用，杜业尔建议船政专门建造1艘大马力的拖轮用于船坞工作，负责在船只出入坞时进行顶、拖等作业。

经杜业尔测算，小拖轮的造价约19万法郎，相当于5.6万两银，筹款和建造均相对较为容易，于是在建造“建威”“建安”军舰的同时，船政便择空在历史悠久的第一号船台上开工这艘拖轮，于1898年9月17日竣工，定名为“吉云”号。

“吉云”轮排水量135吨，采用的是炮艇船型，全钢艇体，外观上是单桅单烟囱的特征，艇长31.69米，宽约6米，舱深约3米，船尾吃水2.2米。船上装备1座船政自造的350马力蒸汽机（杜业尔原计划采用300马力蒸汽机），1898年9月17日航试时测得航速为11节，拖带排水量1000吨至1200吨的舰船时，航速为10节。①

按照杜业尔的设计，“吉云”轮除了能配合船坞工程拖带舰船出入

① 《“吉云”试洋片》，《船政文化研究——船政奏议汇编点校辑》，海潮摄影艺术出版社2006年版第499页。

坞外，平时没有工程任务时，还能充当马江巡防的武装炮艇，因而该艇还安装有武备，具体为船政造军舰上比较罕见的一种火炮，即“诺典费尔德”4管机关炮，共装备有2门，可能分装于“吉云”的首尾甲板上。①

2. 鱼雷艇“建翼”

杜业尔1897年向船政大臣裕禄提交造舰计划时，原本有建造2艘鱼雷艇的方案，后经裕禄和船政工程处道员魏瀚商议，将2艘鱼雷艇的计划改作建造1艘鱼雷巡洋舰。不过根据一些迹象显示，在船政建造鱼雷巡洋舰“建威”“建安”的同时，实际上由法国技术人员指导，同步还以技术试验为目标开工了1艘小型的鱼雷艇，工料造价约为2.4万两银。②

这艘鱼雷艇后来被命名为“建翼”，结合杜业尔在报告造舰计划时向裕禄呈交的条陈内容，以及“建翼”号的技术参数看，该艇属于杜业尔所开列的二等鱼雷艇，其母型实际是法国海军在19世纪70年代末、80年代初大量装备的27米型鱼雷艇。

“建翼”艇体全钢，与法国标准的27米型鱼雷艇相比，其排水量相对较大，达到了50吨，“建翼”的体量和27米型十分接近，艇长为26.2米，宽3.04米，舱深2.2米，比较特别的是其吃水达到了惊人的1.82米，比27米型的舱深和吃水大了许多。之所以“建翼”的吨位以及吃水大幅超过传统的27米型鱼雷艇，可能和其最终的武备情况有关。

按照杜业尔的设计，“建翼”应装备1座500马力蒸汽机，最终实际安装的是1座550马力蒸汽机，由法国地中海船厂制造，配套汽车式水管锅炉，单轴单桨推进，该艇的航速达到21节，超过了法国海军所有的27米型鱼雷艇。“建翼”的武备原设计为1具鱼雷发射管，配合2门37毫米口径5管“哈乞开斯”机关炮，最终该艇在炮械火力方面做

---

① 《船政成船表》，《国风报》，1910年第14期。

② 《船厂制造鱼雷快舰现已开办，工需紧要，吁恳匀款接济折》，《船政文化研究——船政奏议汇编点校辑》，海潮摄影艺术出版社2006年版，第485页。《船政成船表》，《国风报》，1910年第14期。

了加强，其武备系统实际变成了1具鱼雷发射管和2门60毫米口径“施耐德”机关炮的组合，在鱼雷艇上安装这种体量较大的火炮，可能是造成“建翼”吃水较深的原因之一。①

“建翼”艇在1898年开工，因为鱼雷艇的建造和用料要求有别于其他舰船，其建造工作时断时续，一直到1902年才基本告竣。② 作为技术试验艇建造的“建翼”，因为其规模小，建成后没有他省对其产生兴趣，一直留用在福建省，又因为当时船政的鱼雷车间早已荒废，无法为这艘鱼雷艇提供鱼雷维护等技术保障，事实上“建翼”可能被作为内河巡逻炮艇使用。

3. 炮艇“安海”“定海”

甲午战争失败后，清廷改革军制，全国各地都开始裁撤绿营武装，编练新军。在福建本省，随着绿营兵力被裁撤，尤其是旧式战船被裁撤，原绿营水师防区任务吃重。鉴于“闽省下游各处洋面辽阔，港汊纷歧，伏莽出没堪虞，防范不容稍懈”，闽浙总督许应骙在担任兼管船政大臣的1900年，决定使用裁撤绿营水师而节省下的款项，在船政订造巡防用的小型炮艇。

1900年5月4日，由福建省订制的首艘炮艇在船政开工，至1901年1月25日下水工竣，闽浙总督许应骙为该艇取名为“安海”号，总造价15900余两银。该型炮艇的排水量只有65吨，长30米，宽5.7米，吃水0.7米，属于浅水炮艇，适合在港汊、内河活动。艇上装备2台蒸汽机，功率300马力，航速10.5节至11节，其设计造型推测和当时法国海军在越南以及中国长江中使用的浅水炮艇相仿。③

---

① 《船政成船表》，《国风报》，1910年第14期。

② 《船政成船表》，《国风报》，1910年第14期。关于船政的“建翼”鱼雷艇，现代中国海军史研究界有意见认为该艇实际没有建成，但据1905年兼管船政大臣崇善为船政有功人员请奖的奏片，此前“建翼”已经告成，见“船政在事人员积年出力，请照异常劳绩褒奖片”，《船政文化研究——船政奏议汇编点校辑》，海潮摄影艺术出版社2006年版，第538页。

③ 《总督衙门奏厂制“安海”小兵轮下水日期片》，《船政文化研究——船政奏议汇编点校辑》，海潮摄影艺术出版社2006年版，第514页。

继“安海”之后，闽浙总督又在船政订造了炮艇“定海”号，其体量大小推测和“安海”相仿，稍有不同的是“定海”艇的干舷较高，能够适应在近海区域的航行。当“定海”建成后，闽浙总督重新设定了“安海”“定海”的用途，即“安海”巡防闽江内河，“定海”巡缉海港和近海，“‘安海’宜于江面驶用，藉以巡缉盗贼；‘定海’舨高，可御风涛，改为海口港汊侦获贼船之用”。①

4. 交通船“济川”“祥云”

在清代，往来于福建省城福州和船政所在的马尾之间，最便捷也是最舒适的交通方式就是乘船取道水路，1902 年闽浙总督许应骙因公务所需，在船政订造了 1 艘小交通船，取名为“济川”号。该船以船政的“厂中工料凑制”，造价 5140 余两银，船长 12 米，宽 2.5 米，舱深 1.9 米，吃水 1 米，安装 1 座 40 马力蒸汽机，其造型推测类似于当时海军大型军舰上搭载的蒸汽动力舢板。

除了总督订造的“济川”以外，因为在主厂区和位于罗星塔附近的青洲船坞间联络交通所需，船政生产厂区里还为洋员正监督杜业尔建造了 1 艘公务用的交通艇，取名为“祥云”号，造价 2730 余两银，其体量比“济川”更小，船长只有 8.68 米，宽 2.26 米，舱深 1.52 米，吃水 0.9 米，装备 1 座 16 马力蒸汽机。②

5. 客船“宁绍”

船政在甲午战争后，建造过的最大型舰船是洋员正监督杜业尔于 1902 年从法国立兴洋行承揽的江船，即长江客船。该船由杜业尔组织外国技术团队进行设计，工料银 38 万两左右，原定建造 3 艘，后因中方不满杜业尔擅作主张的举动，由杜业尔签订的 3 船订单被中方解除，实际上最终仅建成了 1 艘。

江船为全钢结构，单艘排水量 2160 吨，船长 86.2 米，宽 13.18 米，舱深 5.63 米，吃水 3.25 米，主机功率 2000 马力（一说为 5000 马

---

① 《察看船政近日制造情形折》，《船政文化研究——船政奏议汇编点校辑》，海潮摄影艺术出版社 2006 年版，第 526 页。

② 《闽厂修制小机船并添机盖房办料脚费，遵章奏咨立案片》，《船政文化研究——船政奏议汇编点校辑》，海潮摄影艺术出版社 2006 年版，第 533—534 页。

力)，航速 15 节。[1] 其船型被时人称为“明窗大轮船”，和当时常见的江海客船相似，即主甲板上建有多层甲板室，甲板室外壁开有大量长方形窗户的轮船。[2]

1905 年 10 月 30 日，船政自造的江船成功下水，成为船政历史上建造的第一艘，也是唯一的一艘客轮。该船于 1909 年被宁绍轮船公司以 30 万银元的价格买下，又另外出价 4 万两银“加添舱面火舱”，当年由宁绍轮船公司的船长江培尔前往马尾收领，成为宁绍公司的“宁绍”轮，在当年的 7 月 10 日开始投入宁波至上海间的商业航运。[3] 随着“宁绍”的建成，清代船政的舰艇建造工作便费竭终止。

---

① 《江船废约贴息，船政认受接造，估需价值立案片》，《船政文化研究——船政奏议汇编点校辑》，海潮摄影艺术出版社 2006 年版，第 535 页。

② 《中国近代航运史资料》第二辑（下册），中国社会科学出版社 2002 年版，第 1058 页。

③ 《中国近代航运史资料》第二辑（下册），中国社会科学出版社 2002 年版，第 1067 页。

第六编　后船政时代

第二十三章　民国北京政府时代的船政转型

一、更名船政局与收归海军部

1911年10月10日，旨在推翻清王朝统治的辛亥革命在湖北武昌首先爆发，全国各省陆续响应。11月8日，驻防福建省的清政府陆军第十镇统领孙道仁（原福建提督、湘军将领孙开华之子）率领所部举义反清，在革命党的配合下获得了成功，夺取省城，于福州设立革命军政府，福建就此也加入到了宣布反清独立的省份行列中。1912年元旦，中华民国临时政府在南京宣告成立，孙道仁被任命为福建都督，掌管闽省军政事务，福建成为新生的中华民国的行省之一。

民国肇创，百废待兴，从中央到地方在很多具体的行政管理措置上，仍然暂时沿袭着前清的旧制，船政也不例外。清亡之前，船政属于福州将军兼管的福建地方性机构，辛亥革命中，末任兼管船政大臣、福州将军朴寿被革命军杀死，福建军政府因循清季旧制，也将船政作为福建的省属机构对待，对船政的名称则重新厘定，改称为福州船政局，由军政府/都督府直接统辖，"民国初建，省自为政，闽则都督专权，改称船政为局"。[1] 从此之后，船政这一名词便在官方的档案、行文中淡出不用，船政的历史在跨入民国之际进入了福州船政局时代，此后船政局的发

① 《海军年报》（1939年），《国家图书馆藏民国军事档案文献初编》第九册，国家图书馆出版社2009年版，第297页。

展与清代的船政有诸多的差异区别，也可视作是迈入了后船政时代。

福建军政府/都督府改船政为福州船政局后，都督孙道仁最先委派闽籍海军旧将林颖启担任局长，不过林颖启因为船政局经费无着而并没有出山赴任，福建都督府又改任命船政局的工程师沈希南（船政大臣沈葆桢之孙）暂代局长。沈氏对船政局具有热情，在 1912 年 2 月上任。[①] 在清季，船政的经费被指定由闽海关从关税中按月拨解，然而进入民国之后，列强借口中国的财政状况紊乱，为确保关税担保的各种外债能如期归还，通过税务司制度对中国海关关税的开支进行严格的监管控制，[②] 以至于船政局无法延续清代旧制继续从闽海关获得解款，陷入了经费危机。为了维持船政局最基本的人员薪饷等资金需要，福建都督孙道仁决定从福建省的财政收入中筹拨经费，按照每年拨解 13 万元银元的最低标准接济船政，“福建船政常年经费系指由闽关拨解，刻海关久未收回，船政遂无以自立，道仁为保存计，每年仍照十三万原额筹给，竭蹶支持”。[③]

民初的银元，每元合 0.72 两库平银，按此 13 万银元只相当于清代的 9.36 万两库平银，这一经费数额和船政在清代额定的每年 60 万两库平银相差甚远，纵然和清代末年船政在经费长期积欠时的情形相比也有较大差距，彼时的船政虽然经费遭大量拖欠，每年仍可获得大约 20 万两左右的库平银。从民初福建省用以维持船政局的经费数额规模可以直接感受到，船政自 1907 年停止制造之后人员数量已经严重萎缩，从这一经费数额还可以清楚地看到，福州船政局在民初由福建省自管阶段，事实上仍然处在勉强支撑状态，根本不可能有余力涉足舰船制造。

福州船政局命运的转变，起源自 1912 年民国北京政府海军部的设立以及海军宿将刘冠雄出任海军部总长。

---

① 韩玉衡：《福建船政始末记》，《福州马尾港图志》，福建省地图出版社 1984 年版，第 60 页。《海军年报》（1939 年），《国家图书馆藏民国军事档案文献初编》第九册，国家图书馆出版社 2009 年版，第 297 页。

② 杨德森：《中国海关制度沿革》，山西人民出版社 2014 年版，第 32—33 页。

③ 《海军部呈》，《国家图书馆藏民国军事档案文献初编》第四册，国家图书馆出版社 2009 年版，第 5 页。

1912年4月，中华民国临时政府迁至北京，袁世凯出任临时大总统。沿袭前清的旧制，民国中央各部中专门设立了海军部，3月30日临时参议院通过选举，推选海军将领刘冠雄担任海军部总长，领导和管理全国的海军工作。①

刘冠雄，谱名敦诚，字子英，又作资颖，1861年出生于福建闽县的一户平民家庭，其父亲刘克甡依靠箍桶手艺谋生养家。因为家境十分艰难，没有余力供养子弟课读经书求取科举功名，刘冠雄的兄长刘懋勋（谱名敦禧）、刘栋臣（谱名敦本）、刘冠南（谱名敦濬）全都是在少年时代就被家庭送考入船政的艺圃、前学堂等教育机构学习，其中刘懋勋因为学习成绩出色，曾被选入船政第一届赴欧留学计划，赴法国的布列斯特等地学习。和兄长们的经历相似，刘冠雄到了少年时代也被家庭送考船政的教育机构，不过和3位兄长的学习专业不同，刘冠雄进入了船政的后学堂，成为驾驶专业学员，就此踏入了海军军官的蓝色生涯。刘冠雄毕业后即被选调往北洋，长期在北洋海军任职，先后担任过"定远""靖远"舰的帮带大副（副舰长），并曾作为第三届留欧学生赴英国留学。②

身着海军上将大礼服的民国北京政府首任海军总长刘冠雄，其任内完成了将福州船政局收归海军部、解决船政局经费等一系列对船政局意义重大的工作。

在北洋海军中刘冠雄官至都司，曾参加过甲午战争中的黄海大东沟

① 《临时大总统令》《海军部呈》，《国家图书馆藏民国军事档案文献初编》第一册，国家图书馆出版社2009年版，第5、11页。

② 有关刘冠雄的生平情况参考了《永远的蔚蓝色——福州"宫巷海军刘"》，天津大学出版社2014年版。

海战和威海刘公岛保卫战，战后清政府重建海军时受命赴德国接带新建成的“飞鹰”号驱逐舰，是甲午战争后最先被启用任职的原北洋海军中高级军官之一，也是甲午战争后中国接收的第一艘外购舰的舰长。此后刘冠雄又任中国海军主力舰“海天”号巡洋舰的管带，1904 年“海天”舰遇意外失事，刘冠雄被追责革职，时任北洋大臣袁世凯鉴其人才难得，又予重新启用。刘冠雄在清末历任山东德州机器局总办、海军部军制司航海科科长、广东水师营务处总办等职。辛亥革命爆发之后，刘冠雄一度受聘担任上海革命军政府海军顾问，是清末海军将领中较早参加反清革命的人物。1912 年中华民国南京临时政府成立，被任命为海军总长的黄钟瑛一度请辞，表示愿意拥戴刘冠雄为海军总长，因为临时大总统孙文拒绝而作罢。北京政府成立后，袁世凯出任临时大总统，由于无论从位望、才能、资历乃至与袁的政治亲密程度等角度考量，刘冠雄均为海军中无人能出其右的统帅人选，遂获任海军总长。

刘冠雄在 1912 年的 5 月 1 日正式就任视事，成为船政学堂毕业生中担任海军总长的第二人。此后至 1919 年，刘冠雄共历经 17 届内阁，始终担任海军领袖。其任内在国家政局动荡、财政状况恶劣的艰难环境中，仍坚持苦心经营，对前清海军的各项未了事务实施善后，同时创立中华民国海军的各项制度、规章，并在海军装备、军港、教育、训练等诸多建设发展事务上做出了重要努力，刘冠雄主政时期也是中国海军在进入民国时代后的一段难能可贵的建设成长期。也就在刘冠雄担任海军总长后不久，有关将福州船政局交于海军部管辖的方案从福建省传出。

船政是和海军息息相关的机构，辛亥革命后，海军将领林颖启被福建都督孙道仁任命为首任船政局正局长，但并未就任，沈希南在 1912 年 2 月起暂代局长，数月之后被罢黜，[①] 福建都督孙道仁改任命前清候补道员杨执中为正局长，杨又以病请辞，再以翁浩为正局长，未久翁又因故辞职，以致福州船政局处于无大员专管的半荒废状态。同时间，民国之后福建省地方财政收入颇为有限，对福建本省事业并没有直接利害

① 《海军年报》（1939 年），《国家图书馆藏民国军事档案文献初编》第九册，国家图书馆出版社 2009 年版，第 297 页。

关系的福州船政局已成经费负担，福建省也急于卸责。

北京政府海军部成立后，福建镇抚使岑春煊、都督孙道仁在1912年10月15日向大总统袁世凯呈文，以“船政关系国家甚巨，亟宜整顿，本应隶属海军”为由，申请大总统命令海军部直接派员接管福州船政局，并举荐曾在清末任会办船政大臣的魏瀚和海军旧将林颖启为正、副局长人选。[①] 经国务院将此议抄送海军部办理，刘冠雄对该方案表示赞成，于23日呈文临时大总统，正式申请任命魏、林二人为船政局的正、副局长，[②] 25日临时大总统下令公布了对魏瀚和林颖启的任命。[③] 由海军部申请、中央政府批准任命福州船政局的局长、副局长，实际上就标志着福州船政局已经从福建省管机构正式变为海军部的直辖机构。海军部接管之后，沿袭了福建都督府所创造的福州船政局这一名称，同时在民初，海军部还经常称福州船政局为马江船政局，这可以视为是福州船政局的别号。

自身行政地位的高低，直接决定着船政局在申请国家和地方支持时的影响力度的大小，随着海军部从福建省手中收过福州船政局的管辖权，船政局变成受中央政府的海军部门直接统辖，其地位发生了积极的变化。

更为重要的是，时任海军总长刘冠雄本人就出身于船政学堂，可能是凭着对海军事业的热心，亦或是因为对船政怀有着特别的感情，当船政局收归海军部管辖后，刘冠雄对福州船政局的相关工作非常留心在意，其任内不仅设法竭力维持福州船政局的运行，同时还对船政局在教育、制造等方面的发展方略做出了重要的决策，直接左右了民国初期船政局的发展之路。由海军部辖船政局，成为船政在进入民国时代后的一次极为关键的转变。

---

① 《马尾岑镇抚使等来电》，《国家图书馆藏民国军事档案文献初编》第一册，国家图书馆出版社2009年版，第185—186页。

② 《海军部呈》，《国家图书馆藏民国军事档案文献初编》第一册，国家图书馆出版社2009年版，第191页。

③ 《临时大总统令》，《国家图书馆藏民国军事档案文献初编》第一册，国家图书馆出版社2009年版，第193页。

二、经费的确定

海军部接管福州船政局之后，面临的第一项大挑战就是船政局的经费问题。

中华民国成立后，清王朝时代闽海关拖欠船政的近1000万两银经费已成为根本无法追溯的坏账，而在福建都督府管辖福州船政局期间，因为闽省的财政收入有限，原计划每年拨付给船政局的13万银元的经费实际也未能足额到位，在1912年当年便拖欠了多达6万元，将近于半数。当1912年10月25日临时大总统令明确由海军部派员接管船政局之后，福建都督府便开始催促海军方面尽早接收船政局，其最关键的便是希望尽快由海军部或中央政府来承担起对船政局的经费供应，以使福建省从中解脱。时至1913年初，福建都督孙道仁向海军总长刘冠雄做了犹如最后通牒般的表示，告知福建省对福州船政局的经费供应只能维持到1913年的1月末，此后每年可以补助接济船政局3万银元，但船政局的日常经费必须要由海军部承担。①

实际上，海军部在1912年已将福州船政局的经费开支数额列入到了1913年的海军军费预算案内，海军部按照每月3万元银元的运行经费供应标准进行测算，在1913年1月至6月共需发放给福州船政局半年经费18万银元，同时为了让福州船政局能够重启制造、维修，另需要准备20万银元作为基本的材料费和准备金，总计要筹措38万元经费才能满足海军部接收福州船政局后的初期基础经费需要。② 这项预算经海军总长刘冠雄上报后，获袁世凯批准，由国务院责成财政部筹款办理。然而当时的中央财政也是经费万难，无从腾挪，国务院和财政部对此一筹莫展，转又函商福建都督孙道仁，希望在海军部收回福州船政局之后，仍然由福建省按照之前的一年13万银元的标准来继续向船政局供应经费。“船政收归部（海军部）有，自是正当办法，惟外省京协各

① 《海军部呈》，《国家图书馆藏民国军事档案文献初编》第四册，国家图书馆出版社2009年版，第5—6页。

② 《海军部呈》，《国家图书馆藏民国军事档案文献初编》第四册，国家图书馆出版社2009年版，第7页。

项率多不解，部库（财政部）竭蹶万分……（船政经费）除已允认补助三万元外，应仍由闽省照旧如数备垫，将来再由部库收作闽省解款，俾免坐误事机。在该省维持已久，夙具热诚，当不令功亏一篑”。[①]

对国务院的此项提议，福建省断然拒绝，此后海军部、福建都督府、财政部、国务院四者之间围绕福州船政局经费从何而出的问题互相催促、牵扯，但没有任何的实质结果。福州船政局从 1913 年的 2 月起便陷入了没有任何经费来源的困局，职员、工人失去了薪金来源，以至于海军部报请临时大总统任命的福州船政局正、副局长魏瀚、林颖启都视船政局为畏途，迁延不前，经 1913 年 3 月 20 日重新任命郑清濂为正局长后，郑氏也因船政经费无着而不敢贸然赴任，[②] 最后只得由福建都督孙道仁临时委派军务次长萧奇斌暂行代理船政局长。[③]

萧奇斌出任后，因为 1913 年的农历端午节临近，过节在即，被拖欠工资日久的船政局员工们讨薪万急，势将解体。为先行解决 1 个月的薪金 3 万银元，在向福建省、海军部、财政部求助无果的情况下，萧奇斌不得已变卖船政局的废铁材料以应付经费，[④] 同时去商议借贷。由于船政局从清末船政时期以来借贷信誉就不佳，最终只有日商丸一洋行表示可以出借，但日商同时提出了极为苛刻的条件，诸如船政局必须支付高达 10%的借贷利息，且必须签约保证“将来船政局材料须向该行订购五万元或三万元之谱”等。[⑤]

准备向外商借款支付船政局人员薪水的计划上报后，袁世凯批示“此风断不可开”，仍然责成财政部设法，要求立即筹措 3 万元拨交船政

---

① 《院致福州孙都督等电》，《国家图书馆藏民国军事档案文献初编》第四册，国家图书馆出版社 2009 年版，第 22 页。

② 《海军部来函》，《国家图书馆藏民国军事档案文献初编》第四册，国家图书馆出版社 2009 年版，第 27—28 页。

③ 《福州孙都督来电》，《国家图书馆藏民国军事档案文献初编》第一册，国家图书馆出版社 2009 年版，第 205 页。

④ 《海军年报》（1939 年），引自《国家图书馆藏民国军事档案文献初编》第九册，国家图书馆出版社 2009 年版，第 297 页。

⑤ 《福州孙都督等来电录呈》，《国家图书馆藏民国军事档案文献初编》第四册，国家图书馆出版社 2009 年版，第 41 页。

萧奇斌暂代船政局局长期间在 1913 年 4 月签发的船政学堂毕业证书，证书的格式和清代时期没有太大的区别，流露出民国初期船政局工作的匆忙、临时气质。

局，解决燃眉之急。财政部竭尽所能，至 6 月 7 日共只筹得 2 万元汇交船政局，勉强应付了船政局在端午节（6 月 9 日）发放部分拖欠工资的需求。[①] 因为感到身处危局，船政局代理局长萧奇斌勉力支撑到端午节后便提出了辞呈。

1913 年 6 月末，海军总长刘冠雄因中国海军缺乏军港，申请依托船政局的修造和教育能力，将马尾设为海军军港，“以福州船政已成之局暂为军舰归宿之区”，此议获得袁世凯批准，刘冠雄即据以再度提起解决船政局经费的申请，要求起码首先下拨 10 万元，交海军部委任的船政局正局长郑清濂携带赴任。“现代理局长萧奇斌电请辞职，实因款

① 《财政部来函》，《国家图书馆藏民国军事档案文献初编》第四册，国家图书馆出版社 2009 年版，第 47—48 页。

匮，无米难炊，虽已电留维持，尚恳我大总统俯念海军根据紧要，先拨十万元交局长郑清濂带闽，以救船政现状”。[①] 经袁世凯批示财政部设法解决后，此事再度悬旷，至 1913 年 10 月 15 日海军部二度呈文，痛陈船政局急需资金的紧迫之状，“新任郑局长清濂无所藉手，碍难赴任。海军迄今尚无一根据地，焦灼万状，且该局经营数十年，长此因循，将来一切器械日就朽坏，糜费愈巨”。[②]

当时正值国民党因宋教仁遇刺而发动的讨袁战争失败，讨袁战争中福建也一度宣布讨袁独立，后匆匆取消独立。10 月北京政府派海军总长刘冠雄出京巡阅南洋兼赴福建督办裁撤福建省的地方军队，[③] 借此机会，刘冠雄率福州船政局正局长郑清濂一起南下，刘冠雄以海军总长和闽省裁军监督之威权亲自坐镇福州，就地直接着手解决福州船政局的种种未尽事宜，对福州船政局经费的最终解决起到了重要作用。可以认为，民初海军总长刘冠雄入闽，对当时船政局的发展产生了极大的推动和影响。

至 1913 年 11 月初，财政部虽然没有能筹措出 10 万元资金，但是终于就福州船政局的经费出处制定出了具体的支应方案，即从福建省解交中央财政的税收中直接截留，以此来解决每年所需的 36 万元基础运行经费，至于海军总长刘冠雄先前所提出的另筹 20 万元作为船政局开展修造军舰的基本经费一议，财政部则没有论及。

财政部的经费安排方案出台后，刘冠雄立即和福建地方大员磋商具体的执行办法，11 月 10 日刘冠雄致电财政部总长熊希龄，表示自己将就近和福建地方办理船政局日常经费的截留安排，另外提醒财政部还应设法为船政局解决 20 万元的修造工作开办经费，“至开办费二十万元实

---

① 《“海圻”刘总长来电》，《国家图书馆藏民国军事档案文献初编》第四册，国家图书馆出版社 2009 年版，第 49—50 页。

② 《海军部呈》，《国家图书馆藏民国军事档案文献初编》第四册，国家图书馆出版社 2009 年版，第 53—54 页。

③ 《海军大事记》下卷，(民国) 海军总司令部 1942 年版，第 5 页。《海军总长刘冠雄呈》，《国家图书馆藏民国军事档案文献初编》第二册，国家图书馆出版社 2009 年版，第 551 页。

属省无可省……务求我公鼎力主持，俾船政得以进行”。[①] 随后 11 月 14 日国务院致电刘冠雄，转达袁世凯对于此事的指示意见，即“值财政支绌，船政事项应设法维持现状，毋庸大举”。[②]筹措 20 万银元作为船政局维修、制造经费的方案就此被搁置不论，“维持现状”也便成了民国政府在以后很长时间里对福州船政局的主要态度。

根据财政部的安排，福建省按理应从所辖的常关[③]税收中每年截留 36 万银元资金解交给船政局。刘冠雄就此和福建民政长刘次源等协商后发现，当时福建常关全年的收入实际只有 16 万银元左右，为了弥补不足，刘冠雄与刘次源以及福建省国税厅筹备处处长刘鸿寿协商，决定从福建省商捐中每年腾挪 10 万银元协助船政局，再从福建省的盐税收入中腾挪 10 万元，总共凑齐 36 万元之数。[④] 又因为 1913 年民国政府以盐税作抵押向五国银行团举借外债，史称善后大借款，福建省的盐税也属善后大借款的抵押，按照民国政府与银行团签订的协议规定，盐税收入除支付必要的盐务支出外，都将用来归还借款，不得投于其他用途。为设法从盐税中挪用 10 万元补足船政局经费而不被银行团发现干涉，刘冠雄与刘鸿寿等协商，决定将这笔经费以“津贴地方军队帮同缉私”的名义从盐税中开支，“名为帮同缉私之用，银行团亦必无从干涉”。[⑤]

此事经报请财政部，财政部认为假借名义挪用盐税的做法不妥，会失信于外国，“盐款专储，信用所关，未便假借，致贻口实”，[⑥] 最后在

① 《马尾刘冠雄庚电》，《国家图书馆藏民国军事档案文献初编》第四册，国家图书馆出版社 2009 年版，第 69 页。

② 《国务院寒电》，《国家图书馆藏民国军事档案文献初编》第四册，国家图书馆出版社 2009 年版，第 71 页。

③ 常关指传统的厘捐税关，有别于征收洋税的海关。

④ 《马尾刘总长等文电》，《国家图书馆藏民国军事档案文献初编》第四册，国家图书馆出版社 2009 年版，第 85—86 页。

⑤ 《马尾刘总长等文电》，《国家图书馆藏民国军事档案文献初编》第四册，国家图书馆出版社 2009 年版，第 86 页。

⑥ 《复福建都督、民政长电》，《国家图书馆藏民国军事档案文献初编》第四册，国家图书馆出版社 2009 年版，第 97 页。

1913 年的年末驳回此条，其余各款则批准支付。这样福州船政局的经费名义上由福建省常关税收每月供应 3 万元，合计一年 36 万元，实际则落实为每年从福建常关拨解 16 万元，从福建商捐拨解 10 万元，连带福建省每年补贴船政局的 3 万元，总计一年可得经费 29 万元。虽然这一数字较之清末船政的经费状况仍有不少差距，但与之前福建省管船政局时的一年 13 万元相比，已有了很大的增长，已经足以支撑船政的日常开支，就此福州船政局的经费出处终于得到了确实的安排，为船政局在民国初年的运行、发展创造了重要的基础条件。

值得注意的是，鉴于福州船政局事实上每年无法足额得到 36 万元运行经费，刘冠雄在 1916 年决定将旧巡洋舰“南琛”号作报废处理，交由船政局进行拆解，将船料变卖，所得的 45 万元款项中，除提取 15 万元作为海军部在上海静安寺购买房屋当作海军联欢社之用外，其余的 30 万元全部补贴给船政局，由此足见刘冠雄对船政局的关照之情。①

表二十七　福州船政局历任局长②

时　期	姓　名	专业学历	任职时间	备　注
福建都督府任命	林颖启	船政后学堂驾驶第二届	1912 年	未就任
	沈希南	船政后学堂驾驶第十四届	1912 年 2 月	副局长代办
	杨执中		1912 年 8 月	辞职
	翁　浩		1912 年	辞职
	萧奇斌		1913 年	暂代
海军部任命	魏　瀚	船政前学堂制造第一届	1912 年 10 月	未就任
	郑清濂	船政前学堂制造第一届	1913 年 3 月	同年 11 月抵任
	陈兆锵	船政后学堂管轮第二届	1915 年 9 月	
	刘贻远	船政后学堂管轮第七届	1924 年 6 月	暂代
	马德骥	江南水师学堂轮机第五届	1925 年 9 月	

① 韩玉衡：《福建船政面貌》，《马尾船政局史资料汇编》（乙），福建师范大学历史系中国近代史教研组自印本，第 30—31 页。

② 本表据刘传标《中国近代海军职官表》整理，福建人民出版社 2005 年版。

三、舰船修造

1913 年 11 月 6 日，跟随刘冠雄赴闽的福州船政局正局长郑清濂在马尾正式就任，成为民国后第一位由海军部委派并真正到任的船政局首长。[①] 郑清濂，字景溪，福建闽县人，1852 年生，是船政前学堂造舰专业的首届毕业生，和魏瀚等同为船政的首届留欧学生，在清代曾参与设计、监造“平远”钢甲舰及监督青洲船坞工程，是清末民初中国著名的造舰技术专家。除任郑清濂为正局长外，刘冠雄的长兄、原船政局总监工刘懋勋被任命为副局长，协助郑清濂开展工作。在刘冠雄驻闽就近照料下，由郑清濂、刘懋勋联手管理，船政局终于渐有生色，“规模乃振”。[②]

郑清濂、刘懋勋主管时期的船政局，其内部机构仍然包括制造和教育两大部分，一些职位以及部门的名称上虽然略有所变化，但总体上基本还沿袭着清末船政的架构模式。

其中船政局正局长负责全面管理，类似于清代的船政大臣，副局长为局长的助手，并非固定常设职位。船政局在局长之下，常设有一名副官，协助局长处理事务，类似于清代船政的提调委员。船政局另设有一名工务长，相当于清代船政的总监工，具体主管制造部门的工作，郑清濂、刘懋勋分任正、副局长时，船政的工务长为曾任副局长的沈希南。

在船政局的内部机构中，分为总务、制造、教育、警备四大部门，其中的总务处包括有秘书科、稽核科、教育科、会计科等下属机构，负责船政局的行政、财务、后勤等工作，办公地点为原船政生产厂区内的洋办公所。制造部门则沿袭清代的习惯，设工程处（后称工务处）总管，由工务长领导，办公地点位于总务处隔壁的原中方办公所。工程处下辖的各车间，仍然称之为厂、所，其设置较之清末略有变化，计有轮

---

① 《福州船政局郑清濂电》，《国家图书馆藏民国军事档案文献初编》第一册，国家图书馆出版社 2009 年版，第 209 页。

② 《海军年报》（1939 年），《国家图书馆藏民国军事档案文献初编》第九册，国家图书馆出版社 2009 年版，第 297 页。

机厂、锅炉厂、铸铁厂、拉铁厂、铁胁厂、帆缆厂、船厂、舢板厂、木模厂以及图算所、广储所、版筑所，后又新设电光厂。各厂、所的负责人改称为工务员，下辖匠首、领班、工匠等。船政局的工人依旧采取军事化管理，即归属在东、西考工所（后东考工所取消，只保留西考工所），另保留清代时设立的健丁营。船政的教育方面则依旧包括前学堂、后学堂、艺圃、绘事院等，不久前学堂改称福州海军制造学校，后学堂改称福州海军学校，艺圃则改名为福州海军艺术学校，绘事院更名图算所。[①] 在警备方面，清代时部署在船政的福靖军不复存在，取而代之的是武装巡防队，负责船政局以及马尾地方的治安、警备。[②]

与民国初年国内的其他海军制造机构和教育机构相比，福州船政局同时兼有教育和制造功能，仍然是全国最为特别的海军机构。

郑清濂担任船政局局长后，对船政局的制造部门实施整顿，首先是恢复和增强船政的舰船修理能力。船坞是船政局开展舰船维修工作的重要硬件设施，当时青洲石船坞因为在清末长期荒废，坞口淤塞十分严重，大型舰船难以进坞，急需购置挖泥船增加清理淤积的能力，“马江船坞久因无船进修，以致坞口淤塞”[③]，海军总长刘冠雄决定将海军“飞霆”驱逐舰出售给福建盐务缉私部门使用，将所得款项用于船政局购买挖泥船，经呈请大总统后，于 1913 年 12 月 7 日获准。[④] 后经船政局上下努力组织清淤，终于在 1914 年 2 月 12 日使青洲船坞恢复了承接坞修的条件。颇为戏剧化的是，青洲船坞清淤后入坞的第一艘军舰，正是该船坞当初建成投入使用时第一艘入坞的军舰，即练习舰“通济”号。“该局、厂、坞员匠均能奋勇挖淤，‘通济’本日进坞出于意料之外，冠雄亲往阅看，若再加挖深，则‘海琛’等舰均能继入修

---

① 陈景芗：《旧中国海军的教育与训练》，《福建文史资料》第八辑，福建人民出版社 1984 年版，第 95—98 页。

② 韩玉衡：《福建船政面貌》，《马尾船政局史资料汇编》（乙），福建师范大学历史系中国近代史教研组自印本，第 8 页。

③ 《马尾刘总长来电》，《国家图书馆藏民国军事档案文献初编》第四册，国家图书馆出版社 2009 年版，第 123 页。

④ 《福州刘总长来电》《致福州刘总长电》，《国家图书馆藏民国军事档案文献初编》第四册，国家图书馆出版社 2009 年版，第 153、155 页。

理，实为利便”。[1]

在设法恢复青洲船坞修理能力的同时，船政局长郑清濂向海军总长刘冠雄申请，认为船政局生产厂区附近的洋商天裕木船坞距离船政局过近，“密迩吾坞，有碍军情”，同时考虑到这座现成的小船坞可以用于修造小型船只，如果能够购入，对船政局的修造业务颇为有益，“以之承修较小之轮船，工费亦省”，建议海军部决策将其购入。[2] 经刘冠雄认可，由船政局出面和洋商洽谈，在 1914 年初以 2 万余元价格成功收购，并入船政局，作为维修小型舰船的设施，进一步充实了船政局的修理能力。[3] 天裕船坞是马尾地区最早的西式船坞，由英商在 1861 年兴办，称为福州船坞（FooChow Dock），因属天裕洋行，又称天裕船坞。其船坞属木坞，即船坞在泥地开挖之后，坞体内表面用木料封钉，而没有石砌坞面，也称泥坞，因为尺寸较小，坞基不实，只能够修造千吨以下规模的舰船。天裕船坞和船政的生产厂区仅一墙之隔，清代多任船政大臣有意收购兼并，但因外商开价过高而未能成功。船政青洲船坞建成投入使用后，天裕船坞的业务受到极大冲击，经营乏术，“寖至停闭芜废”，成为民国初年船政局收购天裕船坞的重要前提因素。购入天裕船坞后，经船政局重新命名，原青洲船坞更名一号船坞，天裕船坞改称二号船坞，一、二号船坞以及船政原有的铁船槽一并归于名为船坞处的机构统一管理和运营。[4]

尽管大总统袁世凯在 1913 年对船政局的发展作出了“维持现状，毋庸大举”的明确指示，但海军总长刘冠雄明显不愿意放弃恢复船政局舰船修造能力的尝试。1914 年 2 月 14 日，刘冠雄以国内政局纷乱，“在在需军舰防堵，我国军舰有限，又积年失修”为由，申请加紧维修、

---

① 《马尾刘总长来电》，《国家图书馆藏民国军事档案文献初编》第四册，国家图书馆出版社 2009 年版，第 123 页。

② 《海军年报》（1939 年），引自《国家图书馆藏民国军事档案文献初编》第九册，国家图书馆出版社 2009 年版，第 297 页。

③ 陈公远：《马尾的船坞》，《福州马尾港图志》，福建省地图出版社 1984 年版，第 98—99 页。《海军年报》（1938 年），引自《国家图书馆藏民国军事档案文献初编》第七册，国家图书馆出版社 2009 年版，第 288 页。

④ 《海军大事记》下卷，（民国）海军总司令部 1942 年版，第 6 页。

整备海军舰船。船政局因拥有当时中国最大的干船坞——一号船坞（青洲船坞），是海军修理大型舰只的主要场所，当时训练舰“通济”已经在青洲船坞入坞，巡洋舰“海筹”“海琛”也急待修理，而船政局只有额定的运行经费，并没有额外的修造费，刘冠雄遂向大总统袁世凯申请，“万恳速拨修费数万两，以免延误”[①]，此举实际是刘冠雄在1913年申请拨解船政局20万元开办修造费未果后的再度努力。对刘冠雄的申请，北京政府虽然颇感为难，但在军务万分紧急的时局下，大总统袁世凯亲自批示拨款4万元作为船政局的开办费和修船费，几经周折最终悉数拨解，[②] 船政局的舰船修造工作由此得以复苏。此后，海军部在1915年颁布《海军舰艇修理规则》，明确规定了海军舰艇必须在海军所属的修造机构维修，并指定维护频率，明确由海军部承担修理费用，用制度的形式保证了福州船政局乃至大沽造船所、江南造船所的基本业务来源。[③]

1915年9月25日，因为郑清濂“年事略高，精力虑有不及”，海军部将江南造船所所长陈兆锵调任为船政局局长。[④] 陈兆锵，字铿臣，1862年生于福建闽县，船政后学堂管轮专业毕业，曾任北洋海军“定远”舰总管轮。清末刘冠雄管带“海天”舰时，陈兆锵任该舰的总管轮，与刘冠雄有同舰任事之谊。陈兆锵就任局长不久，海军部为解决当时中国江海盗匪横行，急需船舰绥靖治安的问题，向福州船政局、江南造船所、大沽造船所各订造2艘小型炮艇，这次明显带有照顾用意的订单，成为

民国时期任职时间最长的福州船政局局长陈兆锵。

① 《马尾刘总长寒电》，《国家图书馆藏民国军事档案文献初编》第四册，国家图书馆出版社2009年版，第125页。

② 《致马尾刘总长电》，《国家图书馆藏民国军事档案文献初编》第四册，国家图书馆出版社2009年版，第129页。

③ 《海军舰艇修理规则》，《中华民国海军史料》，海洋出版社1986年版，第200—202页。

④ 《海军部等关于更调江南造船所所长呈及批令》，《中华民国史档案资料汇编》第三辑军事（一）（下），江苏古籍出版社1991年版，第1367—1368页。

民国时代福州船政局仅有的一次造舰历史。自 1907 年船政停止造船之后，时隔 8 年之久，马江之畔的船台上，重又出现了生产忙碌的情景。

海军部拨款向船政局订造的 2 艘炮艇为同型，定名“海鸿”和“海鹄”，并称作“海鸿”级，取鸿鹄志向远大之意，以之来形容当时刘冠雄、陈兆锵对待船政局的殷殷态度，倒是颇为贴切。“海鸿”级属于浅水炮艇，排水量 190 吨，艇长 31.39 米（“海鹄”艇长 34.13 米），宽 5.48 米，舱深 2.92 米，艇首吃水 1.82 米，艇尾吃水 2.59 米，装备 1 座双缸蒸汽机，配套 1 座火管锅炉，主机功率为 300 马力，常行航速 7 节，最大航速 9 节。“海鸿”艇采用长首楼船型，外观上为单桅杆、单烟囱的特征，武备采用 2 门 37 毫米口径“哈乞开斯”单管机关炮以及 2 门 7.92 毫米口径“马克沁”机枪。① 该型艇从技术以及战斗力等方面而言，并没有什么突出之处，对船政局而言也并没有什么技术难度，不过因为事实上是民国时代船政局造舰零的突破，同时又是船政局造舰的绝唱，在船政历史上所造的舰艇中处于颇为特别的位置。

福州船政局建造的“海鸿”炮艇。

“海鸿”在 1916 年开工，随后在 1917 年建造姊妹艇“海鹄”号。值得引起注意的是，对这种单艇排水量还不足 200 吨，且是逐一陆续施工的小艇，船政局的单艇建造工期竟然耗时达一年之久，暴露出了此时船政局组织施工能力薄弱的问题。经历清末以来的严重技术退化，民国

① 《国家图书馆藏民国军事档案文献初编》第六册，国家图书馆出版社 2009 年版，第 569 页。

“海鸿”的姊妹艇“海鹄”号。

时代的船政局造舰能力已属堪忧。1918 年，海军部又决定向船政局等 3 处造船机构再各订造 1 艘专用武装测量艇，用于中国江海水文调查，然而因为船政局承造的“海鹄”直到 1918 年的 11 月才建成，尚未及开造新艇，又遇到海军部经费吃紧、造舰款项被挪占，船政局承造测量艇的计划遂告半途而废。此后在军阀混战、海军分裂的时局中，船政局的经营日益艰难，舰船建造业务不复再有。

除制造本身之外，民国初年陈兆锵担任船政局局长期间，另有数事值得叙述。

1922 年，船政局成立电灯厂，对原轮机车间配套的大锅炉房进行改造，安装新购的 2 台发电机，从此不仅可以解决船政局的供电照明，而且输出的电力也足以供应船政局各车间的动力所用，船政局原有的蒸汽动力系统取消，车间的机器设备都改以电机驱动，船政局的生产模式就此进入了电力时代。“各厂停用马力机，统由电机供给动力，不足时再采用原有的汽机动力”。不仅如此，船政局电灯厂还能为整个马尾地区的商民提供照明用电，“准许当地马江区商民按一定规章纳费使用”。①

陈兆锵担任船政局长期间，另一重要的建设举措和中国海军传统精

① 韩玉衡：《福建船政始末记》，《福州马尾港图志》，福建省地图出版社 1984 年版，第 56 页。

神的保存、发扬息息相关。清代船政在中法战争之后，为祭祀阵亡烈士，经奏请清廷批准在马尾建设了专门的昭忠祠。时至民国，昭忠祠已年久失修，念及甲申烈士的功绩，“诸先烈只知有国，不知有身，虽捐糜顶踵，在所不恤，浩然正气，如日星河岳，历劫不磨”，为彰显英烈，弘扬海军传统，陈兆锵于1920年经时任海军总司令蓝建枢协助，在海军界以及天津、上海工商界设法劝募，依靠各界捐款重修昭忠祠，不仅对原马江之战烈士墓进行重修，“昔分九垄，今聚一邱”，同时还对祠堂建筑和环境进行整治，“岿然崇堂，蜿然修廊，重门屹墉，顿易旧观”，并加盖一座二层楼，“以供游眺，有所延恋，则可慰荒寂”。[①]

更为重要的是，陈兆锵和蓝建枢都是曾经亲身经历过甲午战争的海军宿将，在马江昭忠祠重修的同时，念及甲午海战中国海军烈士没有专门的祭祀场所，经由海军总司令蓝建枢呈请批准，决定在马江昭忠祠中增祀甲午海战中国海军烈士，1922年农历八月十八日，即甲午大东沟海战的农历纪念日，陈兆锵在马江昭忠祠组织举行了隆重的合祀仪式，在昭忠祠供奉甲午海战烈士牌位，[②] 此举使得马江昭忠祠变成了同时祭祀甲申、甲午海军英烈的唯一专祠，成为中国海军的精神圣地。马江昭忠祠重修后，1921年陈兆锵题词“蒋山青处”，福州海军学校校长张斌元则题词“仰止”，勒石铭刻在甲申烈士合葬墓后方的马限山山壁上。1922年，时任海军总长李鼎新赴闽，题词“铁石同心”，也摹刻于马限山上。其后至1934年，南京政府海军部专门通过法令，将甲午大东沟海战的爆发日9月17日定为甲申、甲午战役纪念日，当天由在闽海军人员于马尾昭忠祠举行例行公祭。至此，马尾昭忠祠经过陈兆锵等海军人员的努力，正式成为了民国海军指定的海军英烈纪念地，也成为民国时代福州船政局的一段佳话。

---

① 陈兆锵：《重修马江昭忠祠碑记》，《福州马尾港图志》，福建省地图出版社1984年版，第287页。

② 陈兆锵：《甲申、甲午两役合祀马江昭忠祠碑》，《福州马尾港图志》，福建省地图出版社1984年版，第289—290页。

四、飞机制造

1917年，清末海军派赴欧美留学的袁晋、马德骥、巴玉藻、王孝丰等学成归国。这批留学生原是清末派往英国留学舰船工程的人员，期间很多人对新生的兵器——飞机、潜艇产生了浓厚兴趣。第一次世界大战爆发后，民国政府安排将前清时代派赴英国学习的这批留学生转往美国留学，在飞机、潜水艇崭露头角的新时代，留学生赴美后重点修习飞、潜专业，成为近代中国发展此类新兵器的开端。

船政局飞机制造工程处主任巴玉藻。

船政局飞机制造工程处副主任、美国波音公司首任总工程师王助。

船政局飞机制造工程处副主任曾诒经。

鉴于飞机、潜艇具有很大的军事价值，对大型军舰也能产生威胁，且其造价相对于军舰而言非常低廉，北京政府海军部视其为充实中国海军装备的捷径，认为可以据此实现中国海军的复兴，遂决心加以发展。据留学生曾诒经回忆，当他们归国抵达海军部接受海军总长刘冠雄接见时，刘冠雄就曾表示过对飞机制造的兴趣。“当我们1917年底回国时，袁世凯已死，刘冠雄二次上台，我们晋见他时，他痛哭流涕的谈国事，说尽鼓励我们为国效劳的好话……在第一次世界大战正在进行之际，他能看到飞机对于海军复兴的意义，飞机制造与海军有密切关系，还算是有一点远见的。”①

① 曾诒经：《旧中国海军马尾船政局制造飞机的回忆》，《马尾首创中国航空业资料集》，福建省音像出版社2006年版，第10—11页。

在飞机和潜艇之中，海军部决策优先发展飞机，经对所辖的大沽造船所、江南造船所、福州船政局三处制造机构进行权衡，认为福州船政局“地段最宽，足敷分布，厂所汽机，尤足为兴办基础”，遂报请国务院拨款，依托船政局发展中国的飞机、潜艇制造和教育事业。1917 年 11 月，留学欧美归国的海军航空工程人才巴玉藻、王助、曾诒经、王孝丰 4 人被派遣至福州船政局，举办海军飞潜工程。① 当年年末，首先利用船政局内闲置的前清鱼雷、铜元车间，改建为飞潜学校，开展相关人才教育。紧接着在 1918 年 1 月，正式于福州船政局下附设飞机制造工程处，开始尝试自行制造军用飞机，具有美国麻省理工学院（Massachusetts Institute of Technology）航空工程学硕士学位的巴玉藻任工程处的主任，王助、曾诒经、王孝丰 3 人任副主任，其中王助、王孝丰也都是麻省理工学院航空工程学系毕业，王助留美时还曾任波音公司的前身 B&W 公司的首任总工程师，曾诒经则在美国寇蒂斯公司（Curtiss）学习过航空发动机制造。② 飞机制造工程处开办后未久，王孝丰因有意从政而离职，工程处的工作便由巴玉藻、王助、曾诒经三人管理。③

飞机制造对于船政局而言是前所未见的新事物，为船政局本已有末路之感的制造工作带来了新的希望，船政局甚至将原工程处办公楼挪出，作为飞机制造处的办公楼。飞机制造处的人员薪费也由船政局经费中拨给，初期每月 1500 元左右，后增加至 2000 元左右，制造飞机所需的设备全部利用船政局现成的设备。为建造飞机所需，另在船政局内利用闲置场地和旧有车间，建设了 1 座飞机亭（飞机仓库，位于原木模厂和铁胁厂之间的空地上）、1 座飞机总装厂（利用原铁胁厂隔壁的样板房改造）、1 条飞机入水滑道，总计费用 19000 元，也从船政局经费中拨助。至于建造飞机所需的材料费和外购发动机等费用，则由海军部专

---

① 《海军年报》（1939 年），《国家图书馆藏民国军事档案文献初编》第九册，国家图书馆出版社 2009 年版，第 297 页。

② 《海军大事记》下卷，（民国）海军总司令部 1942 年版，第 24 页。

③ 曾诒经：《旧中国海军马尾船政局制造飞机的回忆》，《马尾首创中国航空业资料集》，福建省音像出版社 2006 年版，第 8 页。

飞机制造工程处照片，该建筑原本是船政局的工程处办公楼。

门拨给。飞机制造工程处的人员方面，除巴玉藻等 4 名技术骨干外，从船政局的工人中挑选四五十名加以训练作为基本制造力量，多为木工、铆接等工种，另外又招收学徒二三十名，“教以机械常识、初级算术、使用工具和量具等课程，并加以手工和机工的训练”。除此，巴玉藻等 4 人还同时承担飞潜学校的教学工作，飞潜学校的学员同时也是飞机制造工程处的工作力量。[①]

相比起舰船建造，飞机建造的工程量小、费用低廉，见效也快。巴玉藻等首先选择的机型为适合海军使用，且起飞、降落较为容易，对飞机场要求较低的水上飞机。制造飞机所需的航空发动机、金属材料（如钢丝绳、钢线、钢管、铝板、铝条）、蒙皮（麻布）、漆、胶等从国外直接购买，飞机所需的木料则由工程处自制，材料上选用福建本省出产的杉木、白梨木、榆木等。

当时的飞机制造难点主要在于绘制、确定全套图纸，制造的过程相对简单，较舰艇容易许多。其主要的制造流程是制作骨架、安装内部钢丝线缆和管路、包覆蒙皮，这些施工技术本身，对船政局的技术工人们

① 曾诒经：《海军制造飞机处》，《马尾首创中国航空业资料集》，福建省音像出版社 2006 年版，第 14—15 页。

飞机制造工程处的生产车间内景。

设在船政局内的飞机制造工程处飞机亭及所造的水上飞机。

而言并没有特别的工艺难度。1919 年 8 月，飞机制造工程处建造的第一架飞机顺利问世，是中国自己的飞机制造机构建造的首架飞机，实现了中国航空工业零的突破。飞机制造工程处建造的首架飞机属于“甲”型，取名“甲型一号”，其总体设计大致就是王助 1916 年在美国为波音公司设计的首型量产飞机 C 型（又称波音 1 号，Boeing Model 1），属于单发动机、双翼、双座、双浮筒的拖进式水上多用途飞机。所谓拖进式，指飞机依靠发动机产生的功力前进，以获得足够的升力起飞。

“甲”型飞机翼展 13.7 米，机身长 9.32 米，高 3.88 米，装备 1 台美国寇蒂斯公司 1915 年定型的 OX5 型 V8 发动机，功率 100 马力，最大飞行时速 126 公里，升限 3690 米，飞行距离 340 公里。该型飞机和波音 C 型一样，均为串列双座，前后座均设有方向盘等操控机构，均能驾驶飞行，可作为教练机使用，此外飞机上还可携带 4 枚手投炸弹，具有一定的轰炸作战能力。

“甲”型飞机的原形，王助在美国设计的波音 C 型水上飞机。

“甲型一号”诞生后，因为当时中国缺乏飞机驾驶人才，迟迟未能进行飞行试验。令人惊讶的是，船政局是北京政府海军部的下辖机构，但是飞机制造工程处却联系上了和北京政府分庭抗礼的原广东护法军政府的飞行专家杨仙逸，经杨仙逸推荐，原护法军政府“援闽粤军飞机队”的飞行员蔡司度在 1920 年被派至马尾，参加“甲型一号”的飞行试验。结果令人失望，可能是对飞机性能不够熟悉，初次飞行就发生了严重事故，“甲型一号”因失速而坠落损毁，飞行员蔡司度则并未受伤。[①] 此后，飞机制造工程处按照“甲”型的设计，又在 1920 年建造出来第二架“甲”型飞机，即“甲型二号”，改请福州某洋行的英国人

① 曾诒经：《海军制造飞机处》，《马尾首创中国航空业资料集》，福建省音像出版社 2006 年版，第 16 页。另有一种说法，称在蔡司度试飞之前，杨仙逸本人曾成功驾驶“甲型一号”进行过试飞，见马毓福：《中国军事航空 1908—1949》，航空工业出版社 1994 年版。

驾驶飞行，取得成功。

飞机制造工程处建造的“甲型一号”水上飞机。

设计与“甲”型十分接近的“乙”型水上飞机。

“甲”型飞机告成后，鉴于其“飞行效能实不亚于当时欧美所出之飞机”，飞机工程制造处处长巴玉藻即申请扩大制造规模，“拟定初步扩充厂场及购置机械之计划，请款六十余万元，以图多制教练飞机，养成多数航空人才，逐渐进行军用飞机，自制发动机，以期达到空军国防之目的”，此议获得了海军总长刘冠雄的支持，但在当时国库空虚的情况下，根本无力及此，终于未能施行。在“甲”型飞机创制时，中国已成为当时世界上为数不多的能够自行设计、制造飞机的国家，且所造飞机的性能并不弱于西方，倘若能够加以支持，必定能获得更大成就，然而受困于经费不充，船政的飞机制造就和舰船制造一般都只是昙花一现。

从1920年后，飞机工程制造处仍然坚持小规模地制造飞机，至1931年被并入江南造船所之前，在马尾又先后创造出了“乙”“丙”“丁”“戊”“己”等5种机型，连带先前制造的“甲型一号”“甲型二号”，共制造飞机14架（其中部分是将先前建造的飞机报废后，利用原发动机重新制造），虽然受限于制造规模，生产出的飞机总数并不多，但是从各型号的技术性能看，明显有日益精进和偏重军事用途的趋势。飞机工程制造处所造的飞机，原按照型别加编号来命名，诸如“甲型一号”“乙型一号”等，1929年海军署对飞机制造处所造出的飞机实施新的命名规范，按照新的命名规则，主要用于教练的飞机用带有江字头的水鸟的名字命名，军用飞机则以海字头的鸷鸟名字命名，从“甲型三号”开始依次重新命名，如“甲型三号”命名为“江鹳”，“丁型一号”命名为“海鹰”等。[①]

其中的“乙”型飞机是“甲”型的改良型号，也是单发、双翼、双座的拖进式水上飞机，换装了和波音C型相同的“豪尔斯考特”（Hall—Scott）发动机，可以搭载4枚炸弹。

“丙”型属于飞艇式（Flying Boat）水上轰炸机，即机身直接采用船艇线性，犹如一艘小船，设计上参考了英国“费利克斯托”（Felixstowe）F.3型等飞艇，双翼、单发动机，装备的是360马力“劳斯莱斯”（Rolls Royce）发动机，除驾驶舱外，还设有机关枪战位。可安装1门机枪，搭载1枚鱼雷、8枚炸弹。

“丁”型为水上起降轰炸机，单发动机、双翼、双浮筒，也是拖进式，采用了和“丙”型一样的“劳斯莱斯”发动机，可以投掷炸弹或鱼雷，飞机上设有驾驶舱、机枪舱以及炸弹舱，平时炸弹舱还可以改为客

---

① 《海军期刊》，1929年1卷8期，专件第22页。

“丙”型飞艇。

“丁”型飞机“海鹰”号。

舱，也可装备机枪1门，搭载鱼雷1枚、炸弹8枚。

“戊”型属于双翼、双浮筒、单发动机的拖进式水上教练兼侦察机，设计上与“丁”型相似，装备1台120马力星形气冷发动机（旧称幅形发动机），有所不同的是将驾驶舱和机枪舱的位置对调，即单座的机枪舱在前，作为观察舱，并列的驾驶舱在后，同时飞机上加装航空照相设备，以供执行侦察任务时使用，另外还可搭载4枚炸弹。

停泊在船政局飞机下水滑道附近江面上的“戊”型飞机。

“己”型水上飞机“江鸿”号。

“己”型则是在“戊”型基础上改良而成，仍然是双翼、双浮筒、单发动机的拖进式水上飞机，装备 1 台 165 马力的莱特“旋风”(Whirlwind) 发动机，除机身缩短外，总体设计和“戊”型基本一致，另外该型飞机上出现了翼下挂载点，共可挂载 4 枚炸弹。[①]

船政局的飞机制造工作从 1918 年着手开展，1923 年 9 月，船政局因经费紧张，无力供应支撑飞机制造工程处，呈文海军部，希望将飞机

① 曾诒经：《国产飞机》，《马尾首创中国航空业资料集》，福建省音像出版社 2006 年版，第 205—207 页。

制造工程处改由海军总司令部直辖，未获批准，[1] 最终在1928年9月，飞机制造工程处经过申请转隶属于海军总司令部公署，称为海军制造飞机处，改主任、副主任为处长，由海军总司令部供应经费，仍然设在船政局内，仍然由巴玉藻担任处长，王助、曾诒经任副处长。1929年巴玉藻去世后，改由王助担任处长。至1931年迁离马尾为止，飞机制造是民国之后船政局在制造工作方面最为引人注目的成就。

表二十八 飞机制造工程处所造飞机一览（1919—1930）[2]

完成年月	名 称	型 式	用途	马力	备 注
1919.8	“甲型一号”	双浮筒双翼	教练	100	试飞失事，飞机损毁，发动机完好。
1920	“甲型二号”	双浮筒双翼	教练	100	
1921.2	“甲型三号”	双浮筒双翼	教练	100	用“甲型一号”发动机重造。1923年报废。
1922.1	“乙型一号”	双浮筒双翼	教练	100	1925年报废
1924.4	“丙型一号”	双翼飞艇	轰炸	350	
1924	“丁型一号”	双浮筒双翼	轰炸	360	试飞失事，飞机损毁，发动机完好。
1925.4	“丙型二号”	双翼飞艇	轰炸	360	
1926	新“甲型三号”/“江鹕”	双浮筒双翼	教练		用“甲型三号”的发动机重造。
1927.1	“戊型一号”/“江凫”	双浮筒双翼	教练侦察	100	用“乙型一号”发动机重造。
1927.1	“戊型二号”/“江鹭”	双浮筒双翼	教练侦察	120	
1928.7	新“丁型一号”/“海鹰”	双浮筒双翼	轰炸	360	用“丁型一号”失事后残留的发动机、机体等改修。
1929.3	“丁型二号”/“海雕”	双浮筒双翼	轰炸	360	

① 《海军大事记》下卷，（民国）海军总司令部1942年版，第33页。

② 本表根据《海军江南造船所民国二十二年工作报告书》附表整理，转见：《国家图书馆藏民国军事档案文献初编》第十二册，国家图书馆出版社2009年版，第439—445页。

续表

完成年月	名　称	型　式	用途	马力	备　注
1930.10	“己型一号”/“江鸿”	双浮筒双翼	教练轰炸	165	
1930.11	“己型二号”/“江雁”	双浮筒双翼	教练轰炸	165	

五、船政教育的变革

辛亥革命后，福建军政府改船政为福州船政局，原先船政所设的前、后学堂以及艺圃等教育机构均作保留。1912 年 2 月沈希南代理船政局局长后，有意振兴船政，下令在福建全省范围内招收 180 名海军学员，以便重振船政局的教育事业，此举为清代 1907 年终止船政制造业务以来前所未有的盛事，一时轰动全闽，报名者多达数千人。

当次由福建各县报送投考船政局前后学堂的学员共计五六千人，初试的考场设于福州南后街的林文忠公祠内（今福州市林则徐纪念馆），为面试挑选，继而又借福建高等学堂进行文化知识测试，与清末时代船政学堂招考的模式几乎完全一样的是，文化知识测试的内容为传统作文。经历文化测试选拔出的学童再到林文忠公祠进行体检，最终淘选留下 180 人赴马尾船政局入校就读。当时亲历此事的学员张宝骐回忆了招考时的生动细节：“投考者有五、六千人，年龄都在十三四到十五六。第一场唱名，观外表而录取二、三千人。真是碰巧，第二场在三牧坊高等学堂(今之福州第一中学)，考中文一篇，题为‘见贤思齐焉义’，录取约千人。第三场仍在林则徐祠堂，检验体格，没有经过心肺透视，但增有握力测验，最后正取一百八十人，备取五十人，在马尾船政衙门报到。抓签分入前、后学堂，前学堂六十人，后学堂百二十人，而驾驶管轮各六十人。入学仅一年，大小考试达五六次，经甄别后（前学堂学员）剩下二十二人。”①

1912 年 6 月 7 日，海军总长刘冠雄为统一全国海军建设，重新整理海军教育体制，呈文申请大总统，建议参考海军此前收管烟台海军学

① 张宝骐：《马尾前学堂》，《马尾船政局史资料汇编》（乙），福建师范大学历史系中国近代史教研组自印本，第 67—68 页。

校和南京海军军官学校的例子，将船政局前、后学堂以及广东黄埔水师学堂纳入全国海军教育体系，由海军部直辖。[1] 1913 年 10 月，刘冠雄赴闽监督裁军期间，正式将船政局的前、后学堂收归海军部直辖，由海军部派员管理，并供应学校经费，其中前学堂更名福州海军制造学校，首任校长陈林璋，后学堂改名为福州海军学校，首任校长王桐。[2] 由船政前、后学堂演变而成的这两所学校正式成为海军部直辖的海军学校，与此前正式成立的烟台海军学校、南京海军军官学校并列，从此不再受福州船政局统辖，船政历史上第一次出现了校、厂分离的情况。此后，船政局虽然还下辖由艺圃改成的教育机构——福建海军艺术学校，但该校总体上主要是技术工人学校，并不是隶属于海军的正规军校，船政局事实上成为了一个纯粹的制造机构。

总计在民国南京政府成立之前，在马尾地区与原船政有关联的学校先后出现过福州海军制造学校、福州海军学校、福州海军艺术学校、福州海军飞潜学校等 4 所。

甲、福州海军制造学校

福州海军制造学校的前身是船政前学堂，辛亥革命后，前清时在该校任教的法国洋员迈达、竺蒲匏已经离去，期间还发生过洋员向民国当局索要积欠薪金的事件。1913 年前学堂改为海军制造学校后，受海军部统辖，同时接受船政局局长的监督，首任校长为陈林璋。学校在校长之下，分设总教官、佐理官、军需官，管理学校的教学、总务等工作。其中总教官负责教学，下辖的教习根据海军制造学校的教学模式，分为学课、国文、兵操三类，即教授学课的正、副、协教官和国文教官，兵操教官、体育教官等。佐理官是校长的助手，协助管理校务，下辖学监。军需官负责学校的总务，下辖总务、书记官、会计、医官等。

和清末时代的前学堂一样，海军制造学校只设有制造专业，本意旨在造就舰船工程人才，然而自清末以来，中国的舰船建造事业日益萎

---

① 《海军部呈》，《国家图书馆藏民国军事档案文献初编》第四册，国家图书馆出版社 2009 年版，第 539—542 页。

② 《海军大事记》下卷，（民国）海军总司令部 1942 年版，第 5 页。

缩，对此类人才并没有大量的需求，以至于该校的教育从一开始就陷入了尴尬境地。

海军制造学校所学内容仍然沿袭旧制，几乎全部采用法文教材和法语教学，学制延长为8年，[①] 根据学习内容不同，分为三个阶段，前两个阶段所学均为基础科课程，第三阶段才开始修习专业方向。海军制造学校的考试标准主要采取平均分制，即各门课程大致取百分制，总计各科满分合计为10000分，学生在8年学习期间陆续修满各科，各科所得分数相加的平均分如能达到满分的50%者，即可毕业，纵有某门课程不及格，但是全部课程的总分相加能够合格，也可毕业。

1912年招考入校的22名学员，在海军制造学校称为甲班，而后1913年增加乙、丙2班，1915年和1916年又增加丁、戊2班，总计5班共有学员120人左右，除了甲班是公开招考外，乙、丙、丁、戊4班多是海军内部保送入读，其中戊班学生多为从船政局图算所转入的学生。1918年，甲班学生完成了基础课学习，即将转入专业课，此时制造学校对于学生的培育方向仍然没有明确目标，当年聘请法籍洋员沙彭来校教习，但沙彭只是法国师范学校毕业，并无法教授制造专业课程。[②] 1919年甲班生因不满学校迟迟未能明确专业学科方向，"学校一直没有一个正式的学制与专业方向，学生只是埋头念书，所以学科也是杂乱无章，没有协调与步骤"，发动了离校罢课运动，最终海军部将校长、佐理官、总教官、学监等全部撤换，争取学生回校续读，并派海军部军学司司长曾宗巩临时担任校长，整顿学制和校务。

学潮过后，甲班学生有部分自动离校，剩余12人和乙、丙班合并，在1921年完成学业毕业。因为该届学生招募较早，在民国海军档案中

---

① 张宝骐在回忆中称学制为10年，而据1912年入校的甲班学员实际是在1921年毕业的情况看，学制应为8年，推测是海军制造学校发生过学制的调整。海军制造学校1926年并入海军学校后，海军学校造船科的学制也是确定为8年。见张宝骐：《马尾前学堂》，《马尾船政局史资料汇编》（乙），福建师范大学历史系中国近代史教研组自印本。

② 杨齐洛、沈来秋：《马尾船政前学堂点滴》，《马尾船政局史资料汇编》（乙），福建师范大学历史系中国近代史教研组自印本，第66页。

仍将之称为船政前学堂毕业生。福州海军制造学校的丁、戊班在1917年改习德文，准备赴德国留学制造，后因德国在第一次世界大战中战败，留学计划遂取消，丁、戊班后在1918年转往福州海军学校学习英语，改为航海专业，又在1920年11月被整体转往烟台海军学校，在烟台海军学校的第十七届毕业。①

1921年，制造学校原甲、乙、丙班学生毕业。同年10月、11月，时任校长沈觐宸主持招收新生入校，计有卓韵湘、林衍藩、陈赞汤等，后又在1922年6月和1923年的1月、3月陆续招收部分新生，仍然编为甲、乙、丙3班，学制则预订为6年半。② 1917年左右，马尾遭遇台风洪水，制造学校的校舍年久失修，有倒塌之虞，学生在1920年后陆续迁入重新翻建一新的福州海军学校新校舍继续教学。之后海军部因为款绌，无力翻建福州海军制造学校校舍，1923年9月海军部军学司提出将福州海军制造学校与飞潜学校、艺术学校合并的方案，③ 海军部继而在1924年计划将海军制造学校和飞潜学校合并，④ 后在1926年直接将该校撤销，学生并入福州海军学校内，甲班生改学轮机，乙班生改学航海。此前1923年11月，制造学校毕业生蒋弼庄、汪培元获准自费赴法国留学。⑤ 另在1924年4月，有制造学生陈赞汤、程法侃、林祥光、江家驺等31名被转往烟台海军学校，改学航海专业，在烟台海军学校第十八届毕业。⑥

海军制造学校除了自身的制造专业外，在民初还沿袭清代旧制，兼管船政局图算所的制图专业教育，由制造学校校长兼任图算所所长，1913年除原有学生10余人外，又增招30余人入学。因图算所不属于海军部直辖学校，经费由福州船政局供给，在船政局自身经费吃紧的情

① 杨齐洛、沈来秋：《马尾船政前学堂点滴》，《马尾船政局史资料汇编》（乙），福建师范大学历史系中国近代史教研组自印本，第66页。

② 《福州海军制造学校十二年分学生一览表》，《海军军官教育一百四十年》（上），（台湾）“国防部海军司令部”2011年版，第74—75页。

③ 《海军大事记》下卷，（民国）海军总司令部1942年版，第33页。

④ 《海军大事记》下卷，（民国）海军总司令部1942年版，第34页。

⑤ 《海军大事记》下卷，（民国）海军总司令部1942年版，第33页。

⑥ 《海军大事记》下卷，（民国）海军总司令部1942年版，第35页。

况下，难以保证图算所的需要，遂在1916年将图算所的教育部分停办，未毕业的学生并入到了海军制造学校内学习制造专业。①

乙、福州海军学校

福州海军学校前身为船政后学堂，初设有驾驶和管轮两个专业，其学制和清末时代相似，其中驾驶科学制5年，管轮科学制5年半，大量采用英文教材教学，校址仍在原船政后学堂校舍内。在教学模式方面，福州海军学校和福州海军制造学校一样，不再采用清代船政学堂的一师制，即由一名教习教授所有的课程，而是由各教官、教员分任教学。管理制度方面，也是设校长、佐理官、军需官、总教官等职务，班级制度方面采取诸如驾驶一班、管轮一班的分班命名方法，毕业考核方面也是采取平均分制。

1917年3月，因学校校舍年久失修，受台风洪水侵袭岌岌可危，且正值1912年招收的学生已届毕业，校内没有太多教学任务，时任校长王桐便向海军部呈文申请重建校舍，由海军部派军学司司长谢葆璋会同王桐办理，将原船政后学堂校舍全部拆除重建，此时距船政后学堂的创办恰好过了将近50年。② 福州海军学校的这次校舍重建，历时数年，至1920年落成，由时任代理福州海军制造学校校长曾宗巩验收。③

从落成之后的情形看，这次改造重建是以原船政后学堂的校址为基础，向周边大幅拓展了场地，将原本位于船政后学堂西北侧的水雷营和清代的洋员宿舍区全部拆除并入。在主校舍区，建筑的布局和样式和清代的船政后学堂十分相似，即校舍外围北、东、南三面建成双层相连的长条状建筑，作为师生的居住、生活场所，在这三面建筑圈出的中央空地上，仿照清代船政学堂的样式教学楼式样，建设了两座造型相同的二层教学楼，两座教学楼之间的空地修整为篮球场，也当作小操场使用。主校舍的东北侧开拓了一片很大的场地，修整有一座大操场。

随着福州海军学校新校舍的落成，该校重开教学。1926年3月8

---

① 陈景芗：《旧中国海军的教育与训练》，《福建文史资料》第八辑1984年版，第98页。

② 《海军大事记》下卷，（民国）海军总司令部1942年版，第12页。

③ 《海军大事记》下卷，（民国）海军总司令部1942年版，第21页。

重建后的福州海军学校校舍。照片中可以看到，校舍的样式、布局和此前的船政学堂相似，最大的区别是院内的洋式教学楼变成了2座。

日，海军第一舰队司令陈季良向海军总司令杨树庄呈请，从节省经费考虑，建议将当时都在福州海军学校校舍内借地教学的福州海军制造学校和福州海军飞潜学校并入福州海军学校，“制造、飞潜两校现均移住海校，莫如即将三校学生改并为一，仍名曰海军学校”，遂获批准施行。[①]至1926年，福州海军制造学校和飞潜学校并入后，福州海军学校又重新厘定了学校的各项制度，原有的佐理官等名目全都重新地核定变更。

根据《福州海军学校章程》规定，1926年后海军学校额设校长1名，航海、轮机、制造专业总教官各1名、副官2名（类似此前的佐理官）、学监3名、正教官3名、副教官5名、国文教员4名、操练官2

① 《海军军官教育一百四十年》（上），（台湾）“国防部海军司令部”2011年版，第76—77页。

海军学校洋式教学楼之间的篮球场，同时也是校内的小操场。

名、军需官 2 名、军医官 2 名、书记官 1 名、录事 2 名以及夫役勇丁若干。学校设航海（原称驾驶）、轮机（原称管轮）、制造 3 个专业，额定官费学生 180 名，另可招收部分自费学生。在学制方面，航海专业 5 年，轮机专业 5 年 6 个月，制造专业 8 年，均为在校学习，称为堂课。当堂课学习结束符合相应的成绩标准后，即颁发毕业证书。①

和清代船政后学堂有所不同的是，民国时代无论是船政局或是福州海军学校，自身并不下辖专门的练习舰，海军的练习舰专门编成练习舰队，隶于海军总司令处（后称海军总司令公署），同时负责对海军各学校相关专业毕业生的登舰练习教学工作。当航海和轮机专业学生在福州海军学校毕业之后，即由海军部将毕业生调往练习舰队所属的练习舰进行为期 3 个月的舰课学习，全部完成后即具备海军军官资格。而制造专业的学生堂课毕业后，则分配在船政局见习。

飞潜、制造学校并入时，福州海军学校自身有尚未毕业的管轮二

① 《马江海军学校章程》，《海军军官教育一百四十年》（上），（台湾）“国防部海军司令部”2011 年版，第 60—61 页。

班，连带原福州海军制造专业转入的51名学生，以及飞潜学校转入的62名学生，[1] 因人数总和不满章程所定的180人，又从艺术学校调入32名学生作为补充生，补足名额。[2] 这些学生进入福州海军学校后，编为甲、乙、丙、丁、戊、己、庚共7个班，主修航海和轮机专业，少量学习军用化学，制造专业因为学制长、毕业后的工作前途不明朗，实际没有学生入读。值得注意的是，在1926年福州海军学校厘定学制之前，福州海军学校先已毕业的驾驶和管轮专业学生在民国海军档案中算作船政后学堂毕业生，而从1926年后毕业的学生，才开始按照航海一届、轮机一届的新序列计算，又简称航一、轮一。

表二十九　1926年福州海军学校学制调整后的班级情况[3]

原学校班级名与所学专业	归并调整后名称和所学专业	毕业届别
福州海军学校管轮二班 学习管轮专业	福州海军学校甲班 学习轮机专业	轮机第一届
福州海军制造学校甲班 学习制造专业	福州海军学校乙班 学习轮机专业	轮机第二届
福州海军飞潜学校 军用化学班	福州海军学校丙班 学习军用化学	
福州海军制造学校乙班 学习制造专业	福州海军学校丁班 学习航海专业	航海第一届
福州海军飞潜学校丁班 学习驾驶专业	福州海军学校戊班 学习航海专业	航海第一届
艺术学校补充生 学习制造	福州海军学校己班 学习预科	
福州海军飞潜学校戊班 学习轮机专业	福州海军学校庚班 学习预科	

① 《海军年报》(1939年)，《国家图书馆藏民国军事档案文献初编》第九册，国家图书馆出版社2009年版，第192页。

② 《海军军官教育一百四十年》(上)，(台湾)"国防部海军司令部"2011年版，第20—21页。

③ 本表参考了《海军军官教育一百四十年》(上)，(台湾)"国防部海军司令部"2011年版，第20—21页。《海军军官教育一百四十年》一书中，称飞潜学校的甲、乙、丙三班并入了福州海军学校，但据飞潜学校学生蔡仁清回忆，该校的甲、乙、丙三班在飞潜学校并入海军学校之前已经毕业。本表推测最后编入海军学校的实际是飞潜学校尚未毕业的化学班以及原丁、戊班。

1928年，烟台海军学校停办，该校未毕业的二班航海专业学生转入福州海军学校继续学习，称为寄闽班，其中在1928年当年毕业的一届仍按照烟台海军学校的毕业届别计算，称为烟台海军学校第十八届毕业生，另外的一届则按照福州海军学校毕业届别计算，算作福州海军学校的航海第三届。[①] 此外，福州海军飞潜学校在1926年停办后，海军航空处为了培育海军航空人才，在1928年于福州海军学校内附设航空班，称为寄校航空班，共毕业了3届学生。

福州海军学校在民国初年原本是海军部所辖的4所拥有航海专业的军事学校之一，地位并不是特别的突出，然而在民初窘迫的海军建设形势以及军阀交争的纷乱局势中，海军部原来所辖的南京海军军官学校、烟台海军学校、黄埔海军学校先后停办，后起的吴淞海军学校在短暂举办后也告停办，福州海军学校便成为海军部统辖下硕果仅存的海军军官教育院校。又加之原位于马尾的福州海军制造学校和福州海军飞潜学校在1926年都并入了福州海军学校，更使该校的地位突显。此后在船政局制造业务日益低迷萎缩的情况下，继承船政前、后学堂衣钵的福州海军学校却获得了快步发展，对民国时代中国海军的人才育成贡献良多，成了维持、彰显船政声名的主要力量。

丙、福州海军艺术学校

福州海军艺术学校的前身为船政的艺圃，1913年改为福州海军艺术学校后，首任校长为黄聚华，原艺圃的艺徒改称为学生。虽然福州海军艺术学校的校名中有海军二字，但是该校并不归属海军部直辖，仍然由福州船政局管理，由船政局供给经费，其教学模式和目标也和清代的艺圃相同，即采取半工半读式的教学，旨在培养技术工人。艺术学校的学制初定为4年，学生也要经过6个月的试读甄别汰选，合格者才能正式就读，由船政局发给膳费。

福州海军艺术学校成立后，直接沿用清代的艺圃建筑，初期从船政局挑选学徒黄乃发等20余人入读，后逐步扩充学生规模，增加至70

---

① 《海军军官教育一百四十年》（上），（台湾）“国防部海军司令部”2011年版，第21页。

人，分作甲、乙、丙 3 个班，其中的甲、乙班学习法文，丙班学习英文。[①] 因为原艺圃建筑年久失修，“已经破烂不堪，光线又不好”，海军艺术学校在 1915 年又另择校址，改在船政衙署西侧的原铜元局旧址上兴建新校舍，紧邻着船政衙署外的官厅池。和后来重建的福州海军学校的建筑不同，海军艺术学校的建筑是单层的院落式，其中以生活建筑为多，平面俯瞰大致呈回字形，其中入门的左右为讲堂、教具室、会议室等建筑，其后三面都是学生宿舍、餐厅、理发室、浴室、厨房、养病室等生活建筑，居中留出天井。在回字形的校舍外，另辟有一处操场。[②]

1915 年，艺术学校在福州公开招考中等学校毕业或同等学力学生 50 名，学生总数增加至 120 人，原丙班改为英文甲班，另编成英文乙班。艺术学校于 1916 年春迁入新校舍，法文、英文班分住在左右两厢。

由于海军艺术学校的教学内容和海军制造学校乃至海军学校的基础课没有太大区别，以至于艺术学校经常被海军其他各校调选在读的学生，几乎成了各海军学校的预备学校，反而自身毕业的学生人数十分有限。“艺圃扩充为艺术学校之本旨，原为培植厂内工业人才而设，当时海军当局认为该机构隶属于船政，应于课程按照海军各校所规定普通级课程标准，逐步进展，遇有各校添招班次或编级调整，人数之需要由艺校选调，其课程既已取得相符，可免格不相入，而授课时间又可缩短，于全局实为有利，所以艺校学生选拔入航海、轮机以及无线电讯各科者，实繁有徒，难以枚举”。[③]

1917 年，海军部派巴玉藻等在船政局内兴办海军航空事业，获准

---

① 蔡仁清：《海军飞潜学校始末》，《马尾船政局史资料汇编》（乙），福建师范大学历史系中国近代史教研组自印本，第 54 页。

② “海军艺术学校全图”，《海军军官教育一百四十年》（上），（台湾）“国防部海军司令部”2011 年版，第 78—79 页。蔡仁清：《海军飞潜学校始末》，《马尾船政局史资料汇编》（乙），福建师范大学历史系中国近代史教研组自印本，第 55 页。

③ 阙鉴坚：《马尾海军船政艺术学校及其变迁沿革》，《马尾船政局史资料汇编》（乙），福建师范大学历史系中国近代史教研组自印本，第 78 页。

将福州海军艺术学校的新校址即原有全部英文班学生整体改为福州海军飞潜学校，原海军艺术学校的2个法文班迁回艺圃旧址，继续开展艺术学校的教学工作，由船政局工务长曾宗瀛充任校长。为补充学生名额，又新招收120名学生，分为甲、乙、丙三班，采用英文教学。

1920年，艺术学校法文班毕业，全部派入船政局各车间部门工作，当年又续招了新生2班。1921年海军飞潜学校开设军用化学专业，鉴于艺术学校有1班学生基础课学有功底，遂从中挑选补充进飞潜学校。1922年，海军部又从艺术学校抽调黄剑藩等补充进海军学校，改学驾驶专业。1923年海军部军学司曾呈文海军部，申请将福州海军艺术学校和福州海军制造学校、福州海军飞潜学校实行三校归并，其后未果。[①] 1926年福州海军制造学校和飞潜学校并入福州海军学校时，为补足海军学校的额定学生人数，又从艺术学校挑选了50余名学生改入海军学校就读。

丁、福州海军飞潜学校

1917年，海军部决定依托福州船政局兴办航空和潜艇事业。当年，福州船政局局长陈兆锵决定将福州海军艺术学校的新校舍改为福州海军飞潜学校，陈兆锵本人自兼首任校长，学校经费由福州船政局支应，是为中国最早的航空工程以及潜艇工程学校。原海军艺术学校的英文甲、乙班学生直接改为飞潜学校的甲、乙班，又在福州招收中等学校毕业生或同等学力者50名，编为丙、丁班，其中甲班学习飞机制造，乙班学习潜艇制造，丙班学习发动机制造，丁班学习驾驶，后又新招戊班，学习轮机。原艺术学校英文班教员转为飞潜学校教员，另加上海军留美学习航空归来的部分留学生作为教官。[②] 此外，飞潜学校各项制度和福州海军学校、福州海军制造学校颇为相似，学校自校长下，设有佐理官、总教官、军需官等官员，毕业也采取平均分制。

福州海军飞潜学校开办后，海军部从学习和制造的难易考虑，事实

---

① 《海军大事记》下卷，（民国）海军总司令部1942年版，第33页。

② 蔡仁清：《海军飞潜学校始末》，《马尾船政局史资料汇编》（乙），福建师范大学历史系中国近代史教研组自印本，第56、61页。

上主要偏重于“飞”，对于“潜”则加以搁置。学生们在学习期间，除在船政局传统的各车间实习，进行厂课教育外，还有部分被派到飞机制造工程处，直接参与水上飞机的制造等工作。1923 年 6 月，飞潜学校毕业甲班陈钟新、沈德熊、杨福鼎等 17 名学生，1924 年 2 月毕业乙班学生郭子桢、周亨甫、李志翔等 19 名，派往制造飞机处实习，1925 年 6 月，飞潜学校丙班林轰、王卫、陈冀等 20 名学生毕业，派往江南造船所见习。[①] 此后因为经费吃紧，福州船政局没有资金力量支撑维持飞潜学校，1926 年飞潜学校停办，尚未毕业的丁、戊等班学生全部转入福州海军学校就读，飞潜学校的房屋校舍则改由海军闽厦警备司令部使用。[②]

表三十　船政系各学校历任校长[③]

学校	校长	专业学历	抵任时间	备注
福州海军制造学校	陈林璋	船政前学堂制造第一届	1913 年 10 月	
	陈长龄	船政前学堂制造第三届	1916 年 10 月	1918 年 8 月撤职
	曾宗巩	天津水师学堂第四届	1919 年	暂代
	沈觐宸	船政前学堂制造第六届	1919 年	兼任总教官
	陈藻藩	留学	1925 年 2 月	
福州海军飞潜学校	陈兆锵	船政后学堂管轮第二届	1917 年 12 月	兼任
	黄承贶	留学	1925 年	总教官暂代
福州海军学校	王　桐	船政后学堂管轮第三届	1913 年 10 月	
	张斌元	船政后学堂管轮第四届	1918 年 1 月	
	陈兆锵	船政后学堂管轮第二届	1926 年	兼任
	沈觐宸	船政前学堂制造第六届	1926 年	
	夏孙鹏	留英	1928 年 1 月	

① 《海军大事记》下卷，（民国）海军总司令部 1942 年版，第 33、34、40 页。

② 蔡仁清：《海军飞潜学校始末》，《马尾船政局史资料汇编》（乙），福建师范大学历史系中国近代史教研组自印本，第 61 页。

③ 本表据刘传标：《中国近代海军职官表》整理，福建人民出版社 2005 年版。

续表

学校	校长	专业学历	抵任时间	备注
福州海军艺术学校	黄聚华	船政绘事院	1912 年 8 月	
	陈德隆		1913 年	
	刘栋臣	船政前学堂制造第四届	1916 年	
	曾宗瀛	船政前学堂制造第二届	1918 年	
	马德骥	江南水师学堂轮机第五届	1920 年	兼代
	陈大咸		1922 年	
	马翊昌	船政前学堂制造第六届	1926 年	

第二十四章　民国南京政府时代的船政演变

一、从福州船政局到海军马尾造船所

19世纪20年代，从民国初年开始出现的纷乱政局愈演愈烈，北京政府陷入了连年军阀交争，你方唱罢我登场的局面。福建省也在20年代初陷入了政治乱局，1924年直系军阀孙传芳控制福建，任内直接停止了对福州船政局的经费供应，并勒令停办，“闽省军阀柄政，饷源断绝，马尾船政局经费无着，勒令停办，并派员接收厂屋材料”。经时任福州船政局局长陈兆锵力争，并报告海军部申请挽回，海军部鉴于“船政局为造船机关，未容任军阀之摧残”，决定由海军部自行筹措资金供给船政局，仍按照旧例，每月保证供应船政局经费3万银元。①

在1924年时，海军部自身也是经费万紧，甚至发生了海军部职员被拖欠工资，海军部次长率领职员前往总长官邸外抗议讨薪的荒唐事件。尽管海军部表态将供应船政局的经费所需，然而实际上很难足额及时落实到位。与此同时，海军马尾要港司令部等单位也陷于经费困局中，最终出现了海军自行铸币牟利的事件，一如清末崇善开办铜元局的故事。

1924年当年，马尾的海军当局与一位名叫方铭勋的商人合作，准备在福州船政局内开办造币厂，自行制造银币牟利，以补贴海军和船政局经费。议定后，原计划由方铭勋招商入股，筹集资金购买机器和造币原料，因其办理缓慢，马尾海军当局撤销与其的合作计划，没收已经运到船政局的造币机器，于1925年由福州船政局自行举办造币业务，称为马尾海军造币厂。

---

① 韩玉衡：《福建船政面貌》，《马尾船政局史资料汇编》（乙），福建师范大学历史系中国近代史教研组自印本，第31页。《海军年报》（1939年），《国家图书馆藏民国军事档案文献初编》第九册，国家图书馆出版社2009年版，第220页。

马尾造船股份有限公司厂区内现存的福州船政局钟楼，建于陈兆锵担任局长的20世纪20年代。照片拍摄：陈悦。

马尾海军造币厂选址在二号船坞附近，由时任船政局工务长马德骥兼任厂长，利用没收的商办机器，从上海等地采购银料，使用船政局的工人力量进行生产，主要制造2角面值的银币，初期每天生产10万枚，而后逐渐增加至每天生产20万至30万枚（银币的银含量只有70%左右，工料价值和面值之间有差价，2角的银元的差值约在40文左右）。

马尾海军造币厂开始制币后，最初将每日生产的银币运送到中洲岛，按照每角折合96文的折扣价格（按照面值，1角应等于100文铜元）批发给各钱庄。当时福建省原有造币厂也在生产银质辅币投入市场，海军银币的出现对福建省造银币形成冲击，双方竞相压价倾销，以至于1角银币的市场批发价贬至53文。福建军阀周荫人遂命令禁止在福州及闽江上游地区流通海军银币，海军方面也以牙还牙，在福建沿海地区查禁福建省造银币，最终双方经过磋商改为合作，由海军和福建省联合成立银币经销所，设于福州台江路，由海军方面派陈复为所长，约定每日按照马尾造币厂占三成、福建洪山桥造币厂占七成的比例出售两厂所产的银质辅币，共同将每角银币的批发价格回复到90文以上。此后，为了查禁福建市场上流通的其他私铸银质辅币，海军又与福建省联合成立银币清查处，设于福州的苍霞洲，共同清查市场，银质辅币制造遂成为福州船政局20年代后最热闹的生产项目。[1]

① 陈寿绥：《马尾海军造币厂的一些资料》，《马尾船政局史资料汇编》（乙），福建师范大学历史系中国近代史教研组自印本，第51—54页。

1926年7月9日，中国国民党在广州发表国民革命军出师北伐宣言，北伐战争的硝烟燃起。当年12月18日，国民革命军第3师、第14师进驻福州，在闽的海军第一舰队由司令官陈季良率领，暗中归附国民革命军。① 次年3月14日，海军总司令杨树庄经与北伐军谈判，正式宣布闽系海军全部加入国民革命军。② 作为原由闽系中央海军直辖的福州船政局，在1926年被更名为海军马尾造船所，变为了彻底的生产机构，不再兼管诸如海军艺术学校等非生产性的机构，原局长马德骥改任为首位所长。③ 1927年南京国民政府成立，继续沿用海军马尾造船所模式。

由于由“局”改为“所”，级别降低，所承担的经费支应减少，马尾海军造船所的经费从1926年被缩减为每月2万元，在1927年又进一步减少为每月1.4万元，仍由海军当局供应。随着经费的大幅减少，直接导致马尾造船所内技术人员流失、职工工资遭拖欠等严重问题。1927年袁晋担任造船所所长时，情况已经十分恶劣，造船所内工人怨气满腹，而造船所当局无计可施，只能一面采取裁员的办法，一面对工人采取按照实际工分计算工资的做法。因为所中生产任务稀少，工人们往往累月没有工做，被迫又采取了让工人们轮流上工的措施，工人的收入受到极大影响。

受开工不足等影响，造船所的工人在这一时期的生活陷入了异常艰难的境地。当时造船所的工人中已经出现了工会等进步组织，工人们的思想情况较此前已不可同日而语（据一些工人回忆，曾有一名来自海参崴的华工在工人间传播过进步思想），在1930年左右爆发了首次大规模的罢工活动，此后罢工便成为马尾造船所经常遇到的情形。

1933年2月，海军部整顿马尾造船所，颁布新的编制和经费安排。根据《海军马尾造船所暂行组织条例》规定，马尾造船所受海军马尾要

---

① 《革命文献》第十四辑，（台湾）中国国民党党史史料编纂委员会1956年版，第430页。

② 《海军舰队发展史》（一），（台湾）“国防部史政编译局”2001年版，第16—17页。

③ 韩玉衡：《福建船政面貌》，《马尾船政局史资料汇编》（乙），福建师范大学历史系中国近代史教研组自印本，第11页。

港司令监督，地位较之福州船政局时代已大幅降低。所内在所长之下设工务处、文书股、会计股、考工所、广储所、陆地工巡队、水上工巡队等机构。

其中工务处具体管理生产，主官为上校工务长，下辖各生产厂以及船坞。此时马尾造船所内的厂（车间）还有8处，即轮机厂、锅炉厂、船厂、铸铁厂、铁胁厂、拉铁厂、帆缆厂、电光厂，各厂以及船坞各设工务员1名负责管理，均为海军军官身份，其中轮机厂、锅炉厂、船厂、船坞规模较大，工务员为上尉级别，其他各厂的工务员属于中尉级别。

文书股、会计股承担的是此前总务处的工作，文书股股长为少校级别，会计股股长为中尉级。

考工所为工人管理机构，其名称继承自清代，设少尉管理员、准尉司书各1名。由于当时造船所的工人大量流失和裁员，原东考工所已经在20年代就被撤销，东考工所建筑改成了海军警备队营房，实际上只剩下了西考工所。

广储所是马尾造船所的仓库保管机构，在没有多少生产任务的情况下，广储所的范围也已萎缩，收缩到二号船坞北侧的一带，包括设于锅炉厂隔壁的广储所仓库以及广储所起卸港等。广储所由中尉管理员1名管理，下辖簿记、勤务士兵等。

陆地工巡队和水面工巡队则是马尾造船所的武装警卫组织，为排级单位。陆地工巡队设少尉排长1名，士兵27名。水面工巡队设少尉排长1名，士兵19名。

除此外，1933年时隶属在马尾造船所管辖下，还有4艘工作用轮船，分别是拖轮“吉云”“江驮”和交通船“祥云”“祥麟”。因为是工作轮船，不设船长，而各设舵工1名管理驾驶，下辖管车、水手、升火等人数不等。[①]

有关海军马尾造船所的运行经费，海军部本着“樽节”考虑进行重新核定，从1927年的每月1.4万元，改为每月6138元，这项经费实际

---

① 《海军马尾造船所暂行编制表》《海军马尾造船所暂行组织条例》，《海军公报》第45期，（民国）海军部1933年版。

是在编人员的薪饷，没有考虑任何用于生产的资金。这笔6000余元的经费且不是由海军部直接全额拨给，而是根据每月马尾造船所承揽修造等业务的收入情况，如果当月收入不足6138元，则报请海军部拨款补足。在这样的经费状况下，海军马尾造船所实际上已经不可能有所作为，只能是苟延残喘。民国时代曾任马尾造船所所长的韩玉衡对此局面，曾有无奈的感慨："简单说来，即到了此时，造船所的经费支出是已处于穷困的时期，而与前此任何阶段的情况不相同，所以应把其特别提及。这时福州物价虽尚平稳，但较诸清代是已贵到十倍上下，若就此时的物价指数而言，则此六千元的购买力又只相当于清代平均数的十分之一。造船业务之由萎缩趋于没落，说来就不是什么奇迹了。"①

此外，不在海军编制的工人的工资，实际也由马尾造船所自行筹划，不足时呈请海军部拨款，每月在2000元左右。连带工人的工资，总计马尾造船所每月的薪水开支约在8000元左右。从中不难看出，担任造船所管理等工作的在编人员共147人，其薪水6000余元占到了全部预算的75%左右，而实际承担生产任务、没有固定工作编制的工人约500人，其获得的薪水实际只占马尾造船所薪水预算的25%左右，且没有海军部额定资金的保障，工人生活的艰难程度便不难想象了。

表三十一　南京国民政府时期马尾造船所的经费收支情况②

（1929—1935年）

年　度	工事收入（元）	支　出（元）	盈　亏（元）
1929年	178463	366168	亏187705
1930年	214531	323379	亏108848
1931年	193925	289298	亏95373
1932年	188306	235602	亏47296

① 韩玉衡：《福建船政面貌》，《马尾船政局史资料汇编》（乙），福建师范大学历史系中国近代史教研组自印本，第31页。

② 据《海军部所属造船所历年收支概况统计图表》整理，原表见《海军年报》，（民国）海军部1936年版。本表的收入指马尾造船所的营业收入，不包含海军部给予其的补贴。

续表

年　度	工事收入（元）	支　出（元）	盈　亏（元）
1933 年	69713	207282	亏 137569
1934 年	75030	213123	亏 138093
1935 年	45174	208939	亏 163765

表三十二　1932 年马尾造船所厂中情况①

全厂员工	现役	职官	50 人	动力源情况	锅炉种类	火管并砖炉
		弁兵	49 人		锅炉数量	10 座
		杂役	123 人		制造国	英国、法国
		全年俸饷合计	96230.03 元		引擎及马力	150 匹 2 座 100 匹 1 座 50 匹 1 座 20 匹 2 座 发电用 130 匹 1 座 发电用 100 匹 1 座
	厂工	厂工总数	419 人			
		平均每人每天工资	7 角			
		全年工资总额	122994.664 元			
		一年工作日	315 日			
		白班每天工作时间	8 小时			
		夜班每天工作时间	6.5 小时		平均用煤	每天 10 吨
		厂工平均年龄	38 岁		全年煤耗	58162.50 元
设备	车床 51 座；刨床 16 座；卷床 4 座 剪床 13 座；锯木机 4 座；抽水机 9 座 汽锤 7 座；排锯机 1 座；水力拉船机 3 座 钳床 311 座；刨木机 3 座；电镀机 1 座；压水机 2 架					

南京国民政府成立后，之所以在马尾造船所的建设方面给人以消极之感，其原因主要是受限于经费的紧张。经历连年的军阀混战，中国的财政状况已经十分恶劣。另一个重要原因，则是当时海军江南造船所占地利之便得到飞速发展。南京政府时代，海军的主要军港在南京、上海一线，修造舰艇以江南造船所最为近便，在中国海军经费本就不足且海军建设规模很小的情况下，江南造船所似已能满足当时的海军所需，距离政治中心以及海军停泊中心较远的马尾造船所被冷落，也就并不难理

① 本表据《海军部所属马尾造船所工务概况表》改绘，该表见《海军统计》（1932 年），（民国）海军部 1933 年版。

解了。此外，海军在1924年从福建省收管厦门船坞，改建为海军厦门造船所，也明显对马尾造船所产生了竞争影响。[①] 在经费紧张的情况下，工人工资菲薄，且相对于造船所中在海军编制的人员工资水平存在极大差别，由此在工人中出现了技术熟练者自谋生路，而留厂工作者满腹怨气的情况，具体到工作中则经常出现故意消极怠工等严重的问题，导致马尾造船所的工作效率、能力都大打折扣，与江南造船所、厦门造船所等相比，重要性更为低落。

在改为海军马尾造船所后，造船所在原船政地域上所占的位置也极为收缩，主要集中到了原清代船政生产厂区的范围内，原生产厂区的工程处办公楼也便成了造船所所长的办公所在。原清代船政设有衙署、洋楼、学堂、艺圃等设施的行政、生活区，则主要由海军学校、海军马尾要港司令部等单位使用。1933年7月，马尾要港司令部因为司令部机关的原有房舍不够使用，报请海军部核准，将司令部迁到原船政衙署内，又因船政衙署早已年久失修，“所有门窗户牖仰地板地梁一概破烂，又地址过低，每遇大潮，往往浸入，且无厨房厕所”，经要港司令李世甲和马尾造船所工务员陈德隆就地查看，最后决定将原船政衙署拆除，将地基垫高，新建司令部建筑。见证了船政兴衰变迁，曾是船政心脏机构的船政衙门就此不复存在。[②]

民国时代任马尾要港司令的李世甲，要港司令同时兼任对马尾造船所的监督工作。

至1937年抗日战争爆发之前，马尾造船所在舰船以及机械制造方面的成果寥寥无几，值得一提的主要为1928年承造福州浚河局新式挖

① 韩玉衡：《海军厦门造船所概况》，《中华民国海军史料》，海洋出版社1986年版，第927—928页。

② 《闽港部将移船政旧署》，《革命的海军》第60期，第三版。

泥船 1 艘，1929 年承造福州浚河局码头趸船 3 艘，1934 年为福州港头造纸厂仿造造纸机 1 套，同年为福建水上警察厅建造“江仪”“江凤”水警艇，另外在 1935 年为福州浚河局建造浮筒、浮槽等件。[①]

除制造工作外，福州船政局变更为马尾造船所以后，所经办的另一项重要的建设是扩修原二号船坞。二号船坞即刘冠雄任海军总长时船政局收购的天裕船坞，该船坞紧邻福州船政局/马尾造船所的主生产厂区，材料运输、人员往返都十分近便，只是该坞属于木制坞面的泥坞，坞基不实，只能坞修排水量 1000 吨以下的船艇。1928 年后，因闽江疏浚航道以及福新垦田公司在青洲一带插竹填江的影响，马尾造船所的大船坞——一号船坞的坞口淤积陡然增加，船只进出不便，“通济桥下积沙成洲，江流转向坞前经过，也把坞前塞满流沙，随挖随积，船只难于进口，该坞几乎完全失去效用”。[②] 为了保证在马江地区能有一座海军坞修基地，当年造船所所长袁晋设想扩修二号船坞，呈请海军总司令部获得拨款 3 万元，陆续进行了修筑拦水大坝以及在坞内开挖清淤等工程，实际开支 45000 元左右，因为经费无着，历时 5 年而被迫中止。

1933 年，海军厦门造船所所长韩玉衡调任马尾造船所所长，考虑到“船坞为造船机构命脉所在，在建筑设备上，有迫切予以改进之必要”，在船政铁船槽和一号船坞难以迅速修理、疏浚的情况下，韩玉衡也看中了位置条件较好的二号船坞，意图重启扩修工程，并就此事呈报海军部，申请拨款。1934 年 3 月，海军部最终决定每月拨专款 3000 元供马尾造船所修整船坞，二号船坞的扩修工程重新开始。按照计划，二号船坞将改建为钢筋混凝土船坞，为了节省经费计，马尾造船所穷搜各种现成废旧材料用于船坞扩建，“以废旧水管、烟管以及旧钢条、铁条、钢索作为钢筋的代用品”。[③] 同时为筹备干船坞所需的抽水设备，又从

---

① 韩玉衡：《福建船政始末记》，《福州马尾港图志》，福建省地图出版社 1984 年版，第 71 页。

② 韩玉衡：《福建船政始末记》，《福州马尾港图志》，福建省地图出版社 1984 年版，第 73 页。

③ 韩玉衡：《福建船政始末记》，《福州马尾港图志》，福建省地图出版社 1984 年版，第 73 页。

马尾造船所内挑选废置的锅炉和抽水机，修理后待用。

经过备料等前期预备工作，1935 年的春季正式开始二号船坞扩修的施工工作，由造船所工务长萨本炘主持，工务员黄聚华担任现场总监工。此后一面招募工匠在船坞工程现场拓挖船坞，修建抽水机房，一面由马尾造船所的生产车间建造专门设计的闸门船，闸门船船体采用铁骨柚木壳，其中装备有电动抽水机，将充当新修后的二号船坞的坞口闸门。“新造铁骨柚木壳闸船一艘，新购柚木、洋灰、木桩等，并招匠包工承造挖坞及坞层、坞底打桩，及筑造混凝土各项工程”。

扩修完成时的二号船坞。照片录自《革命的海军》第 206 期。

由于二号船坞原先为木坞，年久荒废，“坞底层基欹斜塌坏，层外木桩、层内木板，亦皆朽腐，势须全部翻造，而坞之长与深尺度不称，亦应乘时展拓，求其适用”，马尾造船所对二号船坞的扩修，几乎相当于新建一座干船坞，除了将原有的坞体挖修扩大外，还要重新在地面打桩，夯实坞基，而后用混凝土修整坞面。至 1936 年 4 月初，二号船坞扩修工程完成，在 4 月 9 日上午 11 时举行了开坞典礼，由海军炮艇“江宁”“正宁”首先进坞，开彩揭幕。

原天裕船坞长 350 英尺（约 106 米），坞口上宽 58 英尺（约 17.67

米)，下宽 46 英尺 (约 14 米)，经过扩修之后，二号船坞的坞长增加为 375 英尺 (约 114.3 米)，坞口上宽 61 英尺 (18.59 米)，下宽 48 英尺 (约 14.63 米)。[①] 船坞配套的设施除工人宿舍、办公室、闸门船之外，还包括有“抽水机房，配用锅炉一座、清水机两架；坞内另装抽水机全付，沿坞新配拉船机器二座，磨盘车七付，石绳柱九副，铁绳柱四付，并装置全坞电灯”。[②] 二号船坞的挖修工程，耗资近 88000 余元，如算上之前购买船坞以及袁晋任所长时投入的 45000 元，则该船坞工程的总价约在 20 万元左右。该船坞修成后，使得马尾造船所拥有了可靠的坞修硬件条件，能够承修大型船舰，只是未使用多久，就因日本发动全面侵华战争，马尾造船所内迁而被迫停止了坞修工作。

二、从福州海军学校到海军学校

南京国民政府成立后，一度设立海军署管理海军建设，后在杨树庄、陈绍宽、陈季良等海军将领的力请下，在 1929 年 6 月 1 日重设海军部，由原北京政府末任海军总司令杨树庄任海军部部长，原北京政府海军第二、第一舰队司令陈绍宽、陈季良分任政务次长、常务次长。

新生的南京政府海军部，立即着手整理海军各项建设事务。在教育方面，海军部重新厘定规章、学制、预算，“严定海军学校规制，并严订考选章程”，在 1930 年 1 月 20 日颁布了《海军学校规则》，旋又根据北京政府时期福州海军学校的制度进行扩充修订，在 1930 年 11 月颁布了《海军学校办事细则》，取代《海军学校规则》，作为海军学校的基本制度。[③]

因为当时国内成规模且学科齐全的海军学校仅有福州海军学校一所，《海军学校规则》《海军学校办事细则》中都明文规定将以福州海军学校作为海军学校，即升格成为中央海军所辖的唯一的一所培育海军军

---

① 《海军年报》(1938 年)，《国家图书馆藏民国军事档案文献初编》第七册，国家图书馆出版社 2009 年版，第 288—289 页。《海军年报》(1939 年)，《国家图书馆藏民国军事档案文献初编》第九册，国家图书馆出版社 2009 年版，第 298 页。

② 《海军年报》，(民国) 海军部 1936 年版，第 22 页。

③ 《海军学校办事细则》，《海军公报》第 17 期，(民国) 海军部 1930 年版。

官的学校，每月额定的薪饷经费 7000 元，不连服装费在内的活支经费 1250 元，超过了马尾造船所的经费规模。①

民国南京政府时代的海军学校大门，照片上依稀可以看到内里门楣上的“海军学校”四字。

之后，福州海军学校在 1931 年的 12 月完成了更换关防、校名等工作，从此改称海军学校，取消了原校名前的福州二字。而在完成更名之前，福州海军学校实际已经按照新颁的《海军学校规则》《海军学校办事细则》等制度开始实施学校改制。② 与受海军江南造船所、厦门造船所等挤压的马尾造船所不一样，继承船政前后学堂的福州海军学校，在进入南京政府时代后反而成为海军教育领域的一枝独秀，地位变得越发的重要，势头完全超越了继承船政制造衣钵的马尾造船所。

值得注意的是，南京政府海军部在将福州海军学校改为海军学校时，在《海军学校规则》《海军学校办事细则》中均特别强调该校只是暂设于马尾，有意将学校从马尾迁离。其原因是海军部认为马尾校舍过小，“面积颇小，且当日建筑，原属草创，规模不甚宏敞”，想要

① 《海军学校办事细则》，《海军公报》第 17 期，（民国）海军部 1930 年版，第 40—41 页。

② 《海军大事记》下卷，（民国）海军总司令部 1942 年版，第 121 页。

重新择地另建学校，最后选定在海军计划修建大型军港的浙江象山，具体为象山的高泥村一带。1930 年 5 月，海军部派海军海道测量局上校测量员谢为良率队前往象山测量勘察，正式揭开了兴建海军军校象山新校址工程的序幕，① 经测量和划定地界，首先由海军部特务营在 1932 年 6 月完成了航海、轮机校区的地基垫高等前期工程，② 而后委托建筑师梅费在 1935 年完成了学校建筑的图纸设计，③ 只是因为海军经费支绌，该计划连同象山军港一起搁浅，海军学校由此才没有从马尾迁往象山。

根据《海军学校办事细则》的相关规定，福州海军学校在变成海军学校之后，在学制等方面都发生了重要的变化。

甲、教育模式

在 1930 年之前，无论是福州海军学校或是此前的福州海军制造学校、飞潜学校等，招生多由船政局或学校自身组织、举行。而南京政府海军部成立后，对海军军官教育采取了大教育的模式，即海军军官的教育不由某一所海军教育机构负责全部主持完成，而是由海军部来总揽管理海军军官从招生到毕业的全部教育过程，海军学校只是这一教育过程中的一个环节而已。按照新的模式，海军学生由海军部组织考选，事实上属于海军部的学生，入选后由海军部送往海军学校、练习舰队等教育机构进行学习，最终由海军部直接审核并颁发毕业证书。由此，海军学校只承担海军学生的基础学术教育部分，学生在海军学校的学习称为修业，届满成绩合格后并不颁发毕业证书，而是颁授修业合格证书。从海军学校修业完成后，学生改称练生，根据专业不一，转往海军练习舰队、海军江南造船所、海军水鱼雷营等机构完成后续的教育，其每一阶段也都称为修业，合格后获得修业证书。当取得各教育阶段的修业证书后，最终才由海军部来核定是否批准其毕业，并由海军部颁发毕业证书。

南京政府海军部设计的这种教育模式，与清末及民国北京政府时期

---

① 《海军期刊》1930 年第 2 卷第 10 期，专件，第 6 页。

② 《象山海校地基工程近况》，《革命的海军》第 2 期，第 3 版。

③ 《海军部成立六周年纪念特集》，（民国）海军部 1935 年版，第 170 页。

的海军教育迥异，在这一模式下，海军学校实际成为海军军官基础教育学校。

民国南京政府时期海军学校的全景。照片近处的平整空地是海军学校的大操场，右侧山巅的白色西式建筑，原是船政洋员监督日意格的寓所，在海军学校远处有烟囱矗立处的三座建筑是轮机厂、合拢厂以及绘事院。

乙、学制

更改为海军学校后，原福州海军学校的教育专业调整为航海和轮机2个，相当于清末时代的驾驶和管轮专业。全校额定学生240名，分为8个班，其中6个班为航海专业，剩余2个班为轮机专业。海军部考选的新生送入海军学校后，根据人数进行分班，称为普通班，先进行3个月的甄别试读，而后举行一次甄别考试，汰选合格的学生继续普通科学习，学习公共基础课，即普通课程。一年普通科学习期满后，根据品貌、体格、成绩分派航海或轮机专业，开始学习专业科课程。① 其中航海专业学制和福州海军学校时一样，都是5年，共为10个学期（每年1月1日至6月底为1个学期，7月1日至12月底为1个学期），轮机专业学制则比福州海军学校时期的5年6个月延长，为6年6个月，共13

① 海军学校新生在学习普通科一年后再进行专业分派的情况，见《海校新生举行分班》，《革命的海军》第5期，第3版。

个学期。[①] 新生在甄别试读及普通科阶段学习的 1 年时间，一并归入专业的总学期内计算。由于新生入校的时间不定，如新生入校时早于 1 月 1 日或 7 月 1 日学期开始日之前的，则之前学习的 3 个月试读甄别时间不计入普通科学习时间，但如果新生入校时间恰好在新学期开始时的，或者新生试读的 3 个月中有部分时间和新学期重合的，则重合部分计入普通科的 1 年学期内，不再于普通科学期外设定专门的试读学习时间。[②]

民国时代长期承担海军练生舰课训练工作的“通济”号。照片录自《简氏世界舰船》。

学生在海军学校的学习阶段，称作校课学习。当学期届满，修业考试合格取得修业证书后，即离校休假一月，再回校接受指派，转入下一阶段的教育。海军学生后续的教育包括航海专业学生在练习舰上进行为期 1 年的舰课教育、在“应瑞”舰上举行半年的枪炮教育（后一度改在

① 《海军学校规则》，《海军军官教育一百四十年》上，（台湾）“国防部海军司令部”2011 年版，第 94—95 页。

② 海军学校严格执行 1 月 1 日和 7 月 1 日起算学期的制度。以 1931 年投考的海军学生池孟彬为例，池于 1931 年 6 月入选后被海军部送往海军学校就读，其 3 个月的甄别试读期（6 月至 9 月）中与海军学校新学期的起算日 7 月 1 日重合，但池在海军学校的 5 年学期依然从 1931 年的 7 月 1 日起计算，并不因其中重合了 2 个月的试读时间而延期，最终池在海军学校的正期修业结束时间为 5 学年期满的 1936 年 7 月 1 日。参见《池孟彬先生访问纪录》，（台湾）“中央研究院”近代史研究所 1998 年版，第 13—20 页。

航海练生与“通济”舰官弁在舰上的合影。照片录自《革命的海军》。

民国时代担任海军练生枪炮教育工作的“应瑞”号练习巡洋舰。照片提供：马幼垣。

陆上举行）以及在南京水鱼雷营进行半年的鱼雷专业教育。轮机专业学生则是在海军江南造船所进行半年厂课学习，此时相应的教学管理由海军练习舰队、南京水鱼雷营、江南造船所等机构负责（1931 年校课修业结束的 1 届轮机学生曾被派在“通济”舰学习舰课，但旋在当年 8 月被一度调离改读厂课）。学生每一阶段修业完成都将获得载明修业成绩的修业证书，在全部修业合格后由海军部颁发毕业证书，总计航海与轮机专业的修业学习总时间大致均为 7 年。① 1932 年 7 月，海军部为了统

---

① 关于民国南京政府时期海军学生的修业总期限，比较常见的说法是 8 年 4 个月，该说首见于包遵彭著《清季海军教育史》，（台湾）“国防研究院”1969 年版，第 49—50 页。称轮机专业为试读 3 个月、校课 6 年 6 个月、厂课 1 年、分派各舰实习半年、休假 1 个月，合计 8 年 4 个月。航海专业试读 3 个月，校课 5 年，舰课 1 年，鱼雷半年，枪炮 1 年，实习半年，休假 1 个月，合计 8 年 4 个月。然而核对 1930 年 1 月公布的《海军学校规则》，新生入校的 3 个月试读甄别时间实际包含在学期内，并不应该重复累计，见《海军学校规则》，刊于《中华民国海军史料》，海洋出版社 1986 年版，第 442—446 页。《海军学校规则》在航海、轮机学生分期课程表中均明确说明，新生试读的 3 个月专习党义、国文、英文、算术、文法等课程，而这些课程实际也就是航海、轮机专业第一学期的主要课程。此外，包遵彭著作中称航海学生枪炮课修业时间为 1 年，但据《海军航海练生学习枪炮暂行规则》规定，实际枪炮课的修业时间只是 6 个月。包著中另称轮机学生在厂课修业时间为 1 年，而《海军轮机练生学习厂课暂行规则》中规定，厂课的学习时间只是 6 个月。上述两规则见：《海军军官教育一百四十年》上，（台湾）“国防部海军司令部”2011 年版，第 132—135 页。另外，海军航海、轮机专业学生的实习，实际是在毕业之后的行为，并不应该算入毕业之前的修业时间。而按照《海军学校规则》等规定，学生的休假时间是算入在学期总时间内，并不能重复累计相加。按此计算，海军航海专业学生的修业总时间应是 7 年，即校课 5 年（含试读甄别）、舰课 1 年、枪炮 6 个月、鱼雷 6 个月。海军轮机专业学生的修业总时间也是 7 年，即校课 6 年 6 个月（含试读甄别），厂课 6 个月。值得注意的是，包遵彭在著作中称海军航海、轮机学生修业总时间为 8 年 4 个月时，给出了征引出处，即“此据该校第七届航海班毕业生林濂藩供给毕业证书中所载”。但经考察南京政府时期海军军官的毕业证书实物，其中并不会说明修业总时间，而且更为重要的是，林濂藩本人其实并没有完成当时海军军官教育的标准修业全过程，其修业的经历并不完整。林濂藩在海军学校修业结束后，尚未完成舰课修业教育即在 1937 年 4 月被抽调赴德国留学，根本没有参加后续的枪炮、鱼雷修业学习，后在 1939 年从德国撤回后毕业，因为其修业过程特殊，所以毕业时间比未出国的同学晚了一年有余，以此计算，其从入学到毕业的总时间确在 8 年以上，但此属于个别的特殊情况。相关情况见和林濂藩同被调选赴德留学的同届航海学生欧阳晋的回忆，《口述历史》第二辑，中国社会科学出版社 2004 年版，第 118—120 页。经对和林濂藩同届入校，按照标准修业程序学习毕业的同班学生池孟彬的学习经历情况进行考察，池氏于 1931 年 6 月考中，被海军部送入海军学校学习，在 1936 年夏季毕业，而后经历 1 年舰课学习，于 1937 年夏学习水鱼雷课程半年，再接受枪炮科教育（实际是 1937 年夏学习枪炮，1938 年上半年学习水鱼雷），最后在 1938 年 6 月毕业。在池氏的毕业证书上，所载的毕业时间为 1938 年 7 月 1 日。以此计算，池的海军修业总时长为 7 年，而并不是所谓的 8 年 4 个月。池孟彬的修业时间经历及其毕业证书图版，参见《池孟彬先生访问纪录》，（台湾）“中央研究院”近代史研究所 1998 年版，第 13—25 页。另外海军学校的轮机专业，以轮四学生夏新的情况为例，该生 1930 年 6 月入校，1936 年 12 月校课修业结束，再于 1937 年 2 月派往江南造船所学习厂课，至 7 月厂课学习完毕，由海军部颁发了正式毕业证书，总计学时也是 7 年。至于派舰实习，则是在其毕业之后的事情。见《海军年报》（1938 年），《国家图书馆藏民国军事档案文献初编》第七册，国家图书馆出版社 2009 年版，第 257 页。

一公文用语起见，对海军学生在不同修业阶段的正式身份名称作了规定，学生们在海军学校学习时期，根据专业不同分别称为航海学生、轮机学生，完成校课修业后在军舰或工厂修业阶段，称为航海练生、轮机练生，正式毕业后分派实习时称为航海、轮机见习生。①

海军学校在课程的设置上，和福州海军学校时期类似，按照由浅入深的总趋势开展教育，专业教材则开始大量出现中文教材，不再像以往那般完全使用英文教材。除专业的学术课之外，海军学校也仍然设置了诸如国文、兵操、体育、游泳等课程。其中游泳课颇受重视，1931 年由时任训育主任陈志实地调查，专门明确以闽江口川石海滨作为游泳课教学地，并借用马尾造船所的“吉云”轮船接送学生。② 为了培育海军学生的爱国心和海军传统精神，海军学校还在 1936 年于校内设立了海军历史陈列馆，“搜集关于海军一切有价值之物品著作等，陈列其中，藉资青年学生之参考”。③

丙、学生管理模式

从船政学堂开始至福州海军学校时期，学校学生的学习、生活管理方面，由学堂监督、学监等负责。福州海军学校改为海军学校后，一度沿袭这一制度，由训育主任通过学监管理各班学生。1936 年此一制度进行了调整，改为队长/班长制。先是由各班的期考第一名学生担任本班的班长，协助学监管理本班学生，而后又改为挑选旧班的优秀学生担任新班的班长，即学生小队长，另再挑选一名优秀学生作为学生总队长，协助学监管理学生。通常情况下，每一班即作为学生小队一队，队名选用中国历史名将的名字或其封爵的名称，此一传统从 1936 年下半学期时在读的班级开始。抗战之前的情况为，1930 年入校的轮机第四届取名“继光”队，1931 年入校的轮机第五届取名“宗棠”队，1936 年入校的轮机第六届取名“成功”队，1934 年、1936 年入校的航海第七届和航海第八届合并算为 1 个学员小队，取名“葆桢”队，队长林遵

① 《海军期刊》1932 年第 4 卷第 12 期，专件，第 4 页。

② 《海军期刊》1931 年第 3 卷第 12 期，专件，第 8—9 页。

③ 《海军年报》（1939 年），《国家图书馆藏民国军事档案文献初编》第九册，国家图书馆出版社 2009 年版，第 271 页。

(后改为吕叔奋)。[①]

丁、考试与修业制度

《海军学校办事细则》中对在校学生的考试以及毕业考核等制度也做了明确的规定，较之北京政府时期更为规范和严格。航海、轮机专业学生在校学习期间，其经常性的考试分为月考、期考和修业考三种（福州海军学校时期只规定期考和毕业考）。期考、修业考不合格将会被退学，因直接关系到学生能否修业，由海军部直接派员赴校监考。

在修业分数评定上，海军学校也依然采取各科平均分制，但是在分数的要求上则提高了标准。福州海军学校时期，期考、毕业考时各科平均分数能超过 50 分的即可通过，而海军学校则要求期考、修业考平均分必须达到 60 分才可合格。此外，福州海军学校时期只按照考试总分数的平均分进行考核，即使有单科成绩不合格者，只要总分数达到平均合格水准，也可以毕业。而海军学校时期在修业考时，除考核总分数外，对一些重要的单科成绩也会加以考察，即使总平均分合格，如果一些单科不合格，也无法修业。

戊、机构人员

海军学校时期，对原福州海军学校时的管理和教学人员模式进行了全面调整。学校额设校长 1 名，为少将级别，其下人员分为教育组和训育组两部分。教育组负责教学，设航海主任教官、轮机主任教官各 1 名，下辖正教官、副教官、协教官，负责主要的专业教学，另设国文教官、操练官等，负责国文和兵操、泅水、国术等教练。训育组负责校务、外勤等事，设训育主任 1 名、学监 2 名、中西医官各 1 名、书记官 1 名、司书 2 名、军需官 1 名。为提升教学质量，海军学校在 1930 年从英国聘请了海军军官孟罗（Monro）和克礼（F. Kelly），分任航海、轮机专业主任教官，5 月 27 日抵华。[②] 后 1933 年 6 月 12 日孟罗合同期满归国，于 7 月改聘戴乐尔（S. B. Tayler）来华担任航海主任教官。1936

---

① 《海军军官教育一百四十年》上，(台湾)“国防部海军司令部”2011 年版，第 90 页。

② 《海军期刊》1930 年 2 卷第 10 期，专件，第 3 页。

年底克礼、戴乐尔期满回国，海军学校在1937年又聘英国海军军官毕维恕，于当年2月来华担任轮机主任教官，岁末到期后，在1938年1月回国，是为抗战前海军学校在任的最后一名外籍主任教官。①

总体而论，南京政府时期更改为海军学校后，学校机构更为精炼，教学制度和纪律也更为严格。1931年4月，福州海军学校原校长夏孙鹏少将因病开缺，管理工作改由训育主任陈志暂代，7月海军部委派海军上将杜锡珪担任校长，随着当年12月福州海军学校更名海军学校，杜锡珪也成为了海军学校的首任校长。②

按照新的教学模式，海军部于1930年4月16、17日在南京海军部大礼堂举行了首次新的招生考试，属于全国招生，由各省先行组织预考，再将选出的学生送到南京参加海军部的考试。1930年5月1日至7月末，新生经过试读甄别，录取92人，分组为普通班，于5月5日正式开课。1年后按照成绩分为航海和轮机各1班，在校中称为航海二班、轮机一班，是为南京政府海军部招考入选的第一届航海和轮机新生，按照自福州海军学校以来的毕业届别，则称为航海第五届（航5）和轮机第四届（轮4）。

1931年，经海军部咨文全国各省及侨务委员会，并通知海军全军中校以上军官保送，举行了规模更大的全国招生活动。6月16、17日考生汇集南京进行考试，当期共录取95人。③ 20日，这批学生由“通济”舰送往马尾，经试读甄别共得82名学生，分为3个普通科班级，称为普通一班、普通二班、普通三班，④ 1年普通科学习到期后，除普

---

① 《海校洋教官孟罗回国》，《革命的海军》第55期，第2版。《海校续聘航海洋教官》，《革命的海军》第57期，第3版。《海军年报》（1938年），《国家图书馆藏民国军事档案文献初编》第七册，国家图书馆出版社2009年版，第259页。《海军年报》（1939年），《国家图书馆藏民国军事档案文献初编》第九册，国家图书馆出版社2009年版，第271页。《池孟彬先生访问纪录》，（台湾）“中央研究院”近代史研究所1998年版，第15页。又，1933年7月聘请戴乐尔来华担任海军学校航海正教官后，在戴乐尔抵华之前，该职务由“通济”练习舰航海正教官欧阳宝暂代。《革命的海军》第63期，第3版。

② 《海军大事记》下卷，（民国）海军总司令部1942年版，第79页。

③ 《海军期刊》1931年3卷第11期，专件，第9页。

④ 《海校新生举行分班》，《革命的海军》第5期，第3版。

通一班的王大同、二班丁柳奎、三班郑东先期考不及格被退学外，其余在1932年分列为航海、轮机各1班，称为航海三班、轮机二班，是为第二届航海和轮机新生，按照自福州海军学校以来的毕业届别则算为航海第六届（航6）、轮机第五届（轮5）。比较特别的是，1931年入校的新生在1932年普通科学习期满分专业时，时任校长杜锡珪采取的是根据相貌、体格划分的方式，此事经呈报海军部后，海军部则要求“仍应参照本届考试成绩，以资分别”。①

此后海军部又在1934年4月咨文全国各省政府及侨务委员会进行招生，10月1、2日在南京海军体育场考试，录取第三届航海新生50名，实际报到48名（学生陈贻谷、戴仪馥未报到）。3日由“通济”舰送往马尾入校，到校时学生胡鸿烈因患腹疾退学，实际到校入学47名。②

至全面抗战爆发前，海军部在1936年举行了最后一次招考，当年5月考取第四届航海新生48名、第三届轮机新生45名。③

1935年6月末，南京政府时期海军部新招的第一届航海专业学生在海军学校的校课修业期满，即航5届。一年之后，1936年6月末，1931年入校的第二届航海专业学生也修业期满，即航6届，1930年入校的轮机班学生（按照福州海军学校的届别计算，本因作为第四届轮机毕业生，即轮4届）可能出于不满被安排在学制较长的轮机班学习等原因，在早点名时不服训育主任周宪章的命令，“那天下着毛毛雨，他们班就在走廊集合，周宪章主任要他们来操场点名，他们还是不来”，经海军学校呈请海军部批准，并由军委会备案，该班除夏新、吴宝锵、云惟贤等当时未到场外，其余郑练简、王钧等30人全部被学校开革。④

---

① 《海校新生举行分班》，《革命的海军》第5期，第3版。

② 《一年来海军教育之概况》，《海军部成立六周年纪念特刊》，第167页。

③ 《海军年报》（1938年），《国家图书馆藏民国军事档案文献初编》第七册，国家图书馆出版社2009年版，第295—296页。

④ 《海军大事记》下卷，（民国）海军总司令部1942年版，第109页。《林鸿炳先生访问纪录》，《海军人物访问纪录》第一辑，（台湾）“中央研究院”近代史研究所1998年版，第113页。

夏新等 3 人最后在 1936 年的 12 月修业合格，[①] 是海军学校在全面抗战爆发前修业合格的最后一批学生。

三、福州海军艺术学校的变迁

1926 年，福州船政局被改编为海军马尾造船所，级别降低，每月的经费数额也被大幅减缩。在此情况下，原主要作为福州船政局造船技术职工培养机构的福州海军艺术学校显露出难以为继的窘迫形势，马尾造船所已经没有余力拨款维持该校，且马尾造船所自身生产任务稀少，对技术工人的需求也十分有限，艺术学校的学生毕业后的工作安排也成巨大问题。至 1934 年，因为马尾造船所面临严重的经费短缺，“各厂几全部停工”，再难支撑海军艺术学校的运行，在此情况下呈请南京海军部决策，海军部最终下令将该校裁撤，“艺校学生本为补充各厂机工匠目之用，是时原有机工匠目尚无工作可做，艺校自无存在的必要”。[②]

因认为该校对海军教育颇多贡献，如果直接废止未免可惜，经过共议，海军部决定将学校移归地方教育系统，继续开展教学，以作保留。为了使福州海军艺术学校能够顺利转型为地方学校，海军界中内部筹资，成立了学校董事会，校董为陈绍宽、萨镇冰、陈兆锵、陈季良、陈训泳、林国赓、陈培锟、叶龙骧、李世甲等共 9 人，均为海军耆宿或重要将领，公推时任海军部长陈绍宽为学校董事长，海军马尾要港司令部司令李世甲为常务董事，聘萨本炘任校长。准备完成后，经报请福建省教育厅批准，福州海军艺术学校在 1935 年夏正式变为私立学校，更名私立勤工学校，性质上属于职业技术学校。[③]

海军艺术学校改为私立勤工学校后，仍然设在原船政艺圃校舍里，

---

① “夏新修业证书”，《海军军官教育一百四十年》上，(台湾)“国防部海军司令部”2011 年版，第 140—141 页。

② 陈景芗：《旧中国海军各军事学校及训练机构严格史》，《马尾船政局史资料汇编》(乙)，福建师范大学历史系中国近代史教研组自印本，第 122 页。

③ 阙鉴坚：《马尾海军船政艺术学校及其变迁沿革》，《马尾船政局史资料汇编》(乙)，福建师范大学历史系中国近代史教研组自印本，第 78—79 页。

民国时代的私立勤工学校校门。

校中原有的1班学生已经达到初中程度，即作为海军艺术学校学生毕业，剩余在校学习的约120名学生则转作为勤工学校的学生，继续学业。勤工学校延续海军艺术学校的学制，仍然以培育技术工人为主要教育方针，不过该校转为福建私立地方学校后，原具有海军军官军籍的教官陆续退出，返回海军机构。1936年，勤工学校校长萨本炘调往海军江南造船所任工务处处长，由何东孙暂代校长，“其余亦多他就，人事变更，校务日形萎靡”。见到该校的萎靡情形，作为昔日海军艺术学校的主管机构，海军马尾造船所方面认为不能坐视不管，“该校虽系私立，属于省辖，而船所处在密迩，眼见校务日非，未便缄然”，推荐海军学校副教官陈钟新兼充勤工学校校长，经过和学校董事会以及福建省教育厅商议，遂聘陈钟新为校长。①

陈钟新原为福州海军艺术学校学生，后转入海军飞潜学校学习、毕业，因而由艺术学校变迁而来的勤工学校相当于是其母校，别有一番特殊的感情。陈钟新就任后力图振作校务，认为“勤校虽系艺校所改组，不宜与海军脱节”，认为勤工学校就处在马尾造船所地块上，学生仍应就近在马尾造船所实习，而且应当聘请马尾各海军机构的人员为勤工学校教授，补充勤工学校教学的不足。

为整顿校务，陈钟新向学校董事会建议更改校名，以进一步突出学校的教学特色，经校董会报请福建省教育厅，私立勤工学校在 1936 年更名为私立勤工工业职业学校。更改校名的同时，陈钟新着手整理学制，经确定在校内设 3 个专业，即航空机械科、船工图算科、机械科及电机科，从教学内容上看，航空机械科类似于此前飞潜学校的航空工程专业，船工图算科类似于船政局图算所，机械科及电机科则是勤工学校的传统学课，3 个专业的学时均定为 3 年。1936 年当年，陈钟新调整教职人员，聘请海军学校教官许孝焜兼任教务主任，聘朱心庄为训育主任，阙鉴坚为事务主任，教员包括有杨福鼎、梁幼平、李志翔等人，多为海军出身者。为了充实在校学生的规模，勤工工业职业学校在当年还进行了招生，“招收初中毕业生与原有学生程度相符者分别并班授课”。经过陈钟新大刀阔斧的改革，勤工学校焕发出了新的活力。②

随着海军艺术学校从马尾造船所剥离，马尾造船所变成彻底的工业制造机构。至此，清代船政原有的组成部分拆分成了三份，其中作为海军修造船机构的海军马尾造船所继承船政制造的衣钵，作为南京政府海军唯一专业学术学校的海军学校则延续着船政前、后学堂的血脉，而在 1934 从马尾造船所中拆分，又在 1936 年经历改革振兴的私立勤工工业职业学校，则传承了船政艺圃的历史。经历近百年的船政，处在了由这三所机构分别部分继承，互相平行发展的时期。

---

① 阙鉴坚：《马尾海军船政艺术学校及其变迁沿革》，《马尾船政局史资料汇编》（乙），福建师范大学历史系中国近代史教研组自印本，第 79 页。

② 阙鉴坚：《马尾海军船政艺术学校及其变迁沿革》，《马尾船政局史资料汇编》（乙），福建师范大学历史系中国近代史教研组自印本，第 79 页。

表三十二　马尾造船所、海军学校、勤工学校历任主官

机　构	所长/校长	专业学历	抵任时间	备　注
海军马尾造船所	马德骥	江南水师学堂管轮第五届	1926 年	工务长升任
	袁　晋	江南水师学堂管轮第五届	1927 年	工务长升任
	李孟斌	船政后学堂驾驶第十七届	1933 年	马尾要港司令兼任
	韩玉衡	船政后学堂管轮第十届	1933 年 10 月	原厦门造船所长
	张传钊	海军学校轮机第五届	1948 年	
海军学校	陈　志	烟台海军学校驾驶第四届	1931 年	训育主任暂代
	杜锡珪	江南水师学堂驾驶第三届	1931 年	1933 年 12 月病故
	黄显淇	吴淞海军学校	1934 年	训育主任暂代
	朱天森	江南水师学堂驾驶第四届	1935 年	
	李孟斌	船政后学堂驾驶第十七届	1936 年	
	高宪申	黄埔海军学校第十届	1939 年	
勤工学校	萨本炘	船政后学堂管轮第十二届	1934 年	
	陈钟新	福州海军飞潜学校第一届	1936 年	

第二十五章　抗战烽火与船政衍脉

一、遭战火摧残的马尾造船所

1937 年 7 月，日本发动全面侵华战争，8 月淞沪大战爆发，中国海军舰艇主力集结在长江下游地区英勇抗敌，牺牲奋斗，清末时代由船政制造，在民国又长期承担海军航海专业学生舰课教育，被一届届学生亲切地称为“济伯”的练习舰“通济”号悲壮自沉于江阴阻塞线，为国防贡献出了最后的价值，而曾承担过海军学生炮术教育的“应瑞”号巡洋舰则在日本战机的肆虐下在长江力战捐躯。

1938 年日军开始对中国大陆海岸线实施封锁作战，以图堵截中国获得海外援助的通道，1938 年 5 月 10 日，福建沿海的重要口岸厦门沦陷。① 随后日军便对福建省城福州虎视眈眈，并开始对闽江沿线的中国军事设施以及舰艇实施狂轰滥炸，船政的马尾造船所、海军学校、勤工学校等均首当其冲，站到了抗日战争的第一线上。

1938 年的 1 月 1 日，因为海军已经遭遇了严重损失，本就对海军单独设部一事存有异议的国民政府趁机下令将海军部裁撤，缩编改组为海军总司令部，总司令一职仍由原部长陈绍宽担任。② 随后，海军总司令部一一重新厘定公布所辖各机构的组织条例等规章，当年 3 月 24 日海军总司令部颁布了《海军马尾造船所暂行组织条例》。该条例和此前海军部时期在 1933 年公布的同名文件内容基本相同，仍然将马尾造船所的机构核定为 7 个部门，只是一些部门的名称较抗战之前有所变动，计有工务处、文书股、会计股、考工股、广储股、陆地工巡队、水上工巡队等，各机构的职能设定则和此前没有大的区别。其中的工务处负责管理造船所的各厂、船坞，具体负责组织修理、建造等工作；文书股负

---

① 《中国方面海军作战》(2)，(日本) 朝云新闻社 1975 年版，第 51 页。

② 《海军大事记》下卷，(民国) 海军总司令部 1942 年版，第 122 页。

责公文撰拟、收发等工作；会计股负责一应财务工作；考工股就是此前的考工所，负责工匠的招募、管理以及工匠工时的核算、记录；广储股即之前的广储所，负责材料的收发、保管等事务；陆地、水上工巡队仍然作为造船所的警卫部门，负责造船所所在地区的巡防、稽查、消防等工作。[①]

就在马尾造船所的组织机构被海军总司令部重新厘定后，随着日军飞机对福州地区展开轰炸，闽江保卫战遂告开始。当时，闽江防御由海军马尾要港司令部负责统一指挥调度，具体由要港司令李世甲统率。从1937年全面抗战爆发后，马尾要港司令部即开始着手在闽江沿线布置防务，主要的目的在于防范日军从外海顺闽江取水路进犯福建省城福州。马尾要港司令部所采取的措施主要是破拆闽江下游的航道标志，布设水雷，并征用商船、民船构筑成沉船阻塞线等，旨在破坏闽江下游至入海口一段的通航条件。同时，抗战爆发时在闽的海军舰艇也被集中于沉船阻塞线附近，作为防守阻塞线的主要水上兵力。[②] 鉴于江阴阻塞线上海空大战的前例，马尾要港司令部预感到日军也可能会对闽江沿线地区实施空袭，马尾造船所轮机车间的大汽笛被要港司令部指定为马江区的防空警报设施。

从1938年的5月末开始，日军果然对闽江沿线以及马尾地区展开了猛烈滥炸，其重点轰炸目标就是江上的中国海军舰艇以及马尾造船所和位于福州洪山桥的兵工厂等地。马尾造船所在日军的空袭中首当其冲，各车间、厂房均遭受损失，几无幸免，由于轮机车间在轰炸中受损，汽笛被炸坏，又该在造船所二号船坞的锅炉房安装汽笛，充当马尾地区的防空警报。

闽江防战初期，马尾造船所除了挖掘防空壕应对防空以及在轰炸后对所中建筑、设施进行必要的整修、抢救外，还组织所中的职工实施军事训练，以备不测。除此，马尾造船所在闽江口保卫战中所进行过的最

---

① 《海军马尾造船所暂行组织条例》，《国家图书馆藏民国军事档案文献初编》第八册，国家图书馆出版社2009年版，第67—70页。

② 李世甲：《我在旧海军亲历记》，《福建文史资料》第八辑，福建人民出版社1984年版，第27—29页。

重要工作就是为海军制造在闽江上设防用的水雷及对遭日机炸沉的海军舰艇进行打捞、修理。闽江防战时，在马江一带的海军舰艇共有“楚泰”“抚宁”“正宁”“肃宁”共4艘，均属于炮艇，1938年的5月31日、6月1日，日军飞机连续对闽江阻塞线附近的这些中国海军舰艇实施轰炸，“抚宁”“正宁”“肃宁”3艘炮艇先后不幸被炸沉没，“楚泰”也因遭受重创而被迫抢滩搁浅。[①] 1938年9月，海军总司令部命令马尾要港司令部设法打捞沉没的“宁”字炮艇，该项工作即由马尾造船所具体承担，经过勘查各艇的沉没情形以及筹措、准备打捞设备，在当年12月6日将“肃宁”炮艇成功起捞出水，简单修补后拖曳至造船所附近系泊修理。“抚宁”炮艇因为打捞工程较为复杂，海军总司令部下令暂缓打捞，只是从该艇上拆下了5瓦特发报机等可资使用的物资、设备。另一艘在日军轰炸中沉没于闽江的炮艇“正宁”号，因为艇体完全没入水中，在江面上没有任何踪迹可寻，受限于设备和打捞能力，在当时没有能够发现寻获，遂被迫放弃。“‘正宁’不露形迹，无从勘测”。[②]

1939年1月，因为闽江防御形势紧张，海军马尾要港司令部呈请海军总司令部，决定将部分暂时不需用的军械、军火实施疏散，转移到闽江上游的闽北山区，以策安全。[③] 遵照这一部署，马尾造船所也随即着手将厂中的部分关键性的重要机器设备及可以移动的设备物资实施转移，“马尾造船所为保存机件继续抗战起见，分批将该所机器料件移储安全地点，以资疏散”。[④] 当时马尾要港司令部在闽江上游的南平等地预先物色了15处可作为物资保存地的秘密地点，马尾造船所的物资被安排在位于南平县峡江镇一座名叫溪中庙的寺庙里，溪中庙处在一处四面环水的岛屿上，地点隐蔽，且与外界有河流相隔，便于保护看管。马

---

① 《海军年报》(1938年)，《国家图书馆藏民国军事档案文献初编》第八册，国家图书馆出版社2009年版，第254页。

② 《海军年报》(1938年)，《国家图书馆藏民国军事档案文献初编》第八册，国家图书馆出版社2009年版，第330页。

③ 《海军年报》(1938年)，《国家图书馆藏民国军事档案文献初编》第八册，国家图书馆出版社2009年版，第388页。

④ 《海军年报》(1938年)，《国家图书馆藏民国军事档案文献初编》第八册，国家图书馆出版社2009年版，第335页。

尾造船所的物资撤运行动，由曾经具体主持二号船坞扩修施工的工务员黄聚华统一调度指挥，在 1939 年的春季基本完成，其运输方式是将机械物资装船水运，陆续沿闽江而上，由马尾造船所抽调工人随各船看押。“从马尾是晚上开，怕飞机，连上船走、路上走一个多礼拜”①，除去中途遭土匪抢劫及被转拨他处的物资之外，运抵南平峡阳溪中庙保管的马尾造船所机械设备总计 300 余吨，具体包括如下一些设备：

(1) 75 千瓦、100 千瓦发电机各 1 台及配套驱动发电机的 100 马力、150 马力蒸汽机各 1 台。这 4 部机器是当时马尾造船所各车间机器设备的动力源，将其拆卸运走后，纵使日军占领马尾造船所，如果不添置动力设备，在短时间内也无法恢复其机械修造能力。(2) 舰船用圆形水管锅炉 1 座（直径 2 米，长 3 米）。(3) 300 公斤汽锤 1 座。(4) 大型转锯 1 座，及配套的锯片等。(5) 15 千瓦直流发电机及配套的 10 匹蒸汽机 1 套。(6) 各种机床（工作母机）、抽水机等 30 余台。②

为了就地看管照料这批机械物资，马尾造船所在南平当地设立了名为后方办事处的临时保管机构，仍然派工务员黄聚华负责。③ 同时，海军马尾要港司令部又陈请海军总司令部，决定将马尾造船所积存的铁料出让给福建省政府，以供抗战所需。至此，马尾造船所事实上已经处于生产活动基本停止的状态，不仅机械设备大部因没有动力源而无法使用，且生产材料也基本告罄。

由于抗战军兴，海军经费更形紧张，从 1938 年之后马尾造船所陷入了更为窘迫的资金状况。闽江口封堵之后，马尾造船所事实上无法再通过承接修造舰船而赚取经费，从 1939 年开始改由海军总司令部全额拨给经费，具体的额度标准则缩减至每月 5000 元。由于经费有限，且拨解经常不能及时，马尾造船所在全面抗战爆发后，又出现了经常性拖

---

① 《访问郑光新工人记录》，《马尾船政局史资料汇编》（乙），福建师范大学历史系中国近代史教研组自印本，第 127 页。

② 《马尾沦敌后马尾造船厂重建计划意见书》，《马尾船政局史资料汇编》（丁），福建师范大学历史系中国近代史教研组自印本，第 31 页。

③ 韩玉衡：《福建船政始末记》，《福州马尾港图志》，福建省地图出版社 1984 年版，第 57 页。

欠工人工资的问题，以至于在1938年发生了大规模的罢工活动。所长韩玉衡计无所出，只能裁减员匠，勉强支撑。当时造船所向南平转移物资，海军总司令部未能及时拨给交通运输费用，造船所甚至连押运工人的回程旅费都支付不出。

1940年，因马尾造船所的厂房设施遭到日军轰炸破坏，厂中事实上已经停止了施工活动，海军总司令部进一步缩减经费，每月经费降低为2500元。受经费所限，造船所被迫将陆地工巡队、水上工巡队全部解散，工人也做了进一步的裁减，剩余的为数不多的职工被大幅降低薪水标准，“全体员工一律减额减薪，员工的生活几陷于饥饿状态”。[①] 由于当时国统区通货膨胀，物价飞涨，货币大幅贬值，以至于造船所的职工都陷入了生存危机中。

1941年4月20日，日本侵略军占领马尾，马尾海军造船所沦入敌手，是为清代建设船政以来从未经历过的巨大劫难。“福州第一次沦陷时，日军侵占马尾，对造船所大肆洗劫，强迫来不及疏散的工人进厂拆除机器。拉铁厂有6架重1000斤的汽锤被劫，运往海南岛，整套轧钢机亦被运走，甚至厂房的钢柱都用电锯锯下，连同废铁废料一起劫走”。[②] 在日军攻占马尾前夕，马尾造船所的在编海军人员随同马尾要港司令部一起内撤，仍然保持着马尾造船所的编制单位，厂中工人大都四散，自1867年创始以来，绵延几乎近百年的船政制造遂告终止。

1941年9月，国民政府军发动反攻，在3日收复了福州、马尾等地。日军撤退之前在原马尾造船所厂区内大肆实施破坏，并纵火焚烧，原有的车间、建筑仅剩下了锅炉厂、轮机厂及绘事院等处较为完善，其余均遭破坏，所中满目凄凉。1944年10月4日，日军再度占领马尾，造船所的船坞、船槽等处均遭拆卸破坏，“福州第二次沦陷时，马尾又遭蹂躏，除轮机、铸铁两厂屋架尚存外，其余厂房悉被破坏或焚毁，笨重的机器，包括起重八千斤的大型起重机以及铁吊杆和两坞闸船都被

① 韩玉衡：《福建船政始末记》，《福州马尾港图志》，福建省地图出版社1984年版，第77页。

② 周日升：《福州船政局述略》，《福建文史资料》第八辑，福建人民出版社1984年版，第89页。

毁”，至此马尾造船所的生产设施几乎被摧残殆尽，成为一片废墟。[①]

二、海军学校的奋斗

1937 年全面抗战爆发时，海军学校在校课读的学生还有航海专业的航 7、航 8（“葆桢”队）和航 9（“则徐”队）共 3 个班及轮机专业的轮 5（“宗棠”队）、轮 6（“成功”队）2 个班。1937 年 12 月，轮 5 班校课修业期满，因为当时上海已经沦入日军的铁蹄下，不可能再按照以往前往江南造船所的模式进行厂课教育，该班遂被海军部指派在 1938 年的 1 月就近赴海军马尾造船所学习厂课，由轮机教官陈道教导。当年 4 月，马尾造船所所长韩玉衡将学习厂课的练生分为三组，分派到福州电灯公司所属的工厂实习，并派海军候补员汪继泗驻福州就近照料，[②]轮 5 班在 6 月厂课修业结束，完成了为期 7 年的海军军官教育，正式毕业，由教官陈道率领赴岳阳海军总司令部报到，分派见习。[③] 和轮 5 班在马尾学习厂课的情形类似，受日军侵华战争的影响，1936 年从海军学校修业结束的航 6 班的枪炮、鱼雷教育也被改到福建举行，1938 年 1 月航 6 届练生池孟彬等被派在海军马尾练营学习水鱼雷，于 6 月 9 日至 11 日举行修业考试，各项修业课目完成的学生遂在当月末正式毕业。[④]

此时，马尾地区已经遭到日机轰炸的威胁，为了避免无谓的损失，海军马尾要港司令部开始要求马尾地区非战斗序列的海军机关、人员向福建内陆方向的闽北地区实施疏散。[⑤] 海军学校也在疏散之列，师生(学员包括航 7、航 8、航 9、轮 6 共 4 班）在时任校长李孟斌率领下于

---

① 周日升：《福州船政局述略》，《福建文史资料》第八辑，福建人民出版社 1984 年版，第 89 页。

② 《海军年报》（1938 年），《国家图书馆藏民国军事档案文献初编》第七册，国家图书馆出版社 2009 年版，第 257—258 页。

③ 《海军年报》（1938 年），《国家图书馆藏民国军事档案文献初编》第八册，国家图书馆出版社 2009 年版，第 397 页。

④ 《海军年报》（1938 年），《国家图书馆藏民国军事档案文献初编》第八册，国家图书馆出版社 2009 年版，第 397 页。

⑤ 李世甲：《我在旧海军亲历记》，《福建文史资料》第八辑，福建人民出版社 1984 年版，第 29 页。

1938年的年初告别马尾，首先迁往福州郊外的鼓山，在鼓山名刹涌泉寺附近的福建省前代主席陈培锟别墅（岁寒寮）中继续授课。[①] 随着日军飞机对福州、马尾地区的轰炸日益频繁，1938年6月，海军学校师生迁离鼓山岁寒寮，由校长李孟斌、教育长周宪章率领分批出发，从马尾乘船赴闽北的延平，再乘坐汽车由公路前往浙江江山，搭乘火车经江西南昌到达湖南湘潭，在当地一座名为“李家大屋”的建筑内继续授课(即位于湘潭窑湾码头附近的李柳染堂)。[②]

几乎与此同时，鉴于当时湘赣战事吃紧，海军总司令部为了稳妥计，计划将海军学校进一步内迁到更为安全的贵州省。海军学校派训育主任周宪章、教官欧阳宝于7月18日到达贵阳，在附近地区物色合适地点，经对贵阳、清镇、安顺、桐梓等地进行考察，最终选定桐梓，以每年租金600元租定桐梓的金氏节孝祠作为海军学校临时校址，俗称为金家楼。

金氏节孝祠为曾任国民革命军25军经理处主任的金汉初为纪念其母所建的祠堂，十分巧合的是，其建筑式样竟与民国北京政府首任海军总长刘冠雄在天津马场道的一座私宅略有相似。金氏节孝祠建筑的中间部分为3层楼，两翼为2层楼，周宪章等租赁为海军学校临时校址时，该建筑尚未全部竣工，“楼上楼下地板、窗、门、楼梯、栏杆、走廊等件多未安配”，于是根据海军学校教学和生活的需要，对室内为做了适当的改动。节孝祠本身作为教学、生活用，2层的临街房屋改作“门房、厨房及兵役宿舍之用”。[③]

---

① 《陈在和先生访问纪录》，《海军人物访问纪录》第二辑，（台湾）“中央研究院”近代史研究所2002年版，第3页。《海军军官教育一百四十年》上，（台湾）“国防部海军司令部”2011年版，第22页。

② 《陈在和先生访问纪录》，《海军人物访问纪录》第二辑，（台湾）“中央研究院”近代史研究所2002年版，第3—4页。《海军军官教育一百四十年》上，（台湾）“国防部海军司令部”2011年版，第22页。有关海军学校撤往湘潭的路线，另有一说经福州坐船前往南平，再转乘汽车到江西上饶，而后坐火车前往湘潭。由于海军学校撤湘为分批行动，可能各批的路线并不完全一致。见陈念祖：《回忆中马尾海军学校的亲历和见闻》，《福州文史资料选辑》第12辑，1993年版，第43—44页。

③ 《海军军官教育一百四十年》上，（台湾）“国防部海军司令部”2011年版，第29页。

海军学校在贵州桐梓的校址——金家楼。

1938年9月，海军学校师生带着教学书籍、器具，乘坐海军水雷所车辆，绕经广东韶关、曲江，取道广西桂林、柳州，最后在10月末到达桐梓（部分教具、书籍在柳州损失）。次年2月，海军总司令部派抗战英雄、原“平海”号巡洋舰舰长高宪申代替李孟斌，担任海军学校校长。创生于马江之滨的海军学校，进入了在内陆省份长期教学的特殊岁月。[1]

内迁到桐梓后，海军学校暂时结束了奔波、迁移，重新恢复正常稳定的教学秩序，各项制度依然沿用马尾时期的旧例，李孟斌、邓兆祥先后任训育主任。在桐梓期间，学校除开展正常教学外，格外注重培育学生抗日报国的雄心，并积极开展各种文娱活动，其中海军学校图书馆门楣上的“雪甲午耻”标语格外著名。在此期间，由海军总司令部组织征集，海军学校也拥有了自己的校歌。

在教学方面，根据当时的实际教学条件，海军学校将跟随学校迁黔的轮6届整体改为了航海专业，改作航10班。另外，因抗战时期生活、

---

① 《海军大事记》下卷，（民国）海军总司令部1942年版，第134页。

海军学校航7、航8学生修业合影。

学习条件很差，学生的健康情况堪忧，航9、航10班的学生在1941年1月被查出有王衍球、戴炳元等17名视力不佳，按照海军教育规则应予退学。对此，海军总司令部考虑到人才造就不易，且学生退学后难谋生计，原计划留用部分学生安排工作，但无法按照海军军官待遇对待，“对于无法自谋出路，必欲求留者，姑准收留，另派工作，但不能照军官待遇”。对此，海军学校则认为这批学生都接近校课修业结束，成绩优秀，如因视力问题就丧失学业前途未免可惜，于1月30日呈文海军总司令部，请求挽回成命，破格允许这批学生继续修业至合格，以便充当海军学校的教学等工作。

最终，海军总司令部格外破例，在海军学校中以另设造舰班的名义，将航9、航10原将退学的学生中转入改读，除因不愿学习造舰而退学的之外，共有12名学生改读造舰专业，之后造舰班和航9、航10届班合编为学生小队“则徐”队。① 为了使即将修业期满的学生不致因

① 《海军军官教育一百四十年》上，（台湾）“国防部海军司令部”2011年版，第22页。余锴：《抗战时期的马尾海校内迁问题研究》，四川师范大学2011年硕士学位论文。有关造舰班的历史，余锴注意到了其中一项十分特殊的人事悬疑问题，即造舰班成立后，班中学生里有1名（朱于炳）并不是当初因视力问题而被退学的17名学生之一。

为视力问题而学业荒废，特设造舰班一事显现了当时海军学校乃至海军主事者的用心良苦，而“造舰班”这一特殊的专业在海军学校教育史上属于绝无仅有的孤例。

海军学校训育主任邓兆祥（前排右起第三人）和航11学生在金家楼前的合影。

1941年8月17日，海军总司令部咨文各省，开展了抗战时代的首次全国招生，总计招生名额定为200人，每省可保送20人投考。[①] 经当

① 《海军军官教育一百四十年》上，(台湾)“国防部海军司令部”2011年版，第170—171页。

年 11 月考试选拔，共录取了学生 68 人，送往海军学校就读校课，是为内迁桐梓后海军学校吸纳的首批新生。经到达桐梓海军学校进行入校测试，发现这批新生“英文程度过于参差，其他算术等尚见相似”，于是以英语成绩作为划分标准，将该批学生分作甲、乙两班分别教学，均直接入读航海专业。[①] 其中英语程度较好的甲班为第 11 届航海班，即航 11 届，编为学员小队“长平”队，乙班为第 12 届航海班，编为“伏波”队。[②]

1942 年海军总司令部再度向全国招考海军学生，当年的 3 月 21 和 22 日在海军总司令部进行考试后，录取了 70 人，其中佟谦民一人未报到，实际录取 69 人。[③] 经送海军学校入学，又分为航海、轮机 2 个专业，其中航海学生分别补充入航 11、航 12 班学习，轮机专业学生则编组为轮机第 6 届，队名“定远”。

再至 1943 年，海军总司令部举行了抗日战争时代的第三次招考新生活动，仍然在重庆海军总司令部考试，共计录取 144 名学生，经送入海军学校后，分列为航海、轮机两个专业，其中航海专业为航海第 13 届，队名“景武”，轮机专业为第 7 届，队名“平阳”。

1944 年，海军总司令部举行抗战时代的最后一次招考新生活动，经考试共录取学生 52 人，编为航海第 14 届，队名“忠献”。[④]

至抗日战争胜利时为止，海军学校在桐梓时期总计修业届满航 7、航 8、航 9、航 10 届共 4 班，再经历后续的修业课程后毕业，这些学生多被分配至川江的炮台要塞以及海军的游击布雷队等单位，投身抗日杀敌的第一线，其中也有部分考选赴英、美接舰参战，甚至曾亲历了反法西斯欧洲战场的战事。海军学校不断开展的教学工作，为中国海军培育、呵护着生生不息的火种。

---

① 《海军军官教育一百四十年》上，（台湾）“国防部海军司令部”2011 年版，第 173 页。

② 《海军军官教育一百四十年》上，（台湾）“国防部海军司令部”2011 年版，第 22 页。

③ 《海军军官教育一百四十年》上，（台湾）“国防部海军司令部”2011 年版，第 172 页。

④ 《海军军官教育一百四十年》上，（台湾）“国防部海军司令部”2011 年版，第 22—23 页。

位于重庆木洞镇的海军练生枪炮课教室。

木洞镇舰课教室。

按照抗战前民国海军军官教育的模式，海军学生在海军学校完成了校课修业后，根据专业的不同，航海专业学生需要再进行舰课、鱼雷、枪炮等修业教育。根据抗战时代大后方的特殊情况，海军方面因地制宜，其中舰课和枪炮教育改在重庆附近的木洞镇，依托海军修械所及停泊在附近的海军军舰“永绥”“民权”等开展教育。水鱼雷课程则主要变为水雷课程，在湖南辰溪的海军水雷所进行。此外，属于制造专业的造舰班学生在完成校课教育后，其厂课教学在海军第一工厂完成。①

三、勤工学校的迁徙②

同处在抗战烽火中的船政遗存还包括私立勤工学校。

1937 年全面抗战爆发时，私立勤工学校已经改名为私立勤工工业职业学校。1937 年 9 月，经校务委员会决定，为了避战火，勤工学校从原马尾船政艺圃旧址迁离，别离马尾，前往福州近郊的鼓山，借鼓山涌泉寺的廨院为校舍，继续开展教学。

1938 年厦门失守后，福州的局势日形紧张，根据福建省教育厅的命令，勤工学校从鼓山撤离，在校长陈钟新的率领下，师生们向闽北地区迁移。当时上海、南京已经沦陷，原在上海江南造船所等海军机构工作的闽籍技术人员大量携眷返回故里，其中不乏大量由海军艺术学校、飞潜学校出身的校友，勤工学校乘势招聘教员，充实教学力量。因为加入勤工学校后还可以带着眷属一起撤向闽北，应者颇众。

经福建省教育厅指派，勤工学校在闽北地区选定了尤溪县水南的朱子祠为校舍，学校师生以及设备物资和教学书籍等在 1938 年的 8 月陆续迁移抵达，由师生们自行设法对朱子祠进行整修改造，并将从马尾运到的机器设备、教学用具妥善进行安置，以适应教学的所需。

1939 年，勤工学校在读的航空机械、船工图算、电机制造等 3 个 3

① 余锴：《抗战时期的马尾海校内迁问题研究》，四川师范大学 2011 年硕士学位论文。

② 有关勤工学校的历史，本书主要参考了曾任勤工学校事务主任的阙鉴坚的回忆，但阙鉴坚回忆中在很多勤工学校历史事件的时间记录上，和陈道章《船政大事记》中所列的时间存在不同，本书主要采用阙鉴坚所记述的时间。

年制班级全部学成毕业，其中船工图算、电机制造专业学生大量被介绍到闽江下游轮船公司实习，航空机械专业毕业生则由福建省教育厅咨送重庆，进入中央航空学校深造。之后经教育厅批准，勤工学校改招5年制造船、航空机械、制机3个专业的学生，仍然每专业编为1班，另招收1个3年制的制机班，总计在校学生约300余人。

在尤溪停顿未久，1941年福州沦陷，勤工学校因受当地原国民革命军52师散兵游勇的骚扰，再度迁校，移往将乐县的高滩镇（高唐），将当地荒废的汀州会馆、大黄家祠、廖家祠等建筑进行整修后作为校址，重开教学工作。

勤工学校在抗战期间自制的滑翔机。

在高滩镇教学时期，1943年根据省交通局的委托，勤工学校又添设了3年制的汽车机械科，培育汽车驾驶和修理人才，该班招收学生40名，属于福州交通局委托培养，“每名学生每月由局拨给食米，职业科两名教员薪金由局负担，国文教员及职员各一名，给予相当津贴”。由于勤工学校当时自身最具特点的教学内容是航空机械，当年根据福建省政府要求，学校自行制成了1架滑翔机，送往福建省战时省会永安展览，一度引起了轰动。

1944年夏，福建省政府为培育航海和造船人才，委派勤工学校校长陈钟新在高滩新设福建省立林森商船职业学校，由陈钟新兼任校长。因为高滩镇的合宜房舍有限，林森商船职业学校和勤工学校大量共用教室、场所，且多聘用勤工学校人员兼任教职员，两校遂形成互为你我的特殊关系。其时，林森商船职业学校设航海、轮机两个专业，学制均为3年，招收100名新生入校，聘李修镛为教导主任兼航海科教员，杜秉钧为事务主任，龚镇礼为轮机教员，“其余教职员多由勤校人员兼任”。①

至抗日战争胜利，勤工学校从高滩返回马尾，林森商船学校也一并同行。

四、抗战胜利与船政余脉的最后命运

1945年8月15日，日本宣布接受《波茨坦公告》，无条件投降，中国抗日战争以伟大胜利告终。此时，原船政的余脉尚存，分处在贵州桐梓和福建将乐高滩镇的海军学校和私立勤工学校，以及在马尾已成废墟的海军造船所。随着抗战的胜利，三者又遭遇了不同的命运变迁。

甲、海军马尾造船所

抗战期间福州首度沦陷时，海军马尾造船所的在编海军人员即跟随马尾要港司令部一起撤离，虽然造船所编制尚存，但是人员则大多外调，至于造船所的工人们则四散各处。此后到抗战胜利，原马尾造船所的海军人员陆续回到马尾，鉴于工厂损失严重，海军决定对马尾造船所旧址采取维持现状的做法，在1946年10月成立马尾造船所保管组，“就一般废物妥为保管之”，由阎伯华任保管主任。

1947年6月，海军总部命令着手恢复马尾造船所，8月以马尾造船所保管组和闽江口要塞保管组合编为马尾造船所筹备处，任命张传钊担任所长，具体的复厂行动则在1948年的8月陆续开始，主要进行了下述一些方面的工作，其要点是恢复造船所最基础的动力源设备。(1) 修理大门，新建1间传达室。修理残存的轮机厂、绘事院建筑及临时工人宿舍。(2) 修理电光厂的锅炉，并重建抗战期间被破坏的电光厂烟囱。(3) 将存放在南平峡江溪中庙的100千瓦发电机及配套的蒸汽机运回，

---

① 阙鉴坚：《马尾海军船政艺术学校及其变迁沿革》，《马尾船政局史资料汇编》（乙），福建师范大学历史系中国近代史教研组自印本，第83—84页。

安装于电光厂，以便恢复厂中的动力、照明用电供应。(4) 接受日本战败赔偿的 43 台机器（一说为 15 台），并进行安装。

除这些工作外，马尾造船所新任所长张传钊还计划修整二号船坞，修理铁胁厂建筑、修理铁水坪（起重码头）以及铁船槽等设施，重新恢复马尾造船所的基础生产、维修作业等硬件条件。[①] 然而这些计划尚未及实施，马尾造船所的维修能力还未能恢复之际，因为国民党政权在解放战争中不断失利，海军总部要求将马尾造船所迁移至澎湖马公，造船所工人在中共地下党的发动下拒绝拆卸机器，进行反迁厂运动，但最终在军队镇压下，马尾造船所的主要机械设备于 1949 年 7 月装上“永胜”等舰船运离，并入海军马公造船厂。

此次拆运之后，马尾造船所内剩余的机器寥寥无几。

1949 年 8 月 16 日，解放军解放马尾时，马尾造船所内仅剩余几十名自发护厂的工人，原海军管理人员大多撤往台湾，人民解放军 28 军派一部驻扎造船所，就地看管，原造船所工人部分参加解放军 0019 部队前线流动修船厂。此后，马尾造船所车间厂房一度在 1950 年改作福建军区后方勤务学校，0019 部队流动修船厂则在 1952 年搬回马尾君竹，改称 0019 部队修船一厂，于 1953 年改设至原海军昭忠祠内，1954 年重新回到原马尾造船所厂区，开始重建厂区设施。1958 年，福州军区将在原马尾造船所厂区的修船一厂移交给福建省交通厅，经交通厅将所属的福州港务局船舶修造厂（下游船舶修造厂）并入，更名为福建省马尾造船厂，由张鉴任厂长，从此船政的制造脱离绵延近百年的军用传统，变为以民用造船为主，其主厂区的范围基本就是 1866 年创办的船政生产厂区。原建于船政、福州船政局、马尾造船所时代的铁船槽、铁胁车间、轮机车间、二号船坞等建筑设施仍然发挥着生产、制造功用。马尾造船厂此后再经 2001 年 12 月改为股份制的福建省马尾造船股份有限公司，至今发展绵延不绝。[②]

---

① 张传钊：《谨将本所工作概况造具报告呈请察核》，《中国近代舰艇工业史料集》，上海人民出版社 1994 年版，第 455—457 页。

② 林樱尧：《中国企业史・福建马尾造船厂》，《船政研究集萃》，福建省马尾造船股份有限公司 2006 年版。

乙、海军学校

抗日战争胜利后，国民政府元首等因对陈绍宽主持海军的局面不满，为收回海军指挥权，在当年 9 月 1 日在军政部下设立海军处，由军政部部长陈诚兼任处长，掌握海军大权，对陈绍宽等闽系海军人员形成倾轧之势，12 月 31 日正式撤销海军总司令部，陈绍宽被解职。

在海军教育方面，军政部也积极清除陈绍宽的影响，根据此前军委会讨论制定的《海军学校暨练营调整计划》，决定抗战胜利后海军学校应移设到首都附近的军港区。[①] 因值海军辰溪工厂有便车可用，海军学校在校师生搭乘车辆，在 1945 年 11 月 1 日全部到达重庆，暂时驻在山洞原海军总司令部，准备"来春水大时再行由便舰载其东下"。[②]

虽然军政部在 12 月 24 日命令海军总司令部准备将海军学校改组为海军军官学校，但在操作中，事实上军政部抛开了海军学校，自行先将海军军官学校设立。1946 年 3 月 7 日，军政部海军军官学校筹备处处长杨元忠在上海接收原汪精卫伪海军中央海军学校，[③] 经整顿，于 6 月 16 日宣布正式成立海军军官学校。蒋中正兼任校长，陈诚兼任副校长，杨元忠任教育长，黄锡麟任教务主任，随后即在全国招生，首届录取学生 206 人。

原由桐梓迁至重庆等待改组的海军学校，则由杨元忠在 1946 年 5 月派黄锡麟暂代训育主任，主持校务并准备东迁，事实上学校已名存实亡。[④] 当年 8 月 22 日，海军学校校课修业已经结束的航 11 届学生 22 名由航海副教官陈家振、轮机副教官张钰带领乘坐川陕路汽车从重庆出发，沿川湘公路南下，又转乘轮船前往南京，后被分派往青岛中央海军

---

① 《海军军官教育一百四十年》上，（台湾）"国防部海军司令部"2011 年版，第 34 页。余锴：《抗战时期的马尾海校内迁问题研究》，四川师范大学 2011 年硕士学位论文。

② 《海军军官教育一百四十年》上，（台湾）"国防部海军司令部"2011 年版，第 34 页。

③ 《海军军官教育一百四十年》下，（台湾）"国防部海军司令部"2011 年版，第 660—661 页。

④ 《海军军官教育一百四十年》上，（台湾）"国防部海军司令部"2011 年版，第 36 页。

海军学校迁至重庆后的山洞校址。

训练团见习，作为海军军官学校三十六年班毕业。

海军学校其余修业没有期满的航 12、航 13、航 14、轮 6、轮 7 届学生以及所有在校教职员则在 1946 年 11 月从重庆乘船出发，于 12 月 15 日抵达南京，向海军总司令部报到。经安排，海军学校教职员被并入海军军官学校，学生则先交由海军总司令部军官大队，在南京海军医院大礼堂训练 2 周，“受短期精神训练”，再分派军舰见习 3 个月（其中分配至“伏波”舰见习的 18 名学生，在 1947 年 3 月 19 日“伏波”被招商局“海闽”轮撞沉时全部罹难），而后赴海军军官学校报到继续学习。最终航 12、轮 6 作为海军军官学校的三十七年班毕业，航 13、14、轮 7 则被并入海军军官学校就读，在三十八、三十九、四十年班内毕业。①

随着师生被并入海军军官学校，海军学校悄然退出历史舞台。传统认为，海军学校是改组成为了海军军官学校，事实上则是被海军军官学

① 《海军军官教育一百四十年》上，（台湾）“国防部海军司令部”2011 年版，第 24 页。

校吞并，1946 年 11 月海军学校师生们全部离开重庆时，也可以视作海军学校的消亡时间。1867 年创生于八闽之都的船政学堂，在经历了更名福州海军学校、海军学校以及内迁湖南湘潭、贵州桐梓后，最后在抗战胜利之际，因民国政府中的派系倾轧，在山城重庆无疾而终。不过此后迁往台湾左营的“海军军官学校”，在追溯其校史渊源时，仍然会奉 1866 年开创的船政学堂为正朔，成为奉船政学堂为宗的船政海军教育衍脉。

丙、私立勤工学校

1945 年抗战胜利后，私立勤工学校和福建省立林森商船职业学校由校长陈钟新率领，从将乐县高滩镇迁回马尾。因考虑到重建校址会需要大量物资，学校从高滩搬迁时，将可以拆卸的木料、门板、桌椅等尽行拆卸，用木料、木板、门板等钉成木排，上载桌椅以及学校制成的滑翔机，取水路进闽江，顺流而下直赴马尾。学校的档案、书籍、教具由师生携带，分乘租用的 8 艘溪船前往马尾。

抵达马尾，勤工学校重回原船政艺圃旧校址，并借用原海军学校房屋和海军眷属住宅，利用从高滩带回的木料修整为校舍。林森商船学校则先临时租用罗星塔附近的洋楼为学生宿舍、餐厅，借用大王宫为教室，两校经过两个多月的整顿，在 1945 年 10 月末重新恢复教学。

1946 年，因省立林森商船学校无力营建新校舍，经商筹，决定和勤工学校合并，在原勤工学校校址开展教学，新学校校名为福建省立高级航空机械商船职业学校，因为学校校名的文字过多，被习惯简称为“高航学校”。二校合并后，对校内专业进行重新调整，原属勤工学校的机械科、电机科学生移归福建省立高工学校，保留原勤工学校的航空机械和造船 2 个专业及原林森商船职业学校的航海、轮机 2 个专业，学制根据深浅不同，分为 5 年和 3 年两种。学校校长仍为陈钟新，教务主任为阙鉴坚，事务主任朱心庄，训育主任汪继泗。为了充实高航学校的教学，1948 年福建省政府与台湾省相商，从台湾调拨日本零式战斗机、教练机各 1 架，运至马尾充作教具。

1949 年 8 月 17 日，解放军解放福州，根据人民政府命令，高航学校继续进行教学。因担心当时马尾身处海防前线，且人员杂乱，校长陈钟新为求师生安全计，租用福州善化坊附近民房 3 座当作临时校舍，将学校迁至福州城内。后除零式战斗机、教练机、滑翔机各 1 架以及内燃机 3 台难以搬运遗存在马尾校址外，其余学校物资大都搬迁至福州，原校址则租赁给马江小学使用。

1952 年，全国教育系统院校调整，福建省文教厅下令撤销高航学校，师生主要并入福州工业学校（造船科后并入上海船舶工业学校），另有轮机、航海 2 班并入厦门集美水产学校，原校长陈钟新调任集美水产学校教授。与船政前后学堂同在 1867 年创生的船政艺圃，在经历了福州海军艺术学校、私立勤工学校、福建省立航空机械商船职业学校等变迁后，其历史就此终结。[①]

1982 年，马尾商船学校挂牌开学典礼，由此船政艺圃的历史被绵延传续。

时至 1980 年，原勤工学校、林森商船学校以及高航学校的校友自发组织马尾勤工商船高航学校校友会，“校友们找不到母校，深感有失

① 阙鉴坚：《马尾海军船政艺术学校及其变迁沿革》，《马尾船政局史资料汇编》（乙），福建师范大学历史系中国近代史教研组自印本，第 86—87 页。

母之痛。感激母校培养成才之心，无处言表”。1981 年校友会开始复校的努力，于 1982 年获得福建省政府批准，同意设立马尾商船学校，开展中专职业教育，当年招收轮船驾驶专业 1 班，正式开始教育，随后于 1988 年更名福建船政学校，在船政故地以船政之名开展航海、机械类职业教育，成为一时盛事。1999 年福建船政学校和福建交通学校等四所学校被调整合并为福建交通职业技术学院，升格为大专学校。2006 年福建交通职业技术学院下设立二级学院船政学院，继而在 2011 年 5 月福建交通职业技术学院更名为福建船政交通职业学院。从历史渊源上追溯，福建船政交通职业学院继承的是船政艺圃的衣钵，该学院设有轮机工程、航海技术、汽车运用工程等系部，而这些恰是历史上船政艺圃、海军艺术学校、勤工学校以及林森商船学校和高航学校传统的教育领域。

结语：回望船政

一、对船政历史地位的评价

1866 年在福建马尾开创千古未有之局的船政，先后经过了清末时代的船政、民国初年的福州船政局以及民国南京政府时代的海军马尾造船所与原船政教育机构分离并立的三大历史阶段，亲历了 1874 年日本侵台、1884 年中法战争、1937 年全面抗战等历史风云的考验洗礼。1949 年中华人民共和国成立后，虽然几经变迁，但船政至今仍保持薪火不绝。今天奉船政为宗，秉承船政历史的机构，分处在台湾海峡的两岸，其各自的主要工作一如百年之前，仍然还是集中在船舶制造、海军和船舶工程人才培育等传统的领域，延续着从闽江之畔诞生的世纪传奇。

一个历史上的机构，在经历了一个多世纪沧海桑田般的流转变迁以及分分合合后，仍然能够保持勃勃生机，类似这样的现象，在中国的近代史上可谓是极度的罕见，从这个意义上看，凝聚着近代中国走向工业化、走向海洋等难忘记忆和经验的船政，甚至可称得上是青春仍在的活历史、活文物。

站在 21 世纪的此岸，回望从遥远的 19 世纪彼岸一路驶来的船政，其在中国历史上的特殊地位鲜明可见。

（甲）中国近代化运动的代表性成果

首先，船政是中国洋务自强运动的代表性成果。19 世纪近代化时代到来，随着西力东渐，在西方列强军备强盛的巨大外力刺激下，古老的中国启动了以追求国防，尤其是追求海防自强的近代化变革，史称为洋务运动或自强运动，船政的创生正处在这场近代化运动的起点上，是标志性的重要事件之一。从 1866 年闽浙总督左宗棠上奏申请创办设厂造船，再到 1867 年沈葆桢就任总理船政大臣，督率中方员绅匠役，和日意格、德克碑率领的法国技术团队合作，船政在短短几年时间里就完成了一连串意义重大的目标：设立部门齐全的船厂和铁工厂、实现了中方人员自造蒸汽动力军舰和自造蒸汽机和锅炉、成功培育出能自行驾驭蒸汽动力军舰以及能自行设计制造此类舰船的人才，成为近代中国首个和西方大规模技术合作的圆满成功范例，为洋务自强运动取得了重要的代表性成果。

（乙）中国首个综合性的近代海防事务机构

清末中国学习西方筹建近代化的海军，最初的着眼点在于解决迫在眉睫的海防问题，意图通过获取近代化的舰船、武器装备重固海疆藩篱。清政府于1861年在北京创设的总理各国事务衙门，是中国首个处理海防近代化事务的中央机构，不过在总理衙门所管辖的事务中，海防仅属于兼顾的一端，并不是总理衙门集中专注的工作。从专设的角度进行考察，1867年总理船政衙门设立，其所辖的职能包括造舰、海军人才教育、造舰人才教育、技术工人教育、近代化舰队编练，均直接和海防近代化相关，几乎涵盖了有关海防建设的各类具体事务，且在当时多属是国内的唯一。根据这些特征，船政可以称得上是中国历史上首个综合性的近代海防事务机构。

（丙）中国近代化海军舰队的诞生地

近、现代意义的海军发源自欧洲，以严密科学的组织体系设置、职业化的军士官教育、机械动力驱动的舰艇武备、标准化的战术战法等为重要的表现形式。近代中国开始海防近代化的努力后，中央和地方的主事者因为缺乏经验，最初的建设目标仅在于设法获得蒸汽动力的军舰本身，希冀凭此就可以使中国的海防力量得到加强，尚没有注意到军舰背后更为复杂和更为重要的近代化舰队、海军体系。直到船政陆续建成多艘自造军舰后，清政府才开始决策编练舰队，1870年船政以所辖的自造军舰编组成队，并在1871年编订和获得清廷批准颁行了中国历史上第一部近代舰队章程《轮船营规》，组建了中国历史上第一支近代海军舰队。船政轮船此后分防全国，其组织设定、训练制度、操作经验很大程度上影响了后起的北洋水师/北洋海军。

（丁）中国首个大规模的造船工业基地

船政制造融造船厂、铁工厂、船槽船坞于一体，生产部门齐全完整，不仅仅能够完成舰船的设计以及船体建造、舾装工程，同时还能自行设计、制造属于核心装备的大功率蒸汽机、锅炉等动力设备，能够基本完成造船所需的各种配套部件的生产，是中国首个大规模的造船工业基地。作为兼具造船和蒸汽机、铁工生产能力的机构，船政在 19 世纪 90 年代之前，不仅仅是中国唯一的具有这种规模的制造机构，而且在亚洲也居于领先地位。即使在西欧，同时具有这两种制造能力的厂家也是屈指可数。就算到了今天，世界范围内能够同时建造主机和造船的企业，也可谓凤毛麟角。

（戊）中国近代海军和舰船工程教育的创始地

1866 年左宗棠筹议自造轮船时，还注意到了和设厂造船息息相关的人才培育问题，专门设立名为求是堂艺局的教育机构，此后演变成了船政的教育部门的主体——学堂。船政的教育部门分为前学堂、后学堂，分别培养舰船工程师和海军军官，另有附设技工职业学校艺圃，培育船政制造部门所需的技术工人。在当时中国全社会尚以传统科举教育为正途的封闭保守环境中，完全采取西法教学、培育掌握西方科学知识人才的船政教育独树一帜，其创立的时间虽然晚于 1861 年开办的京师同文馆，但教育规模则远超前者，是中国最早的大规模、成系统的西式教育机构。船政的教育机构实现了中国近代海军和舰船工程学校教育的零的突破，影响尤大的是船政的海军教育部门。随着此后中国南、北洋海军建设事业兴起，各地对近代化的海军军官人才产生大量需求，一些新的海军教育机构纷纷涌现，但无论是师资力量或是教学模式，几乎无一不是仿效自船政学堂，在海军教育方面，船政学堂可谓是开山之祖。

（己）中国近代海军传统文化的育成地

船政孕育诞生了中国第一支近代化海军舰队，培育出了中国最早的近代化海军军官，也为中国近现代海军的传统文化落笔书写篇章。由西方诞生的近现代海军存在一个突出的特点，即“瞻前顾后”，除了重视发展最新的舰船装备和战术战略思想外，因为舰船生活、工作环境及海军作为外交军种经常要参加到国际交往活动中的特殊性，海军还格外注意珍视自身的历史和传统文化，以此作为激励将士的精神资源及在无声的较量场上和外国海军比试高下的软实力。西式近现代海军以历史渊源的久远为骄傲，而船政轮船舰队的创设恰为中国近现代海军开创了不落人后的历史，而且船政轮船舰队在训练、作战中还沉淀下了丰富的文化积累，日久成为传统，为中国近现代海军在传统文化方面留下宝贵的财富。其中尤为突出的，就是 1884 年 8 月 23 日马江之战中于逆境败局里展现的“舰虽亡，旗仍在”的不屈精神。

（庚）中国近代工业技术人才的重要输出地

1874 年日本侵略中国台湾的事件发生后，应对军务所需，闽海关经费调拨任务日益增多，对船政经费的供应开始出现拖欠。此后的经费情形每况愈下，成为直到清亡为止始终困扰船政的痼疾。因为受制于经费吃紧，再加之清廷自中法战争后对国造军舰兴趣冷淡，船政制造日益萎缩不振，这一局面事实上造成了船政技术人才的不断外流。因为船政无法提供更多的生产制造任务，船政的技术人员以及船政前学堂、艺圃等机构培训出的工程人员难找施展的舞台，而同时，在 19 世纪 80 年代之后，南北洋以及两广、两湖、台湾等地的近代化事业陆续举办，争相设法延揽近代化的工业技术人才，船政自然而然成为了各省挖掘人才的宝地，客观上成了当时中国近代工业技术人才的重要输出地。由船政播散到各地的人才如星星火种，从技术上点亮了中国走向近代化的篝火，在近代中国的机器制造、铁路、矿物、电报通讯等诸多建设中都发挥了重要的作用。

二、船政发展出现波折的反思

尽管船政取得了诸多建设成就，在中国近代史上占有十分重要的地位，但是需要正视的是，实际上船政在 1874 年刚刚完成初期的中法合作五年计划后，其发展就开始遭遇到不断的波折乃至坎坷，从 19 世纪 80 年代开始，船政更是陷入了建设每况愈下的泥沼，几经努力，终于无法振拔，最终在 1907 年被迫基本停顿了各项工作。待到民国成立后，除船政教育较具声色外，船政的制造更形萎缩，没有重现船政初创时代的辉煌。

导致这一局面的原因，从历史中分缕剖析，大致可以归结到三个主要的方面。

（甲）国家政策层面

1866年左宗棠申请创设自造轮船事业，其总的出发点是对两次鸦片战争以来中国海上门户被列强屡屡攻破的痛心疾首，试图通过学会列强的长技，从而扭转国家民族遭列强欺凌的命运。在清政府内旨在追求国防自强的洋务运动兴起之时，左宗棠的方案明显符合国家的需求，船政从而得以问世。但是从船政问世之初，立刻遇到了来自于国家政策层面的限制。

其中的一大限制，源于清政府最高层对地方事业的不信任和制衡牵掣。太平天国和捻军战争中，汉族出身的督抚大员在清王朝的政场上占据半壁山河，且很多此类督抚大员都手握重兵，由此强化了清廷对地方的防范和戒备心理，清廷利用地方督抚间本就存在的派系畛域进行分化制衡，在清末时代表现得更为明显。船政虽然所开创的是事关国家海防大计的事业，但由于是地方大员创始的事业，被家天下的清王朝严格压制在了地方层级，尽管左宗棠曾竭力想使船政升格为国家事业，但未能实现。而后续的沈葆桢、丁日昌等船政大臣，对此更是无能为力，以至于船政自建成之后即在政治上遭遇边缘化，有清一代，其主事大臣的职位从最初的一品大员任总理船政大臣，逐渐退化为三品级别官员担任大臣，最后则彻底沦为闽浙地方政府的附庸。具体反映到船政的发展上，表现为政治级别不够的船政，根本无力参与国家的海防事务决策，无法在国家海防建设战略中为自己争取一席之地，无法获得国家政策和资源的真正支持。

另一大限制，源于清政府获取近代化舰船装备的政策变化。太平天国战争时期，由总理衙门大臣恭亲王奕䜣主持，曾推进过从英国直接购买近代化军舰的事务，但是因签约不明、主权旁落，遭到曾国藩、李鸿章等地方督抚的激烈反对而作罢。在外购军舰无成的背景下，自造蒸汽军舰的计划得以获准，船政由此诞生和崛起。然而1874年日本侵台事件发生后，面对日本咄咄逼人的挑战，清政府决策进一步加强海防舰只力量，然而此时的海防工作主持者恭亲王奕䜣、北洋大臣李鸿章都视外购军舰为捷径，船政大臣沈葆桢在出任南洋大臣后，也深受这一观点影响。之后直至清亡，清政府的海防舰艇装备建设，始终以外购为主流，自造军舰的必要性遭到怀疑和冷落，船政的造舰事业由此被严重挤压。

国家政策方面还有一项重要的限制，即在于当时的国家缺乏正确的海洋战略和海军建设战略谋划，更缺乏战略制定后的坚定实施。清政府建设近代化海军的目标，仅仅局限于固疆自防，而没有意识到近代化海军背后所蕴含的国家的海外利益。以自守为目标的建设，极容易满足，船政在五年计划时期建造了 15 艘蒸汽动力军舰后，就遇到了是否还需要继续建造军舰的质疑，而后来 1888 年北洋海军成军之后，被清廷下令禁止再向外洋购买海军军械，同样也是受限于这一问题。在国家自身缺乏海洋和海军战略的情况下，海防建设机构显然无法独善其身，最终被国家的政策所裹挟。

（乙）资金层面

在清末乃至民国造成船政发展萎缩的另一重要原因，表现得更为直接、明显，即经费不足的问题。清末船政经费原由清廷指定闽海关按月拨解，凭此支撑，使得船政顺利完成了中法合作五年计划，获得了一系列夺目的成就。但从 1874 年日本侵台事件发生后，清政府支出加多，闽海关税收的外拨任务变得越发繁重，在海关税收本身没有大幅增长的情况下，左挪右支，再难足额按期供应船政所需经费。清代的船政属于政府特设机构，虽然能够建造轮船、机器，但并不被允许按照商业模式进行运营，因而事关船政造船财力费用、人员薪饷开销、厂房设施维护等经费，完全依赖于外部“输血”。当闽海关无法足额按期拨解经费后，船政便立刻陷入了发展举步维艰的局面。尽管多任船政大臣想方设法，希望通过给外省协造军舰等方式纾困，但最终缺乏经费的船政不仅无力建造技术水平更高、规模更大的舰船，甚至连员工的薪水也难以支应。至清亡为止，船政经费累计被拖欠的数额高达近一千万两银，在这样的资金困局中，船政发展萎缩、停顿便不难理解。至民国成立后，船政的制造部门分离为福州船政局乃至海军马尾造船所，尽管此时已经可以对外承揽修造民船乃至外籍舰船的业务，然而福州船政局/马尾造船所缺乏足够的资本金，每月只能获得十分微薄的运行经费，勉强能够满足发放在编人员的薪水，也无力进一步扩大生产规模。

出现这样的资金危机，固然属于国家政策问题的必然结果，另一因素则是因为清末、民国时代的中国是一个落后的农业国，经济增长缓慢，而海军、造舰则是一个需要大投入的建设领域，要以落后农业国的财政水平来长期支撑工业化的造舰事业，本身就存在有很大的问题。更加之甲午战争和八国联军侵华之后，中国为了偿还巨额的战争赔款，导致国家财政濒于破产，这种恶劣的环境，也加剧了船政的经费危机。

（丙）区位层面

船政在清末乃至民国发展出现波折的原因中，除了上述两方面外，还有一个长久未被足够重视的问题，即船政的发展受到了自身所处区位的严重制约。

从地理环境来看，左宗棠对船政建设用地的选择并非无可挑剔，甚至于可以认为存在有一定的问题。船政所处的马尾地区深处在闽江之中，距离入海口较远，沿途航道曲折，难通大型军舰，从初起就自然局限了船政所造军舰的体量规模。而船政所处的地块原为滨江农田，地质不坚，夏季又易遭到台风洪水侵袭，清代建设船政时，虽然做了诸如垫高地基、硬化地面、修建护坡防浪墙等措施，但仍无法彻底避免大自然的威力侵逼，在清末、民国几度遭台风破坏，洪水甚至于淹过整个船政生产厂区，直迫船政衙门。此外，船政在马尾选定的地块面积过于狭小，周围邻近又缺乏可供扩大建设用的储备地块，清末五年计划时船政的生产厂区内各建筑布置尚称井井有条，但是此后随着造船技术的进步，当船政需要新造车间厂房时，因为无法向外围拓展用地，只能在厂区内见缝插针，至民初时，船政的生产厂区内已经变得各类建筑鳞次栉比，拥挤不堪。

比地理环境的制约更关键的是区位。左宗棠选择在福州的水上通商门户马尾地区建设船政，本意是取近邻省城，可以就近监督、照料，且距闽海关较近，取款较易，而从当时全国海防建设的战略格局看，马尾处在海峡西岸，可以控扼台海，援应江浙粤，具有较好的海防区位优势。然而 1874 年后，中国海防建设战略为之一变，清政府改以南北洋并重的模式发展海军，尤以北洋为重，中国的海军建设重心北移，黄渤海地区成为中国军舰停泊、活动的主要区域，此时远处在闽江之畔的马尾已有被边缘化之势，区位优势急剧消退。甲午战争后这一问题变得更为严重，因为台湾被日本强行割占，协防台湾无从谈起。而在列强掀起的瓜分狂潮中，中国沿海优良海港几乎被掠夺一空，中国海军的主要驻泊活动地缩小到了天津、烟台、上海等城市，舰船维修也多在就近的大沽造船所和江南制造局进行，不在海岸线上、远离海军活动中心的船政，更显寂寥。

民国成立后，经历了民初的乱局，至南京国民政府成立，在 20 世纪 20 年代末兴起了一轮建设海军的热潮，而且一改此前中国海军添置舰艇多采取外购的做法，而是代以努力自造。然而在这轮热潮中，被突显出的造船机构是位于上海的江南造船所，马尾造船所则没有得到任何舰艇订单。这一问题固然是因为当时马尾造船所受积年的资金、政策束缚，人才流失严重，生产规模和技术能力锐减，更重要的还在于区位。南京政府时代，上海至南京段江面是中央海军的主要驻防地区，且当时中央海军取制江、防海的策略，即以加强长江上的舰船力量为主，渐图近海。能在长江使用的舰艇，多为浅吃水，不适宜长期出海航行，在上海建造此类舰艇可以得就近服役的便利。

除海防区位不佳的问题外，清末、民初，福州的对外经贸并不十分活跃，福建对外航运港口重心偏移向厦门，闽江上多只是小型的客货运输船只，福州船政局/马尾造船所在这一地区想要承揽商业修造轮船订单，情形并不乐观。而作为对比，19 世纪 90 年代前，上海江南制造局的舰船修造业务原本并不如船政，然而随着长江航运的兴起，处在江头海尾，本就是对外通商巨埠的上海，更成为繁忙的江海航运之都，江南制造局、海军江南造船所在此地区能够承揽到大量商业修造船订单，可以借以补贴运行经费、扩大生产规模，而这也是继承船政造船衣钵的马尾造船所在民国时期被江南造船所抢过风头的重要原因。

三、有关船政研究和船政文化

作为中国近代史上最重要的海防建设机构，船政也是中国近代史研究中的热点之一，一代代学者试图从不同角度观察、分析船政，彰显船政精英的功绩，寻找船政历史中能为今人借鉴的经验、教训。

船政历史研究得以不断深入，首先得益于基础材料的丰富，清代船政衙门有意识地将历代船政大臣的奏稿汇集为《船政奏议汇编》《船政奏议续编》《船政奏议别编》，这是研究船政最为基础的史料。此外，作为清代中央政府中负责海防建设的机构，总理衙门档案里有大量涉及船政的内容，1957 年台湾“中央研究院”近代史研究所编辑出版的总理衙门洋务档案汇编《海防档》中，将事关船政的档案单列为册，名为“福州船政局”，是对上述《船政奏议汇编》等资料的重要补充。20 世纪 70 年代，福建师范大学历史系中国近代史教研组由林庆元主编，辑成《马尾船政局史资料汇编》，收录了大量民国时代船政当事者的回忆文章以及口述史料、报刊摘录等，并将船政首任洋员监督日意格著《福州兵工厂》全文译出，成为研究船政的重要史料集。

在研究方面，对于船政的通史性学术研究以 1932 年王信忠在《清华学报》第八卷第一期上发表的论文《福州船厂之沿革》为创始，而后较重要的学术成果包括周日昇的论文《福州船政局始末》，沈传经的专著《福州船政局》，林庆元的专著《福建船政局史稿》以及陈道章编辑的《船政大事记》，这些作品较为全面地廓清了船政的发展脉络，使得百年船政风云能够存世不朽。

除全局性的通史研究外，围绕船政还衍生出众多的研究分支。涉及人物研究的成果，以陈其田的论文 Tso Tsung T’ang (左宗棠)、林崇镛著《沈葆桢和福州船政》、庞百腾著《沈葆桢评传》最具代表性。有关船政教育的研究，代表性的成果有包遵彭著《清季海军教育史》、沈岩著《船政学堂》、沈天羽主编《海军军官教育一百四十年》以及余锴的论文《抗战时期的马尾海校内迁问题研究》。有关船政舰船的研究，则以马幼垣的论文集《靖海澄疆：中国近代海军史事新铨》中的相关篇章、美国海军史学者 Dean Stehman 在 *Warship International* 杂志 1997 年第一期发表的专题文章，以及陈悦著《近代国造舰船志》为代表。

与上述学术研究同等重要的是，20 世纪 80 年代以来，继承船政制造衣钵的马尾造船厂/马尾造船股份有限公司，对厂区中的船政古建筑以及种种船政遗存加意发现、保护和研究，为船政制造保存了珍贵的历史印记，诸如清代船政的轮机厂、绘事院，民国时代船政局的钟楼，马尾造船所时期扩建的二号船坞，均历历在目。作为甲申马江之战船政烈士祭祀地的马江昭忠祠被重修，设为马江海战纪念馆，彰显马江之战烈士的事迹，突出船政水师在此战中涌现出的不屈精神；2014 年甲午战争 120 周年之际，又接续民国时代船政局推动创立的传统，在马江昭忠祠同时供奉祭祀甲午海战海军英烈，重现甲申、甲午海军烈士合祀壮举。此外，在福州和马尾地方政府以及文史工作者的大力倡导和推动下，2004 年设立中国船政文化博物馆，成为国内首个专门收藏船政档案、文物，研究、展示船政历史的博物馆，同时在马尾的船政故址上，陆续修复、重建了马限山炮台、青洲船坞（一号船坞）、船政天后宫、船政衙署、船政学堂等历史建筑，为船政历史文化的研究传承和普及构建了坚实的载体。

引人注目的是，21 世纪后，船政的研究又迈上新的高度。在地方政府和文史界的推动下，对船政的研究由历史研究递进至文化研究，除传统的历史学术研究外，出现了大量崭新的命题，取得了大量的新成果，实现了更多的现实价值。

1866 年创立的船政，在其至今已达 150 年的发展变迁中，经历过风雨坎坷，创造了灿烂辉煌，而归根结底，在其历史和文化的发展、积累过程中，始终体现着四个具有先进性的特点，那就是对于国家民族的忠诚，对于世界大局的开放，对于海洋事业的热爱，对于科技新知的追求，而这恰是新时代中华民族文化的重要价值取向。

今天漫步在马江之畔，追思船政历史风云，感慨开创的艰难不易，钦叹船政精英的生平功绩。虽然那个名为船政的机构实际上早已不在，绵延至今的船政制造、教育机构也不复有当年举国唯一时的光彩夺目，但这恰恰证明了中国走向近代化时船政人艰难、孤独地追寻的方向，已经成为整个国家民族集体追寻的方向。船政已不在，船政已无处不在。

以一篑为始基，从古天下无难事；

致九译之新法，于今中国有圣人。

——沈葆桢

附录 1：船政总览图

行政、教育、宿舍区

1 天后宫
2 船政衙署
3 洋员正监督寓所
4 洋员俱乐部（戏院）
5 洋员副监督寓所
6 洋员寓所
7 洋匠首宿舍
8 洋匠宿舍
9 官街
10 前学堂
11 后学堂
12 艺圃
13 东考工所
14 西考工所
15 镇海营
16 中方官员寓所
17 洋员洋匠家庭寓所

辅助厂区

甲 石灰窑
乙 耐火砖土坯厂
丙 炭窑
丁 砖坯工厂
戊 砖窑
己 工人及监工宿舍

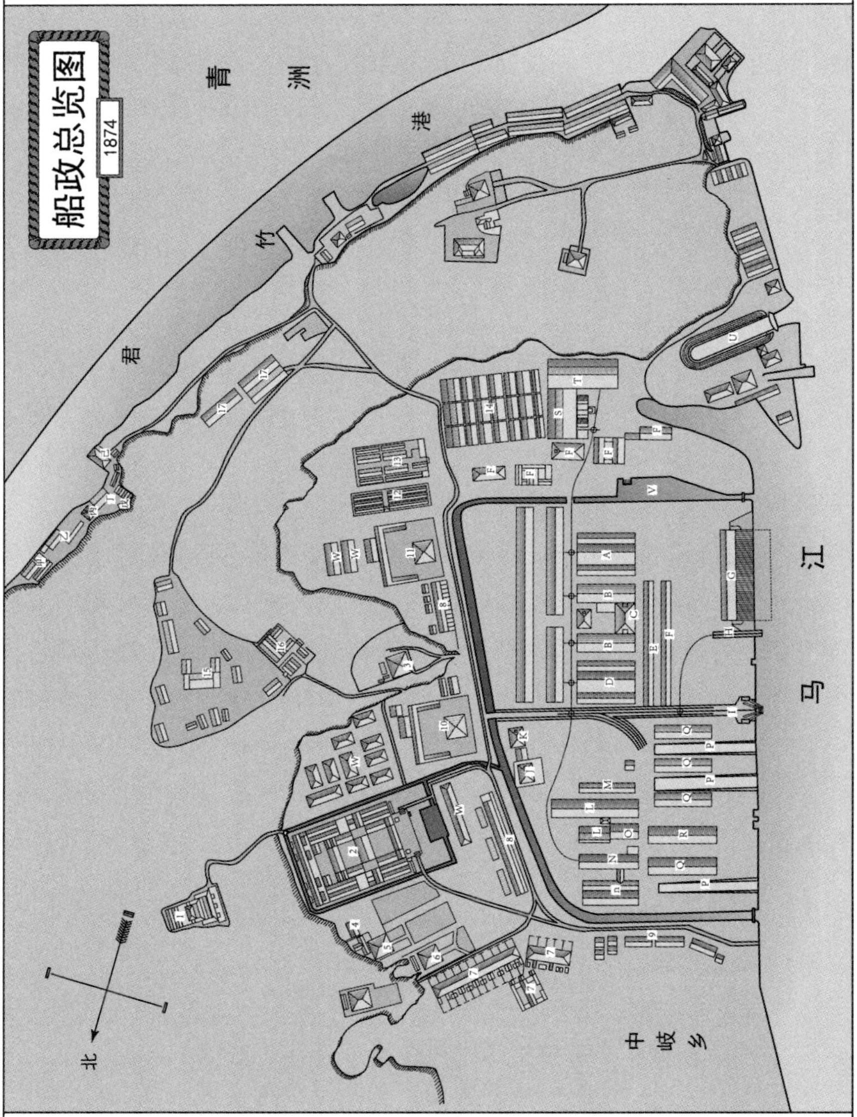

主厂区

A 锅炉车间（水缸厂）
B 轮机车间（轮机厂）
C 绘事院
D 铸造车间（铸铁厂）
E 放样间（样板房）
F 仓库（广储所）
G 拖船坞（铁船槽）
H 小起重码头
I 大起重码头
J 中方官员办公所
K 洋员办公所
L 小铁工车间
M 仪器车间（钟表厂）
N 木工车间（转锯厂）
n 细木工车间（木模厂）
O 小配件车间（小轮机厂）
P 船台
Q 工棚（船亭）
R 桅舵、帆缆、舢板车间（帆缆厂）
S 轧铁车间（拉铁厂）
T 锻造车间（打铁厂）
U 英商天裕船坞
V 物料起卸场
W 储材所（木料厂）

船政总览图（1874）

福州船政局

- A 锅炉厂
- B 合拢厂
- C 图算所
- D 轮机厂
- E 铸铁厂
- F 地图厂
- G 船槽
- H 水坪
- I 起重码头
- J 工程局
- K 总务处
- L 铁胁厂
- M 样板房
- N 模厂
- O 木船台
- P 石船台
- Q 船亭
- R 栈房
- S 拉铁厂
- T 英船坞
- U 物料起卸港
- V 广储所
- W 帆缆厂
- X 炮厂

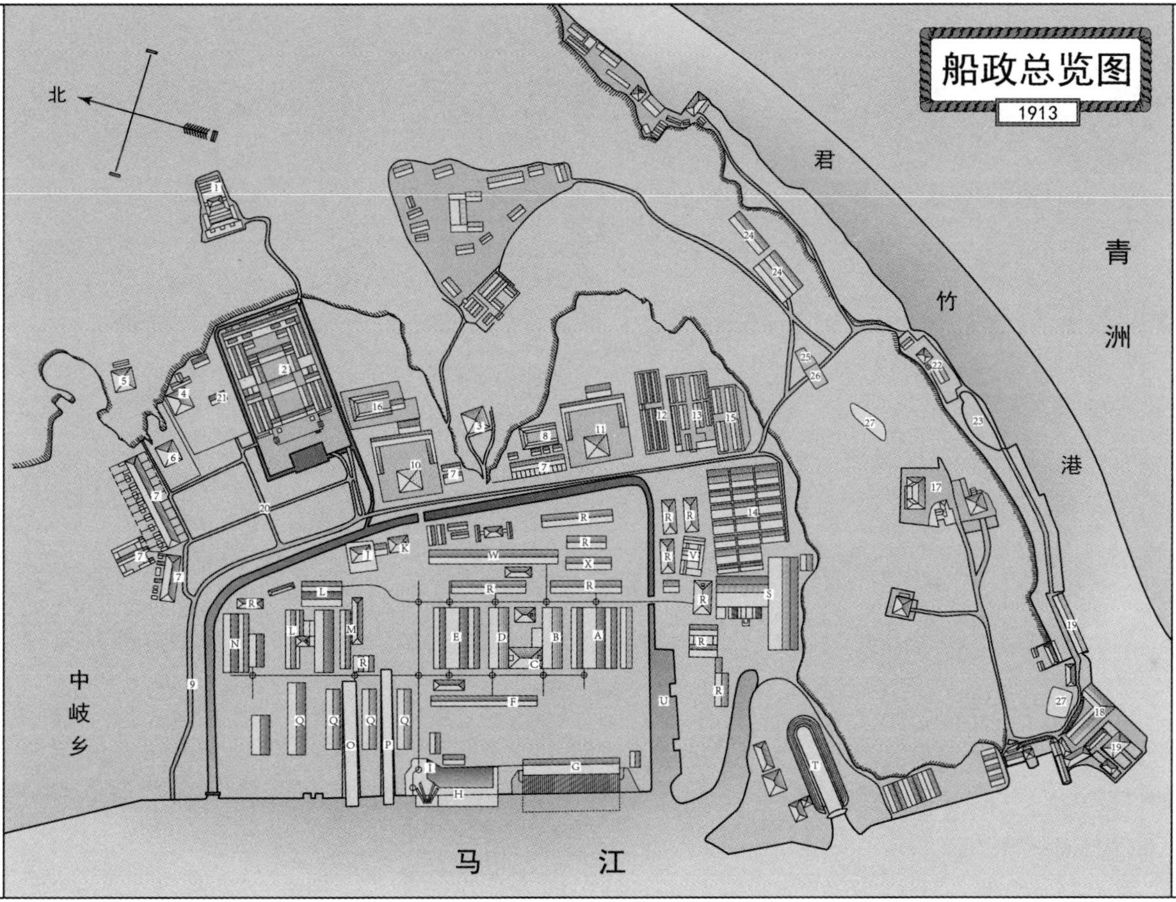

行政、教育、宿舍区

1. 天后宫
2. 衙门
3. 一号洋楼
4. 二号洋楼
5. 三号洋楼
6. 四号洋楼
7. 洋房
8. 水雷营旧址
9. 官街
10. 海军制造学校
11. 海军学校
12. 艺术学校
13. 东考工所
14. 西考工所
15. 健丁营
16. 轮机学生宿舍
17. 英国领事馆
18. 洋行
19. 铺屋
20. 铜币厂旧址
21. 储才馆
22. 昭忠祠
23. 马江之战烈士墓
24. 匠房
25. 英人墓
26. 望楼
27. 护厂炮台旧址

船政总览图（1913）

福州船政局

A 锅炉厂
B 合拢厂
C 图算所
D 轮机厂
E 铸铁厂
F 地图房
G 船槽
H 铁水坪
I 起重码头
J 飞机工程处
K 总务处
L 铁胁厂
M 飞机厂
N 轮机厂课
O 飞机亭
P 船台
Q 船亭
R 栈房
S 拉铁厂
T 二号船坞
U 广储所起卸港
V 广储所
W 帆缆厂
X 炮厂
Y 舢板厂
Z 煤炭场

a 厂门
b 钟楼
c 发电所

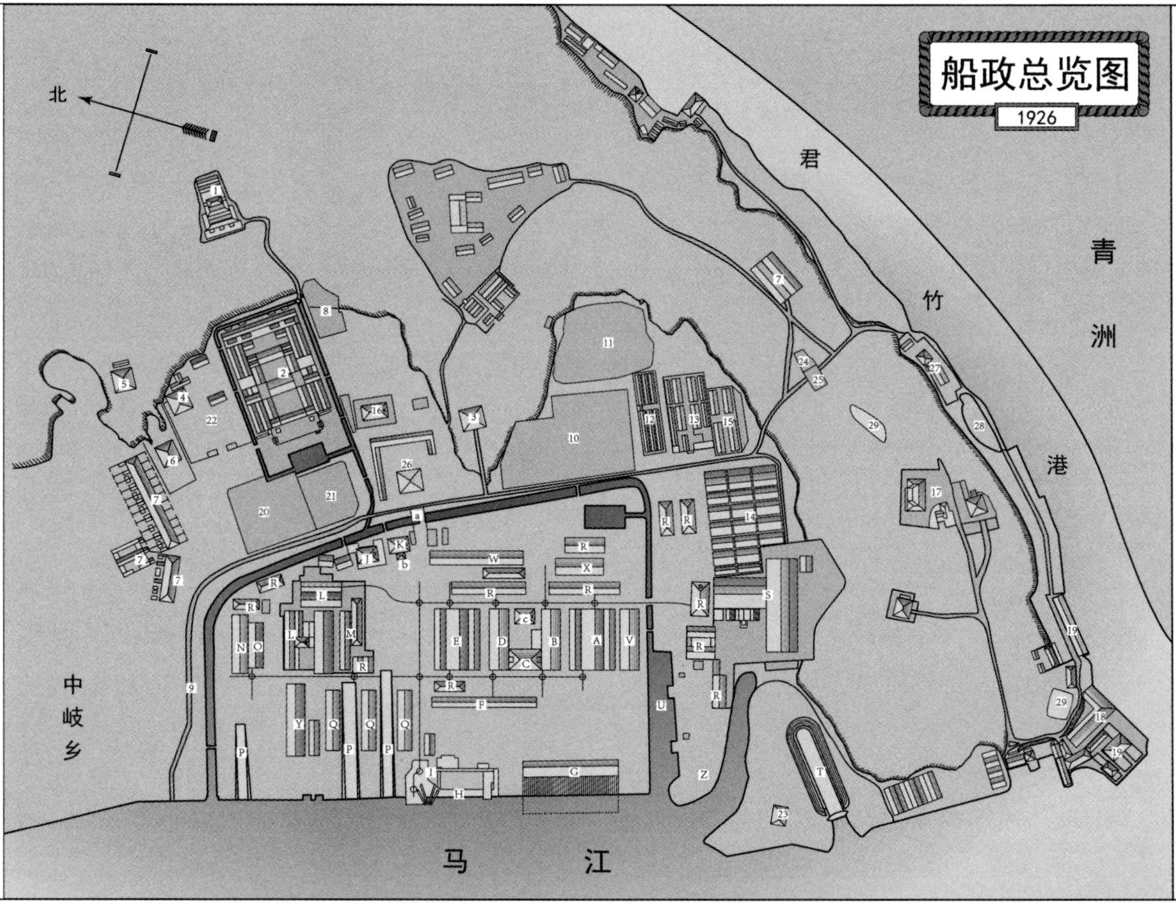

海军、教育建筑区

1 天后宫
2 衙门
3 一号洋楼
4 储材所
5 三号洋楼
6 四号洋楼
7 洋房
8 陆战队营房
9 官街
10 海军学校
11 操场
12 艺术学校
13 海军警备队
14 西考工所
15 轮机寄宿舍
16 旧寄宿舍
17 英国领事馆
18 洋行
19 铺屋
20 海军警备司令部
21 操场
22 海军联欢社
23 海军医院
24 英人墓
25 望楼
26 前学堂旧址
27 昭忠祠
28 马江之战烈士墓
29 护厂炮台旧址

附录 2：船政教育机构历届毕业生名录①

清代船政前学堂制造专业

第 1 届计 21 名，1876 年毕业

魏　瀚(闽)(留法)	陈兆翱(闽)(留法)	郑清濂(闽)(留法)
李寿田(闽)(留法)	林怡游(闽)(留法)	吴德章(闽)(留法)
杨廉臣(闽)(留法)	陈林璋(闽)(留法)	梁炳年(闽)(留法)
张金生(闽)(留法)	林日章(闽)(留法)	池贞铨(闽)(留法)
罗臻禄(闽)(留法)	林庆昇(闽)(留法)	陈季同(闽)(留法)
郑　诚(闽)	游学诗(闽)	汪乔年(闽)
林钟玑(闽)	陈平国(闽)	苏汝灼(闽)

第 2 届计 20 名

王庆端(闽)(留法)	魏　暹(闽)(留法)	陈才鍴(闽)(留法)
王福昌(闽)(留法)	陈伯璋(闽)(留法)	曾宗瀛(闽)(留法)
李芳荣(闽)(留法)	王迴澜(闽)(留法)	黄　庭(闽)(留法)
林鸣埙(闽)	胡维鐈(闽)	林介圭(闽)
古之诚(闽)	王　新(闽)	叶锡三(闽)
李联奎(闽)	黄成观(闽)	陈功奎(闽)
陈继成(闽)	林桂昌(闽)	

第 3 届计 19 名

王寿昌(闽)(留法)	陈庆平(闽)(留法)	高而谦(闽)(留法)
游学楷(闽)(留法)	陈长龄(闽)(留法)	林　藩(闽)(留法)
李大受(闽)(留法)	郑守箴(闽)(留法)	杨济成(闽)(留法)

① 本名录中未录入船政艺圃系统的毕业生名单。

林志荣(闽)(留法) 卢守孟(闽)(留法) 林振峰(闽)(留法)
许寿仁(闽)(留法) 柯鸿年(闽)(留法) 王维桢(闽)
李寿萱(闽) 王韶聪(闽) 葛绍绥(闽)
叶艿寅(闽)

第 4 届计 31 名

施恩孚(闽)(留法) 林福贞(闽)(留法) 黄德椿(闽)(留法)
丁平澜(闽)(留法) 郑守钦(闽)(留法) 卢学孟(闽)(留法)
魏子京(闽)(留法) 王庆安(闽) 曾仰东(闽)
李译诗(闽) 李寿川(闽) 石　琛(闽)
陈振家(闽) 胡有文(闽) 林钟钦(闽)
刘栋臣(闽) 许赞周(闽) 陈锡周(闽)
陈海瑞(闽) 吴德潜(闽) 陈兆翥(闽)
孙庆芳(闽) 高庄凯(闽) 陈宝暄(闽)
董廷瑞(闽) 薛启昌(闽) 陈心恺(闽)
林　蠡(闽) 蒋树藩(闽) 林蓬春(闽)
林芬荣(闽)

第 5 届计 19 名

许尚坚(闽) 高开成(闽) 陈兆炳(闽)
陈炳年(闽) 董朝钰(闽) 高　讲(闽)
方兆鼎(闽) 郑以撰(闽) 周文郁(闽)
张发义(闽) 姚绍镠(闽) 陈承襄(闽)
周锡昌(闽) 黄步瀛(闽) 姚济川(闽)
陈常棣(闽) 陈伯成(闽) 卢则贤(闽)
乐耀贤

第 6 届计 30 名，1905 年冬毕业

李孟实(闽)(留法) 沈觐宸(闽)(留法) 沈觐扆(闽)
萧　宽(闽) 郑镕宽(闽) 郑秉谦(闽)

王思斌(闽) 陈锡龄(闽) 陈挺元(闽)
曾广昌(闽) 杨葆谦(闽) 陈贞海(闽)
王鸿金(闽) 张　沁(闽) 陈为干(闽)
杨茂贞(闽) 黄曾溶(闽) 张大榕(闽)
王宜汉(闽) 苏方节(闽) 廖宗和(闽)
林绍亨(闽) 韩孟杰(闽) 贾　勷(闽)
马翊昌(闽) 王以汉(闽) 谢振金(闽)
陈崧英(闽) 李世中(闽) 李向濂(闽)

第7届计8名，1908年冬毕业

周葆燊(闽) 郑颖孚(闽) 陈德湜(闽)
林福臻(闽) 苏宝崇(闽) 王愫昌(闽)
杨俶谦(闽) 陈大龄(闽)

第8届计34名，1921年夏毕业(是为民国福州海军制造学校第1届毕业生)

汪培元(闽)(留法) 蒋弼庄(闽)(留法) 郭仲铮(闽)
廖能容(闽) 方尚得(闽) 郑寿彭(闽)(原籍川)
魏子琅(闽) 张宝骐(闽) 郑义莹(闽)
陈立庠(闽) 林铿然(闽) 丁振棨(闽)
吴仲森(闽) 吴奋图(闽) 杨齐洛(闽)
陈世杰(闽) 姚英华(闽) 金廷槐(闽)
陈自奇(闽) 柯文琪(闽) 严文福(闽)
王怀纲(闽) 何尔燧(闽) 陈声芸(闽)
阮兆鳌 李毓英 张　功
陈兆良 汪继泗 黄　勋
张士森 张宗渠 叶燕贻
林家钺

本届另有何健一名，中途转往航空处学习飞行。

清代船政后学堂驾驶专业

第1届计33名

内堂生

罗丰禄(闽)(留英)	何心川(闽)(留英)	蒋超英(闽)(留英)
方伯谦(闽)(留英)	林永升(闽)(留英)	叶祖珪(闽)(留英)
黄建勋(闽)(留英)	刘步蟾(闽)(留英)	严宗光(闽)(留英)
林泰曾(闽)(留英)	林同书(闽)	叶伯鋆(闽)
郑文成(闽)	李达璋(闽)	沈有恒(闽)
邱宝仁(闽)	陈毓淞(闽)	陈锦荣(闽)
黄　煊(闽)	许寿山(闽)	林承谟(闽)
柴卓群(闽)	郑溥泉(闽)	

外堂生

张　成(粤)	林国祥(粤)	叶　富(粤)
吕　翰(粤)	黎家本(粤)	邓世昌(粤)
李　田(粤)	李　和(粤)	梁梓芳(粤)
卓关略(粤)		

第2届计13名

萨镇冰(闽)(留英)	江懋祉(闽)(留英)	林颖启(闽)(留英)
吴梦良(闽)	叶　琛(闽)	郑文郁(闽)
陈锡三(闽)	卢鸿杰	卢华大
陈文庆	唐宸秋	林国裕(粤)
邓聪保(粤)		

第3届计8名

林履中(闽)(留英)	林森林(闽)	戴伯康(闽)
陈　英(闽)	蓝建枢(闽)	许济川(闽)
史建中(闽)	韦振声(粤)	

第4届计26名

陈伯涵(闽)(留英)　陈兆艺(闽)(留英)　曹廉正(闽)(留英)
刘冠雄(闽)(留英)　李鼎新(闽)(留英)　何品璋(闽)(留英)
许兆箕(闽)　杨则哲(闽)　黄裳治(闽)
林占熊(闽)　林文彬(闽)　陈善元(闽)
丁兆中(闽)　梁祖勋(闽)　罗熙禄(闽)
谢子勋(闽)　谢润德(闽)　王　珍(闽)
吴松森　何金胜　丁沁波
唐　祐　陈兆麟(粤)　关　景(粤)
邝　聪(粤)　黄伦苏(粤)

第5届计9名

陈恩焘(闽)(留英)　梁鸿春(闽)　王　涟(闽)
林帮光(闽)　张　珍　陈宗器
丁澄澜　石文铭　程璧光(粤)

第6届计10名

黄鸣球(闽)(留英)　刘　容(闽)　叶大俊(闽)
郑文超(闽)　翁守瑜(闽)　张哲溁(闽)
李联芳(闽)　沈叔龄(闽)　陈应濂(闽)
翁祖年(闽)

第7届计11名

罗忠尧(闽)(留英)　邱志范(闽)(留英)　陈兆兰(闽)
陈常绥(闽)　罗忠溶(闽)　温桂汉(闽)
陈大懿(闽)　翁守恭(闽)　陈福烘(闽)
叶　琅　李国圻(粤)

第8届计16名(留美幼童回华转学)

黄季良(闽)　薛有福(闽)　邓士聪(粤)

陈钜庸(粤) 詹天佑(粤) 吴应科(粤)
欧阳庚(粤) 苏锐钊(粤) 邓桂廷(粤)
邝咏钟(粤) 徐振鹏(粤) 宋文翙(粤)
容尚谦(粤) 吴其藻(粤) 杨兆楠(苏)
陆永泉(苏)

第 9 届计 13 名

贾凝禧(闽)(留英) 罗忠铭(闽)(留英) 周献琛(闽)(留英)
张秉奎(闽)(留英) 郑文英(闽)(留英) 高承锡(闽)
林葆怿(闽) 许赞虞(闽) 曾瑞琪(闽)
林韵珂(闽) 林敬熥(闽) 陈怀羔(闽)
朱声冈(苏)

第 10 届计 7 名

林文光(闽) 沈正增(闽) 罗忠清(闽)
游于艺(闽) 林鉴殷(闽) 林敬章
关庆祥

第 11 届计 11 名

陈镜澜(闽) 黄以云(闽) 林靖澜(闽)
黄钟瑛(闽) 林秉成(闽) 周敬镕(闽)
孙　筠(闽) 张海鳌(闽) 周兆瑞(闽)
卓大宾(闽) 蔡馨书(闽)

第 12 届计 13 名

吴光宗(闽) 陈杰年(闽) 魏祖培(闽)
王宗香(闽) 许继祥(闽) 江宝容(闽)
陈嘉濂(闽) 任邦鼎(闽) 曾清沂(闽)
陈兆用(闽) 陈心蔚(闽) 陈文彬(闽)
陈大昭(闽)

第13届计9名

陈尚衍(闽)	黄　夒(闽)	林炳枢(闽)
陈旋枢(闽)	游福海(闽)	周思贤(闽)
林乔椿(闽)	郑孝增(闽)	郑大濂(闽)

第14届计12名

沈希南(闽)	黄树声(闽)	李景曦(闽)
陈家鋆(闽)	林颂庄(闽)	林振莹(闽)
张景南(闽)	余叔典(闽)	蓝希雍(闽)
叶心存(闽)	黄郁章(闽)	叶　琦(闽)

第15届计5名

张哲培(闽)(留日)	王　麒(闽)(留日)	刘鸣岐(闽)
林　镕(闽)	陈玉璘(闽)	

第16届计13名，1904年冬毕业

许建廷(闽)(留英)	李国堂(粤)(留英)	王葆谦(闽)
高幼钦(闽)	赖汝寿(闽)	常书诚(闽)
魏子荣(闽)	梁同怿(闽)	林鸿滋(闽)
张增存(闽)	贾　勤(闽)	陈训泳(闽)
欧阳驹(粤)		

第17届计7名，1905年冬毕业

魏子浩(闽)(留美)	李孟斌(闽)	李景沣(闽)
萨　夷(闽)	林　蟾(闽)	贾　理(闽)
陈尔燊(闽)		

第18届计16名，1907年夏毕业

林秉衡(闽)	林镜寰(闽)	林元铨(闽)

杨隽声(闽)	姚启飞(闽)	周国钧(闽)
刘熙德(闽)	陈毓澄(闽)	黄连生(闽)
苏　学(闽)	蔡传泰(闽)	廖德星(闽)
林传铭(闽)	张嘉麟(闽)	胡有年(闽)
张哲训		

第19届计9名，1908年冬毕业

汪肇元(闽)	陈祖祺(闽)	陈孔耀(闽)
林舜藩(闽)	孙维城(闽)	沈　燮(闽)
叶心传(闽)	叶宝琦(闽)	张同渠(闽)

清代船政后学堂管轮专业

第1届计22名

余贞顺(闽)	郑官同(闽)	陈景康(闽)
杨进宝(闽)	黎阿本(粤)	黎晋骆(粤)
卓关邦(粤)	陆麟清(粤)	郭成志
李阿富(粤)	梁逸卿	胡金元
李亚文	林鹤龄	何朝先
彭就胜	张永清	冯瑞金
周荣贵	陆三兴	杨　光
洪得意		

第2届计32名

陈兆锵(闽)(留英)	刘冠南(闽)(留英)	刘义宽(闽)(留德)
刘荫霖(闽)	戴庆涛(闽)	陈如璧(闽)
潘锡基(闽)	刘昭亮(闽)	郭乃安(闽)
郭文进(闽)	曾光时(闽)	王齐辰(闽)
陈治安(闽)	李福龄(闽)	梁祖全(闽)
郑守恒(闽)	叶大银(闽)	陈锦超(闽)
何林英(闽)	张玉明(闽)	卢鸿彬(闽)

庞廷桢(粤)　伍兆佳(粤)　黎弼良(粤)
林　泉　区贤灿(粤)　梁福藻
罗荫皆　庞铭世　马应波
黄显章　梁祖群

第3届计7名

王　桐(闽)(留法)　陈鹤潭(闽)(留法)　黄履川(闽)
陈如衡(闽)　张茂福(闽)　胡尔楷
刘善述

第4届计8名

陈伯祥(闽)　周敬让(闽)　张斌元(闽)
任邦珍(闽)　陈翼宸(闽)　林亨豫(闽)
梁季恺(闽)　葛希颜(闽)

本届尚有王孝鸣、吴保和、刘康、卢毓英、沈念祖、陈宝璋、林朝鼎等7名，后被转入广东黄埔水师学堂，在该校的航海2届及轮机4届内毕业。

第5届计11名

潘琮璋(闽)　林传善(闽)　郑华钟(闽)
曾光世(闽)　周文祺(闽)　梁志柱(闽)
洪光安(闽)　王兆陶(闽)　陈忠捷(闽)
陈开镰(闽)　王可华(闽)

第6届计8名

梁　蓉(闽)　吴景泰(闽)　林以镕(闽)
江大荣(闽)　梁敬埏(闽)　陈　铨(闽)
黄本周(闽)　陈芳卿(闽)

第7届计10名，1897年1月毕业

潘兆清(闽)	刘贻远(闽)	唐德炘(闽)
陈承植(闽)	董朝镛(闽)	陈翊汾(闽)
黄天鳌(闽)	李伯壬(闽)	林云龙(闽)
陈大豫(闽)		

第8届计6名，1904年1月毕业

常朝干(闽)(留德)	魏　怀(闽)(留比)	高近宸(闽)(留法)
郑　玑(闽)	沈秉楷(闽)	陈忠镃(闽)

第9届计5名，1906年1月毕业

周光祖(闽)(留日)	林锡康(闽)	梁敬槎(闽)
叶宜彬(闽)	陈声扬(闽)	

第10届计6名，1907年7月毕业

韩玉衡(闽)(留美)	杨　逾(闽)	李孟衍(闽)
叶天庚(闽)	郑友益(闽)	陈培松(闽)

第11届计6名，1912年1月毕业

苏学雍(闽)(留美)	王道斌(闽)(留美)	张嘉燨(闽)
叶心衡(闽)	吴明观(闽)	陈诗涛(闽)

第12届计31名，1920年6月毕业

萨本炘(闽)(留美)	林惠平(闽)(留德)	陈兆俊(闽)(留荷)
马德建(闽)(留美)	李孔荣(闽)(留德)	吕文周(闽)
邱景垣(闽)	邱思聪(闽)	苏镜潮(闽)
林学濂(闽)	陈奇谋(闽)	张　岑(闽)
周澜波(闽)	黄以燕(闽)	郑鼎铭(闽)
冯廷杰(闽)	魏子元(闽)	周　烜(闽)
姚法华(闽)	余　堃(闽)	方　伦(闽)

王永涵(闽)	贾　劼(闽)	凌　棨(闽)
钟　衍(闽)	蔡学琴(闽)	卢行健(闽)
郑翔鸾(闽)	阮宣华(闽)	梁　煊(闽)
陈飞雄(闽)		

第13届计24名，1921年12月毕业

沈觐安(闽)(留美)	唐擎霄(闽)(留美)	陈尔恭(闽)(留德)
谢仲冰(闽)	许孝焜(闽)	黄子坚(闽)
蒋松庄(闽)	黄贻庆(闽)	康　志(闽)
林一梅(闽)	陈商耕(闽)	唐兆淮(闽)
周谨崧(闽)	黄立莹(闽)	张用远(闽)
许桐蕃(闽)	傅春滨(闽)	林家晋(闽)
陈承志(闽)	方明淦(闽)	杨际舜(闽)
沈觐笏(闽)	曾　纪(闽)	欧阳昆(闽)

第14届计29名，1924年12月毕业

程　璟(闽)(留德)	江守贤(闽)	何家澍(闽)
陈　鼎(闽)	刘　潜(闽)	孟孝钰(闽)
蒋　铣(闽)	曾贻谋(闽)	吴　锷(闽)
王贤鉴(闽)	鲍鸿逵(闽)	林缉成(闽)
林仲逵(闽)	林鏞民(闽)	杨　健(闽)
陈耀屏(闽)	傅宗祺(闽)	林克立(闽)
唐岱荥(闽)	方新承(闽)	林善骝(闽)
郑英俊(闽)	梁永翔(闽)	张永绥(闽)
薛大丞(闽)	高宪参(闽)	郑友宽(闽)
林则荣(闽)	林谷士(闽)	

民国福州海军学校/海军学校航海专业

第 1 届计 23 名，1927 年 12 月毕业

陈粹昌(闽)(留英)	陈书麟(闽)(留英)	蒋兆庄(闽)(留英)
陈　洪(闽)(留日)	李　干(闽)	黄剑藩(闽)
沈秉新(闽)	宫　葳(闽)	林家禧(闽)
李有鹏(闽)	陈慕周(闽)	张振藩(闽)
蒋　瑨(闽)	廖能安(闽)	卢诗英(闽)
王大泰(闽)	杨崇文(闽)	马世炳(闽)
林祖煊(闽)	罗榕荫(闽)	徐奎昭(闽)
梁剑光(闽)	陈孝枢(闽)	

第 2 届计 18 名，1929 年 6 月毕业

黄廷枢(闽)(留英)	吕叔奋(闽)(留英)	林继柏(闽)(留英)
周伯焘(闽)(留英)	邵　仑(闽)(留英)	李寿镛(闽)(留英)
郭懋来(闽)(留英)	郑克谦(闽)	周建章(闽)
赵梅卿(闽)	陈镜良(闽)	魏衍藩(闽)
陈正望(闽)	陈孔铠(闽)	倪锡龄(闽)
陈祖湘(闽)	陈炳焜(闽)	张鸿模(闽)

第 3 届计 15 名，1931 年 6 月修业合格(以下为海军学校时期毕业)

龚栋礼(闽)(留英)	薛奎光(闽)(留意)	陈庆甲(闽)(留意)
刘永仁(闽)(留英)	郑天杰(闽)(留英)	高　举(闽)(留德)
林　溥(闽)(留英)	江　澜(闽)(留美)	陈兆棻(闽)(留英意)
薛宝璋(闽)	刘崇端(闽)	孟绪顺(闽)
李长霖(闽)	陈祖珂(闽)	韩兆霖(闽)

本届另有叶克昌一名，豫籍，在校未能修业，后经补习在海军服务。

第4届计24名，1932年6月修业合格

刘荣林(闽)(留英)　林葆恪(闽)(留英)　高声忠(闽)(留英)
游伯宜(闽)(留英)　周仲山(闽)(留英)　张昭熙(闽)(留英)
阙　疑(闽)(留英)　林嘉甫(闽)　陈　惠(闽)
邵正炎(闽)　袁　涛(豫)　郭国锥(闽)
张则鎏(闽)　林学良(闽)　陈行源(闽)
王文芝(闽)　林斯昌(闽)　林人骥(闽)
吴贻荣(闽)　陈增麟(闽)　朱秉照(闽)
陈沪生(闽)　蒋亨森(闽)　潘成栋(闽)

第5届计30名，1935年6月修业合格

郑　昂(闽)(留英)　萨师洪(闽)(留英)　常香圻(闽)(留英)
陈家振(闽)(留英)　刘耀璇(闽)(英受训)　欧阳炎(闽)(留英)
柳鹤图(苏)(留英)　孟汉钟(苏)(留英)　刘　馥(苏)(留英)
魏济民(鲁)(留英)　庄怀远(闽)　卢国民(闽)
柴耀城(闽)　杨　篆(闽)　林乃钧(闽)
高光暄(闽)　林君颜(闽)　蔡诗文(闽)
葛世铭(闽)　孔繁均(浙)　刘　祁(赣)
陈曙明(湘)　何傅元(湘)　杨光耀(皖)
孟汉霖(苏)　陈夔益　魏行健
张家宝　高昌衢　郭允中

第6届计27名，1936年6月修业合格

欧阳晋(闽)(留英)　池孟彬(闽)(留英)　林濂藩(闽)(留德)
蒋　菁(闽)(留德)　王国贵(闽)(留德)　刘　震(闽)(留德)
林鸿炳(闽)(美受训)　曾耀华(闽)(美受训)　饶　翟(闽)(美受训)
李后贤(苏)(美受训)　卢如平(苏)(留德)　邱仲明(川)(留德)
陈景文(皖)(留英)　刘纯巽(鄂)(留德)　廖士澜(赣)(留德)
何树铎(浙)(留德)　邓光涤(湘)(美受训)　吴健安(湘)(留英)
刘英伟(闽)　张书城(闽)　康健乐(湘)

黄发兰(浙)　陈智海(浙)　周福增(浙)
刘钧培(赣)　章国辅(皖)　牟秉钧(鄂)

第 7 届计 15 名，1939 年 6 月修业合格

陈心华(闽)(美受训)　张敬荣(闽)(留英)　甘　敏(闽)(英受训)
张哲榕(闽)　王大敏(闽)　林文杰(闽)
方子绳(闽)　陈念祖(闽)　王道全(闽)
倪行祺(闽)　郑仪璋(闽)　陈　简(闽)
俞　信(津)　陈国荣(粤)　朱星庄(浙)

本届另有周方先一名，浙籍，在校未修业合格，赴英受训后在海军任职。

第 8 届计 17 名，1939 年 12 月修业合格

葛敦华(闽)(留英)　江济生(闽)(留英)　宋季晃(闽)(留英)
周谨江(闽)(留英)　陈在和(闽)(美受训)　陈以谋(闽)(美受训)
王庭栋(苏)(英受训)　郭成森(浙)(留英)　刘　渊(直)(留英)
陈嘉镔(闽)　何宜庄(闽)　谢曾铿(闽)
李护为(闽)　李景森(闽)　王海东(鲁)
陈水章(浙)　李耀华(粤)

第 9 届计 23 名，1941 年 6 月修业合格

陈宗孟(闽)(留英)　陈　克(闽)(留英)　何友恪(闽)(留英)
何鹤年(闽)(英受训)　徐君爵(闽)(英受训)　李作健(闽)(美受训)
方　振(闽)(美受训)　马须俊(粤侨)(美受训)　易　鹗(湘)(美受训)
周正先(浙)(美受训)　钱　燧(浙)(美受训)　庄家滨(闽)
卢振乾(闽)　陈慕平(闽)　林　密(闽)
陈明文(闽)　林荫平(闽)　石　峯(闽)
张孟敭(苏)　郑宏申(浙)　俞　平(浙)
张宁荣(赣)　伍　岳(川)

第10届计10名，1941年12月修业合格

曾幼铭(闽)(美受训)　林蛰生(闽)(美受训)　黄肇权(闽)(美受训)
雷树昌(豫)(美受训)　雷泰元(桂)(美受训)　童才亨(鄂)(英受训)
戴熙愉(闽)(美受训)　王良弼(闽)　张振亚(闽)
周　唯(鄂)

第11届计22名，1946年1月修业合格

秦和之(苏)(美受训)　郑本基(闽)　曾国骐(闽)
罗　琦(粤)　邱　奇(粤)　莫如光(粤)
宁家风(粤)　区小骥(粤)　黄文枢(粤)
范家槐(苏)　刘和谦(皖)　倪其祥(沪)
万鸿源(鄂)　朱德稳(鄂)　胡继初(鄂)
查大根(鄂)　秦庆华(鄂)　秦远驹(鄂)
常继权(鄂)　廖厚泽(鄂)　朱成祥(渝)
冯国辅(川)

第12届计28名，1948年4月在海军军官学校三十七年班航海科毕业

张俊民(粤)(美受训)　潘绪韬(粤)(美受训)　徐钟豪(闽)
林大湘(闽)　吴树侃(闽)　陈其华(闽)
高孔荣(闽)　叶元达(闽)　江宗锵(闽)
张　浩(闽)　陈永才(闽)　陈国禾(粤)
杜世泓(粤)　陈骏根(粤)　黄锡骥(粤)
郭志海(粤)　虞泽淞(粤)　黄文干(粤)
谢中望(粤)　吴伟荣(粤)　邓国法(粤)
麦同丙(粤)　陈万邦(鄂)　万从善(鄂)
杨树仁(湘)　宋开智(川)　李赣骕(赣)
王熙华

(海军学校另有修业未结束的航13、14届学生被并入海军军官学校的班级)

造舰班计 11 名，1943 年 12 月修业合格

冯家溱(直)	周家礼(浙)	陈　琦(闽)
王衍球(闽)	官　明(闽)(留英)	朱于炳(闽)(留英)
林金铨(闽)(留英)	王绶琯(闽)(留英)	郑振武(闽)(留英)
吴本湘(湘)(留英)	林　立(闽)(留英)	

民国福州海军学校/海军学校轮机专业

第 1 届计 23 名，1926 年 12 月毕业

黄　珽(闽)(留英)	李贞可(闽)(留美)	陈保琦(闽)
黄道錽(闽)	刘友信(闽)	陈日铭(闽)
陈正焘(闽)	黄　璐(闽)	董维鎏(闽)
林　璧(闽)	张大谋(闽)	王学益(闽)
俞人龙(闽)	何尔亨(闽)	杨树滋(闽)
郑诗中(闽)	施　衍(闽)	邓则鎏(闽)
杨　弼(闽)	陈家镛(闽)	李有蠡(闽)
陈伯宏(闽)	陈文田(闽)	

第 2 届计 11 名，1928 年 6 月毕业

卓韵湘(闽)(留美)	董锡朋(闽)	林　瑨(闽)
陈聿夔(闽)	许贞谦(闽)	林　贾(闽)
程又新(闽)	陶　敬(闽)	许　琦(闽)
林韵莹(闽)	任守成(闽)	

第 3 届计 17 名，1931 年 6 月修业合格(以下为海军学校时期毕业)

郑海南(闽)(留英)	陈荫耕(闽)(留英)	陈　昕(闽)(留英)
傅恭烈(闽)(留英)	林巽遒(闽)(美受训)	官　贤(闽)
张雅藩(闽)	周发诚(闽)	魏兆雄(闽)
郑贞和(闽)	阙晓钟(闽)	董颐元(闽)
萨本述(闽)	林　刚(闽)	赖祖汉(闽)
高飞雄(闽)	柯应挺(闽)	

第4届计3名，1936年12月修业合格

夏　新(赣)(留美)　　云惟贤(粤)(美受训)　吴宝锵(闽)

本届另有陈瑞涛（闽）、冯辉（闽）、罗孝武（闽）、谢忠谋（闽）、杨竞寰（川）、朱光曾（浙）等6人在校未能修业合格，后经补训后重回海军。

第5届计19名，1937年12月修业合格

陈鸣铮(闽)(美受训)　张奇骏(豫)(美受训)　杨熙龄(闽)
王　麟(闽)　陈允权(闽)　郑民新(闽)
许　鋆(闽)　张传钊(鄂)　李达生(赣)
柳炳镕(赣)　黄　典(湘)　刘洛源(湘)
南登衡(苏)　沈克敭(苏)　郑永相(苏)
叶　渼(黔)　张　祁(鄂)　徐登山(豫)
宋绍龙

本届另有伍桂荣（川）、赵以辉（赣）、张钰（川）、尤家美（赣）、王民彝（苏）、邓绳武（湘）等6人在校未能修业合格，后经补训后重回海军。

第6届计26名，1948年3月在海军军官学校三十七年班轮机科毕业

聂显尧(粤)(美受训)　陈心铭(闽)　杨才灏(闽)
黄刚龄(闽)　王家骧(闽)　曾兆钰(闽)
刘骥骐(粤)　李光昌(粤)　莫余襟(粤)
杨运时(粤)　吴挺芳(粤)　潘启胜(粤)
曾尚智(粤)　张文煜(粤)　萧宫韶(粤)
李联灿(粤)　周百寅(豫)　姚家训(豫)
赵令熙(川)　杨拱峰(川)　胡运龙(川)
郑有年(琼)　鲁天一(鄂)　糜汉淇(苏)
陈启明(桂)　黄承宇(赣)

本届在海军学校转出时原为 26 人，其中除曾兆钰、姚家训 2 名外，最终在海军军官学校毕业时为 24 人。海军学校另有修业未完成的轮 7 届学生被并入海军军官学校班级。

民国福州海军学校附设军用化学班

共 1 届计 10 名，1928 年 6 月毕业

李可同(闽)	黄良观(闽)	陈宗芳(闽)
丁　群(闽)	王衍绍(闽)	王衍锬(闽)
葛世柽(闽)	陈振铧(闽)	郑礼新(闽)
林逢荣(闽)		

民国福州海军学校附设寄校航空班

第 1 届计 4 名，1930 年 11 月毕业

陈长诚	何　键	揭成栋
彭　熙		

第 2 届计 9 名，1931 年 7 月毕业

许成棨	李利峯	林荫梓
苏友濂	唐任伍	梁寿章
许葆光	陈启华	任友荣

第 3 届计 8 名，1934 年 11 月毕业

傅恩义	庄永昌	黄炳文
陈亚维	傅兴华	何启人
李学慎	许声泉	

民国福州海军飞潜学校

甲班(飞机制造专业)计 15 名，1923 年 6 月毕业

马德树(闽)(留英)	陈钟新(闽)	沈德熊(闽)
黄渭熊(闽)	王重焌(闽)	郑葆源(闽)

王崇宏(闽)	陈赓尧(闽)	高清澍(闽)
刘桢业(闽)	丁　挺(闽)	施盛德(闽)
王宗珠(闽)	李　琛(闽)	杨福鼎(闽)

本班另有陈长诚、揭成栋二名后转入航空处学习飞行。

乙班(造船)计 19 名，1924 年 8 月毕业

徐振琪(闽)(留英)	杨元墀(闽)(留英)	欧　德(闽)(留美)
郭子桢(闽)	周亨甫(闽)	李志翔(闽)
张宗光(闽)	王光先(闽)	郑则銮(闽)
卢挺英(闽)	冯　钰(闽)	施　僖(闽)
柯　干(闽)	陈久寰(闽)	黄　履(闽)
吴恭铭(闽)	游超雄(闽)	李有庆(闽)
陈学琪(闽)		

丙班(制机)计 20 名，1925 年 4 月毕业

陈　董(闽)(留英)	陈长钧(闽)(留英)	王荣瑸(闽)(留英美)
王　衍(闽)	林若愚(闽)	郑兆龄(闽)
吴贻经(粤)	林泽均(闽)	沈毓炳(闽)
傅润霆(闽)	陈　畴(闽)	薛聿聪(闽)
刘逸予(闽)	沈　继(闽)	林伯福(闽)
陈锡龙(闽)	叶可箴(闽)	罗智莹(闽)
林　轰(闽)	龚镇礼(闽)	

附录3：船政造舰艇性能参数一览表①

工厂序号 Number	舰名 Name	排水量（吨） Displacement	主尺度（米）（长、宽、吃水） Dimensions	航速（节） Machinery	下水日期 Launched
01	"万年清" Wan nien Ching	1450	76.16×8.9×4.03	12	1869.6.10
		武备 Armament：6门火炮，型号不详。			
02	"湄云" Mei Yun	515	51.8×7.48×3.39	9	1869.12.6
		武备 Armament：160mm 炮×1 16 磅炮×4			
03	"福星" Fu Hsing	515	51.8×7.48×3.39	9	1870.5.30
		武备 Armament：威斯窝斯 160mm 前膛炮×1 瓦瓦苏尔 14 磅前膛炮×4			
04	"伏波" Fu Po	1258	69.6×11.2×3.51	10	1870.12.22
		武备 Armament：阿姆斯特朗 160mm 前膛炮×1 阿姆斯特朗 120mm 前膛炮×2 瓦瓦苏尔 120mm 后膛炮×4			
05	"安澜" An Lan	1258	64×9.6×3.2	10	1871.6.18
		武备 Armament：160mm 前膛炮×1 120mm 前膛炮×2 120mm 后膛炮×4			
06	"镇海" Chen Hai	572	53.12×8.32×3.77	9	1871.11.28
		武备 Armament：160mm 后膛炮×1 瓦瓦苏尔 120mm 后膛炮×4			
07	"扬武" Yang Wu	1560	60.8×11.52×4.48	12	1872.4.23
		武备 Armament：威斯窝斯 190m 前膛炮×1 威斯窝斯 160mm 后膛炮×10 威斯窝斯 100mm 后膛炮×2			

① 部分军舰同时有舰首、舰尾吃水数据的，本表只列舰首吃水。

续表

<table>
<tr><th>工厂
序号
Number</th><th>舰名
Name</th><th>排水量（吨）
Displacement</th><th>主尺度（米）
（长、宽、吃水）
Dimensions</th><th>航速（节）
Machinery</th><th>下水日期
Launched</th></tr>
<tr><td rowspan="2">08</td><td rowspan="2">“飞云”
Fei Yun</td><td>1258</td><td>64×10×3.2</td><td>10</td><td>1872.6.3</td></tr>
<tr><td colspan="4">武备 Armament：阿姆斯特朗 160mm 前膛炮×1
阿姆斯特朗 120mm 前膛炮×2
瓦瓦苏尔 120mm 后膛炮×4</td></tr>
<tr><td rowspan="2">09</td><td rowspan="2">“靖远”
Ching Yuen</td><td>572</td><td>53.12×8.32×3.77</td><td>9</td><td>1872.8.21</td></tr>
<tr><td colspan="4">武备 Armament：瓦瓦苏尔 160mm 前膛炮×1
瓦瓦苏尔 120mm 后膛炮×4</td></tr>
<tr><td rowspan="2">10</td><td rowspan="2">“振威”
Chen Wei</td><td>572</td><td>53.12×8.32×3.77</td><td>9</td><td>1872.12.11</td></tr>
<tr><td colspan="4">武备 Armament：瓦瓦苏尔 160mm 前膛炮×1
瓦瓦苏尔 120mm 后膛炮×4</td></tr>
<tr><td rowspan="2">11</td><td rowspan="2">“济安”
Chi An</td><td>1258</td><td>64×10×3.2</td><td>10</td><td>1873.1.2</td></tr>
<tr><td colspan="4">武备 Armament：阿姆斯特朗 160mm 前膛炮×1
阿姆斯特朗 120mm 前膛炮×2
瓦瓦苏尔 120mm 后膛炮×4</td></tr>
<tr><td rowspan="2">12</td><td rowspan="2">“永保”
Yung Pao</td><td>1353</td><td>64×10×3.2</td><td>10</td><td>1873.8.10</td></tr>
<tr><td colspan="4">武备 Armament：无</td></tr>
<tr><td rowspan="2">13</td><td rowspan="2">“海镜”
Hai Ching</td><td>1258</td><td>64×10×3.2</td><td>10</td><td>1873.11.8</td></tr>
<tr><td colspan="4">武备 Armament：无</td></tr>
<tr><td rowspan="2">14</td><td rowspan="2">“琛航”
Chen Hang</td><td>1258</td><td>64×10×3.2</td><td>10</td><td>1874</td></tr>
<tr><td colspan="4">武备 Armament：无</td></tr>
<tr><td rowspan="2">15</td><td rowspan="2">“大雅”
Ta Ya</td><td>1258</td><td>64×10×3.2</td><td>10</td><td>1874.5.16</td></tr>
<tr><td colspan="4">武备 Armament：无</td></tr>
<tr><td rowspan="2">16</td><td rowspan="2">“元凯”
Yuan Kai</td><td>1258</td><td>66.56×10.24×4.16</td><td>10</td><td>1875.6.4</td></tr>
<tr><td colspan="4">武备 Armament：旧式火炮×3</td></tr>
<tr><td rowspan="2">17</td><td rowspan="2">“艺新”
Yi Hsing</td><td>245</td><td>38×5.44×2.43</td><td>10</td><td>1876.3.28</td></tr>
<tr><td colspan="4">武备 Armament：20 磅前膛炮×1
9 磅炮×2
6 磅后膛炮×2</td></tr>
</table>

续表

工厂序号 Number	舰名 Name	排水量（吨） Displacement	主尺度（米）（长、宽、吃水） Dimensions	航速（节） Machinery	下水日期 Launched
18	“登瀛洲” Teng Ying Chow	1258	65.4×10.72×3.52	10	1876.6.23
		武备 Armament：威斯窝斯 160mm 前膛炮×1 瓦瓦苏尔 120mm 后膛炮×6			
19	“泰安” Tai An	1258	65.4×10.72×3.52	10	1876.11.27
		武备 Armament：无			
20	“威远” Wei Yuen	1268	69.47×9.95×4.92	12	1877.5.15
		武备 Armament：阿姆斯特朗 7 英寸前膛炮×1 阿姆斯特朗 120mm 后膛炮×6			
21	“超武” Chao Wu	1268	69.47×9.95×4.92	12	1878.6.19
		武备 Armament：不详			
22	“康济” Kang Chi	1268	69.47×9.95×4.92	12	1879.7.20
		武备 Armament：80 磅前膛炮×1 阿姆斯特朗 12 磅炮×2 克虏伯 87mm 舢板炮×4 金陵机器局 10 磅前膛炮×4 诺典费尔德机关炮×2 格林机关炮×2 鱼雷发射管×1			
23	“澄庆” Teng Ching	1268	69.47×9.95×4.92	12	1880.10.22
		武备 Armament：克虏伯 160mm 炮×1 克虏伯 120mm 炮×6			
24	“开济” Kai Chi	2200	83×11.5×5.44	15	1883.1.11
		武备 Armament：克虏伯 210mm 炮×2 克虏伯 120mm 炮×8			
25	“横海” Heng Hai	1268	69.47×9.95×3.84	12	1884.12.18
		武备 Armament：阿姆斯特朗 6 英寸炮×6 哈乞开斯 37mm 五管炮×4			
26	“镜清” Ching Ching	2200	83×11.5×5.44	15	1885.12.23
		武备 Armament：阿姆斯特朗 7 英寸炮×3 阿姆斯特朗 120mm 炮×8 哈乞开斯 37mm 五管炮×2 鱼雷发射管×2			

续表

工厂序号 Number	舰名 Name	排水量（吨）Displacement	主尺度（米）（长、宽、吃水）Dimensions	航速（节）Machinery	下水日期 Launched
27	“寰泰” Huan Tai	2200	83×11.5×5.44	15	1886.10.15
		武备 Armament：阿姆斯特朗7英寸炮×3 阿姆斯特朗120mm炮×8 哈乞开斯五管机关炮×2 鱼雷发射管×2			
28	“广甲” Kuang Chia	1300	67.66×10.27×3.35	14	1887.8.6
		武备 Armament：克虏伯150mm炮×3 克虏伯120mm炮×4 哈乞开斯37mm五管炮×4			
29	“平远” Ping Yuen	2100	60.04×12.19×4.19	10.5	1888.1.29
		武备 Armament：克虏伯260mm炮×1 克虏伯150mm炮×2 哈乞开斯37mm五管炮×4 格林11mm炮×2			
30	“广乙” Kuang Yi	1000	71.63×8.23×3.96	16.5	1889.8.28
		武备 Armament：克虏伯150mm炮×1 120mm炮×2 哈乞开斯47mm炮×4 鱼雷发射管×4			
31	“广庚” Kuang Keng	320	43.89×6×3.04	12	1889.5.30
		武备 Armament：120mm炮×1 105mm炮×1 哈乞开斯37mm五管炮×2			
32	“广丙” Kuang Ping	1000	71.63×8.23×3.96	16.5	1891.4.11
		武备 Armament：克虏伯150mm炮×1 克虏伯120mm炮×2 哈乞开斯47mm炮×4 鱼雷发射管×4			
33	“福靖” Fu Ching	1000	71.01×8.02×3.5	16.5	1893.1.20
		武备 Armament：克虏伯150mm炮×1 120mm炮×2 哈乞开斯47mm炮×4 鱼雷发射管×4			

续表

<table>
<tr><th>工厂序号
Number</th><th>舰名
Name</th><th>排水量（吨）
Displacement</th><th>主尺度（米）
（长、宽、吃水）
Dimensions</th><th>航速（节）
Machinery</th><th>下水日期
Launched</th></tr>
<tr><td rowspan="2">34</td><td rowspan="2">“通济”
Tung Chi</td><td>1900</td><td>76.98×10.38×4.39</td><td>13</td><td>1895.4.12</td></tr>
<tr><td colspan="4">武备 Armament：阿姆斯特朗 6 英寸炮×2
克虏伯 120mm 炮×5
哈乞开斯 57mm 炮×7
哈乞开斯 37mm 炮×8</td></tr>
<tr><td rowspan="2">35</td><td rowspan="2">“福安”
Fu An</td><td>1800</td><td>72.54×9.8×4.26</td><td>11.5</td><td>1897.4.19</td></tr>
<tr><td colspan="4">武备 Armament：哈乞开斯 57mm 炮×2
哈乞开斯 37mm 炮×2</td></tr>
<tr><td rowspan="2">36</td><td rowspan="2">“吉云”
Chi Yun</td><td>135</td><td>31.69×6×2.2</td><td>11</td><td>1898</td></tr>
<tr><td colspan="4">武备 Armament：诺典费尔德 47mm 四管炮×2</td></tr>
<tr><td rowspan="2">37</td><td rowspan="2">“建威”
Chien Wei</td><td>830</td><td>78.58×8.1×2.48</td><td>23</td><td>1899.1.29</td></tr>
<tr><td colspan="4">武备 Armament：施耐德 100mm 炮×1
施耐德 65mm 炮×3
哈乞开斯 37mm 五管炮×6
鱼雷发射管×2</td></tr>
<tr><td rowspan="2">38</td><td rowspan="2">“建安”
Chien An</td><td>830</td><td>78.58×8.1×2.48</td><td>23</td><td>1900.3.3</td></tr>
<tr><td colspan="4">武备 Armament：施耐德 100mm 炮×1
施耐德 65mm 炮×3
哈乞开斯 37mm 五管炮×6
鱼雷发射管×2</td></tr>
<tr><td rowspan="2"></td><td rowspan="2">“安海”
An Hai</td><td>65</td><td>30×5.7×0.7</td><td>11</td><td>1901.1</td></tr>
<tr><td colspan="4">武备 Armament：不详</td></tr>
<tr><td rowspan="2"></td><td rowspan="2">“定海”
Ting Hai</td><td>65</td><td>30×5.7×0.7</td><td>11</td><td>不详</td></tr>
<tr><td colspan="4">武备 Armament：不详</td></tr>
<tr><td rowspan="2"></td><td rowspan="2">“建翼”
Chien Yi</td><td>50</td><td>26.2×3.04×1.82</td><td>21</td><td>1902</td></tr>
<tr><td colspan="4">武备 Armament：施耐德 60mm 炮×2
鱼雷发射管×1</td></tr>
<tr><td rowspan="2"></td><td rowspan="2">“海鸿”
Hai Hong</td><td>190</td><td>31.39×5.48×1.82</td><td>9</td><td>1917</td></tr>
<tr><td colspan="4">武备 Armament：哈乞开斯 37mm 炮×1
马克沁 7.92mm 机枪×2</td></tr>
</table>

续表

工厂序号 Number	舰名 Name	排水量（吨）Displacement	主尺度（米）（长、宽、吃水）Dimensions	航速（节）Machinery	下水日期 Launched
	"海鹄" Hai Hu	190	34.13×5.48×1.82	7	1918
		武备 Armament：哈乞开斯37mm炮×1 马克沁7.92mm机枪×2			

附录 4：船政造舰艇线图

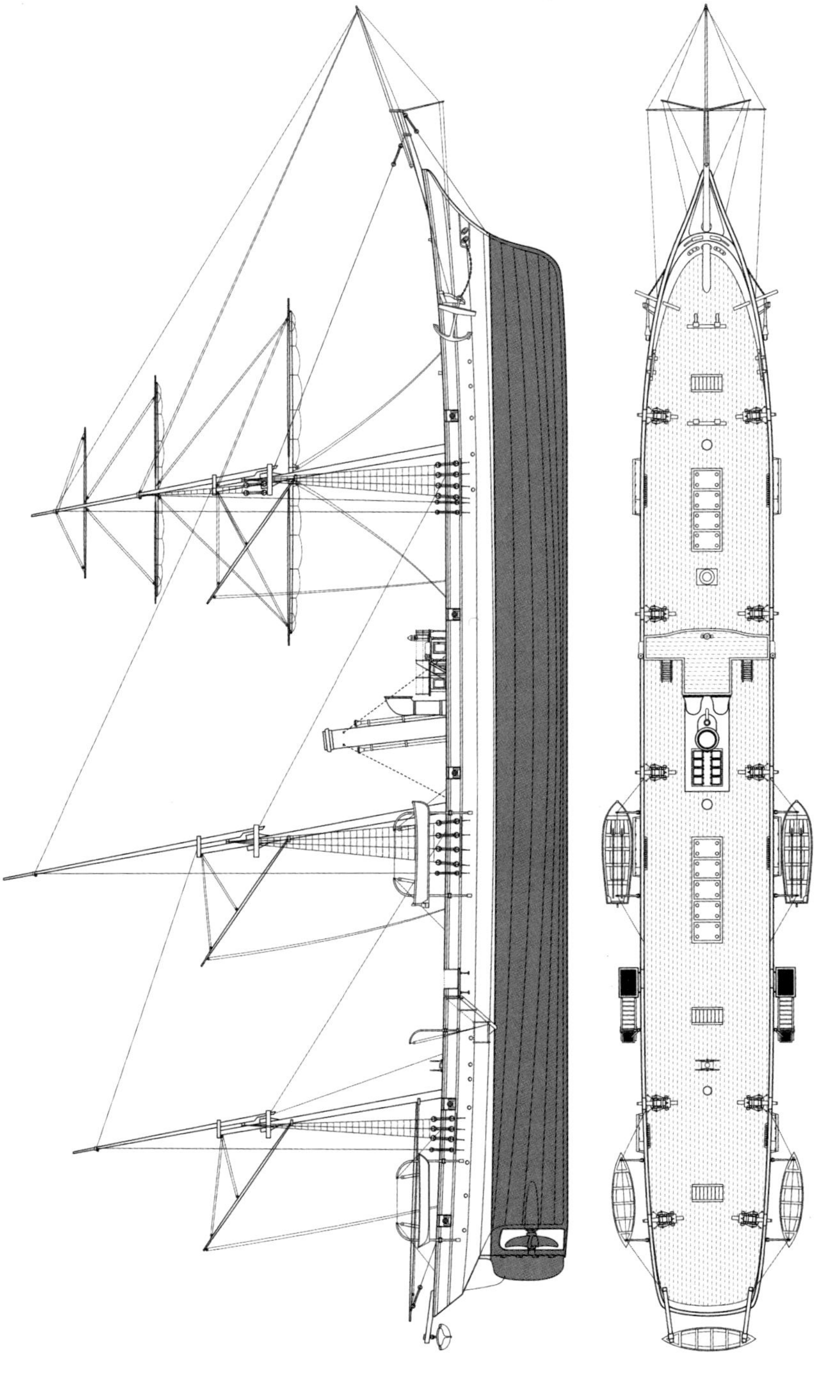

“万年清”号木肋木壳炮舰

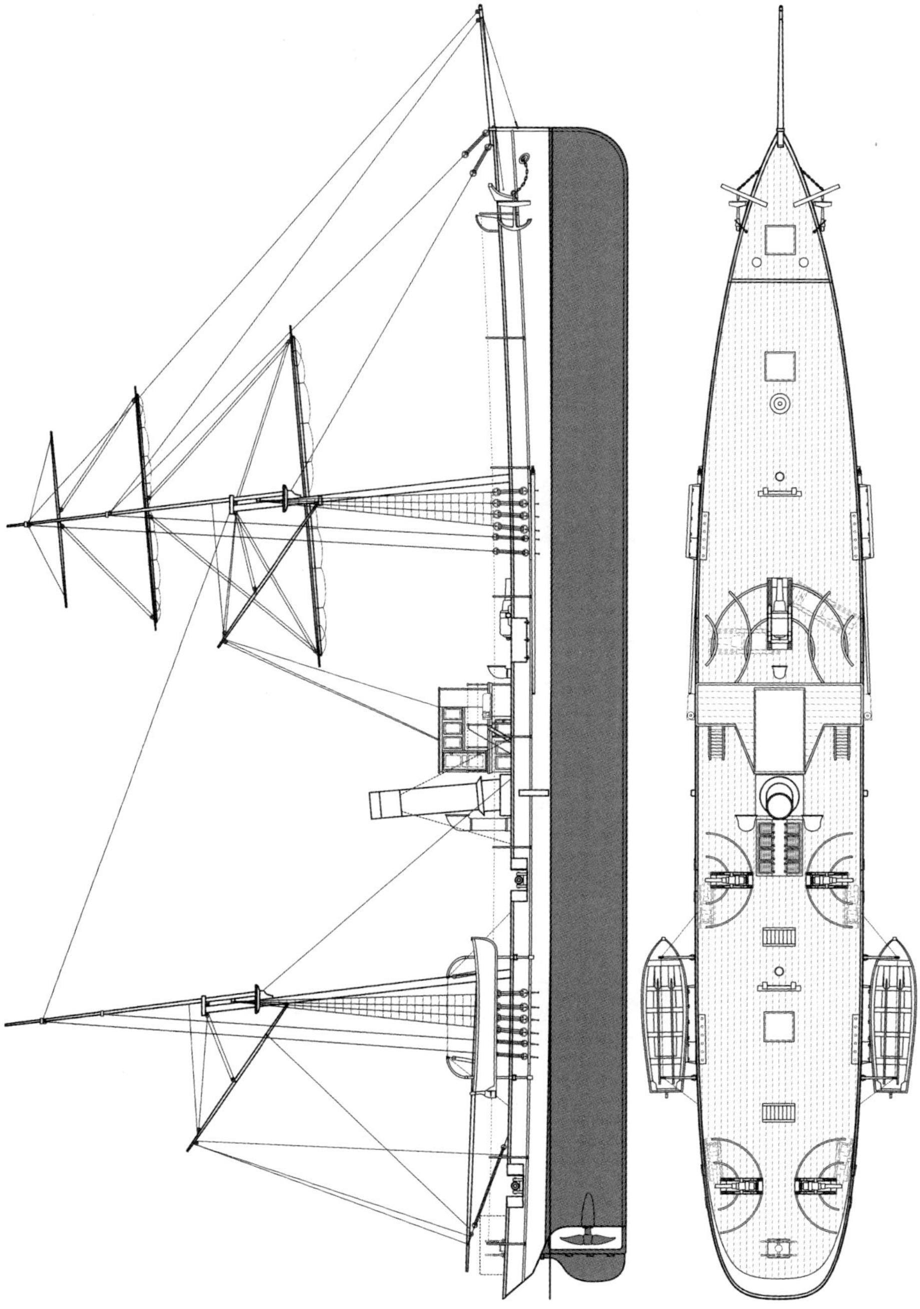

“湄云”级木肋木壳炮艇

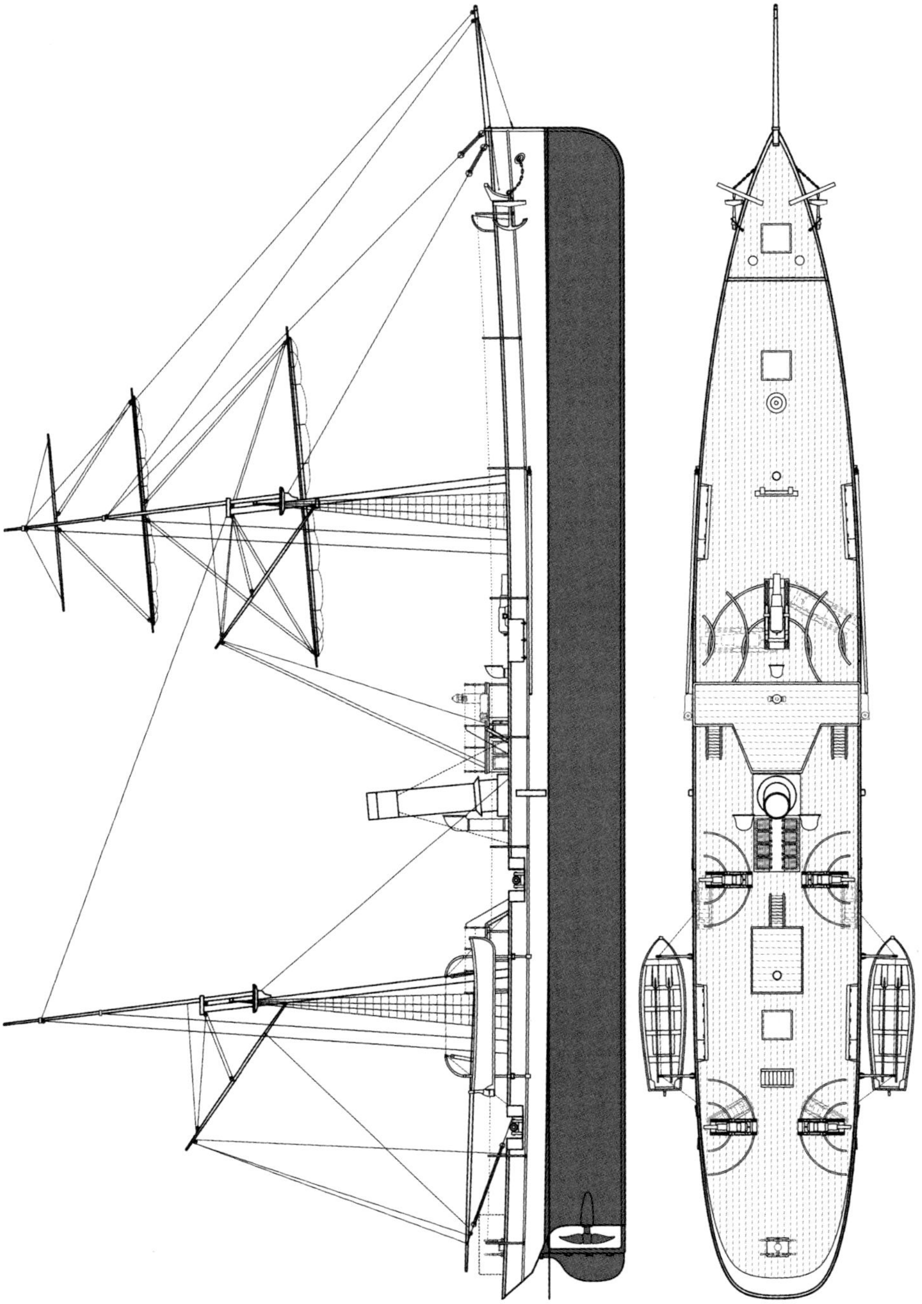

“福星”级木肋木壳炮艇

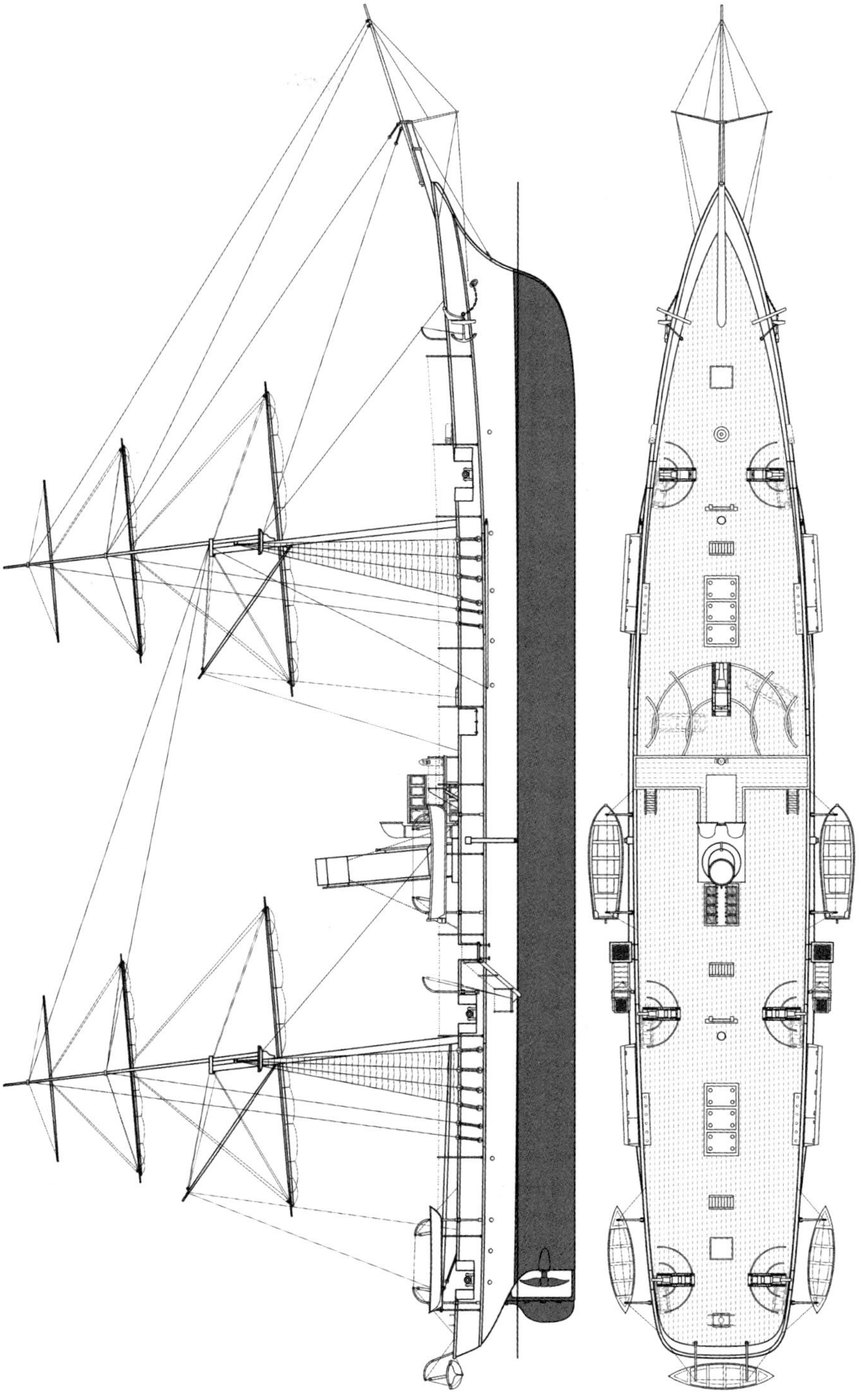

“伏波”级木肋木壳炮舰

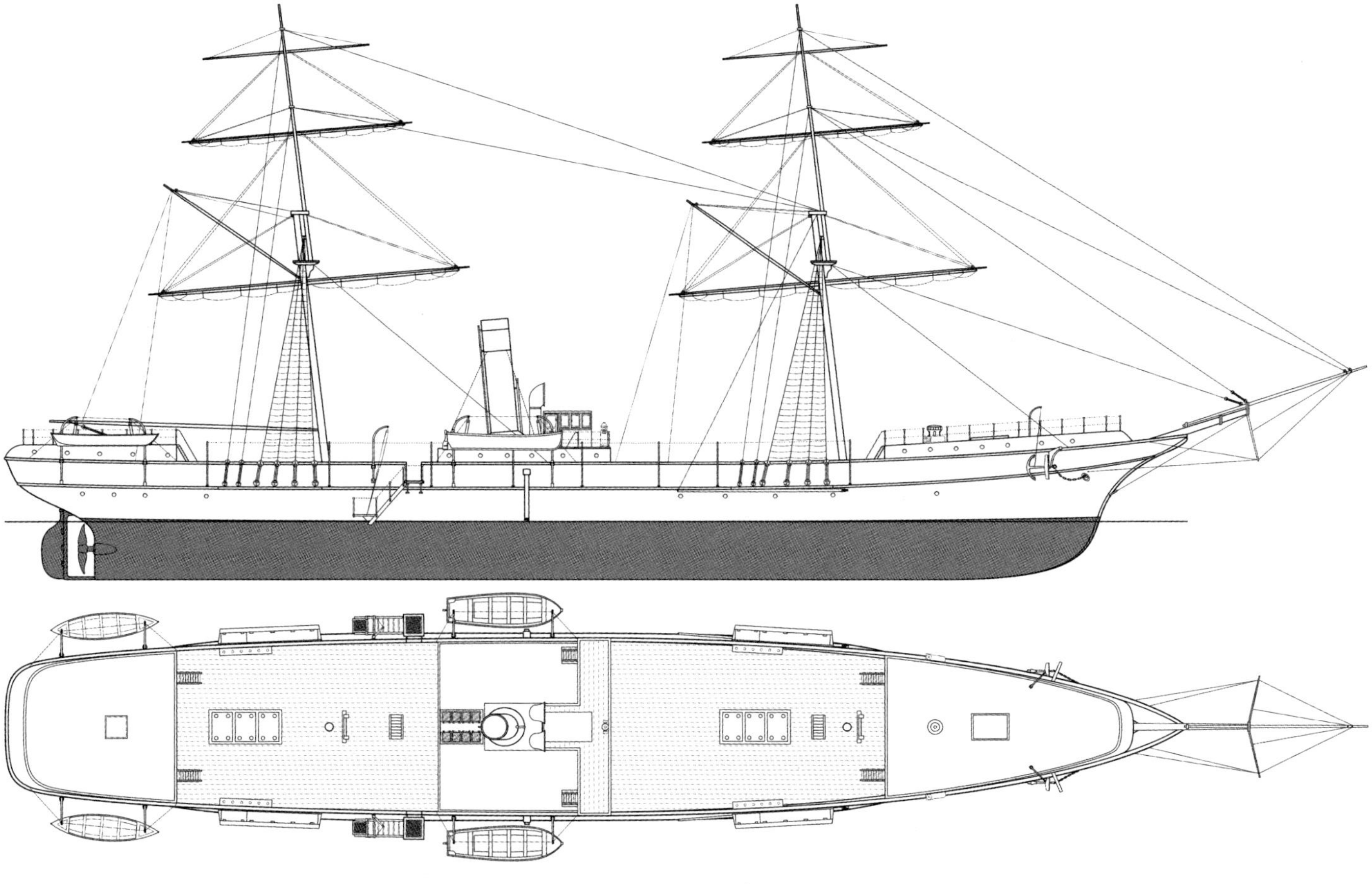

“琛航”级木胁木壳运输船

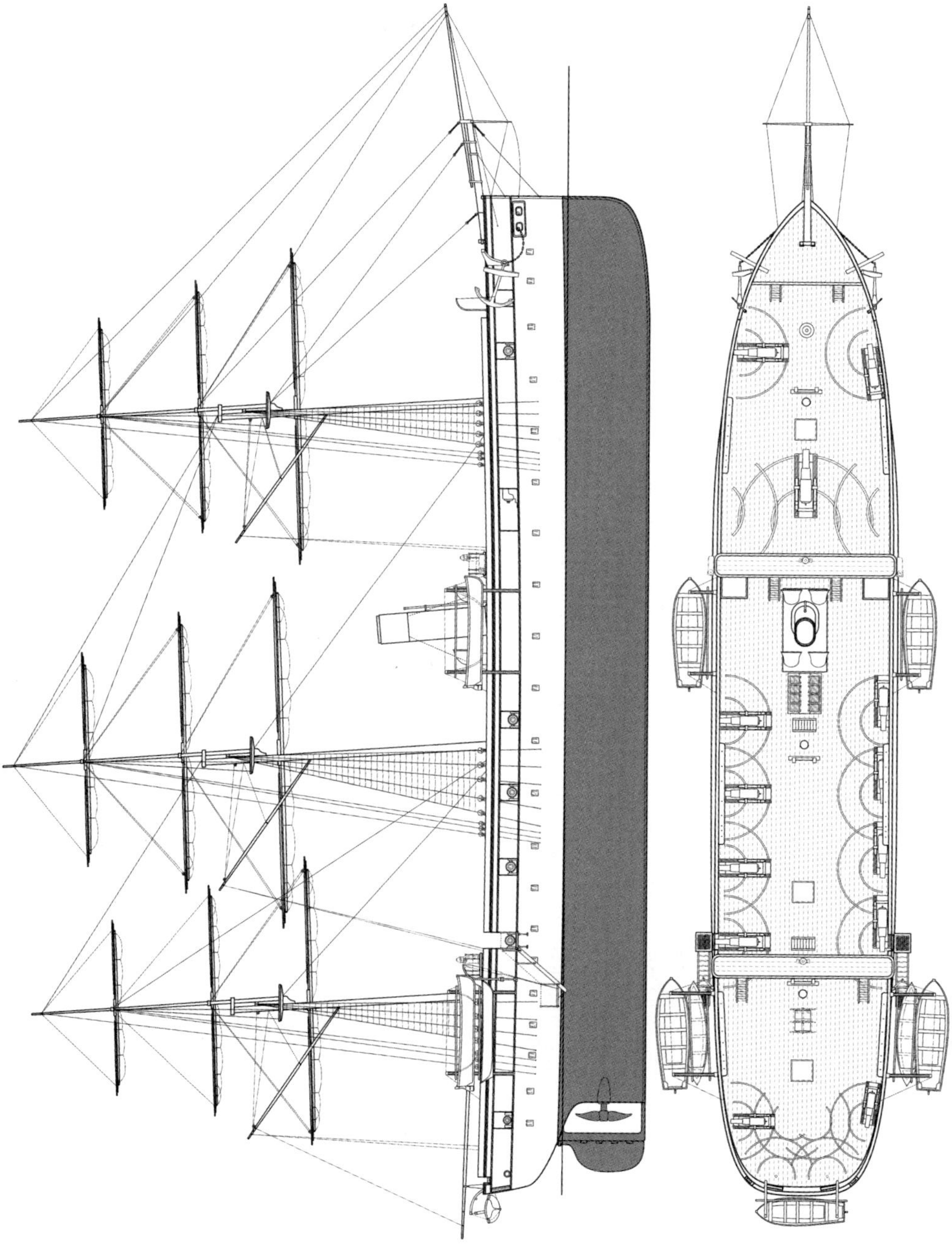

“扬武”级木肋木壳巡洋舰

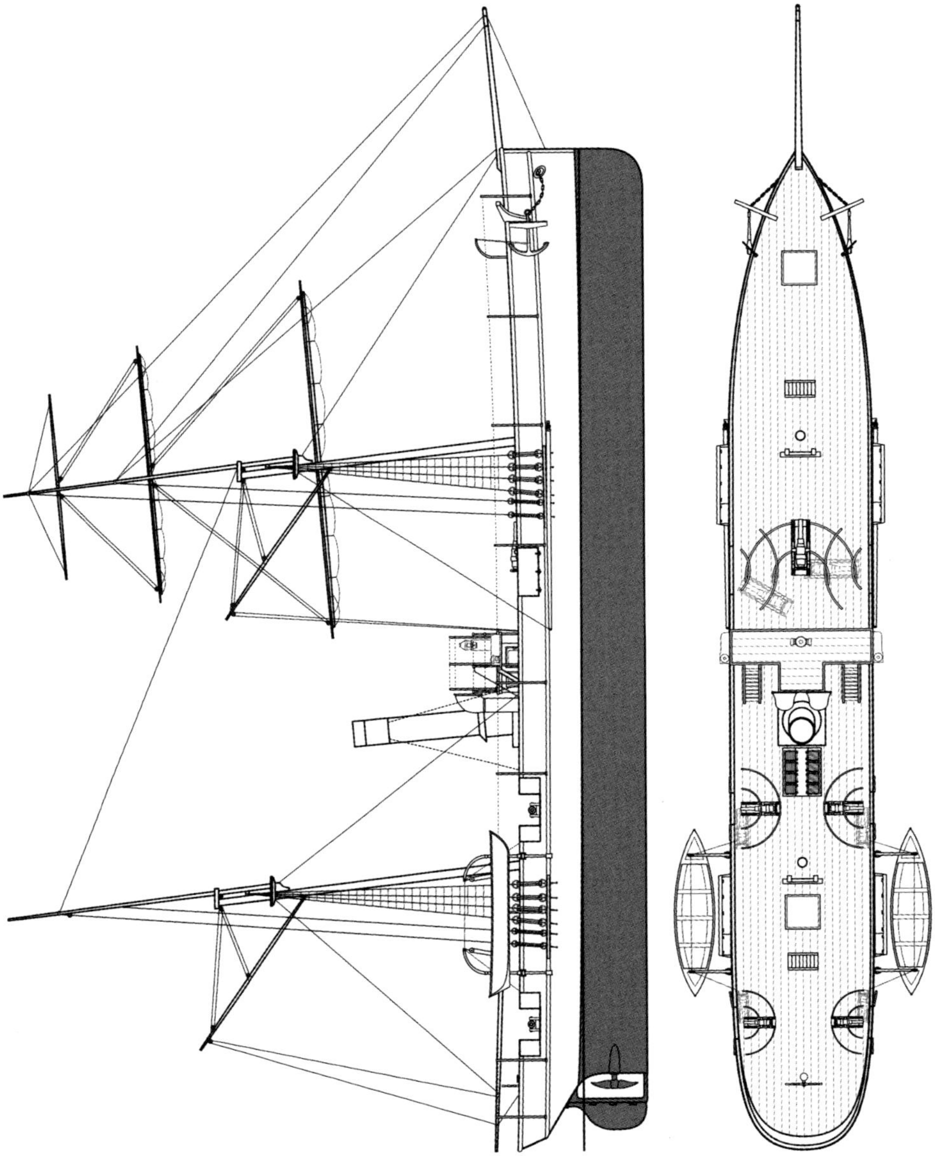

“艺新”号木肋木壳炮艇

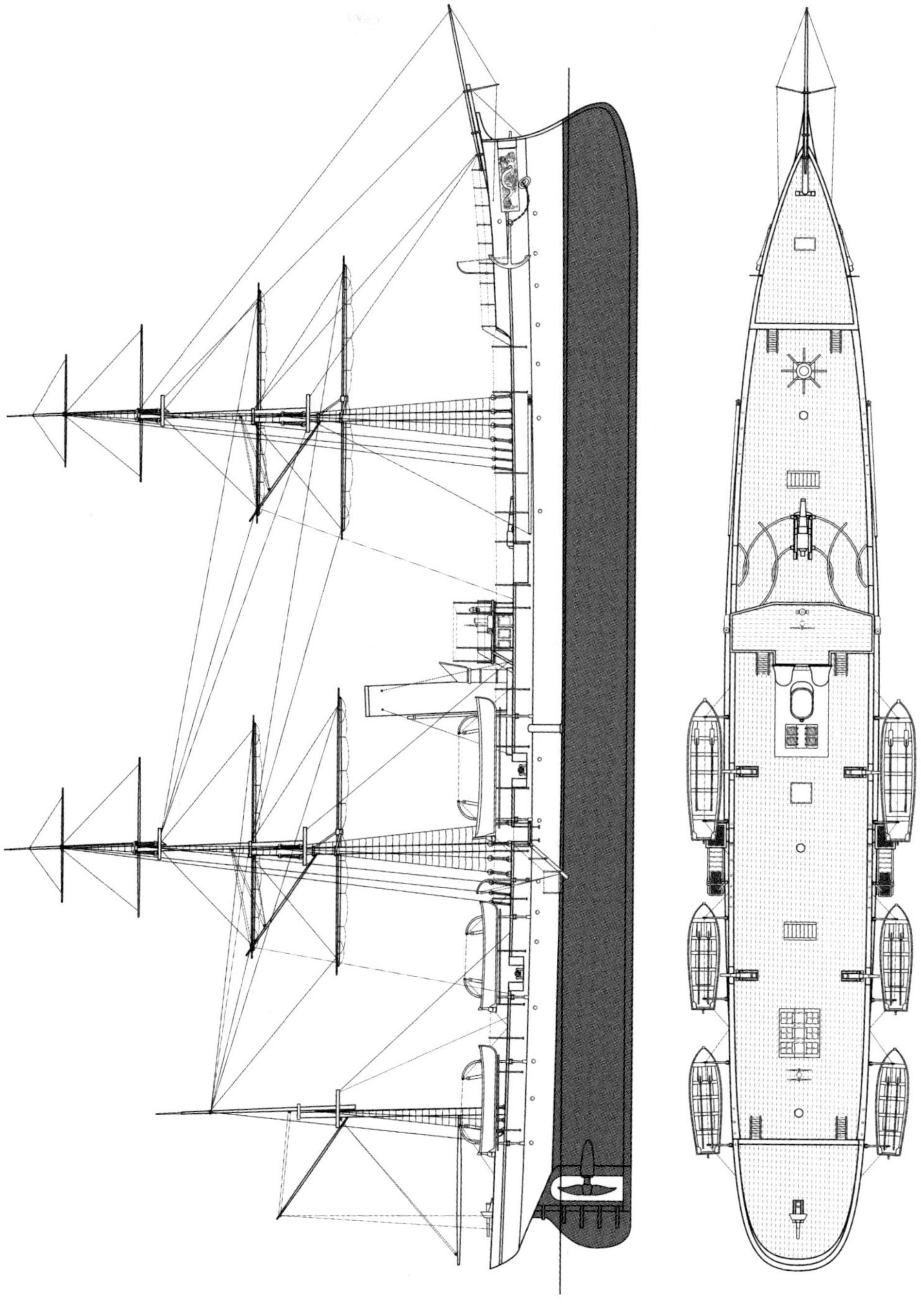

“威远”级铁胁木壳炮舰

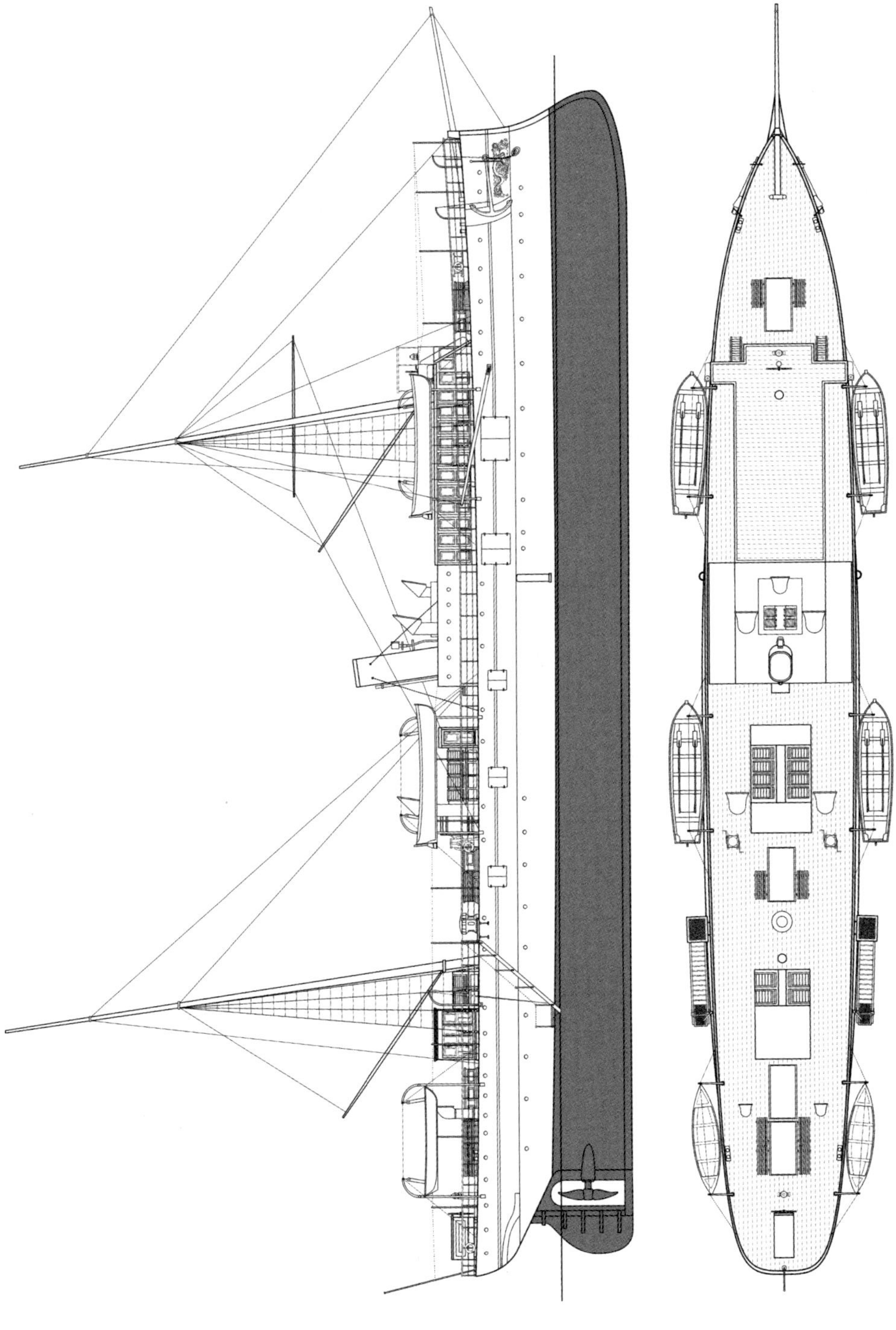

“康济”号铁胁木壳运输船

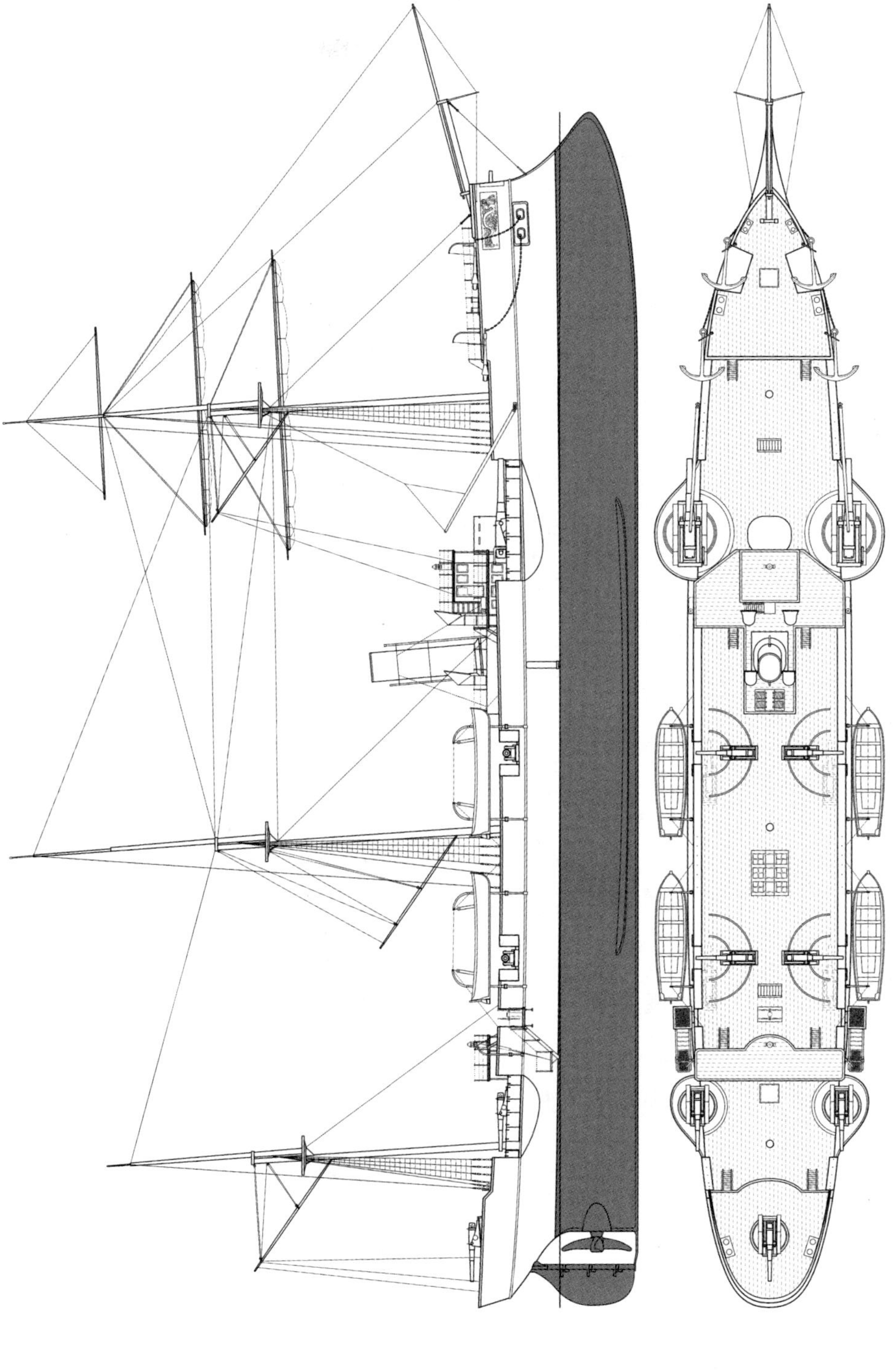

“开济”号铁肋铁壳巡洋舰

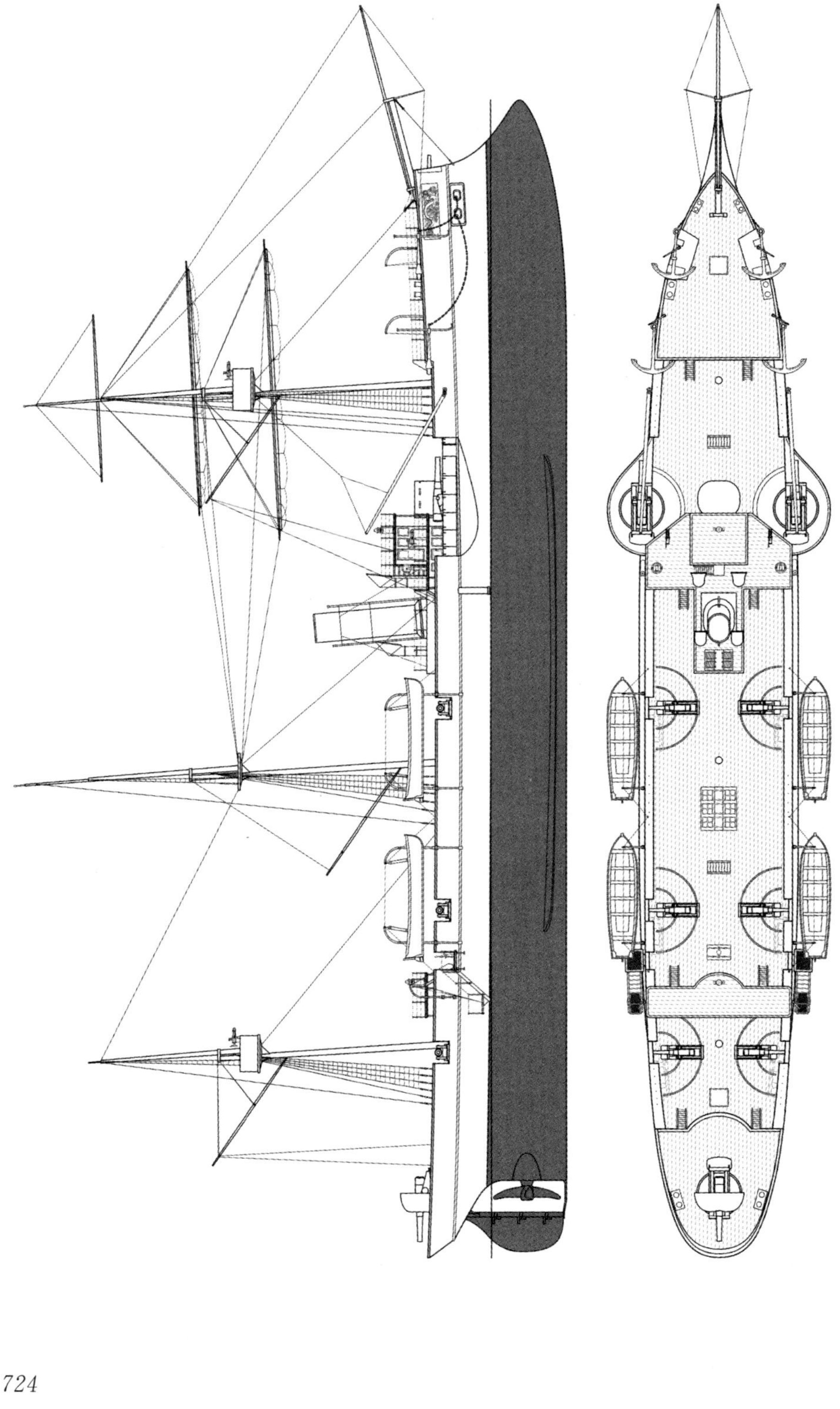

“镜清”号铁胁铁壳巡洋舰

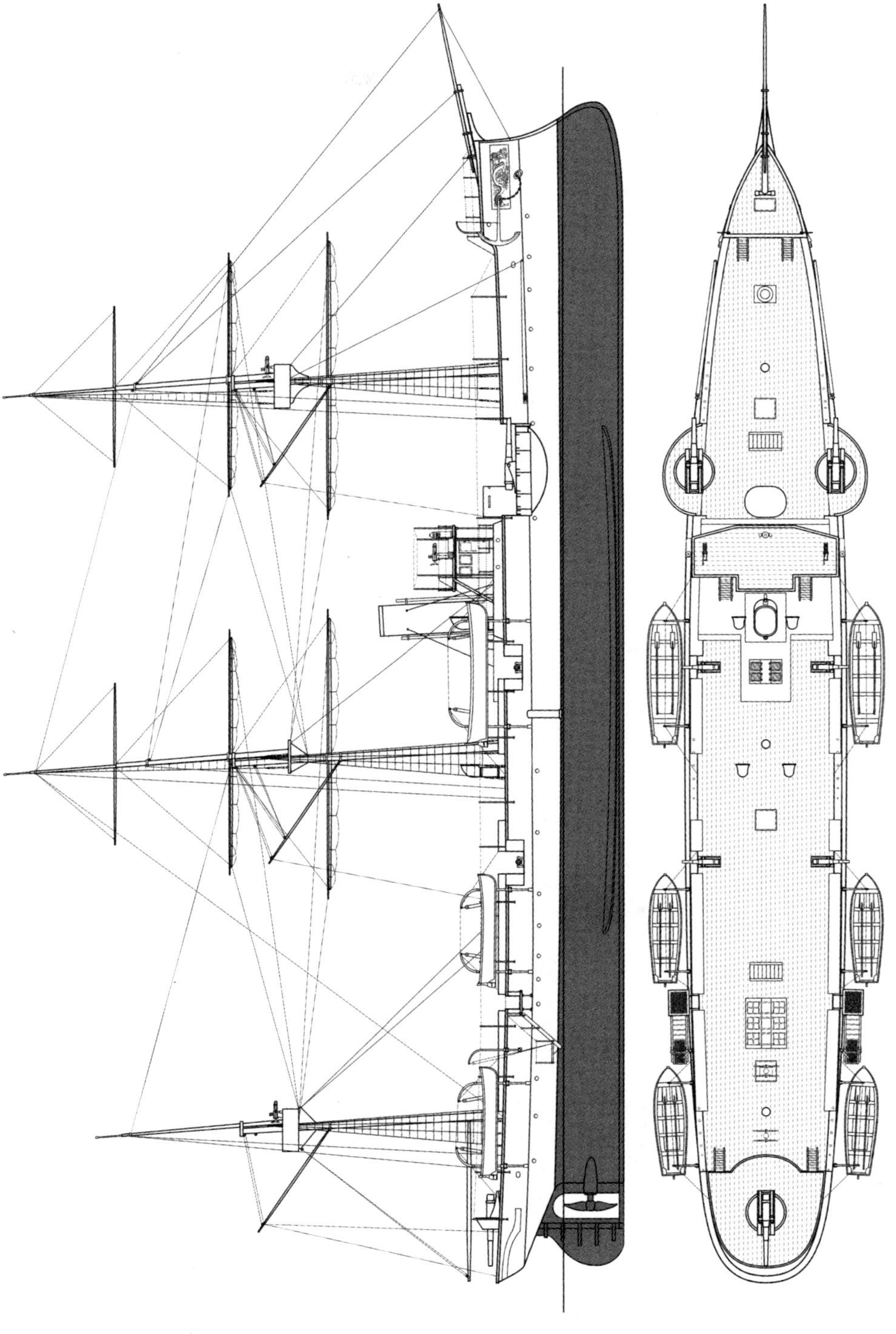

“广甲”号铁肋木壳巡洋舰

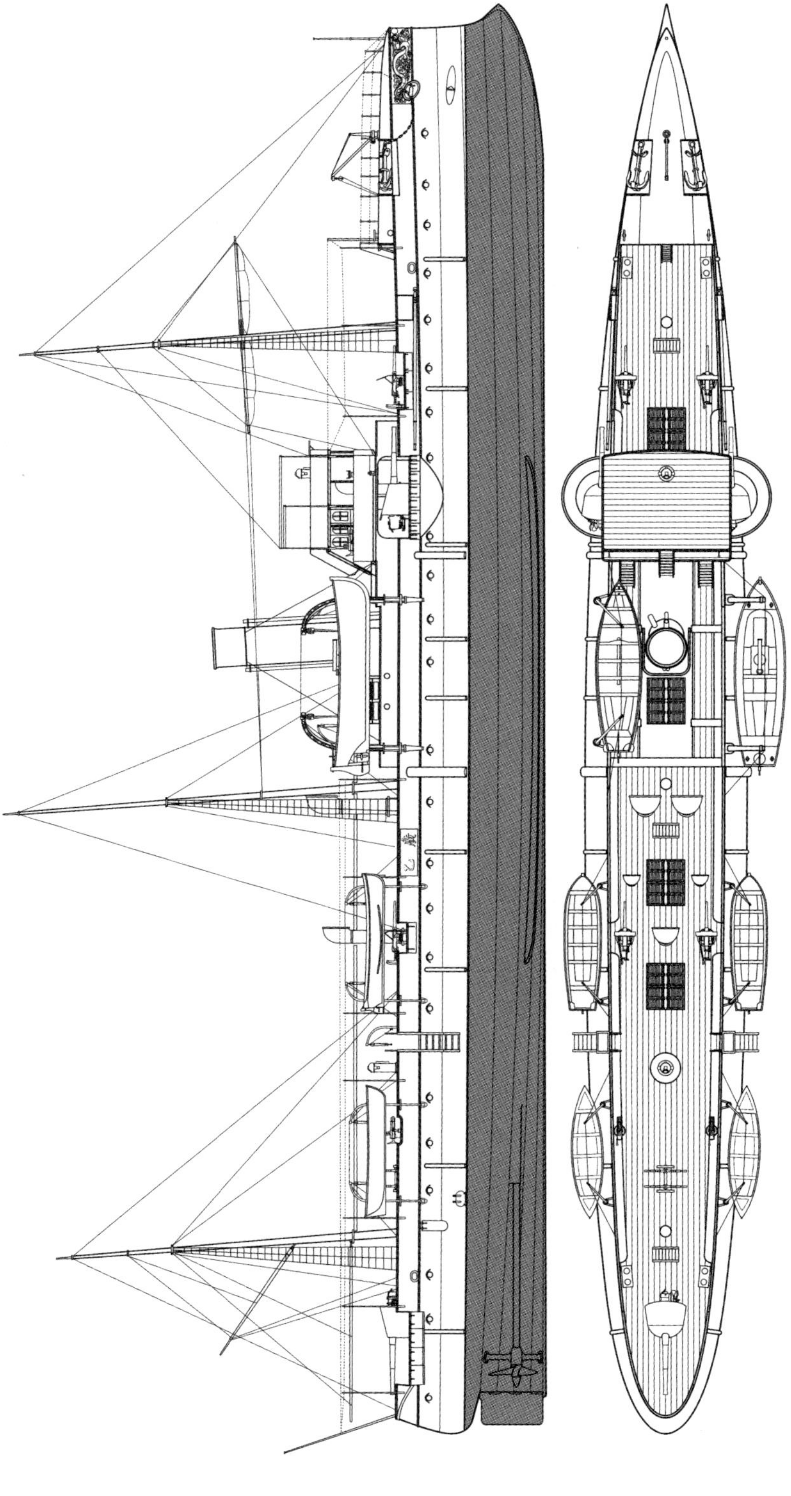

“广乙”级穹甲鱼雷巡洋舰

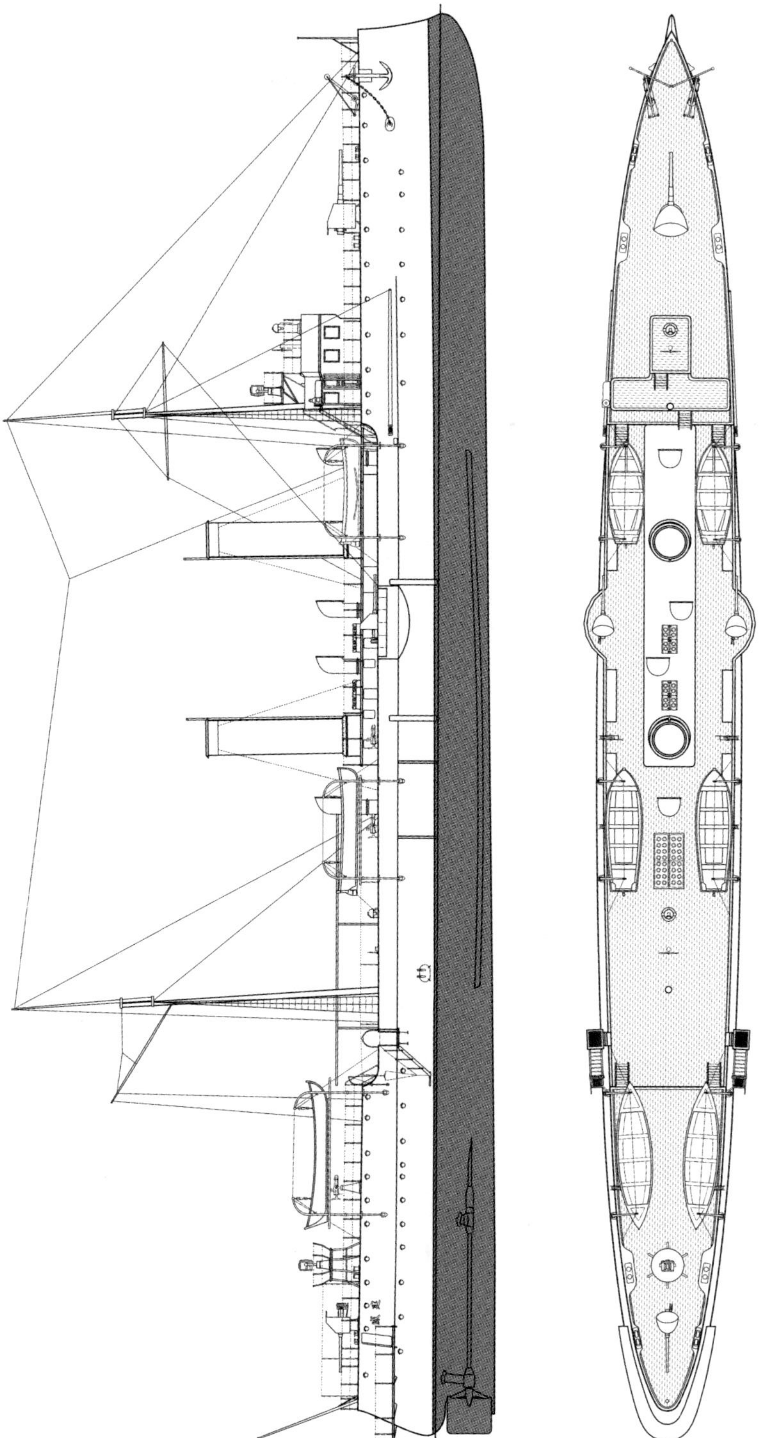

“建威”级穹甲鱼雷巡洋舰

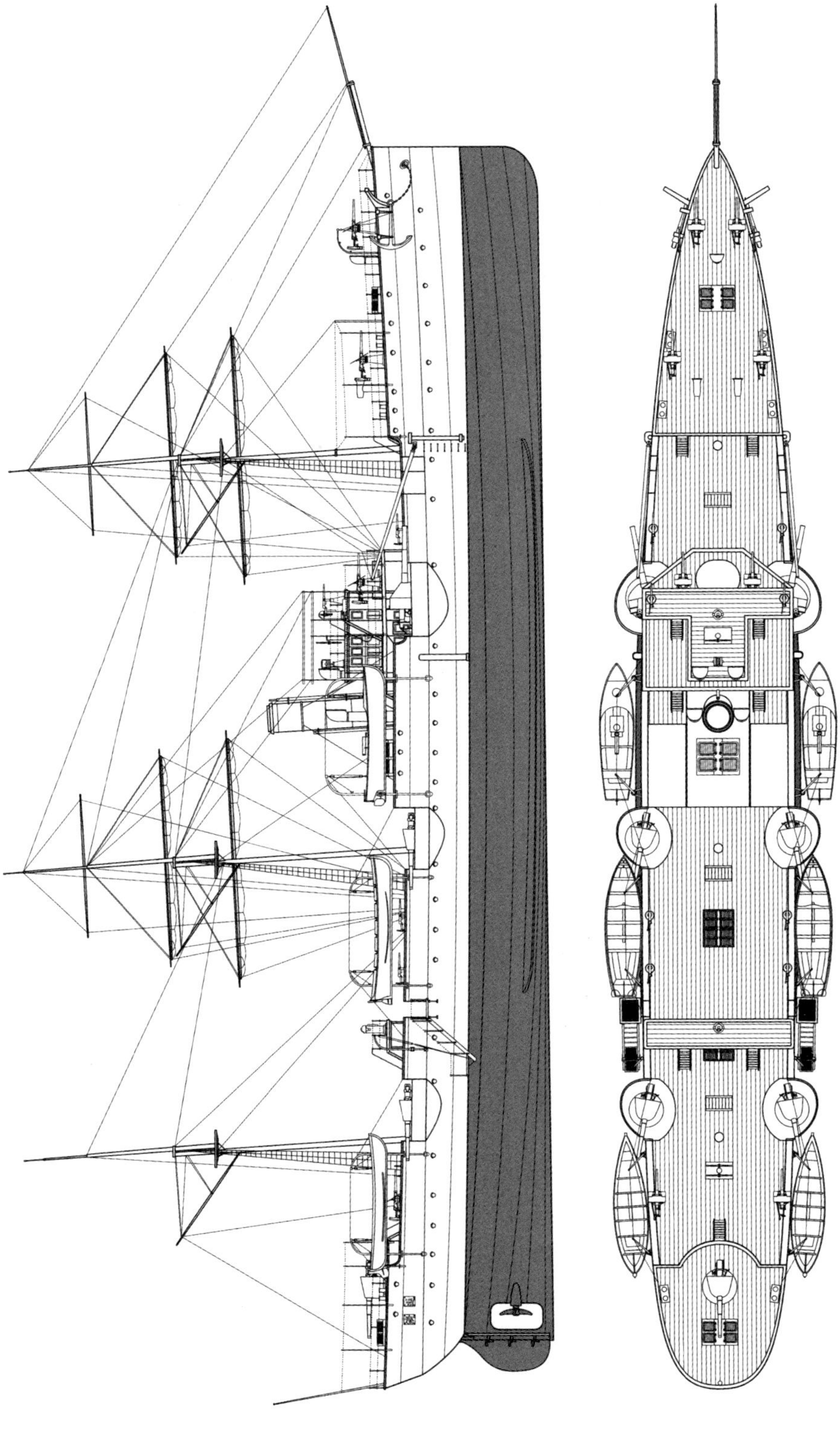

“通济”号铁胁铁壳炮舰

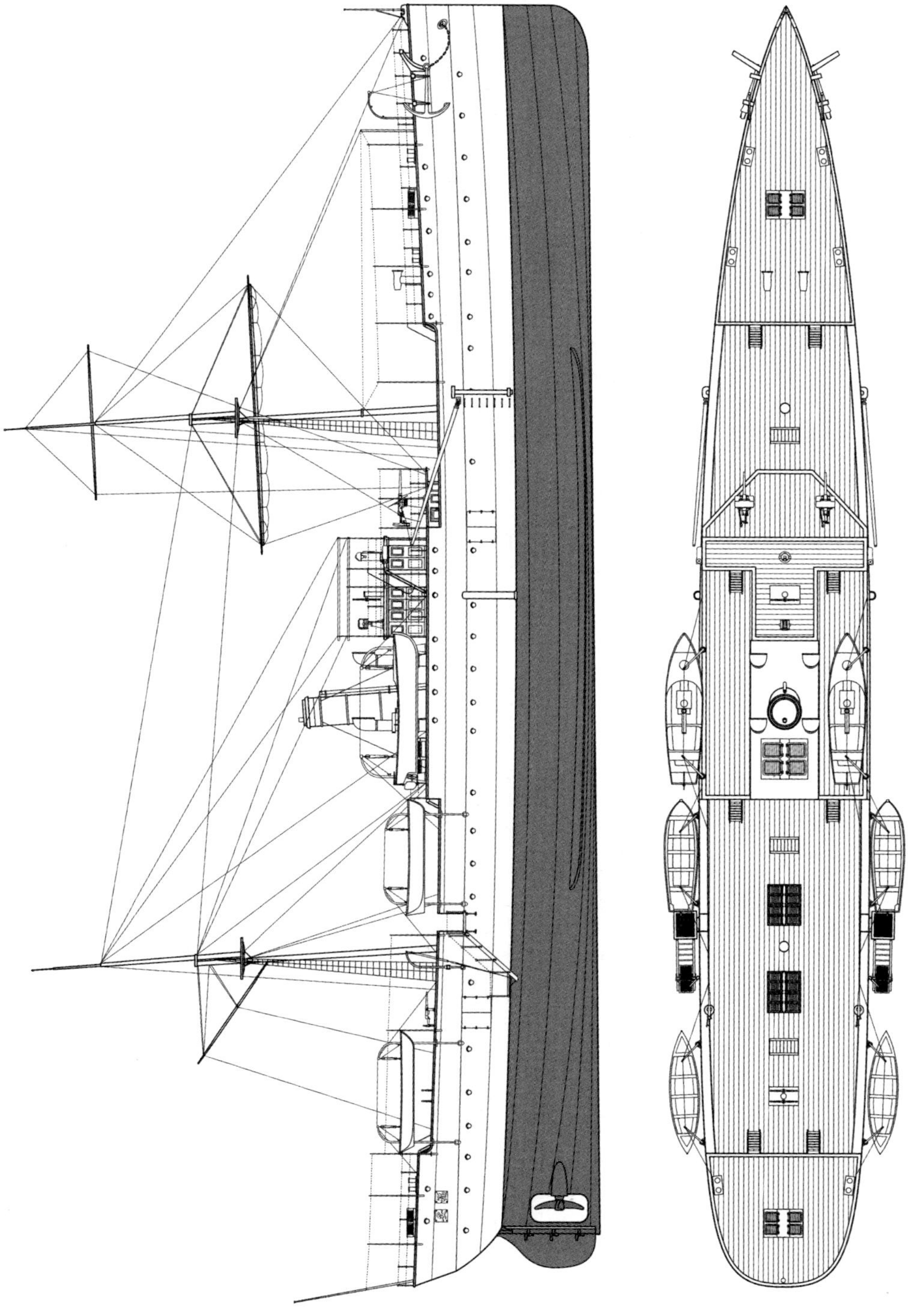

“福安”号铁壳运输舰

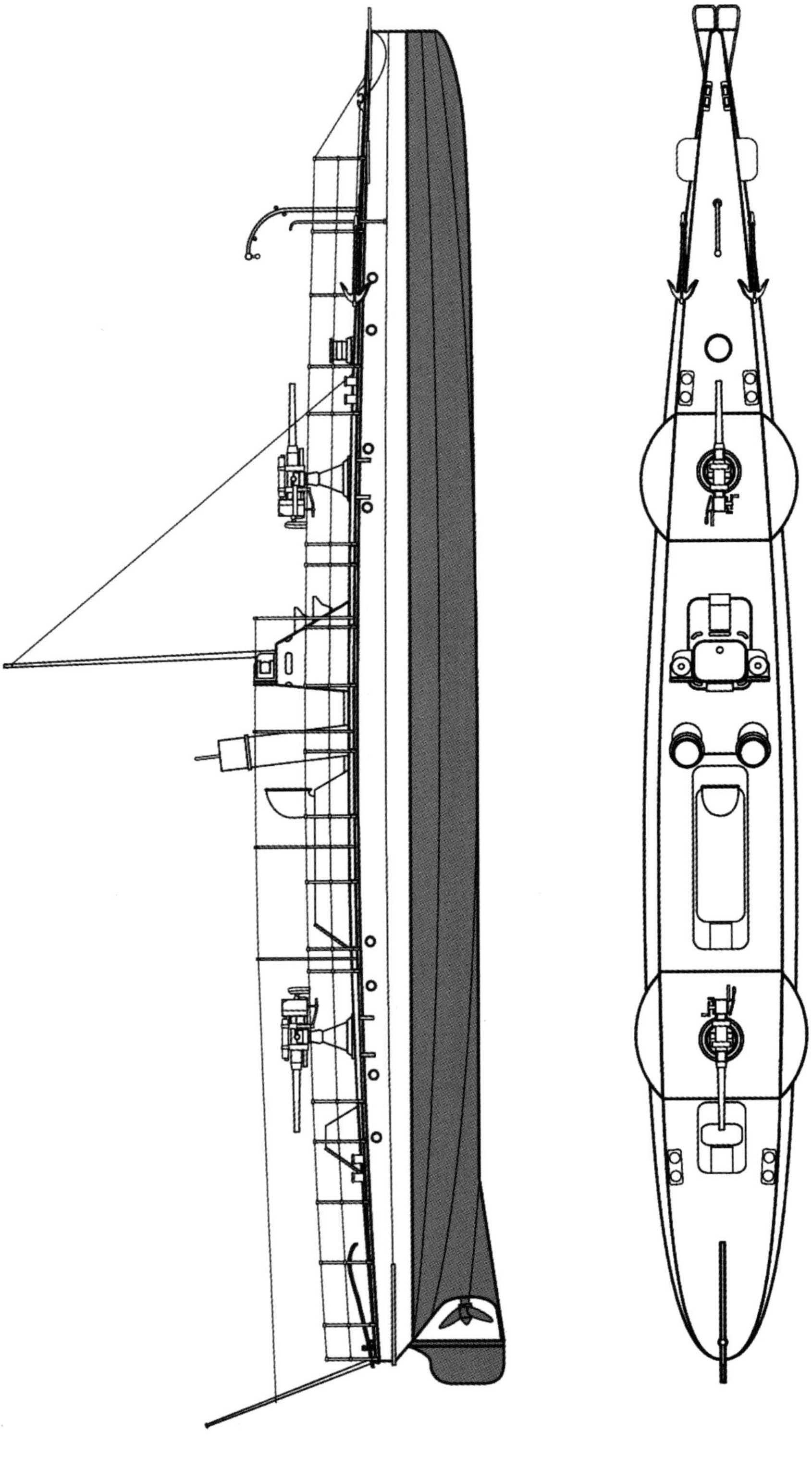

“建翼”号鱼雷艇

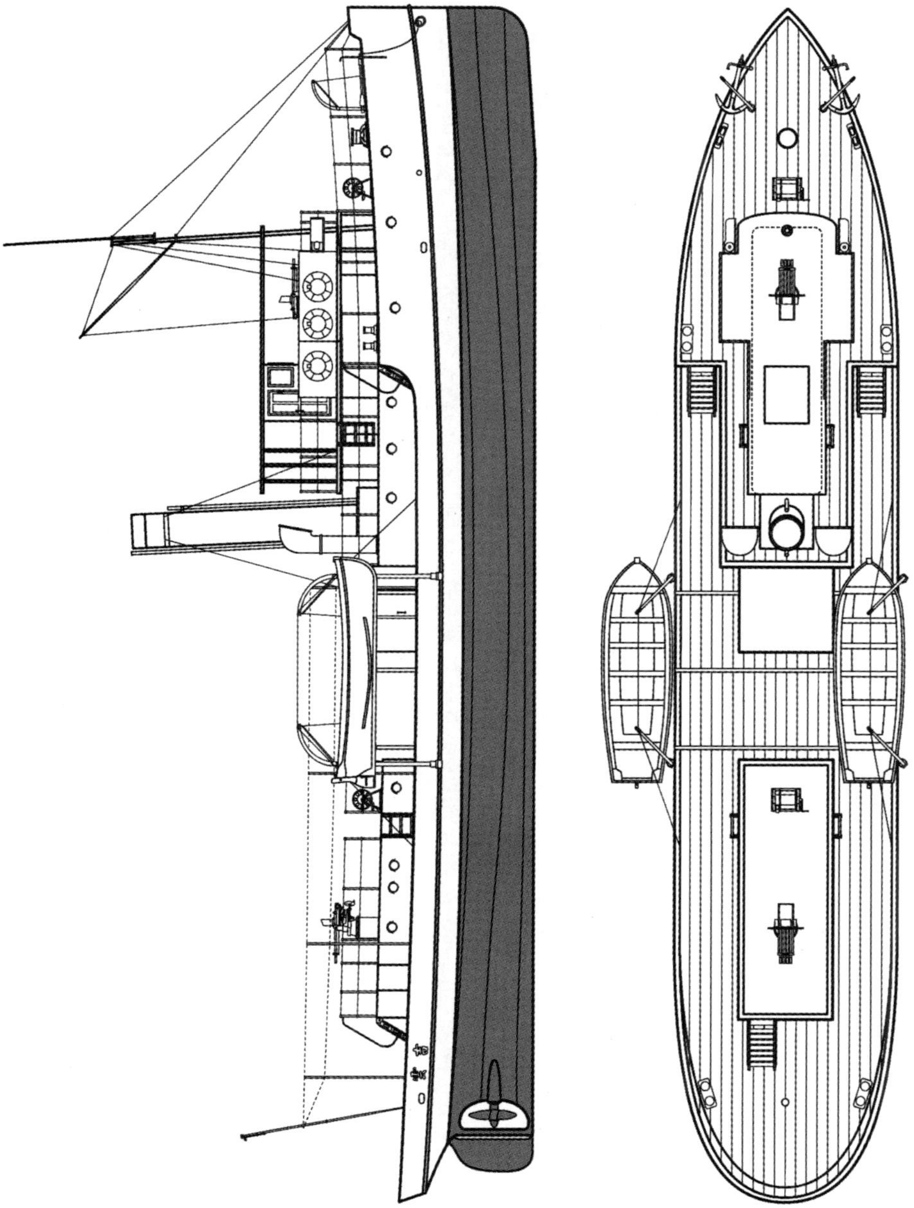

“吉云”号武装拖轮

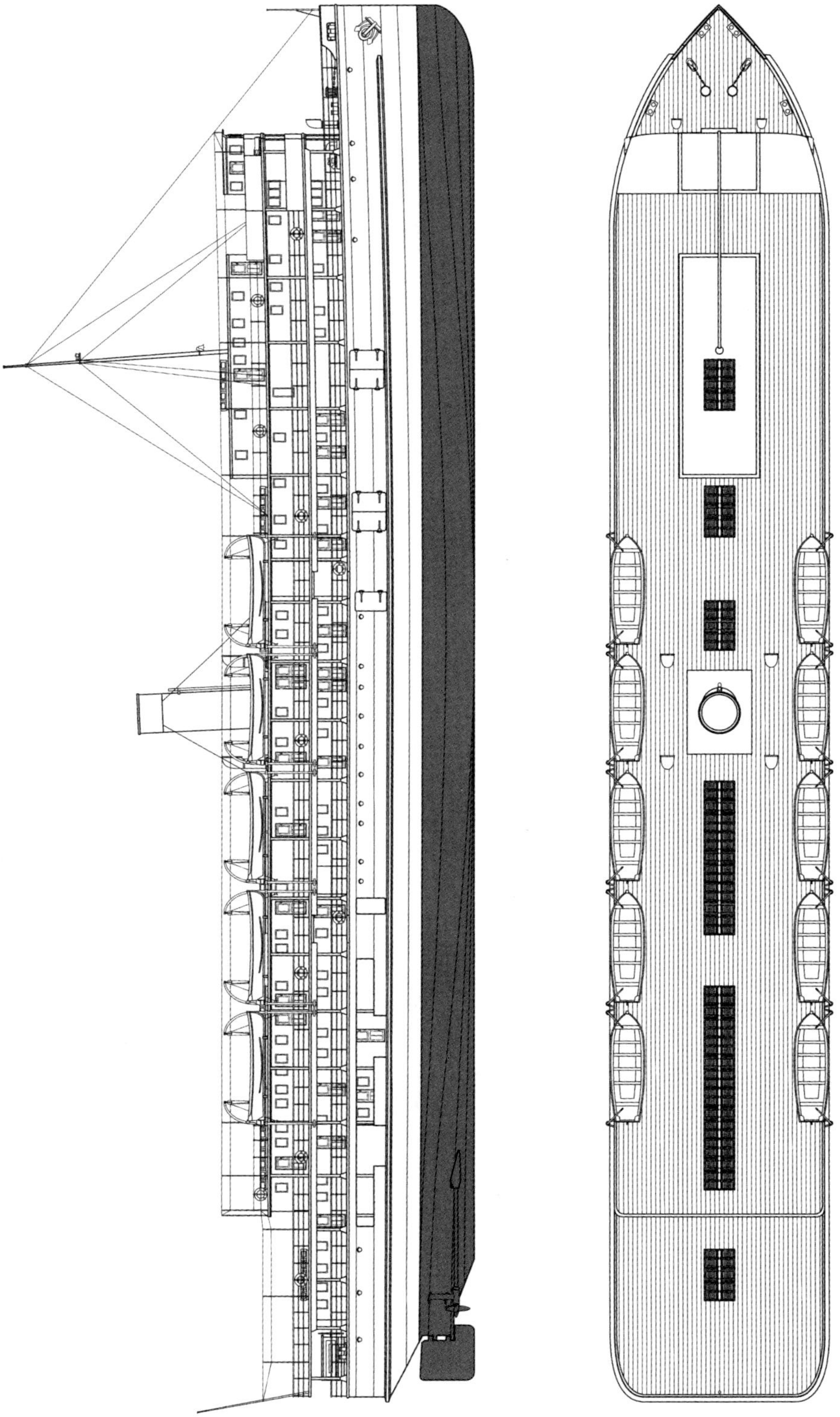

“宁绍”号客货船

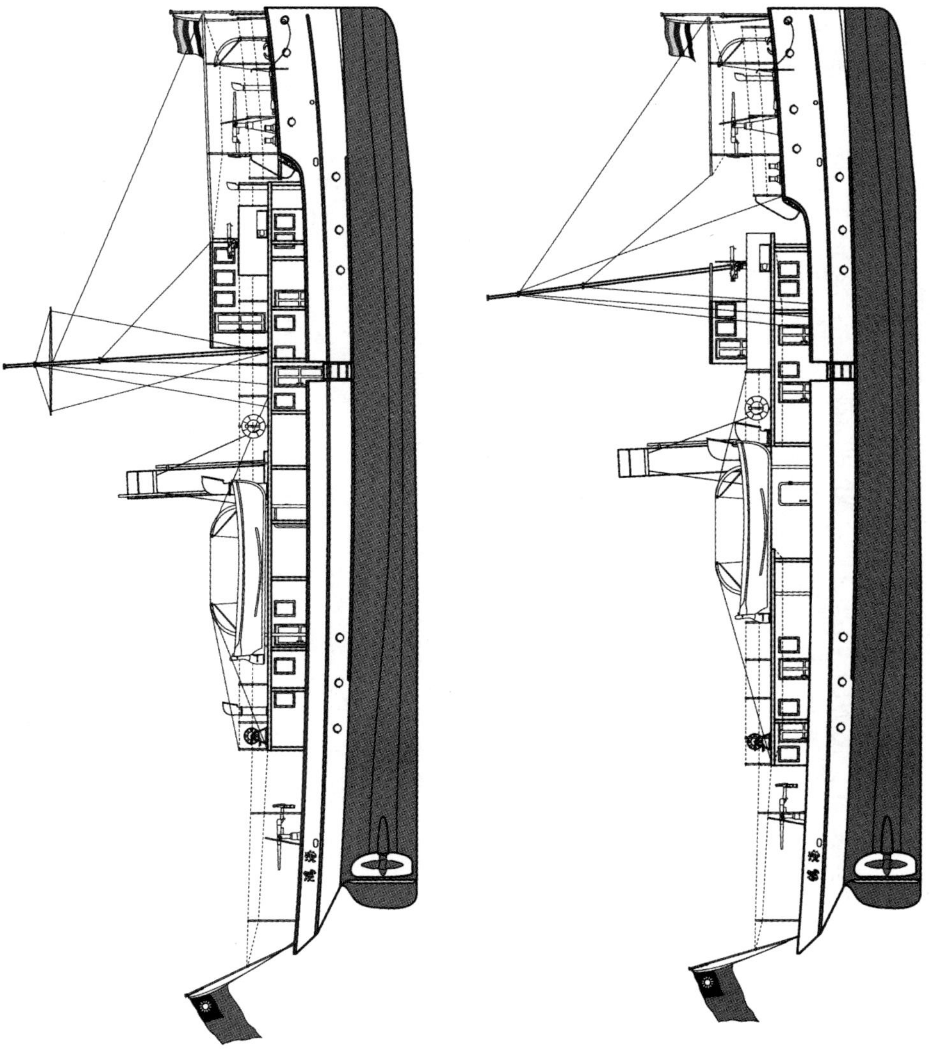

“海鸿”号钢壳炮艇（上）“海鹄”号钢壳炮艇（下）

附录5：飞机制造工程处所造飞机参数一览[①]

飞机名称	制造时间	主尺度（米） 长×宽×高	重量（公斤）		主机马力	载油（公升）	航速（公里/时）		武备	升力		续航力 小时/公里		乘员
			空机	载重			巡航	最大		用时	升限	时间	距离	
"甲型一号"	1919.8	9.32×13.7×3.88	836	1063	100	114	104	126	炸弹×4	26分	3690米	3	340	2
"甲型二号"	1920	同上												
"甲型三号"	1921.2	同上												
"乙型一号"	1922.1	9.2×11.49×3.88	825	1050	100	114	110	130	炸弹×4	31分	3440米	3	360	2
"丙型一号"	1924.4	12.12×17.67×5.06	1910	2950	350	525	136	165	机枪×1 鱼雷×1 炸弹×8	36分	3660米	6	850	6
"丁型一号"	1924	11.195×14.06×5.29	1565	2430	350	525	150	177	机枪×1 鱼雷×1 炸弹×8	38分	4900米	6	900	6
"丙型二号"	1925.4	同"丙型一号"												
"江鹳"	1926	9.15×11.5×3.75	813	1040	100	114	110	130	炸弹×4	31分	3600米	3	390	2

① 本表主要依据《海军江南造船所民国二十二年工作报告书》所载资料编制。

续表

飞机名称	制造时间	主尺度(米) 长×宽×高	重量(公斤)		主机马力	载油(公升)	航速(公里/时)		武备	升 力		续航力 小时/公里		乘员
			空机	载重			巡航	最大		用时	升限	时间	距离	
“戊型一号”	1927.1	7.82×10.8×3.72	700	935	100	114	127	145	炸弹×4	37分	3970米	3	450	2
“戊型二号”	1927.1	7.94×10.8×3.72	620	920	120	114	140	165	炸弹×4	35分	4260米	3	500	3
“海鹰”	1928.7	同“丁型一号”												
“丁型一号”	1929.3	同“丁型一号”												
“己型一号”	1930.10	8.33×10.88×3.56	730	1168	165	303	146	177	炸弹×4	40分	4800米	8	1230	2
“己型二号”	1930.11	同上												

注：1.“甲型二号”为利用“甲型一号”遗留的发动机制造。

2.“江鹳”为利用“甲型三号”遗留的发动机制造。

3.“丁型一号”“丁型二号”为利用“丙型一号”“丙型二号”遗留的发动机制造。

4.“戊型一号”为利用“乙型一号”遗留的发动机制造。

5.“海鹰”为利用“丁型一号”遗留的发动机制造。

附录6：飞机制造工程处所造部分飞机线图

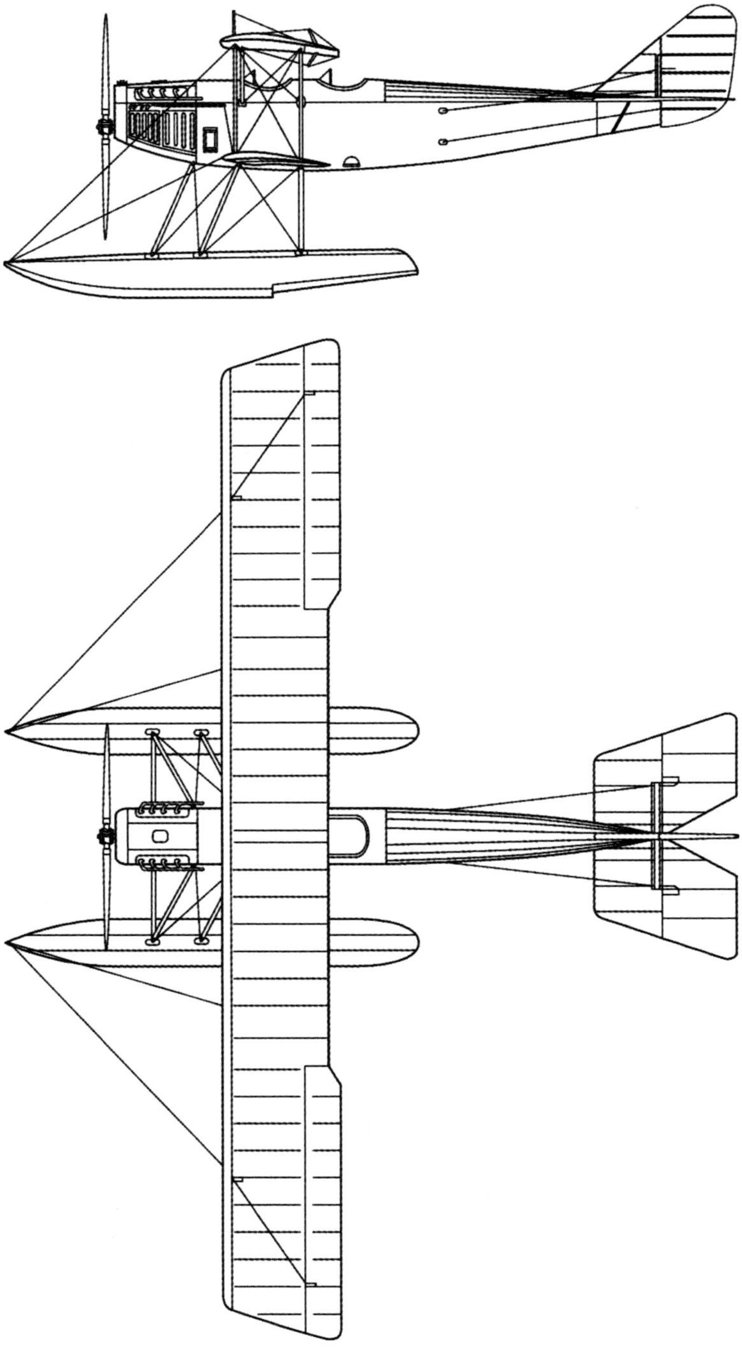

“甲”型飞机两视图

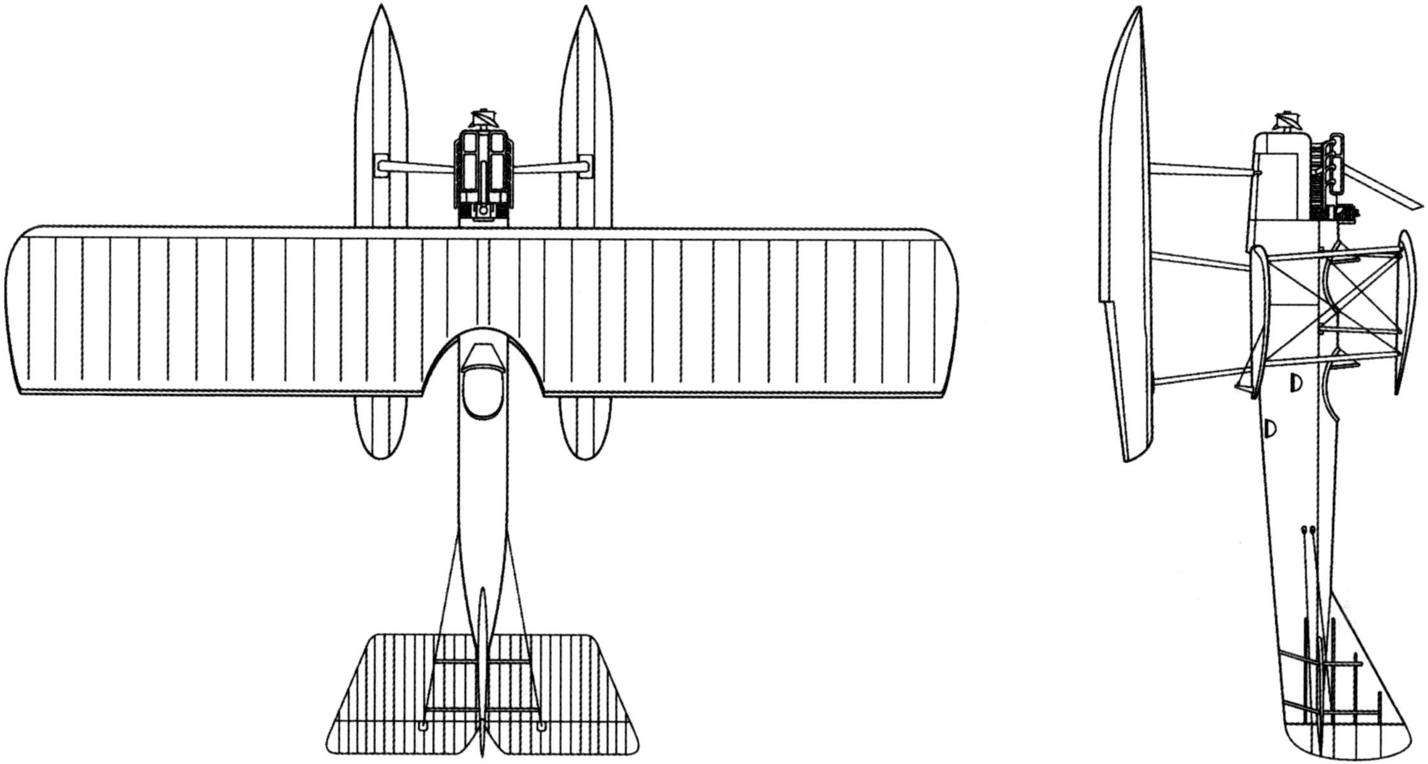

“乙”型飞机两视图

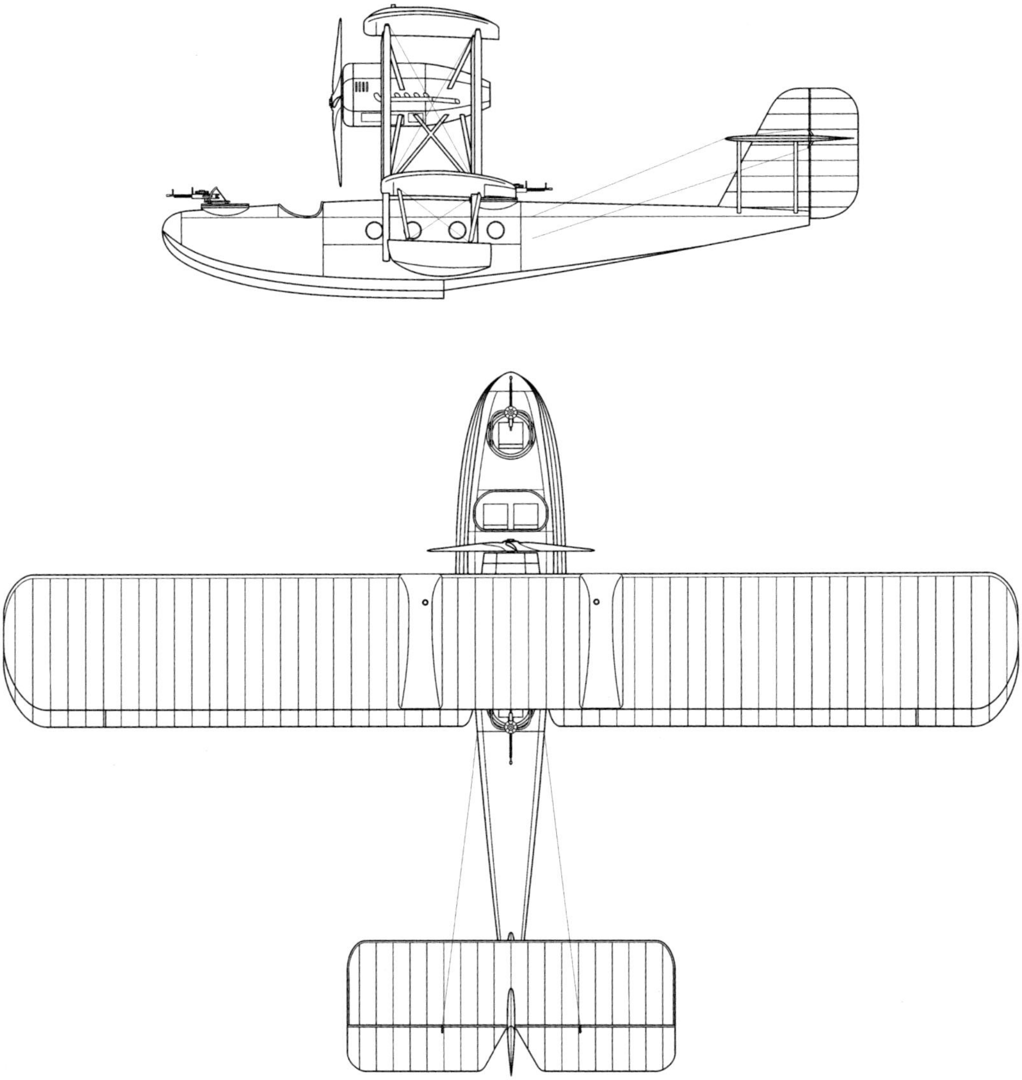

“丙”型飞机两视图

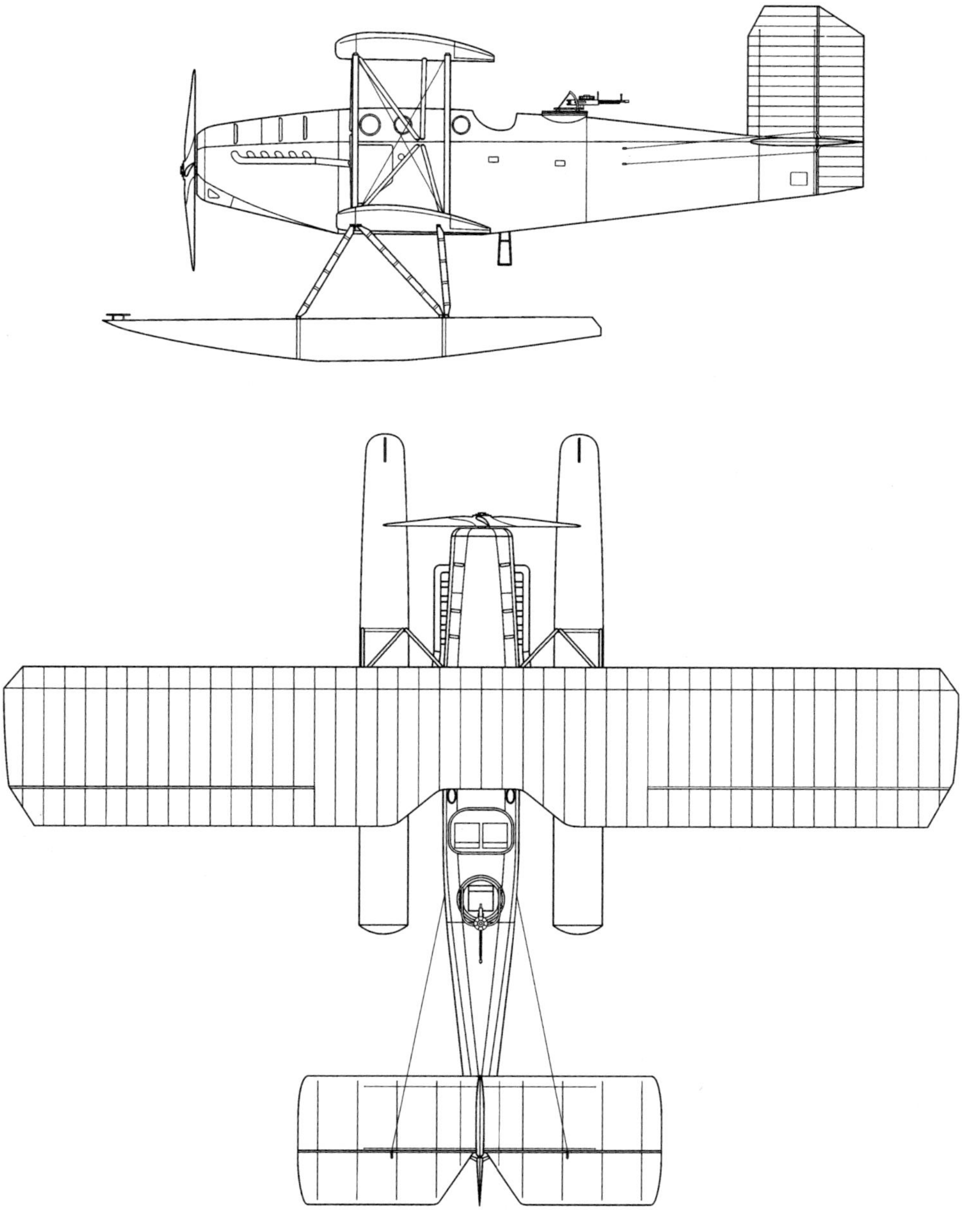

“丁”型飞机两视图

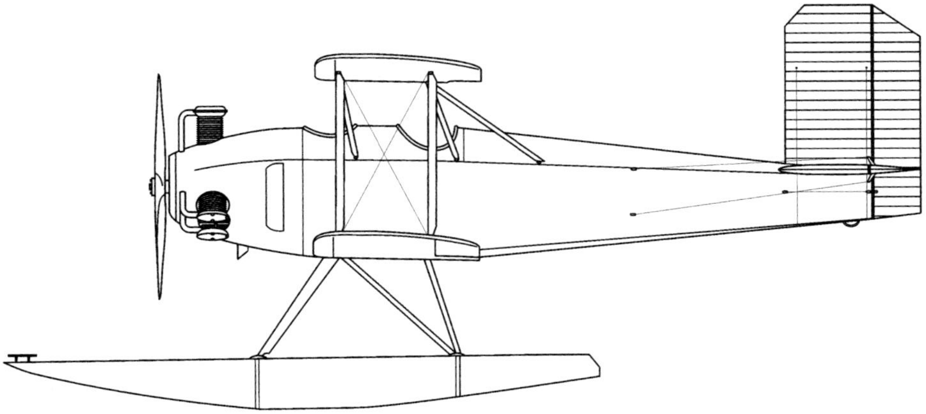

“戊”型飞机侧视图

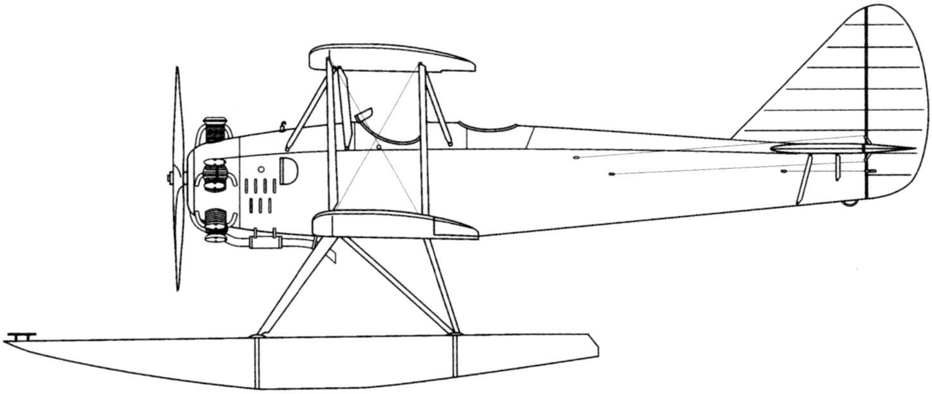

“己”型飞机侧视图

主要参考书目

一、档案、史料汇编

《第一号轮船图》，第一历史档案馆藏绘本

《伏尔铿钢面铁甲船程式》，南京图书馆藏抄本

《左中堂陈船政机宜疏》，南京图书馆藏抄本

《北洋纪事》，上海图书馆藏抄本

《福建闽厦两口各炮台图》，北京大学图书馆藏 1886 年写本

《李鸿章购办鱼雷往来电稿》，美国哈佛燕京图书馆藏抄本

《禀请“康济”改为鱼雷练船应添器具卷》，美国哈佛燕京图书馆藏抄本

《江南制造局记》，文宝书局光绪三十一年版

《海军实记》，(民国) 海军部 1926 年版

中国近代史资料丛刊《中法战争》，新知识出版社 1955 年版

《革命文献》，(台湾) 中国国民党党史史料编纂委员会 1956 年版

《海防档・甲》，(台湾)“中央研究院”近代史研究所 1957 年版

《海防档・乙》，(台湾)“中央研究院”近代史研究所 1957 年版

孙毓棠编：《中国近代工业史资料・第一辑》，科学出版社 1957 年版

《光绪朝东华录》，中华书局 1958 年版

中国近代史资料丛刊《洋务运动》，上海人民出版社 1961 年版

《马尾船政局史资料汇编》，福建师范大学历史系中国近代史教研组自印本

《筹办夷务始末》(道光朝)，中华书局 1964 年版

《筹办夷务始末》(咸丰朝)，中华书局 1964 年版

《筹办夷务始末》(同治朝)，中华书局 1964 年版

《清末海军史料》，海洋出版社 1982 年版

《清实录》，中华书局1985年版

《中华民国史档案资料汇编》第三辑，江苏古籍出版社1991年版

《中国近代舰艇工业史料集》，上海人民出版社1994年版

《光绪朝朱批奏折》，中华书局1996年版

《清代官员履历档案全编》，华东师范大学出版社1997年版

《海军官校五十年》，(台湾)“海军军官学校”1997年版

中国第一历史档案馆编：《咸丰同治两朝上谕档》，广西师范大学出版社1998年版

《中国近代航运史资料》第二辑，中国社会科学出版社2002年版

《清代军机处电报档汇编》，中国人民大学出版社2005年版

张作兴主编：《船政文化研究——船政奏议汇编点校辑》，海潮摄影艺术出版社2006年版

林樱尧主编：《马尾首创中国航空业资料集》，福建省音像出版社2006年版

《国家图书馆藏民国军事档案文献初编》，国家图书馆出版社2009年版

《海军军官教育一百四十年》，(台湾)“国防部海军司令部”2011年版

吉辰译注：《龙的航程——北洋海军航海日记四种》，山东画报出版社2013年版

二、文集、日记、回忆录

《吴光禄使闽奏稿汇存》，光绪丙戌刊版

《船政使者吴赞诚日记》，稿本

卞长胜：《德国水师事宜》，光绪质学丛书石印本

《涧与日记》，(台湾)学生书局1966年版

《涧与集》，(台湾)文海出版社1966年版

《沈文肃公政书》，(台湾)文海出版社1966年版

《丁文诚公遗集》，(台湾)文海出版社1967年版

《普天忠愤集》，(台湾)文海出版社1967年版

《合肥李勤恪公政书》，(台湾) 文海出版社 1967 年版
《望岩堂奏稿》，(台湾) 文海出版社 1967 年版
《刘忠诚公遗集》，(台湾) 文海出版社 1968 年版
罗大春：《台湾海防并开山日记》，台湾银行 1972 年版
《水流云在馆奏议》，(台湾) 文海出版社 1972 年版
《吴煦档案选编》，江苏人民出版社 1984 年版
郭嵩焘：《伦敦与巴黎日记》，岳麓书社 1984 年版
黎庶昌：《西洋杂志》，岳麓书社 1985 年版
徐建寅：《欧游杂录》，岳麓书社 1985 年版
薛福成：《出使英法义比四国日记》，岳麓书社 1985 年版
《严复集》，中华书局 1986 年版
《左宗棠全集》，岳麓书社 1987—1996 年版
《清季外交因应函电资料》，香港中文大学 1993 年版
《盛宣怀实业函电稿》，香港中文大学 1993 年版
《丁汝昌集》，山东大学出版社 1997 年版
《池孟彬先生访问纪录》，(台湾) "中央研究院" 近代史研究所 1998 年版
《曾尚智回忆录》，(台湾) "中央研究院" 近代史研究所 1998 年版
《海军人物访问纪录》第一辑，(台湾) "中央研究院" 近代史研究所 1998 年版
《鸥堂日记·窳广日记》，河北教育出版社 2001 年版
《海军人物访问纪录》第二辑，(台湾) "中央研究院" 近代史研究所 2002 年版
陈绛译：《赫德日记——赫德与中国早期现代化》，中国海关出版社 2005 年版
林海权点校：《沈文肃公牍》，福建人民出版社 2008 年版
沈吕宁、沈丹昆编著：《沈葆桢家书考》，福建省音像出版社 2008 年版
沈丹昆编：《沈葆桢手迹》，福建省音像出版社 2008 年版
《李鸿章全集》，安徽教育出版社 2008 年版

《张之洞全集》，武汉出版社 2008 年版

《丁日昌集》，上海古籍出版社 2010 年版

《叶昌桐上将访问纪录》，（台湾）“国防部”2010 年版

《曾国藩全集》，岳麓书社 2012 年版

〔法〕Prosper Giquel：*L'Arsenal De Fou-Tcheou Ses Résultats*，Shang Haï Imprimerie A. H. De Carvalho1874

A JOURNAL OF THE CHINESE CIVIL WAR 1864 *BY PROSPER GIQUEL*，University of Hawaii Press1985

三、年谱、大事记、传记

方伯谦：《益堂年谱》，抄本

《裴光禄年谱》，光绪己亥版

《海军大事记》第二辑，（台湾）“海军总司令部”1968 年版

《海军大事记》，（台湾）文海出版社 1975 年版

李元度：《沈葆桢事略》，福建省博物馆 1979 年翻印

《清吴桐云先生大廷自订年谱》，台湾商务印书馆 1980 年版

姜鸣：《中国近代海军史事日志》（1860—1911），生活·读书·新知三联书店 1994 年版

陈道章：《船政大事记》，马江海战纪念馆、马尾造船厂 1998 年编印

苏小东：《中华民国海军史事日志》，九州图书出版社 1999 年版

《永远的蔚蓝色——福州“宫巷海军刘”》，天津大学出版社 2014 年版

四、方志、笔记

夏献纶：《全台舆图》，光绪六年福建台湾道藏版

《福州马尾港图志》，福建省地图出版社 1984 年版

《福建文史资料》第八辑，1984 年版

《福建文史资料》第十辑，1985 年版

陈其元：《庸闲斋笔记》，中华书局 1989 年版

《孤拔元帅的小水手》，(台湾)“中央研究院”台湾史研究所筹备处2004年版

〔美〕Stephen S Roberts：*Captain Lew Buah*, *Warship International*, 1974年1月刊

五、研究著作、论文集

许景澄：《外国师船》，光绪十二年柏林使署石印版

《船坞论略》，江南制造总局光绪二十年版

〔美〕马士：《中华帝国对外关系史》，商务印书馆1963年版

包遵彭：《清季海军教育史》，(台湾)“国防研究院”1969年版

黄福庆：《清末留日学生》，(台湾)“中央研究院”近代史研究所1975年版

吕实强：《中国早期的轮船经营》，(台湾)“中央研究院”近代史研究所1976年版

王家俭：《中国近代海军史论集》，(台湾)文史哲出版社1984年版

林崇墉：《沈葆桢与福州船政》，(台湾)联经出版1987年版

许雪姬：《清代台湾的绿营》，(台湾)“中央研究院”近代史研究所1987年版

沈传经：《福州船政局》，四川人民出版社1987年版

陈书麟、陈贞寿编著：《中华民国海军通史》，海潮出版社1992年版

张铁牛、高晓星：《中国古代海军史》，八一出版社1993年版

《近代中国海军》，海潮出版社1994年版

龙章：《越南与中法战争》，(台湾)商务印书馆1996年版

林庆元：《福建船政局史稿》(增订本)，福建人民出版社1999年版

赵生瑞：《中国清代营房史》，中国建筑工业出版社1999年版

〔美〕庞百腾著、陈俱译：《沈葆桢评传——中国近代化的尝试》，上海古籍出版社2000年版

《海军舰队发展史》，(台湾)“国防部史政编译局”2001年版

姜鸣：《龙旗飘扬的舰队——中国近代海军兴衰史》增订本，生活·

读书·新知三联书店 2002 年版

周志初：《晚清财政经济研究》，齐鲁书社 2002 年版

许毓良：《清代台湾的海防》，社会科学文献出版社 2003 年版

林文仁：《南北之争与晚清政局》，中国社会科学出版社 2005 年版

陈道章：《船政研究文集》，福建省音像出版社 2006 年版

张作兴主编：《船政文化研究》（第三辑），海潮摄影艺术出版社 2006 年版

张作兴主编：《船政文化研究》（第四辑），海潮摄影艺术出版社 2006 年版

林樱尧主编：《船政研究集萃》，福建省马尾造船股份有限公司 2006 年编印

陈贞寿：《中法马江海战》，中国大百科全书出版社 2007 年版

沈岩：《船政学堂》，科学出版社 2007 年版

陈悦：《北洋海军舰船志》，山东画报出版社 2009 年版

朱华主编：《船政文化与台湾》，鹭江出版社 2010 年版

陈悦：《近代国造舰船志》，山东画报出版社 2011 年版

张作兴主编：《船政文化研究》第七辑，鹭江出版社 2011 年版

《北洋海军新探——北洋海军成军 120 周年国际学术研讨会论文集》，中华书局 2012 年版

陈悦：《清末海军舰船志》，山东画报出版社 2012 年版

马幼垣：《靖海澄疆——中国近代海军史事新诠》，中华书局 2013 年版

陈悦：《民国海军舰船志 1912—1937》，山东画报出版社 2013 年版

杨德森：《中国海关制度沿革》，山西人民出版社 2014 年版

张兰英主编：《船政文化概论》，鹭江出版社 2014 年版

〔法〕Maurice Loir：*L'Escadre de L'Amiral Courbet——Notes et Souvenirs* 1886

陈其田：Tso Tsung T'ang，Paragon Book Reprint Corporation，1968

《近世帝国海军史要》，（日本）原书房 1974 年增补版

《海军》，（日本）诚文图书 1981 年版

〔英〕Robert Gardiner：*Steam, Steel&Shellfire—the Steam Warship 1815—1905*，Conway Maritime Press 1992

〔日〕安冈昭男：《明治前期日清交涉史研究》，（日本）严南堂书店 1995 年版

〔英〕Richard N J Wright：The Chinese Steam Navy 1862—1945，Chatham Publishing 2000

《横须贺案内记》，（日本）横须贺市 2007 年版

六、工具书

钱实甫编：《清代职官年表》，中华书局 1980 年版

郑鹤声编：《近世中西史日对照表》，中华书局 1981 年版

汤象龙编著：《中国近代海关税收和分配统计》，中华书局 1992 年版

中国第一历史档案馆、福建师范大学历史系合编：《清季中外使领年表》，中华书局 1997 年版

刘传标编纂：《中国近代海军职官表》，福建人民出版社 2005 年版

江庆柏：《清朝进士题名录》，中华书局 2007 年版

郭利民编著：《中国近代史地图集》，星球地图出版社 2011 年版

陈悦：《中国军舰图志》（1855—1911），（香港）商务印书馆 2013 年版

The Naval Annual 1886，J Griffin And Co. 1886

Conway's All The World's Fighting Ships 1860—1905，Conway Maritime Press 1979

七、报刊

《申报》

《益闻报》

《时务报》

《大同报》

《民立报》

《国风报》

《中外日报》

《左海公道报》

《万国公报》

《东方杂志》

《海军期刊》/《海军杂志》

《海军公报》

《海军年报》

《海军统计》

《革命的海军》